Beiträge zur Wirtschaftsinformatik

Band 1: Lore Alkier
Zukunftsweisende Konzepte für die EDV-Ausbildung
1992, VIII / 207 Seiten, Brosch. DM 75,-
ISBN 3-7908-0568-8

Band 2: Ulrich Ludwig Küsters
Entwicklung von regelbasierten Expertensystemen in APL2
1992, VIII/238 Seiten, Brosch. DM 79,-
ISBN 3-7908-0589-0

Band 3: Rolf J. N. Hildebrand
Betriebswirtschaftliche Schwachstellendiagnosen im Fertigungsbereich mit wissensbasierten Systemen
1992, X/163 Seiten, Brosch. DM 65,-
ISBN 3-7908-0594-7

Band 4: Gerhard Walpoth
Computergestützte Informationsbedarfsanalyse
1993, X/233 Seiten, Brosch. DM 75,-
ISBN 3-7908-0648-X

Band 5: Gerhard A. Kainz
Computergestütze Distribuierung von Informations- und Kommunikationssystemen
1993, XII/241 Seiten, Brosch. DM 85,-
ISBN 3-7908-0664-1

Band 6: Dieter Steinmann
Einsatzmöglichkeiten von Expertensystemen in integrierten Systemen der Produktionsplanung und -steuerung (PPS)
1993, XI/217 Seiten, Brosch. DM 78,-
ISBN 3-7908-0665-X

Band 7: Johannes Walther
Rechnergestützte Qualitätssicherung und CIM
1993, X/281 Seiten, Brosch. DM 90,-
ISBN 3-7908-0684-6

Band 8:
Otto Petrovic
Workgroup Computing – Computergestützte Teamarbeit
1993, XVI/272 Seiten, Brosch. DM 90,-
ISBN 3-7908-0705-2

Band 9: Gustaf Neumann
Datenmodellierung mit deduktiven Techniken
1994, VII/223 Seiten, Brosch. DM 75,-
ISBN 3-7908-0717-6

Band 10: Hubert Schüle
DV-Unterstützung beim Planen und Einführen von CIM-Lösungen
1994, IX/216 Seiten, Brosch. DM 75,-
ISBN 3-7908-0741-9

Band 11: Otto Ch. Krickl (Hrsg.)
Geschäftsprozeßmanagement
1994, VI/302 Seiten, Brosch. DM 90,-
ISBN 3-7908-0782-6

Band 12: Thomas Myrach
Konzeption und Stand des Einsatzes von Data Dictionaries
1995, XV/330 Seiten. Brosch. DM 98,-
ISBN 3-7908-0822-9

Joachim Schmalzl

Architekturmodelle zur Planung der Informationsverarbeitung von Kreditinstituten

Mit 72 Abbildungen

Physica-Verlag

Ein Unternehmen des
Springer-Verlags

Reihenherausgeber
Werner A. Müller
Peter Schuster

Autor
Dr. Joachim Schmalzl
Staufenstraße 34
D-60323 Frankfurt/Main

ISBN 978-3-7908-0840-7 ISBN 978-3-642-52411-0 (eBook)
DOI 10.1007/978-3-642-52411-0

88/2202-543210 - Gedruckt auf säurefreiem Papier

Inhaltsverzeichnis

1 Einleitung

1.1 Problemstellung

Kreditinstitute sind intensive Nutzer der Datenverarbeitung (DV). Um die vielfältigen Aufgaben des Geschäftsbetriebes jetzt und in Zukunft erfüllen zu können, muß ihre Unterstützung durch die Datenverarbeitung langfristig sichergestellt sein. Die DV ist deshalb so auszurichten, daß die aktuellen Unternehmensziele erfüllt werden können und gleichzeitig ein Beitrag für eine zukunftssichere Infrastruktur geliefert wird. Diese umfaßt alle Konzepte, Werkzeuge und Personen der DV-Abteilung, die zum Entwickeln und für den Betrieb von Anwendungssystemen erforderlich sind.

Die Entwicklung neuer, kundenorientierter oder spartenübergreifender, Anwendungen wird teilweise durch eine dafür unzureichende Basis der existierenden Hard- und Software behindert. Datenbestände großer Banken, im Laufe der 30 Jahre alten Anwendungsentwicklung kontinuierlich gewachsen, zeichnen sich zum einen oft durch hohe Redundanzen aus, was das Aufrechterhalten der Konsistenz erschwert[1]. Zum anderen sind Datenbestände von spartenorientiert entwickelten Anwendungen häufig von so unterschiedlicher Struktur, daß übergreifende Lösungen nur mit hohem Anpassungsaufwand oder gar nicht verwirklicht werden können. Darüber hinaus existiert eine große Vielfalt an Hardware, die ein spezielles Berücksichtigen der zugehörigen Systemsoftware notwendig macht.

Das Zusammenspiel von gestiegenen Anforderungen an umfassende und integrierte Anwendungen bei gleichzeitig sinkenden freien Entwicklerkapazitäten - primär durch die Belegung von Entwicklerkapazität mit Wartungsaufgaben bei Altanwendungen - kann in einen Anwendungsstau münden. Es besteht die Gefahr, daß geschäftsstrategische Entscheidungen aufgrund mangelnder technischer Umsetzungsmöglichkeiten undurchführbar werden. Die derzeitige DV-Unterstützung kann die neuen Anforderungen nicht im geforderten Maße erfüllen.

Es gilt daher Wege aufzuzeigen, wie Kreditinstitute eine umfassende und dauerhaft hilfreiche DV-Infrastruktur aufbauen können, die es

---

[1] vgl.: Penzel, H.-G., Die Informatikabteilung auf dem Weg in neue Organisationsformen, in: IBM Nachrichten 41 (1991) 305, S. 7-15; die dort zitierte Untersuchung zeigt auf, daß über 90% der gespeicherten Daten eines großen Kreditinstituts redundant sind.

ermöglicht, langfristig das Erreichen der Unternehmensziele zu unterstützen. Der nachfolgend vorgeschlagene Architektur-Ansatz ist dafür ein Beispiel, wie die Handlungsfähigkeit von Kreditinstituten zurückgewonnen werden kann[2].

1.2 Inhalt und Zielsetzung der Arbeit

Die vorliegende Arbeit beschreibt in ihren zentralen Abschnitten den allgemeinen Aufbau und die Festlegung einer System-Architektur für Kreditinstitute sowie ausgewählte Architekturmodelle. Ziel des System-Architekturansatzes ist es, die DV-Unterstützung in ihren Grundstrukturen so umfassend und langfristig zu planen, daß aktuelle und zukünftige Unternehmensziele erfüllt werden können. Die ausführliche Beschreibung von Anforderungen an eine Architektur für Kreditinstitute soll dazu dienen, den Anwendungsbereich des Konzeptes möglichst umfassend zu halten. Am Beispiel ausgewählter Kreditinstitutstypen wird dann mit Architekturmodellen die konkrete Anwendung gezeigt.

Der System-Architekturansatz unterstützt vor allem die Planung einer geeigneten DV-Infrastruktur für ein Kreditinstitut. Dies schließt Fragen hinsichtlich wichtiger technologischer Trends mit ein. Dagegen werden primär bankspezifische Aspekte, z.B. über die Wahl geeigneter Marketingstrategien oder zukünftige bankfachliche Entwicklungen, nur dann behandelt, wenn daraus Konsequenzen auf die System-Architektur zu erwarten sind.

In die Untersuchungen konnten neben der Berücksichtigung von theoretischen Konzepten die Ergebnisse von Einzelfallstudien in der deutschen Kreditwirtschaft einfließen.

1.3 Aufbau der Arbeit

Das Thema wird nachfolgend in sechs Abschnitten behandelt und schließt mit einem Ausblick ab. Ausgangspunkt bildet eine kurze Darstellung der Rolle der Informationsverarbeitung für Kreditinstitute. Nach dem Charakterisieren der System-Architektur in Kapitel 3 anhand wichtiger Begriffsklärungen sowie mit Hilfe der angestrebten Ziele wird in Kapitel 4 der Aufbau der System-Architektur vorgestellt. Mit Hilfe der

---

[2] vgl.: Heitmüller, H.-M., Informatikzentrum der Sparkassenorganisation - ein strategisches Instrument im Bankenwettbewerb, in: bank und markt 20 (1991) 9, S. 5-12.

Komponenten und deren Abhängigkeit untereinander läßt sich das Konzept umfassend beschreiben. Kapitel 5 behandelt das Festlegen der System-Architektur. Dazu werden, innerhalb von bankspezifischen Rahmenbedingungen, die Anforderungen aus der Geschäfts- und DV-Strategie an die Architektur systematisch erfaßt. Auf dieser Grundlage sind in Kapitel 6 Architekturmodelle für ausgewählte Kreditinstitutstypen konkretisiert worden. Kapitel 7 stellt den Prozeß zum Umsetzen einer System-Architektur dar.

2 Rolle der Informationsverarbeitung in Kreditinstituten

2.1 Die deutschen Kreditinstitute

Die Legaldefinition der Kreditinstitute findet sich im § 1 des Kreditwesengesetzes. Danach sind Kreditinstitute "Unternehmen, die Bankgeschäfte betreiben, wenn der Umfang dieser Geschäfte einen in kaufmännischer Weise eingerichteten Geschäftsbetrieb erfordert." Die Bankgeschäfte werden in den Ziffern 1 bis 9 in einer abschließenden Aufzählung angeführt. Dazu gehören das Einlagen-, Kredit-, Diskont-, Effekten-, Depot-, Investment-, Schuld-, Garantie- und Girogeschäft[1]. Bereits eine der Geschäftstätigkeiten reicht aus, daß die besonderen Vorschriften des Kreditwesensgesetz in Kraft treten. Somit sind alle Banken, Sparkassen, Bausparkassen und Investmentgesellschaften als Kreditinstitute zu bezeichnen.

Die Systematik der Kreditinstitute in Deutschland zeigt Übersicht 2.1/1[2].

Bankensektor				
Universalbanken			Spezialbanken	sonst. Institute
Kreditbankensektor	Sparkassensektor	Genossenschaftssektor		
• Großbanken • Regionalbanken und sonst. Banken • Privatbanken • Ausländische Banken	• Sparkassen • Landesbanken	• Kreditgenossenschaften • genoss. Zentralbanken	• Realkreditinstitute • Kreditinstitute mit Sonderaufgaben • Postbanken	• Bausparkassen • Kapitalanlagegesellschaften • Bürgschaftsbanken

Abb. 2.1/1: Institutioneller Aufbau des Bankensektors

---

[1] vgl.: § 1 (1) KWG, in § 2 wird ausdrücklich erwähnt, daß etwa die Deutsche Bundesbank, Bundespost, die Sozialversicherungsträger und vor allem die Versicherungen nicht zu den Kreditinstituten zu zählen sind.

[2] vgl.: Deutsche Bundesbank, Die Ertragslage der westdeutschen Kreditinstitute im Jahre 1992, in: Monatsberichte der Deutschen Bundesbank 45 (1993) 8, S. 29-53; Scheidl, K., Die Geschäftsbanken, in: Obst, G. und Hintner, O., Geld-, Bank- und Börsenwesen, hrsg. von Norbert Kloten und Johann Heinrich von Stein, 39., völlig neu bearb. Aufl., Stuttgart 1993, S. 217-219.

Die in den finanzwirtschaftlichen Bankenstatistiken erfaßten Kreditinstitutsgruppen - aufgrund des unterschiedlichen Geschäftes werden hierbei die sonstigen Institute ausgeschlossen - können anhand der Anzahl zugehöriger Institute, Zweigstellenzahl sowie ihres Anteils am Gesamtaktiva unterschieden werden. Die Verteilung der insgesamt 4029 deutschen Banken und ihrer 49613 Zweigstellen sowie der prozentuale Anteil von Bankengruppen an den 5890 Mrd. Gesamtaktiva (Stand 1992) ist in Abbildung 2.1/2 dargestellt[3].

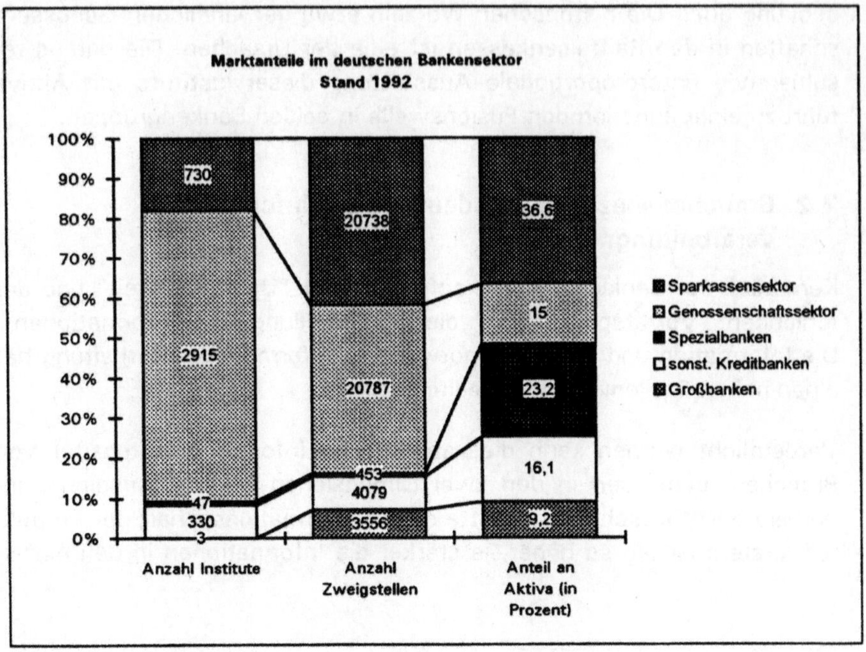

Abb. 2.1/2: Marktanteile deutscher Kreditinstitutsgruppen

Aus den Abbildungen 2.1/1 und 2.1/2 wird deutlich, daß der deutsche Bankenmarkt von Sparkassen, Genossenschafts- und Kreditbanken, die zusammen auch als Universalbanken bezeichnet werden, dominiert wird. Im Gegensatz zu dem in anderen Ländern üblichen Marktaufteilung stehen alle diese Kreditinstitutsgruppen im sogenannten Gruppenwettbewerb und, bis auf die Sparkassen und Genossen-

---

[3] vgl.: Deutsche Bundesbank, Ertragslage..., a.a.O.; Bankenstatistik 7/93; Wertpapierstatistik 6/93; eigene Analysen.

schaftsbanken, auch in einem Institutswettbewerb[4]. Gleichzeitig zeigt sich eine inhomogene Struktur innerhalb der Universalbanken. Die drei Großbanken, die Deutsche Bank AG, Dresdner Bank AG und Commerzbank AG, zählen zu den bedeutendsten Instituten des Bankensektors mit einem Anteil von fast 10% an den gesamten Aktiva. Die Deutsche Bank AG ist auch unter den 10 größten Instituten der Welt zu finden[5].

Die gegenüber den Geschäftsbanken große Anzahl an Zweigstellen und Instituten von Sparkassen und Landesbanken zeigt eine hohe Flächendeckung auf[6]. Die historischen Wurzeln etwa der ländlichen Genossenschaften in den Raiffeisenkassen ist eine der Ursachen. Die daraus resultierende unterproportionale Ausstattung dieser Institute mit Aktiva führt zu einer andauernden Fusionswelle in beiden Bankengruppen.

2.2 Branchenspezifische Bedeutung der Informationsverarbeitung

Kernstück der Bankleistung ist aufgrund ihrer "Unstofflichkeit" und der fehlenden "Vorratsproduktion" die Bereitstellung von Informationen[7]. Die Information und die damit notwendige Informationsverarbeitung hat einen hohen Stellenwert für Kreditinstitute[8].

Verdeutlicht werden kann dies anhand der Informationsintensität von Branchen, gemessen in den zwei Dimensionen Informationsdichte innerhalb der Wertschöpfungskette sowie Informationsgehalt der Produkte[9]. Erstere ist um so höher, je stärker die Informationen in den einzel-

---

4 Der Institutswettbewerb ist für Sparkassen aufgrund des Regionalprinzips (geographischer Aufgabenbereich muß mit den räumlichen Bereichen des zugehörigen Kreises oder der Stadt identisch sein) grundsätzlich ausgeschlossen.

5 vgl.: Scheidl, K., Geschäftsbanken, a.a.O., S. 224; falls der Sparkassensektor als ein Institut betrachtet wird, wäre dieses künstliche Konstrukt als das bei weitem größte Institut des weltweiten Bankenmarktes anzusehen.

6 Die Größenordnung entspricht etwa der Verbreitung von Poststellen.

7 vgl.: Stein, J.H.v., Arten und Wesensmerkmale der Bankleistung, in: Obst, G. und Hintner, O., Geld-, Bank- und Börsenwesen, hrsg. von Norbert Kloten und Johann Heinrich von Stein, 39., völlig neu bearb. Aufl., Stuttgart 1993, S. 357-359.

8 vgl.: Mertens, P., Bodendorf, F., König, W., Picot, A. und Schumann, M., Grundzüge der Wirtschaftsinformatik, Berlin u.a. 1991, S. 177 f.; dort wird auf Untersuchungen verwiesen, die die geringe Überlebensfähigkeit des Kreditinstitutssektors bei Datenverlust hervorheben.

9 vgl.: Porter, M.E. und Millar, V.E., How Information Gives You Competitive Advantage, in: Harvard Business Review 63 (1985) 4, S. 153-156.

nen Aktivitäten des nicht-physischen Bereiches benötigt werden[10]. Letztere ist um so höher, je geringer der physische Anteil der Produkte und je höher der informatorische Anteil an der Gesamtleistung ist. In Abbildung 2.2/1 ist die Informationsintensität verschiedener Branchen aufgeführt.

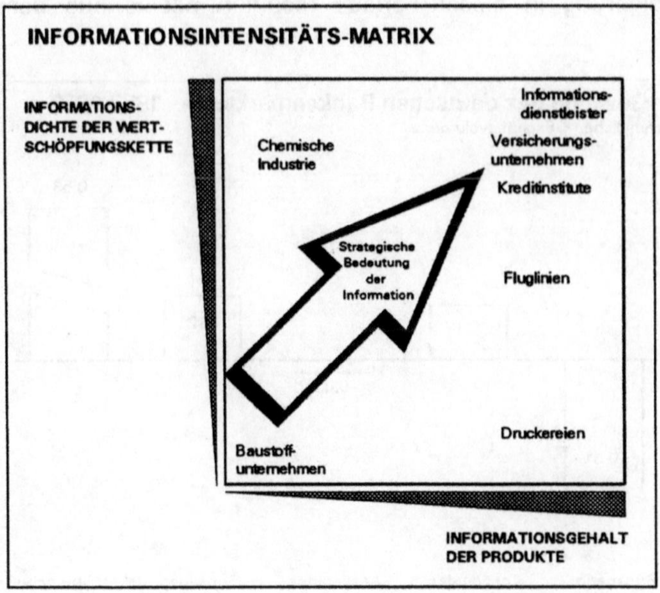

Abb. 2.2/1: Informationsintensität verschiedener Branchen

Daneben ist die operative Abhängigkeit des Bankbetriebes von hoher Bedeutung. Für die als Standard zu betrachtende 24-Stunden-Verfügbarkeit, die rasche Bearbeitung von Geschäftsvorfällen oder die Verbreitung von SB-Geräten ist die Informationsverarbeitung für Kreditinstitute unerläßlich[11].

---

10 Zum grundlegenden Prinzip der "value chain", zumeist als Wertschöpfungskette übersetzt, vgl.: Porter, M.E., Competitive Advantage. Creating and Sustaining Superior Performance, New York 1985, S. 33-53.

11 vgl.: Sokolovsky, Z., Informationsmanagement im Bankwesen, in: Scheer, A.-W. (Hrsg.), Handbuch Informationsmanagement: Aufgaben - Konzepte - Praxislösungen, Wiesbaden 1993, S. 413 f.

2.3 Finanzwirtschaftlicher Stellenwert der Informationsverarbeitung in Kreditinstituten

Die Analyse der Profitabilität der Gesamtbranche zeigt, daß in den letzten zehn Jahren die Gewinne im Verhältnis zum Geschäftsvolumen gesunken sind. Dies geht auch aus Abbildung 2.3/1 hervor. Die nominelle Gewinnsteigerung in dieser Periode resultiert alleine aus dem Mengeneffekt[12].

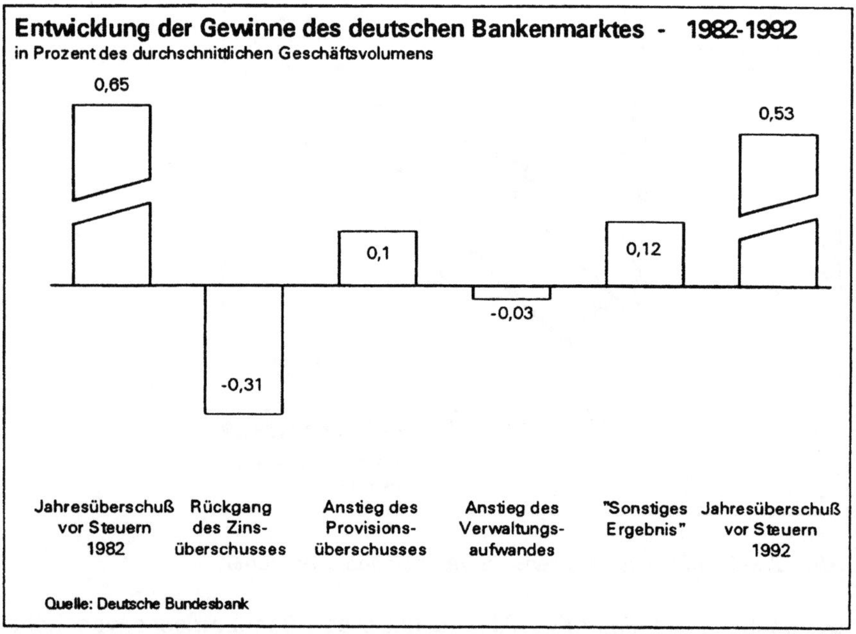

Abb. 2.3/1: Profitabilität des deutschen Bankenmarktes im Zehnjahres-Vergleich[13]

Die schrumpfenden Zinsmargen wurden von angestrebten Mehreinnahmen durch das Provisionsgeschäft (insb. Wertpapier) nicht kompensiert. Die im sonstigen Ergebnis enthaltenen Wertberichtigungen sowie die Erfolge des Eigenhandels mußten zur Ergebniskorrektur beitragen. Weiterhin ist festzuhalten, daß der Verwaltungsaufwand trotz der seit langem forcierten Rationalisierungspolitik durch die Informationsverarbeitung stärker als das Geschäftsvolumen gewachsen ist. Produktivi-

---

12 Eine inflationsbereinigte Darstellung würde zeigen, daß trotz des Mengeneffekt kein allzu großes Wachstum herrscht.

13 vgl.: Berechnungsgrundlagen aus: Deutsche Bundesbank, Ertragslage, a.a.O.

tätsvergleiche des McKinsey Global Institute zeigen gegenüber der USA eine Produktivität von nur 70%[14].

Neben den Personal- tragen vor allem die IV-Aufwendungen zum Verwaltungsaufwand bei. Da im Gegensatz zu anderen europäischen Ländern in Deutschland keine offiziellen Zahlen zum IV-Aufwand der Kreditinstitute veröffentlicht werden, sind Marktanalysen, etwa die Umsatzerwartungen der DV-Branche, sowie Interviews für eine weitergehende Analyse notwendig[15].

In einer Kostenvergleichsstudie von Booz Allen & Hamilton bei 12 Banken im deutschsprachigen Raum über den Anteil der IV-Aufwendungen am Gesamtaufwand wurde eine Spannweite von 7% bis 22%, differenziert nach Größenklassen, ermittelt. Weiterhin stellt die Untersuchung eine "scheinbar unaufhaltsame Kostenwachstumsrate bei den IT-Kosten von 15 bis 30 Prozent"[16] pro Jahr fest.

Eine andere Untersuchung nennt für IV-Aufwendungen eine Größenordnung von etwa 15% des Verwaltungsaufwandes. Daraus wird für den deutschen Bankenmarkt für die Datenverarbeitung ein Volumen von jährlich über 3 Mrd. DM abgeleitet[17]. Eine besondere Schwierigkeit solcher Untersuchungen ist, daß korrekte Zahlen den Instituten oft selbst nicht vorliegen, insbesondere dann, wenn die Aufwendungen direkt in den Fachbereichen anfallen. Dies wird bei einer stärker dezentralen Organisation der Datenverarbeitung weiter zunehmen.

Zum Bewerten der DV-Kosten wäre es hilfreich, wenn der Zusammenhang zwischen ihrer Höhe und den Faktoren, die diese beeinflußt, ermittelt werden könnte. Es ist etwa die Informationsintensität auch

---

[14] vgl.: McKinsey Global Institute, Service Sector Productivity, McKinsey Global Institute mit Unterstützung von Bob Solow u.a., McKinsey & Company, Inc., Washington 1992, S. 5 f.

[15] vgl.: So gibt es Veröffentlichungen der italienischen Zentralbank in Zusammenarbeit mit der italienischen Bankenverband (CIPA-ABI-Automazione), ähnliches gibt es mit eingeschränkter Veröffentlichung von der spanischen Zentralbank. Innerhalb der deutschen Bankengruppen existieren Vergleichszahlen, die jedoch nur schwer zugänglich sind.

[16] Gushurst , K.-P., Schwierige Aufforstung, in: Banking & Finance o. Jg. (1993) 3, S. 66 (Es wird angenommen, daß die in der Untersuchung verwandte Größe "Gesamtkosten" mit der Größe "Verwaltungsaufwand" aus den Statistiken der Bundesbank vergleichbar ist. Ansonsten wären auch Zinsaufwendungen sowie außerordentliche Abschreibungen enthalten. Dies wäre eine unsinnige Vermengung verschiedener unabhängiger Sachverhalte).

[17] vgl.: Moormann, J. und Wölfing, D., Fertigungstiefe in Banken verringern, in: Die Bank o. Jg. (1991), S. 678.

innerhalb von Kreditinstituten unterschiedlich, z.B. zwischen dem personalintensiveren Schaltergeschäft und den DV-intensiven Handelsaktivitäten[18]. Dementsprechend sind die Kostenquoten spezialisierter Institute nicht vergleichbar. Desweiteren sind die Rationalisierungseffekte der Datenverarbeitung anzuführen. Falls durch steigende DV-Kosten die Personalkosten überproportional abgesenkt werden können, ist die steigende DV-Kostenquote (aus gewinnoptimierender Sichtweise) zu begrüßen. Zusätzlich lassen sich bestimmte Veränderungen der DV-Kostenquoten auf geforderte Leistungsparameter, wie etwa bestimmte Servicelevel, zurückführen.

2.4 Strategische Bedeutung des IV-Einsatzes in Kreditinstituten

Die Aufgaben durch die großen Transaktionsvolumen des Zahlungs- oder Sparverkehrs sowie der Bargeldbeschaffung der 60er Jahre verlangten so hohen Durchsatz der Transaktionen, daß das Massengeschäft ohne DV-Abwickung nicht möglich gewesen wäre. In den 70er Jahren wurden bislang manuelle Abläufe aus Kostengründen auf die Datenverarbeitung ausgerichtet. In dieser Zeit entstanden die großen Abwicklungssysteme des Spar- und Kontokorrentverkehrs, die zum Teil im Kern heute noch genutzt werden. Die folgende Periode der 80er Jahre war durch den vermehrten Kundennutzen mit besserer Beratungsfähigkeit, Dialogverarbeitung sowie mit der computergestützten, integrierten Bearbeitung von Geschäftsvorfällen geprägt. Die höhere Bedeutung von Vertriebskonzeptionen führte in den 90er Jahren dazu, daß die Kundeninformationen zu Steuerungszwecken der Bank genutzt wurden. Mit diesem Wechsel von quantitativen zu mehr qualitativen Aufgaben der Datenverarbeitung stieg die Bedeutung des DV-Einsatzes für das originäre Geschäft. In jeder dieser Phasen gewann die Datenverarbeitung an strategischer Bedeutung[19].

Eine Prognose über die Weiterentwicklung des Bankgeschäftes läßt auf eine weiter steigende strategische Bedeutung der Datenverarbeitung schließen. Die im Rahmen der "Lean-Banking"-Diskussion aufkommenden Argumente für eine Prozeß-Neugestaltung weisen auf neue Her-

---

[18] vgl.: Dobschütz, L.v. und Prautsch, W., Hohe DV-Kosten: Immer ein schlechtes Zeichen?, in: HARVARDmanager 14 (1992) 1, S. 119-125.

[19] vgl.: Sokolovsky, I., Informationsmanagement, a.a.O. S. 411-413; Mertens, P., Verantwortung des Informationsmanagements für die Kundenbedienung, in: Scheer, A.-W. (Hrsg.), Handbuch Informationsmanagement: Aufgaben - Konzepte - Praxislösungen, Wiesbaden 1993, S. 657

ausforderungen für die DV-Abteilung, etwa für die Prozeßmodellierung, hin[20]. Neue integrierte Produkte, vor allem aus dem Allfinanzbereich, sind auf Basis bestehender, spartenorientiert organisierter Abwicklungssysteme zu bearbeiten. Viele Anwendungen des Mengenkundengeschäftes werden vorwiegend für die Kundenschnittstelle, dem sogenannten Front-Office, entwickelt.

Eine weitere Dimension erhält das Bankgewerbe, wenn die in den USA bereits wirksamen Trends der Verbriefung und damit der Ersatz traditioneller Bankgeschäfte durch neue Transaktionsformen ihren Niederschlag auch in Deutschland finden[21]. Die Disaggregation bisheriger Bankdienstleistungen und Übernahme von Teilaufgaben durch Spezialisten, z.B. der Abwicklung von Massentransaktionen, könnte die Aufgabe der Kreditinstitute auf die Position eines Vermittlers reduzieren. Doch gerade dann ist die Beherrschbarkeit der Datenverarbeitung für Kreditinstitute von höchster strategischer Bedeutung[22]. In Abbildung 2.4/1 sind die Entwicklungsphasen der Datenverarbeitung aufgeführt.

---

20 vgl.: Bierer, H., Faßbender, H. und Rüdel, T., Auf dem Weg zur "schlanken Bank", in: Die Bank, o. Jg. (1992), S. 500-506.

21 vgl.: Franke, G., Finanzmärkte: Interdependenzen und Entwicklungslinien, in: Obst, G. und Hintner, O., Geld-, Bank- und Börsenwesen, hrsg. von Norbert Kloten und Johann Heinrich von Stein, 39., völlig neu bearb. Aufl., Stuttgart 1993, S. 1058-1062; Bryan, L.L., Breaking Up The Bank: Rethinking an Industry Under Siege, Homewood 1988; Bryan, L.L., Bankrupt. Restoring the Health and Profitability of Our Banking System, McKinsey & Company, New York 1991; Hagemann, H., Should Your Company be a "Corporate Bank"?, in: The McKinsey Quarterly o. Jg. (1991) 4, S. 19-34.

22 vgl.: Teixeira, D.B. und Schmergel, G., The Emergence of the Virtual Bank. Based on the 1992 Survey of Commercial Banks´Information Technology, Co-sponsored by American Banker and Ernst&Young, Ernst&Young 1992; Bryan, L.L., Breaking..., a.a.O.

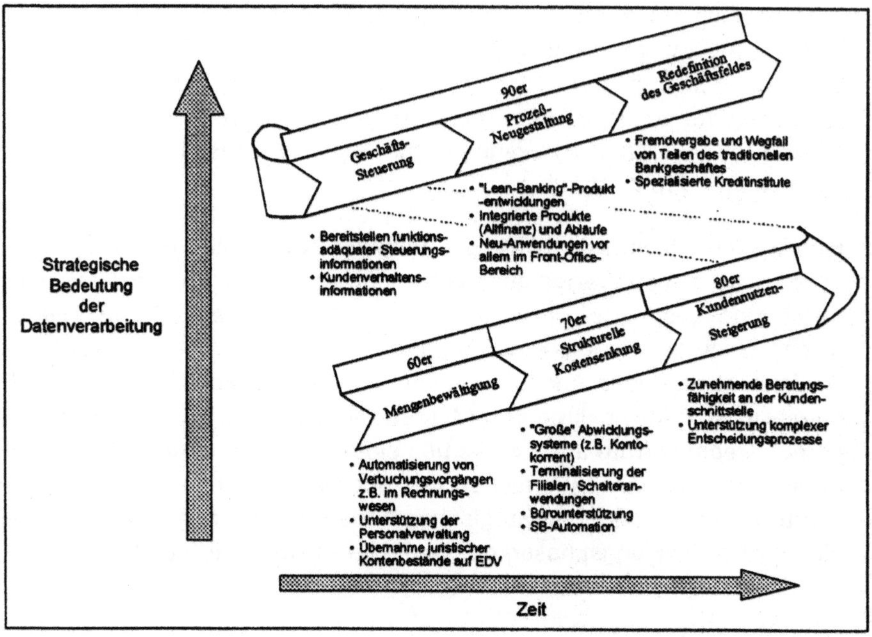

Abb. 2.4/1: Entwickungsphasen der Datenverarbeitung in Kreditinstituten

Bei dem Betrachten der Phasen läßt sich ein Trend zur Wiederholung der drei Phasen der 60er bis 80er Jahre in den 90er Jahren erkennen. Die Mengenbewältigung der Transaktionen, kennzeichnend für die 60er Jahre, entspricht dem Bewältigen der Informationen über Kunden und Produkte sowie einer daraus resultierenden Geschäftssteuerung, der ersten Phase der 90er Jahre. Darauf scheint sich, analog zu den 70er Jahren, ebenfalls eine Phase der Kostenreduktion anzuschließen, die vor allem durch das Neugestalten von Prozessen hervorgerufen wird. Die nachfolgende neue strategische Ausrichtung des Bankwesens wiederholt sich ebenfalls.

Allerdings finden diese Prozesse auf einem insgesamt höheren, strategischen Niveau der Datenverarbeitung statt.

3 Charakterisierung der System-Architektur

3.1 Begriffsklärungen und Abgrenzung

3.1.1 Der Architekturbegriff im Allgemeinen

Kennzeichnend für den Begriff "Architektur" ist, daß durch die Reduktion auf wesentliche Strukturen die Gemeinsamkeiten der Komponenten oder deren Beziehungen hervorgehoben bzw. leichter beschrieben werden können. Die wesentlichen Strukturen haben alle einen wichtigen Bezug zum Aufbau bzw. dem Erscheinen nach außen. Die Bezeichnung "Architektur" kann auf den unterschiedlichsten Begriffsebenen verwendet werden und wird ebenfalls in der Umgangssprache häufig gebraucht[1].

Auch in der Datenverarbeitung wird der Architekturbegriff zum Beschreiben von Strukturen verschiedener Ebenen ohne eindeutige Definition genutzt. Es wird von Architekturen eines Mikro-Chips, von Rechnerarchitekturen, der Kommunikations-Architektur, AD/Cycle oder "System Application Architecture" (SAA) gesprochen. Vorangestellt werden häufig Einschränkungen bzw. Erläuterungen wie "Anwendungs-, Anwendungssoftware-, Informations-, Technik-, System- oder DV-". Übergreifend werden Informationssystem-Architekturen, die Gesamtarchitektur oder Architektur an sich genannt. Auch im Wettbewerb der Hersteller von Hard- und Software werden Architekturkonzepte propagiert[2]. In der Literatur der Wirtschaftsinformatik ist der Architekturbegriff zumeist nicht als eigener Eintrag zu finden; so wird auch hier entweder von "Architektur für Rechnernetze", von "Architekturmodellen für offene Systeme"[3], "Anwendungsarchitektur" bzw. "Architektur von Anwendungssystemen" gesprochen[4]. Häufig

---

[1] vgl.: Scheer, A.-W., Architektur integrierter Informationssysteme - Grundlagen der Unternehmensmodellierung, 2., verb. Aufl., Berlin u.a. 1992, S. 2 f.

[2] vgl.: IBM Deutschland GmbH, IBM Open Enterprise: Die unternehmensweite Integration der Informationstechnologien, Neu von IBM, 1991, S. 6 f.; Siemens Nixdorf Informationssysteme AG, IT-Scope. SNI-Systemkonzept, Stand Mai 1991, S. 13 f.; Software AG, White Paper. Entire Architecture Overview, November 1991, S. 6.

[3] vgl.: Hansen, H.R., Wirtschaftsinformatik 1. Einführung in die betriebliche Datenverarbeitung, 5., neubearb. u. erw. Aufl., berichteter Nachdruck 1987, Stuttgart 1986, S. 558 f.

[4] vgl.: Strunz, H., Anwendungsarchitektur, in: Mertens, P. (Haupthrsg.), Lexikon der Wirtschaftsinformatik, 2., vollst. neu bearb. u. erw. Aufl., Berlin u.a. 1990, S. 43-45.

wird der Bezug der Architektur auf Informations- und Kommunikationssysteme beschränkt[5].

3.1.2 System-Architektur als Gesamtkonzeption

Mit der System-Architektur im hier verstandenen Sinne werden die gesamte DV-Landschaft und die zugehörige Organisation vollständig und übersichtlich erfaßt. Die System-Architektur definiert Beziehungen und Abhängigkeiten zwischen den einzelnen Komponenten eindeutig. Sie ist damit eine Anleitung, die dazu dient, die DV-Unterstützung in ihren Grundstrukturen umfassend und langfristig zu planen, die einzelnen Komponenten auf das zu unterstützende Geschäftssystem auszurichten und diese dabei aufeinander abzustimmen. Dem gegenüber stehen ungeplante, "gewachsene" Architekturen oder solche, bei denen nur Teilbereiche der DV-Unterstützung koordiniert werden.

Als Ergebnis erhofft man, daß die Abhängigkeiten von Einzelentscheidungen leichter ermittel- und darstellbar sind und damit die Entscheidungsfindung für das DV-Management erleichtert wird. Durch den hierarchischen Aufbau der Architektur (vom Allgemeinen zum Speziellen) kann die Darstellung dem jeweiligen Kommunikationszweck angepaßt werden. Die Reduktion und Disaggregation der vielfältigen Beziehungen auf überschaubare, aber dennoch wirklichkeitsnahe Strukturen, sind architekturtypische Merkmale dieses Konzeptes. Wirklichkeitsnähe heißt aber auch, daß künstliche, häufig technisch oder methodisch bedingte Grenzen zurückgedrängt werden und die Informationsverarbeitung mit geringer Anzahl an Medienbrüchen und damit integriert vonstatten gehen kann[6].

Die System-Architektur im hier verstandenen Sinne umfaßt die Hauptgruppen Informations-Architektur, Umsetzungs-Architektur und Bereitstellungs-Architektur. Sie sind auf das Geschäftssystem ausgerichtet. Dabei sind Rückwirkungen der einzelnen Komponenten aufeinander sowie durch das zu stützende Geschäftssystem zu berücksichtigen.

---

5 vgl.: Heinrich, L.J. und Roithmayr, F., Wirtschaftsinformatik-Lexikon, 3., überarb. u. wesentl. erw. Aufl., München u.a. 1989, S. 51 f.

6 vgl.: Schumann, M., Betriebliche Nutzeffekte und Strategiebeiträge der großintegrierten Informationsverarbeitung, Berlin u.a. 1992, S. 11-18; Mertens, P., Bodendorf, F., König, W., Picot, A. und Schumann, M., Grundzüge der Wirtschaftsinformatik, 2. Aufl., Berlin u.a. 1991, S. 48 f.

Abbildung 3.1.2/1 erläutert als grafische Darstellung die Zusammenhänge[7].

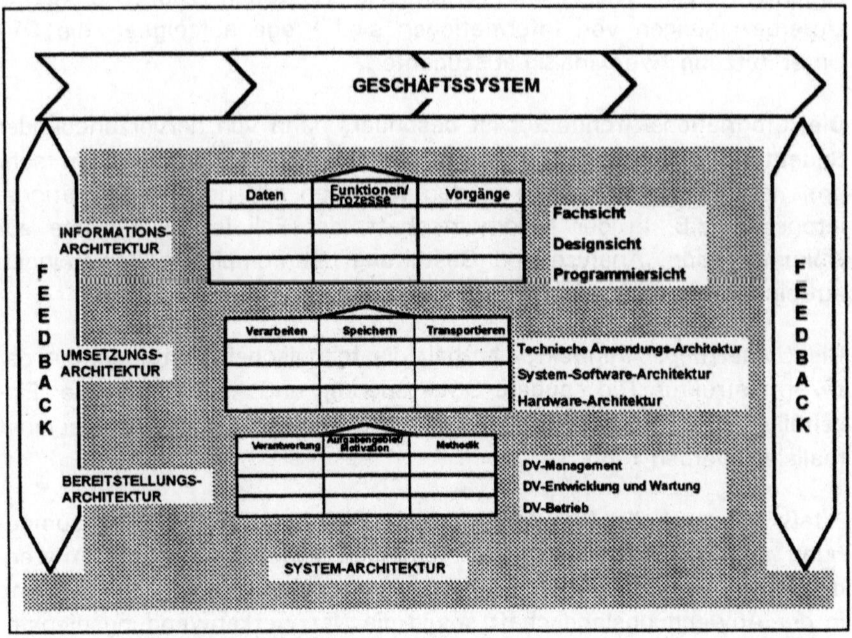

Abb. 3.1.2/1: System-Architektur im Überblick

Die *Informations-Architektur*, die häufig auch als fachliche Anwendungs-Architektur bezeichnet wird, ist die informationsbezogene Beschreibung des Geschäftssystems[8]. Neben der Darstellung der derzeitigen Informationsströme kann auch die Soll-Situation abgebildet werden. Durch den bewußten Verzicht auf die technischen Restriktionen sind Modifikationen auf planerischer Ebene freier und daher leichter durchzuführen. Erst in der Umsetzungs-Architektur werden dann diese Nebenbedingungen berücksichtigt.

Die Analyse, Dokumentation und Modellierung der Informationsbeziehungen aller mit der Unternehmung in Beziehung stehenden Personen und Sachverhalte dienen als Grundlage für das Entwickeln von Anwen-

---

[7] vgl.: Schmalzl, J. und Schumann, M., Aufbau und Inhalt einer System-Architektur für Kreditinstitute, in: Reichel, H. (Hrsg.), Informatik - Wirtschaft - Gesellschaft. Tagungsband der 23. Jahrestagung der Gesellschaft für Informatik, Berlin u.a. 1993, S. 81.

[8] vgl.: Scheer, A.-W., Modellierung betriebswirtschaftlicher Informationssysteme, in: Wirtschaftsinformatik 32 (1990), S. 405.

dungssystemen. Weiterhin wird durch das systematische Vorgehen ermöglicht, Systemverbesserungen zu identifizieren und die Ausführung zu unterstützen. Durch das verbesserte Verständnis der wichtigsten Lieferbeziehungen von Informationen sind Wege aufzeigbar, die DV-Unterstützung zweckmäßig auszurichten.

Die Informations-Architektur ist besonders dann von hervorzuhebender Bedeutung, wenn die Komplexität der Informationsbeziehungen sehr groß ist, wie es vor allem in den Branchen mit hoher Informationsintensität, z.B. in der Kreditwirtschaft, der Fall ist. Hier sollte zur Dokumentation, Analyse und Gestaltung der komplexen Beziehungen auf eine Informations-Architektur nicht verzichtet werden.

Die *Umsetzungs-Architektur* enthält die technischen Komponenten der DV-Infrastruktur. Die saubere Strukturierung und Abstimmung der Einzelteile hat so zu erfolgen, daß die Informations-Architektur geeignet realisiert werden kann.

Erfaßt werden alle Komponenten einer Software-Entwicklungsumgebung und sonstigen Tools zum Erstellen und Ablaufen der Anwendungsprogramme. Ebenso betrachtet werden die Struktur der Bausteine in der Anwendungslandschaft sowie die Netzwerkanwendungsdienste. Die Betriebssysteme und systemnahe Software, die Datenmanagement- sowie Netzwerksysteme sowie die Rechner, Speichermedien und Netzwerke bilden die anwendungsunabhängige Grundlage der Umsetzungs-Architektur.

Mit Hilfe der *Bereitstellungs-Architektur* wird die Organisation der Mitarbeiter, die zum Entwickeln, Unterstützen, Bedienen und Verwalten der Umsetzungs-Architektur erforderlich sind, beschrieben. Ohne das funktionierende, auf die anderen Architekturgruppen abgestimmte Gerüst an Mitarbeitern und für die DV-Unterstützung festgelegte Vorgehensweisen können die Aufgaben in der Informations- und Umsetzungs-Architektur nicht erreicht werden. Das personelle Gefüge der DV-Abteilung kann nicht nur als Rahmenbedingung betrachtet werden, sondern ist aktiv zu beeinflussender Bestandteil der Architektur[9]. Die rückspie-

9 ähnliche Ansätze finden sich auch bei Krcmar, H., Bedeutung und Ziele von Informationssystem-Architekturen, in: Wirtschaftsinformatik 32 (1990), S. 395-402 oder Scheer, A.-W., Architektur..., a.a.O. oder auch im Anfang der 70er Jahre entwickelten Strategie-Tool, dem 7-S-System, vgl.: Schimmelmann, W.v., Bankorganisation, in: Obst, G. und Hintner, O., Geld-, Bank- und Börsenwesen, hrsg. von Norbert Kloten und Johann Heinrich von Stein, 39., völlig neu bearb. Aufl., Stuttgart 1993, S. 940-956, S. 940 f.

lenden Einflüsse dieser Elemente auf die anderen Komponenten sind so groß, daß nicht von Rahmenbedingungen oder reinen Ableitungen aus den Vorgaben der oberen Ebenen gesprochen werden kann. Zudem sollen auch diese Bereiche der System-Architektur auf das Geschäftssystem und die restlichen Teile der System-Architektur in geeigneter Weise ausgerichtet werden.

Die drei Architektur-Hauptgruppen haben hinsichtlich der Unterstützung des Geschäftssystems unterschiedliches Gewicht. Sie sind dementsprechend hierarchisch dargestellt. Gleichzeitig sind jedoch die Beziehungen aller Architektur-Hauptgruppen auf das Geschäftssystem auszurichten. Die Informations-Architektur ist sehr eng mit dem Geschäftssystem verzahnt. Das Festlegen ihrer Struktur ergibt sich fast zwangsläufig aus der Abbildung des realen Geschehens. Die unabhängigere Umsetzungs-Architektur wird in der grundlegenden Struktur zwar vom Informationssystem und damit dem Geschäftssystem determiniert, die Freiheitsgrade in der Gestaltung sind jedoch höher als bei der Informations-Architektur. So genügt häufig die Vorgabe von Standards. Noch stärker trifft dies auf die Bereitstellungs-Architektur zu, bei der branchenspezifische Unterschiede nicht stark ausgeprägt sind.

3.2 Ziele der System-Architektur

Die Zielanforderungen an die Architektur werden in der Literatur analog zu den Interpretationen der Architektur uneinheitlich behandelt. Während sich häufig auf konkrete Zielsetzungen wie arbeitsteilige Realisierung von integrierten Anwendungssystemen (durch ein Rahmenkonzept) konzentriert wird[10], gehen andere Autoren auf wesentlich allgemeinere und umfassendere Ziele (wie Verständlichkeit oder Flexibilität) ein[11]. Die nachfolgend dargestellten Ziele der Systemarchitektur versuchen, einen Kompromiß zwischen den beiden extremen Zielformulierungen aufzuzeigen.

---

[10] vgl.: Scheer, A.-W., Architektur..., a.a.O, S. 3 f.

[11] vgl.: Krcmar, H., Bedeutung..., a.a.O, S. 400 f.; Guthery, E.E. und Eck, R.D., Evaluation Measures for a Model Base for an Information System Architecture DSS, in: Sprague, R.H., Jr. (Hrsg.): Proceedings of the Twenty-Third Annual Hawaii International Conference on System Sciences 6 (1990), S. 184-191 mit ausführlichen Literaturrecherchen.

3.2.1 Ausrichtung der DV auf die Unternehmensziele

Die Informationsverarbeitung ist auf die Unternehmensziele auszurichten und hat die Erfüllung dieser Ziele in wirtschaftlicher Weise zu unterstützen. Sie dient dabei immer mehr auch dazu, den gesamten Geschäftsablauf zu ändern oder neue Geschäftsfelder zu erschließen. Zugleich können Wettbewerbsvorteile erarbeitet werden, sei es durch Kostensenkung oder eine verbesserte Differenzierungsstrategie[12].

Die Verpflichtung, die Dienstleistung dauerhaft zur Verfügung stellen zu können, erfordert eine eigene Strategie, die kurzfristige Optimierungen auf Kosten längerfristiger Ziele vermeiden sollte. Die steigende Bedeutung der Datenverarbeitung erfordert auch eine anders geartete Rolle der DV-Abteilung. Immer mehr Nicht-DV-Experten haben engen Kontakt zur Datenverarbeitung und fordern daher eine angepaßte Kommunikation mit der DV-Abteilung.

3.2.1.1 Unterstützung des Geschäftssystems

Das zum Umsetzen der Unternehmensziele gestaltete Geschäftssystem wird aus Rationalisierungsgründen - zum Bewältigen von Massentransaktionen - mit oft sehr starkem DV-Anteil unterstützt. Die vielfältigen, häufig auch widersprüchlichen Anforderungen an diese DV-Unterstützung, sollten in einer geordneten Struktur aufgenommen werden, wie es der Architekturansatz gestattet.

Für den amerikanischen Bankenmarkt wird von Steiner und Teixeira dargestellt, daß die 35 größten Banken, die sich neben der Größe vor allem auch durch die überproportional hohen Wachstumraten des DV-Budgets von den anderen ca. 14.000 "commercial banks" in den USA unterscheiden, über 50% des gesamten Nettogewinns der amerikanischen Geschäftsbanken erwirtschaften[13]. Damit läßt sich eine Abhängigkeit zwischen verschieden intensivem DV-Einsatz und der Wettbewerbssituation von Kreditinstituten zeigen. Auch in Deutschland verändert sich durch den Technikfokus die Wettbewerbssituation. Erkennbar sind verringerte Markteintrittsbarrieren, die Instituten wie American Express, der Quelle Bank sowie Kreditbanken großer Kaufhäuser und Automobilfirmen den Bankenmarkt öffnen. Tabelle

---

[12] vgl.: Porter, M.E. und Millar, V.E., How..., a.a.O., S. 156 f.

[13] vgl.: Steiner, T.D. und Teixeira, D.B., Technology in Banking: Creating Value and Destroying Profits, Homewood 1990, S. 15-27.

3.2.1.1/1 führt prägnante Beispiele erfolgreicher Nutzung neuer Technologien für Kreditinstitute auf.

Technologische Neuerung	Institut	Ergebnisse
• Telefon-Banking mit 24-Stunden-Service • Rechnergestütztes Terminvergabe-system für Kundenberater	Citibank Deutschland[14]	Hohe Auslastung der Mitarbeiter führt zu Kostenvorteilen (Rang 1 in der Bankenübersicht des Manager-Magazins 5/91)
• Modulares, tabellengesteuertes Abwick-lungssystem, basierend auf hochstruk-turierter Architektur insb. zur Verwaltung von Investmentfonds	State Street Boston Corporation[15]	Jährlich 17% Gewinnsteigerung zwischen 1983 und 1988
• Individualsoftware für Abwicklungsprogramme amerikanischer Nichtbanken (Kreditkarten, Merrill Lynch CMA, ...)	Bank One Corporation[16]	Aufstieg innerhalb von 10 Jahren von Platz 44 bis auf Platz 4 in der Rangliste amerikanischer Banken nach Geschäftsvolumen (Stand 91)

Tabelle 3.2.1.1/1 : Beispiele technischer Innovationen in Banken

Die notwendige DV-Unterstützung kann in allen Bereichen des Geschäftssystems eines Kreditinstituts aus den spezifischen Zielen der Teilfunktionen abgeleitet werden, wie Abbildung 3.2.1.1/1 exemplarisch aufzeigt.

Durch Betrachten der Teilfunktionen einer Bank unter verschiedenen Blickwinkeln, etwa nach Wettbewerbsposition, zukünftiger Markt-Entwicklung und geplanter Positionierung, werden Ziele und die daraus resultierenden DV-Anforderungen spezifischer faßbar. Die DV-Anforderungen sind nach einem geordneten Verfahren zu sammeln und zu bewerten, dies insbesondere dann, wenn es zu widersprüchlichen Anforderungen kommt. In Kapitel 5 wird darauf vertieft eingegangen.

Neue Technologien können dazu beitragen, komplette Geschäftsprozesse zu verändern oder durch höhere Datenintegration neu zu definieren[17]. Der Einsatz wissensbasierter Systeme zur Kreditwürdig-

---

[14] vgl.: o.V., Telefon-Banking im Test. Wie Langohr die Sicherheit knackte, in: DM - Das Wirtschaftsmagazin 32 (1992) 10, S. 144 f.

[15] vgl.: o.V., Trust and Investment - Systems: At State Street, It's Systems over Banking, in: The American Banker o. Jg. (1993), 1. Februar, S. 1A; o.V., Tomorrow, the World; State Street Boston Corp. Rolls Out Real-time Multicurrency Accounting System, in: Wall Street & Technology 9 (1992) 7, Seite 46; o.V., State Street Boston Thrives in Businesses Banks Didn't Want, in: The American Banker o.Jg. (1990), 30.Mai, S. 8.

[16] vgl.: Steiner, T.D. und Teixeira, D.B., Technology..., a.a.O., S. 217-222.

[17] vgl.: Parker, M.M., Trainor, H.E. und Benson, R.J., Information Strategy and Economics, New Jersey 1990, S 4 f.

keitsprüfung oder der "Image"-Technologie zur verbesserten Dokumentenverwaltung und zum Beschleunigen von Prozessen sind Beispiele von Innovationen, die eine Rückwirkungen auf das Geschäftssystem haben.

	Beratung	Abwicklung + Selbstbedienung	Handel + Eigengeschäft	Verwaltung + Unternehmens-steuerung
ZIELE	- Allfinanzangebote aus einer Hand - Professionelle Wertpapierberatung - Kompettberatung bis zur Vertragsunterschrift - Beratung auch vor Ort	- 24-h-Verfügbarkeit - Schnelle und fehlerarme Bearbeitung - Kundengesamtbetrachtung mit Gesamtobligo - Schnelle Abwicklung auch von neu angebotenen Produktinnovationen - Kostengünstiger Zahlungsverkehr	- Kurze Antwortzeiten - Unterbrechungsfreier Betrieb (Ausfallsicherheit > 99,99%) - Unterstützung ausländischer Betriebsstellen - Zugriff auf externe Marktteilnehmer	- Ausreichende Unterstützung bankferner Dienstleistungen - Auswertung des Kundenverhaltens inkl. historischer Daten - Steuerung nach Kunden-, Produkt- und Regionsergebnis
DV-UNTERSTÜTZUNG	- Integrierter Datenzugriff - Schneller Zugriff auf unterschiedliche Beratungsprogramme - Verfügbarkeit von tagesaktuellen und historischen Werten - Vorgangssteuerungssystemen - Unterstützung mobiler Kommunikation	- Ausbau SB-Geräte (mit Offline-Fähigkeit) - Schneller Datenzugriff durch geeignete DB-Strukturen - Operatorloser RZ-Betrieb - Nutzung von Spiegelplatten - Parametergesteuerte Software-Entwickung	- Effizientes Schnittstellenmanagement zur innerbetrieblichen Integration - Unterstützung internationaler Kommunikationsstandards - Client-Server-Struktur	- Integration von Standard-Software - Modellierung auf Einzelgeschäftsebene - Hohe Speicherkapazität - Relationale Datenbanken zur leichteren Auswertung von Datenbeständen

Abb. 3.2.1.1/1: DV-Unterstützung im Geschäftssystem einer Bank

Da sich sowohl Technologie wie auch die Geschäftsstrategie in einem dynamischen Prozeß befinden, ist auf die Konsequenzen neuer Geschäftsinitiativen oder technischer Entwicklungen besonderes Augenmerk zu richten. Abbildung 3.2.1.1/2 gibt einen Überblick über die relevanten Abstimmungsbereiche.

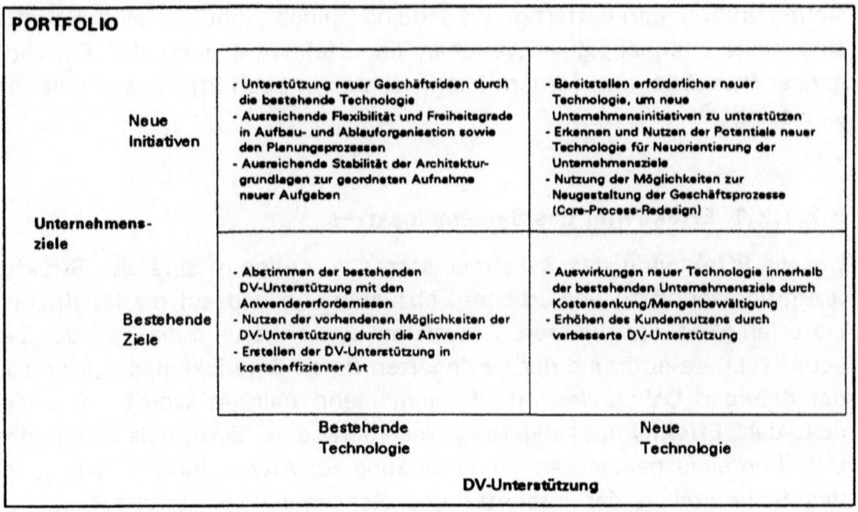

Abb. 3.2.1.1/2: Portfolio zur Abstimmung von Unternehmenszielen und DV-Unterstützung

Viele Unternehmen sind durch bekannte Beispiele besonders auf die Kombination von neuen Initiativen mit neuer Technologie fixiert[18]. Entscheidender für den Unternehmenserfolg ist es jedoch, die Strategien aufeinander abzustimmen und eng zu koppeln.

3.2.1.2 Wirtschaftlichkeit der DV-Unterstützung

Die stark steigenden Aufwendungen für die Informationsverarbeitung verstärken die permanente Aufgabe der DV-Abteilung, die notwendige DV-Unterstützung mit erhöhter Effektivität anforderungsgerechter sowie durch verbesserte Effizienz kostengünstiger zu lösen. Eine gesteigerte Effektivität des Systemeinsatzes soll es ermöglichen, die DV-Unterstützung im zeitlich gesteckten Rahmen bedarfsgerecht, z.B. sehr schnell, zu erfüllen. Im Mittelpunkt steht in der hier verwandten Definition vor allem, ob die ausgewählten Mittel ausreichen, ein vorgegebenes Ziel zu erfüllen ("doing the right things"). Im Unterschied hierzu wird die Systembereitstellung dann als effizient bezeichnet, wenn der zur Zielerreichung notwendige Mitteleinsatz unter wirtschaftlichen Ge-

---

[18] vgl.: Hopper, M.D., Sabre - Lektionen für das Überleben im Informationszeitalter, in: HARVARDmanager 13 (1991) 1, S. 80-87.

sichtspunkten gerechtfertigt ist ("doing things right"). Beide Begriffe sind nicht unabhängig verwendbar, da Effektivität auch das Entfallen ganzer Prozeßschritte fordern kann, was dann auch Effizienzvorteile mit sich bringt[19].

3.2.1.2.1 Effektivität des Systemeinsatzes

Um die Effektivität des Systemeinsatzes zu steigern, sind alte Strukturen grundlegend zu überarbeiten, abzustimmen und auf die langfristige Lieferfähigkeit auszurichten. Ansonsten können neue Initiativen der Geschäftssphäre aufgrund der verringerten freien Entwicklungskapazität in der heutigen DV-Landschaft oft nicht mehr realisiert werden. Die vier aus der Effektivitätssteigerung resultierenden Einzelziele sind das Schaffen einer geeigneten Voraussetzung zur Anwendungsentwicklung, das Sicherstellen der Integrität und Konsistenz von Information, der reibungsfreie DV-Betrieb sowie die Benutzerfreundlichkeit. In Tabelle 3.2.1.2.1/1 sind wichtige Mittel zur Effizienzverbesserung für alle vier Zielsetzungen aufgeführt.

Zielsetzung	Mittel zur Effektivitätsverbesserung[20]
Schaffung geeigneter Voraussetzungen zur Anwendungsentwicklung	- Klare Beschreibung des Geschäftes - Bausteintechnik in der Anwendungsentwicklung - Anwendungsentwicklung von Produktvarianten in der Fachabteilung
Integrität und Konsistenz der Informationen	- Spartenübergreifend einheitliche, logisch zentrale Datenorganisation - Vertikale Integration bei der Weiterleitung von Informationen - Vermeidung von doppelten Datenbeständen
Reibungsfreier Betrieb der DV	- Harmonisierte Hardwarelandschaft - Technische Kommunikationsfähigkeit - Ausreichende Verfügbarkeit (24 Stunden) und Ausfallsicherheit
Benutzerfreundlichkeit	- Einheitliche Menü-Steuerung - Ergonomische, grafisch objektorientierte Bedienungsoberfläche

Tabelle 3.2.1.2.1/1: Effektivität des Systemeinsatzes

---

19 vgl.: Scholz, C., Organisatorische Effektivität und Effizienz, in: Frese, E. (Hrsg.): Handwörterbuch der Organisation, 3., völlig neu gestaltete Aufl., Stuttgart 1992, Sp. 533. Die Unterscheidung ist in der deutschen Literatur umstritten, wird aber in Anlehnung an die amerikanische Management-Literatur verstärkt gefordert.

20 vgl. die Ausführungen in Kapitel 5.2.2.1.1 Anforderungen zur Steigerung der Effektivität.

Durch eine klare Beschreibung des Geschäftes, so daß Strukturen vergleichbar und damit zusammenführbar sind, selbst wenn die Beiträge aus verschiedenen Entwicklungsgruppen stammen, wird eine bessere Grundlage für die Anwendungsentwicklung geschaffen. Bereichsübergreifende Konsolidierungen können zumindest mit Brückenprogrammen verwirklicht werden, wenn alle wichtigen Datenfelder vorhanden und in ähnlicher Weise definiert sind.

3.2.1.2.2 Effizienz in der Systembereitstellung

Die effiziente Systembereitstellung wird mit hoher Produktivität im Erreichen der Ergebnisse, Minimieren von indirekten, d.h. ohne zusätzlichen Nutzen generierenden Leistungen, mit alternativer Möglichkeiten der Systemversorgung und Integration von individuellen DV-Lösungen (IDV) angestrebt.

Die Produktivität der Leistungserstellung in der DV-Abteilung läßt sich dadurch verbessern, daß man eine methodisch abgesicherte und toolgestützte Analyse- und Designphase im Entwicklungsprozeß durch die Informations-Architektur ermöglicht. Weiterhin tragen eine angepaßte und abgestimmte Software-Entwicklungsumgebung (Produkte) und die erforderlichen Standards, Regeln und Personalkonzepte zur Produktivität bei. Tabelle 3.2.1.2.2/1 führt für jede der Zielsetzungen mögliche Mittel zur Effizienzverbesserung auf.

Zielsetzung	Mittel zur Effizienzverbesserung
Produktivität in der Ergebniserstellung	- Nutzung moderner Methoden und Verfahren zur Software-Entwicklung - Einsatz von geeigneten Werkzeugen und Tools - Angepaßte Personalkonzepte
Minimierung von indirekter Leistung	- Gesamtplanung der DV-Unterstützung und Abstimmung der Einzelelemente - Vereinfachte Änderung, Pflege und Wartung von Anwendungssoftware - Durchgängige Infrastruktur
Alternative Möglichkeiten der Systemversorgung	- Herstellerunabhängigkeit (Einsatz internationaler Standards und Normen) - Alternative Fremdbezugs-Potentiale - Kooperationen in der Anwendungsentwicklung
Integration von IDV-Lösungen	- Anwenderspezifische Lösungen - Mit Gesamtstrategie kompatible Einzellösungen

Tabelle 3.2.1.2.2/1: Effizienz in der Systembereitstellung

3.2.1.2.3 Reduktion von Opportunitätskosten

Die Schwierigkeiten bei der Bewertung der Wirtschaftlichkeit von Architekturen liegen neben der hohen Komplexität auch in dem "Options-Charakter" des Vorhabens, denn eine wohlformulierte Architektur eröffnet nicht in erster Linie unmittelbare Erfolge. Vielmehr ist es sogar so, daß die erforderlichen Maßnahmen zunächst hohe Kosten verursachen. Neben den reinen Planungs- und Konzeptionskosten entstehen Kosten zur Erstellung von Infrastruktur-Grundlagen sowie für die aufwendige Migration. Dem stehen Nutzenerwartungen gegenüber. Die oben angeführten Effektivitäts- und Effizienzsteigerungspotentiale zeigen die unmittelbaren Effekte auf. Darüber hinaus werden Potentiale für die Zukunft eröffnet. Durch die Ausgestaltung der System-Architektur sind auch solche Maßnahmen zu berücksichtigen, ohne die in der Folgezeit hohe Kosten abzusehen wären. So können auf Basis einer stabilen Informations-Architektur die Aufwendungen für zukünftige Anwendungsprojekte zurückgehen. Die Reduktion solcher Opportunitätskosten läßt sich allerdings nur schwer bewerten.

3.2.2 Verbesserung der Kommunikationsfähigkeiten der DV-Abteilung

Der Begriff der Kommunikation wird hier bewußt sehr weit gefaßt, es werden nicht nur reine Informationsbeziehungen betrachtet[21]. Im folgenden wird auf die jeweiligen Problemfelder der Kommunikationsanforderungen in DV-Abteilungen eingegangen. Die architekturtypischen Eigenschaften der Reduktion und Disaggregation von Informationsbeziehungen sind hier besonders gefordert.

Kommunikation mit dem Topmanagement

Einsatzmöglichkeiten neuer Technologien und deren Konsequenzen auf das originäre Geschäft sowie Unsicherheit bezüglich der Bewertung der Leistungsfähigkeit der DV-Abteilung bei gleichzeitig stark steigenden DV-Kosten sind Gründe für wachsendes Interesse des Topmanagements an der Datenverarbeitung[22]. Hierfür sollten

- die vorhandenen Potentiale für die Geschäftsausübung,
- die technischen Hauptproblemfelder,

---

[21] vgl.: Gebert, D., Kommunikation, in: Frese, E. (Hrsg.): Handwörterbuch der Organisation, 3., völlig neu gestaltete Aufl., Stuttgart 1992, Sp. 1110-1121.

[22] vgl.: Porter, M.E. und Millar, V.E., How..., a.a.O, S. 149.

- die zum Verständnis von Auswahlprozessen notwendigen Abhängigkeiten von technischen Komponenten,
- die relevante technische Kommunikations- und Systemplattform und
- die Informationsbeziehungen von Kernprozessen des Geschäfts

auch für DV-ferne Adressaten verständlich aufbereitet werden.

Kommunikation mit und zwischen den Fachabteilungen

Die Fachabteilungen sind Auftraggeber der DV-Abteilung zur Software-Erstellung und des DV-Betriebes. Gleichzeitig liefern sie das zur Entwicklung notwendige Wissen der fachlichen Spezifikation des Geschäftes[23]. Aufgrund der Spezialisierung im jeweiligen Aufgabengebiet sind Denkweise, Vokabular und Arbeitsweise unterschiedlich ausgeprägt. Erfahrungen mit mangelhafter Nutzung der DV-Angebote durch Anwender des eigenen Unternehmens lassen auf Kommunikationslücken schließen[24].

Da von Anwendern nicht erwartet werden kann, daß sie sich notwendiges methodisches Know-how aneignen, sind Hilfen zur Überbrückung zu schaffen. Ein möglicher Ansatz wäre das Berücksichtigen von spezifischen Sichtweisen mit einer entsprechenden Beschreibungssprache und geklärten, methodischen Überleitungen. Die Informationen der Fachabteilung können mit ihrer eigenen Begrifflichkeit an die DV-Abteilung weitergegeben werden. So sind die Anwender von der Methodik und Semantik der DV-Welt entlastbar. Gleichzeitig lassen sich die Informationen leichter für die Belange der DV-Abteilung umsetzen. Weiterhin können inhaltliche wie auch formale Probleme durch eindeutige Begrifflichkeit sowie Abstraktion von technischen Einzelheiten abgebaut werden.

Kommunikation innerhalb der DV-Abteilung

Der typische Aufbau einer DV-Abteilung sieht neben dem Management eine funktionale Trennung zwischen dem Betrieb des Rechenzentrums und den Entwicklungs- und Wartungsabteilungen vor. Bedingt durch die unterschiedlichen Schwerpunkte haben sich traditionell verschiedene Sicht- und Sprechweisen entwickelt. So sind je nach zentraler oder

---

[23] vgl.: Selig, J., EDV-Management: Eine empirische Untersuchungen der Entwicklung von Anwendungssystemen in deutschen Unternehmen, Berlin u.a. 1986, S. 312-323.

[24] vgl.: Diebold Deutschland GmbH, Automatisierung der Bankgeschäfte mit Privatkunden - Eine empirische Untersuchung, Eschborn 1990, S. 133-138.

dezentraler Ausrichtung unterschiedliche Betrachtungsweisen, etwa bei der Datenhaltung, üblich[25]. Zusätzlich erhöht sich die Begriffsvielfalt durch proprietär belegte Bezeichnungen von Herstellern. Die Kommunikation zwischen DV-Fachleuten findet häufig nur mit Artikelbezeichnungen großer Hersteller, z.B. das "3270-Terminal" von IBM, statt, die nur im jeweiligen Anwenderkreis verstanden werden. Gefordert ist daher ein "Glossar", mit dem hersteller- und abteilungsübergreifend eine eindeutige Zuordnung und Definition der Begriffe vorgenommen werden kann. "Konflikte" können durch mehrfache Belegung aufgedeckt und nach Auflösung und von allen getragener Zuordnung mit Hilfe der Architekturelemente sinnvoll dokumentiert werden.

Kommunikation mit Herstellern und anderen Anwendern

Das Beziehungsgeflecht zwischen Anbietern und Nachfragern hat durch die zunehmende Segmentierung, Fragmentierung der Marktanteile und neue Technologietrends erheblich an Komplexität und Kompliziertheit zugenommen[26]. Aufgrund der erhöhten Angebotsvielfalt mit unterschiedlichsten Neuheitsgraden ist die Abdeckung der Anforderungen genauer zu überprüfen, um die Angebote vergleichen und bewerten zu können. Oft kann nur nach intensiven Kontakten und Prüfungen die hinter "Schlagwörtern" stehende Funktionalität abgeschätzt werden. Der hohe Innovationsgrad erfordert die enge Partnerschaft zwischen Anbietern und Nachfragern, um gemeinsam Entwicklungspfade abstimmen zu können.

Als Reaktion auf das geänderte Anbieterverhalten sowie aufgrund eigener strategischer Zielsetzungen haben viele Nachfrager ihre Handlungsweise modifiziert. Zum Teil werden bisherige DV-Dienstleistungen in eine eigene Unternehmung ausgelagert, die sich zur besseren Kapitalnutzung auch als Fremdanbieter positioniert. Weiter nutzen Unternehmen neue Fremdbezug-Quellen zur Reduzierung der Komplexität oder der Kosten. Neben dem schon länger bekannten Thema des Outsour-

---

25 J.A. Zachman berichtet von derartigen Vorfällen innerhalb eines IBM-Labors und nannte dies als eine Motivation zur Entwicklung des "Framework for Information Systems Architecture", vgl.: Zachman, J.A., (Präsentation) A Framework for Information Systems Architecture, Präsentation auf der I/S-Analyzer Konferenz 1988, Audio-Bänder, United Communications Group, Bethesda 1988.

26 vgl.: Hoch, D.J. und Schirra, W., Entwicklung der Informationstechnologie - Management des Wandels in einer Zeit des Paradigmenwechsels, in: Scheer, A.-W. (Hrsg.), Handbuch Informationsmanagement: Aufgaben - Konzepte - Praxislösungen, Wiesbaden 1993, S. 14-35.

cings ganzer DV-Abteilungen sind auch Kooperationen zur gemeinsamen Software-Entwicklung zwischen mehreren Anwendern zu nennen[27].

Diese Tendenzen verlangen eine klare Definition der einzelnen Komponenten, um die Kompatibilität prüfen, erforderliche Schnittstellen leichter festlegen und die notwendigen Konsequenzen ermitteln zu können.

3.3 Beispiele für Architekturbegriffe in der DV-Literatur

Die aufgeführten Ansätze unterscheiden sich im Fokus der Betrachtung und dem präsentierten Umfang der Methode, etwa dem Einbezug der Unternehmensstrategie, der Technik, der Implikationen auf Personal und Entwicklung oder die jeweilige Integration in ein Gesamtbild[28]. Darüber hinaus sind Unterschiede im Detaillierungsgrad feststellbar. Die drei ausgewählten Konzepte stehen bei wissenschaftlichen Diskussionen zum Thema Architektur in Deutschland im Mittelpunkt[29].

3.3.1 Bezugsrahmen für Informationssystem-Architekturen

Als einer der Begründer des Architekturbegriffes für die DV-Welt gilt der IBM-Berater J.A. Zachman, der 1987 einen Bezugsrahmen ("framework") für die Architektur von Informationssystemen formu-

---

[27] vgl.: Lotter, K., Systemstrategie einer Filialbank am Beispiel der Berliner Bank AG, in: Fachtagung: Systemstrategie in Banken am 15./16. September 1988, Frankfurt am Main 1988, S. 66-68; Heitmüller, H.-M., Informatikzentrum..., a.a.O., S. 5-12; Teixeira, D.B. und Schmergel, G., The Emergence..., a.a.O., S. 51-53.

[28] Auf weitergehende Untersuchungen, etwa die Einordnung des verwendeten Architekturansatzes in die übergreifenden Arbeiten des Informationsmanagements, wurde verzichtet; vgl. hierzu Mertens, P. und Holzner, J., WI - State of the Art. Eine Gegenüberstellung von Integrationsansätzen der Wirtschaftsinformatik, in: Wirtschaftsinformatik 34 (1992) 2, S. 5-25; Heilmann, H., Integration, Ein zentraler Begriff der Wirtschaftsinformatik im Wandel der Zeit, in: Handbuch der modernen Datenverarbeitung 26 (1989) 150, S. 46-57; Schumann, M., Betriebliche Nutzeffekte..., a.a.O., S. 7, Biethahn, J., Ganzheitliches oder integriertes Informationsmanagement, Arbeitsbericht, Abteilung I, Institut für Wirtschaftsinformatik, Universität Göttingen 1992.

[29] vgl.: Meinhardt, J. (Hrsg.), Informatik - Wirtschaft - Gesellschaft, Programmheft der 23. Jahrestagung der Gesellschaft für Informatik, Dresden 1993, S. 29; Hildebrand, K., Zur Begriffsvielfalt bei Informationssystem-Architekturen: Ein Vorschlag für eine einheitliche Terminologie, in: Reichel, H. (Hrsg.), Informatik - Wirtschaft - Gesellschaft. Tagungsband der 23. Jahrestagung der Gesellschaft für Informatik, Berlin u.a. 1993; Hasenkamp, U. und Syring, M., Bibliographie zum Thema Anwendungsarchitektur, in: Wirtschaftsinformatik 32 (1990), S. 446-450.

lierte[30]. Zachman prägt den Begriff der "relativen Architektur", die in einer ersten Dimension die jeweils unterschiedlichen Perspektiven der am Entstehungsprozeß Beteiligten repäsentiert. Damit werden die verschiedenen Beziehungen zum Endprodukt wiedergegeben. In Analogie zur Bautechnik führt Zachman sechs unabhängige Sichtweisen ("views") einer System-Architektur auf, von der Unternehmenssicht über die Modellierungssicht bis hin zum funktionierenden System[31].

In einer zweiten Dimension wird dasselbe Architekturkonzept entsprechend den unterschiedlichen Zwecken in dafür adäquaten Beschreibungsarten dargestellt. Hierbei können Inhalt, Funktionalität, Verfügbarkeit, Verantwortlichkeit, Zeitpläne oder auch Ziele als Beschreibungszwecke dienen[32].

Die Kombination beider Dimensionen ist in einer Matrix so beschreibbar, daß jedes Element der Zelle sich von den anderen eindeutig unterscheidet, gleichzeitig aber auch ein vollständiges Bild der Architektur gibt[33]. In Abbildung 3.3.1/1 ist das Konzept anhand von Beispielen dargestellt[34].

Zachman weist noch 1987 auf die bewußte Reduktion seiner Überlegungen auf die eher technischen Komponenten hin. In der weiterentwickelten Form nimmt Zachman 1992 die Unternehmensstrategie, ebenso wie die Organisationsstruktur sowie Planung mit in die Formulierung der Architektur auf[35]. Als einheitliche Beschreibungssprache werden "conceptual graphs" genutzt.

---

30 vgl.: Hasenkamp, U. und Syring, M., Bibliographie..., a.a.O., S. 446-450. Sehr viele Architekturbeiträge beziehen sich auf das grundlegende Prinzip, vgl.: Hildebrand, K., Zur Begriffsvielfalt..., a.a.O.; Hildebrand, K., Ein Referenzmodell für Informationssystem-Architekturen, in: Information Management 7 (1992) 3, S. 6-12; Krcmar, H., Bedeutung..., a.a.O., S. 398; Tulowitzki, U., Anwendungsssystemarchitekturen im strategischen Informationsmanagement, in: Wirtschaftsinformatik 33 (1991), S. 94-99.

31 Zachman, J.A., A Framework for Information Systems Architecture, in: IBM Systems Journal 26 (1987), S. 291.

32 Erst in der Erweiterung seines Ursprungsmodells formulierte Zachman zusammen mit Sowa alle diese Perspektiven aus und führt mehrere zusätzliche "metaframeworks" ein, vgl.: Sowa, J.F. und Zachman, J.A., Extending and Formalizing the Framework for Information Systems Architecture, in: IBM Systems Journal 31 (1992), S. 590-616.

33 vgl.: Zachman, J.A., A Framework..., a.a.O., S. 284, McNurlin, B.C. (Hrsg.), Implementing a new system architecture, in: I/S Analyzer 26 (1988) 10, S. 7 f.

34 vgl.: Sowa, J.F. und Zachman, J.A., Extending..., a.a.O., S. 600 f (freie Übersetzung durch den Autor).

35 vgl.: Sowa, J.F. und Zachman, J.A., Extending..., a.a.O, S. 602.

	Daten	Funktionen	Netzwerk	Verantwortliche	Zeitpläne	Ziele
Geschäftsausrichtung	Liste wichtiger Geschäftsbegriffe	Liste der Geschäftsprozesse	Liste der Geschäftsorte	Liste der Abteilungen bzw. Unternehmensteile	Liste wichtiger Meilensteine	Liste der Unternehmensziele
Unternehmensmodell	Entity-Relationsship-Diagramm	Prozeßflußdiagramm	Struktur der Geschäftsverbindungen	Organisationsdiagramm	Grobplanung	Geschäftsplan
Informationssystem-Modell	Datenmodell	Datenflußdiagramm	Aufbau des Informationssystems	Aufbau- und Ablauforganisation	Prozeßablaufplan	Entscheidungsbäume
Technologisches System	Datenbankdesign	Programmstruktur	Hardware- und Systemsoftware-Architektur	Stellenbeschreibungen	Feinterminierung	Struktur der Zielbeziehungen
Detaillierte Beschreibung	Datenbankbeschreibung	Programm	Netzwerk-Architektur	Aufgabenbeschreibungen	Maschinenbelegung	Aktionspläne
Physisches System	Daten	Funktionen	Netzwerk	Organisation	Plan	Strategie

Abb. 3.3.1/1: Bezugsrahmen für Informationssystem-Architekturen

3.3.2 Informationssystem-Architekturen aus ganzheitlicher Sicht

Krcmar setzt seinen Architekturansatz an der von ihm formulierten Kritik des Zachmanschen Vorgehens (Stand 1987) auf, insbesondere wegen des fehlenden Integrationsgedankens. Durch Einbezug der Geschäftsdomäne soll eine ganzheitliche Betrachtungsweise der Informationssystem-Architekturen ermöglicht werden. Hierzu werden die Komponenten der Anwendungs-, Daten- und Kommunikations-Architektur sowie der Infrastruktur um die Organisations-Architektur und um die in der Strategie formulierten Unternehmensziele erweitert. Abbildung 3.3.2/1 zeigt das Konzept im Überblick.[36]

Im Gegensatz zum Ansatz Zachmans werden bei Krcmar die einzelnen Bestandteile nicht unabhängig voneinander angesehen. Zum einen werden die einzelnen Schichten ausgehend von den Unternehmenszielelen voneinander abgeleitet, die systematische Ableitung wird sogar als

---

[36] vgl.: Krcmar, H., Bedeutung..., a.a.O., S. 399.

wichtiger Erfolgsfaktor für die Konzeption einer geeigneten Architektur betrachtet. Zum anderen erhalten die Komponenten verschiedenartige Wertigkeiten, dies wird auch durch die grafische Darstellung deutlich.

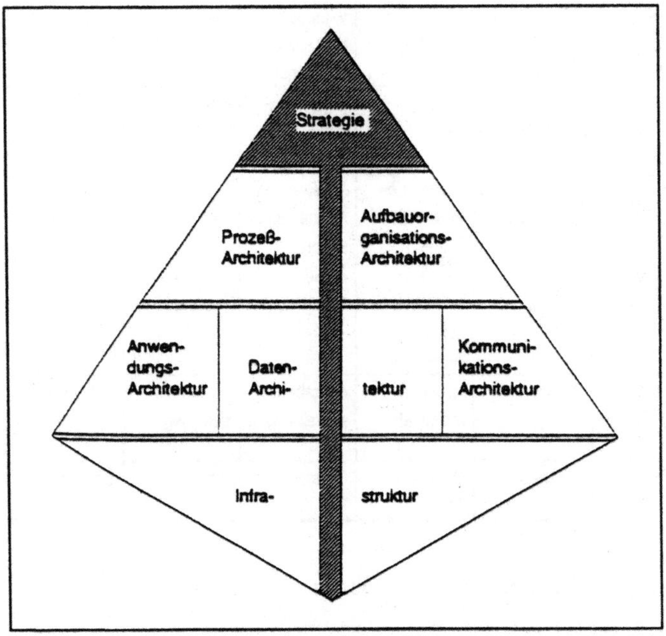

Abb. 3.3.2/1: Ganzheitliches Modell der Informationssystem-Architektur

Mit der umfassenden Betrachtungsweise sollen Rückkopplungen der durch die Informationssysteme zur Verfügung stehenden Potentiale und Restriktionen auf die Geschäftsstrategie möglich sein. Dieser Aspekt geht auf die Planungsmethode des unternehmensweiten Informationsmanagements zurück[37].

3.3.3 Architektur integrierter Informationssysteme

Das ARIS-Modell der "Architektur integrierter Informationssysteme"[38] von A.-W. Scheer zeichnet sich durch seine Allgemeingültigkeit und seine breite Anwendbarkeit im Bereich der Unternehmensmodellierung aus[39]. Das Modell nimmt für sich in Anspruch, durch die einheitliche Beschreibung von Daten-, Organisations-, Funktions- und Steuerungs-

---

[37] vgl.: Parker, M.M., Trainor, H.E. und Benson, R.J., Information..., a.a.O, S. 4 f.

[38] vgl.: Scheer, A.-W., Architektur..., a.a.O.

[39] vgl.: Scheer, A.-W., Unternehmensdatenmodell (UDM) als Grundlage integrierter Informationssysteme, in: Zeitschrift für Betriebswirtschaft 58 (1988), S. 1091-1114.

sicht einen Rahmen zu bilden, um integrierte Anwendungssoftware zu entwickeln. Durch die einheitliche Beschreibung mit Hilfe des Entity-Relationship-Ansatzes über die Entwicklungsphasen Fachkonzept, DV-Konzept und Implementierung soll es zu einem systematischen und rationellen Methodeneinsatz beitragen. In Abbildung 3.3.3/1 ist das Konzept vereinfacht dargestellt.

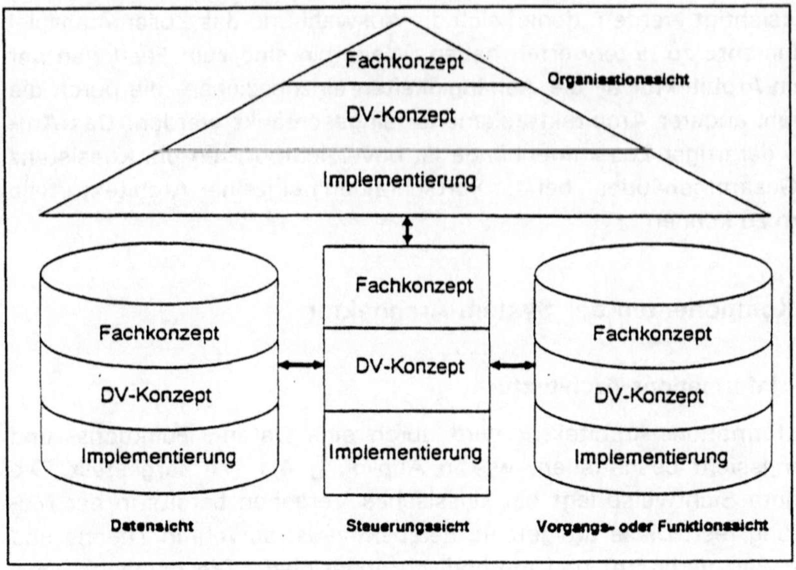

Abb. 3.3.3/1: Konzept der Architektur integrierter Informationssysteme

Auf Basis von Vorgangsketten, die für die Informationsverarbeitung im Unternehmen relevant sind, wird das Informationsmodell so erstellt, daß die daraus entwickelten Anwendungssysteme die Abläufe im Unternehmen unterstützen können.

Die gegenüber den anderen Ansätzen grundlegende Unterscheidung liegt in der praktischen Anwendbarkeit des Konzeptes. Durch Toolunterstützung sowie darauf aufbauende Anwendungen wie den CIM-Analyzer oder verschiedene Referenzmodelle hat das von Scheer entwickelte Modell eine große Bedeutung auch in der praktischen Arbeit erlangt[40].

---

[40] vgl.: Hars, A., Nutzung von Referenzmodellen auf der Grundlage der Architektur integrierter Informationssysteme, unveröffentlichte Präsentationsunterlagen zur 23. Jahrestagung der Gesellschaft für Informatik, Dresden 1993.

4 Allgemeiner Aufbau der System-Architektur

Die Architekturelemente sind jeweils innerhalb der Architektur-Hauptgruppen Informations-Architektur, Umsetzungs-Architektur und Bereitstellungs-Architektur mit möglichen Ausprägungen getrennt zu beschreiben. Darüber hinaus müssen Konzepte innerhalb der Architektur berücksichtigt werden, denen sich die Auswahl und das Zusammenspiel der Elemente zu unterwerfen haben. Weiterhin sind zum Festlegen der System-Architektur all die Abhängigkeiten einzubeziehen, die durch die Auswahl anderer Architekturelemente eingeschränkt werden. Das Aufzeigen derartiger Zusammenhänge ist unverzichtbar, um die Konsistenz des "Gesamtgebäudes" bei der Fortschreibung einzelner Architekturteile sichern zu können.

4.1 Komponenten der System-Architektur

4.1.1 Informations-Architektur

Die Informations-Architektur wird durch eine Daten-, Funktions- und Vorgangssicht beschrieben, wie in Abbildung 4.1.1/1 dargestellt. Die getrennte Sichtweise legt ein klassisches Vorgehen bereits in der Modellierung fest. Diese dreigeteilte Perspektive ist sowohl in Theorie und Praxis weit verbreitet und methodisch abgesichert. Die damit gewährleistete Personenunabhängigkeit und Nachvollziehbarkeit ist in Unternehmen von hoher Bedeutung. Die grundsätzlich alternative objektorientierte Methode hat den Anspruch, die Trennung zwischen Daten, Funktionen und Vorgängen aufzuheben. Mit Hilfe gekapselter Datenstrukturen, die über "Messages" untereinander kommunizieren, sollen Daten sowie die zugehörigen Funktionen als ein Objekt modelliert und realisiert werden[1]. Zielsetzung ist es hierbei, den Entwicklungsprozeß durch die Aufgabe der scheinbar künstlichen Trennung in Daten und Funktionen innerhalb der Analysephase integriert betrachten zu können. Während die objektorientierte Programmierung in einigen Teilgebieten der Kreditinstitute, etwa bei Bereichen mit schnellebigen Produkten, bereits Einzug fand, ist eine breite Anwendung der objektorientierten Programmierung nicht zu erwarten. Vor allem aufgrund der noch nicht

---

[1] vgl.: Taylor, D.A., Objekt-Oriented Technology: A Manager's Guide, Reading/Massachusetts 1991; Schäffer, B. und v. Zimmermann, P., Objektorientierte Programmierung, in: Mertens, P. (Haupthrsg.), Lexikon der Wirtschaftsinformatik, 2., vollst. neu bearb. u. erw. Aufl., Berlin u.a. 1990, S. 306-308

stabilen theoretischen Grundlagen in der Analyse großer Anwendungen sowie aufgrund der unzureichenen Werkzeugunterstützung wird sich die objektorientierte Modellierung in nächster Zukunft nicht durchsetzen. Es werden allerdings objektorientierte Ideen, z.B. die Kapselung von Datenstrukturen, in traditionellen Vorgehensweisen einbezogen, so daß der grundsätzliche Unterschied geringer wird. Daher wird in dieser Untersuchung nur die "klassische" Betrachtungsweise verwendet[2].

DATEN	FUNKTIONEN/ PROZESSE	VORGÄNGE	
Informationsbegriffe - Geschäftsregeln - Entitäten - Beziehungen - Attribute	Funktionsbaum - Produkte, abstrakte Funktionen - Funktionen - Teilfunktionen - Elementarfunktionen	Geschäftsabläufe - Prozeßabläufe - Kernprozesse - Typisierte Vorgänge	**Fachsicht**
Datenmodell - Unternehmensweites Datenmodell (uwDM) - Unternehmensdatenmodell (UDM) - Wiederverwendbare, spartenübergreifende Datenkonstrukte (Konditionen, Produkte)	Funktionsmodell - Funktionshierarchien für Projektmodelle - Wiederverwendbare, spartenübergreifende Module - Querschnittsfunktionen	Prozeßmodell - Schnittstellendefinition - Standardtransaktionstypen - Vorgangsrahmen	**Designsicht**
Datenbankdesign - Felder - Adressen	Funktionsmodule - Programmierte Funktionen - Module	Programmrahmen - Rahmenprogramme - Vorgangssteuerungssysteme	**Programmiersicht**

Abb. 4.1.1/1: Informations-Architektur

4.1.1.1 Datensicht

Der Informationshaushalt von Kreditinstituten gründet sich auf eine große Anzahl an Daten sowie hochkomplexen und vielfältigen gegenseitigen Abhängigkeiten.

---

[2] vgl.: Bauer, M., Der klassische Ansatz hat einige Schwächen, in: Beilage zur Computerwoche: FOKUS 19 (1992) 2, S. 20-23, Skubsch, H., SW-Landschaft in Bewegung, in: Beilage zur Computerwoche: Fokus 19 (1992) 2, S. 4.

Der notwendige Prozeß, die ungeordnete, unstrukturierte Information des realen Geschehens zu sammeln und in einer geeigneten Struktur in die Speichermedien umzusetzen, wird durch mehrere hierarchisch verschiedene Betrachtungs- und Modellebenen erleichtert, wie in Tabelle 4.1.1.1/1 aufgeführt. Ziel ist ein unternehmensweites Datenmodell (uwDM), das redundanzfrei, detailliert und vollständig die reale Welt beschreibt. Es setzt sich pragmatischerweise aus mehreren Projektdatenmodellen (PDM), jeweils begrenzten und überschaubaren Ausschnitten, zusammen. Als abstrakte Beschreibung der vielfältigen Informationsflüsse im Unternehmen sowie als Navigationshilfe für das detaillierte unternehmensweite Datenmodell empfiehlt sich das Unternehmensdatenmodell (UDM) als "Top-Modell".

Art	Bedeutung	Inhalt	Umfang	Zweck
PDM	Projektdatenmodell	- Vollständige, detaillierte und redundanzfreie Beschreibung der Realwelt - Entitäten, Beziehungen und Attribute	- Je nach Ausschnitt auf Projektebene	Umsetzung in normalisierte Datenbankschemata (möglichst toolgestützt)
uwDM	unternehmensweites Datenmodell	- Integration der PDM, unter Zuhilfenahme der uwBD und des UDM werden anwendungsübergreifende Zusammenhänge aufgenommen	- ca. 1500-2000 Entitäten unternehmensweit	Hilfsmittel zur Verfeinerung der PDM (Integration zu anderen PDM)
uwBDM	unternehmensweites Bereichsdatenmodell	- Verdichtung mehrerer PDM - Übergreifende Modellierung mehrfach verwendbarer Sachverhalte (Produkt, Kunde)	- ca. 250-400 Entitäten auf Bereichsebene	Strukturierungshilfe (Zwischenschritt)
UDM	Unternehmensdatenmodell	- Endstufe der Verdichtung der PDM mit zentralen Informationsbegriffen und Beziehungen (Top-Modell) - Basis für zukünftige PDM	- ca. 60-120 Entitäten unternehmensweit	Strukturierungshilfe (Endstufe)

Tabelle 4.1.1.1/1: Begriffsübersicht zu Datenmodellen

Das unternehmensweite Erkennen und Festlegen gleichartiger Begriffe ist umso wichtiger, je komplexer das Geschäft bzw. die Anwendungen sind. Nur dadurch kann sichergestellt werden, daß Informationen produktübergreifend zusammengeführt und Finanzdienstleistungen spartenübergreifend kombiniert werden können. Zusätzlich sprechen neben dem sachlich geforderten Zwang zur einheitlichen Strukturierung auch Wirtschaftlichkeitsgründe für eine übergreifende, unternehmensweite Betrachtung, um Potentiale für eine spartenübergreifende Wiederverwendbarkeit von gleichen Dateistrukturen nutzen zu können[3]. Die zugrunde liegende Annahme ist, daß durch geeignete Konstrukte jede vom Markt geforderte und vom Vertrieb angebotene Produktvariante DV-logisch vereinfacht abgebildet und damit kostengünstig verarbeitet werden kann.

Die spartenübergreifende Definition solcher Konstrukte - für Kreditinstitute "Produkt" oder "Abwicklungsregeln und Konditionen" - sorgt dafür, daß die angesprochenen Effizienz- und Effektivitätsvorteile des Architekturansatzes realisiert werden können. Die dann übergreifend verfügbaren Informationsstrukturen bilden das Kernstück der Informations-Architektur; dadurch unterscheiden sich einfache Modellierungsansätze vom hier präferierten Architekturkonzept. Allein durch verschiedene Parametereinstellungen für Zins-, Laufzeit- oder Rückzahlungsmodalitäten lassen sich Spar-, Kredit- und Wertpapierkaufverträge und entsprechende Abwicklungsprogramme in sehr schneller Zeit darstellen[4].

Während das unternehmensweite Datenmodell (uwDM) durch Projektdatenmodelle neuer Anwendungen laufend fortgeschrieben und ergänzt wird, sollte das Unternehmensdatenmodell (UDM) als stabiles Fundament wenig Änderungen erfahren[5].

Als gängige Beschreibungshilfe der statischen, logischen Datenstruktur aller oben beschriebener Modelle ist das Entity-Relationship-Model (ERM) einsetzbar[6]. Hierbei wird zwischen Entitäten, Relationen (Beziehungen) und Attributen unterschieden. Das Fachwissen wird aufgenommen und kann durch wenige Regeln in die erforderliche formale Darstellung gebracht werden, die den computergestützten Übergang über mehrere Prozeßschritte bis hin zu den gewünschten Datenbankstrukturen erleichtert.

---

[3] vgl.: Rhefus, H., Top Down und/oder Bottom Up - Kritische Erfolgsfaktoren auf dem Weg zu einer Unternehmens-Datenarchitektur, in: Information Management 7 (1992) 3, S. 32-37; Klein, J., Vom Informationsmodell zum integrierten Informationssystem, in: Information Management 5 (1990) 2, S. 6-10; Scheer, A.-W., Unternehmensdatenmodell..., a.a.O., S. 1111-1113.

[4] vgl.: Himmler, U., Die Überwindung der Spartengrenzen im Aktiv-/Passivgeschäft, in: bank und markt 21 (1992) 4, S. 32-34.

[5] vgl.: Rhefus, H., Top Down..., a.a.O., S. 32-34.

[6] vgl.: Scheer, A.-W., Modellierung..., a.a.O.; Scheer, A.-W., Unternehmensdatenmodell..., a.a.O.

4.1.1.2 Funktionssicht

Während die Datensicht statische Informationen berücksichtigt, wird in der Funktionssicht der Informationstransformationsprozeß beschrieben. Unter Funktionen versteht man komplexe Tätigkeiten, die zum Bearbeiten von Produkten oder Dienstleistungen angewandt werden. Dies kann man durch ein Funktionsmodell in zweierlei Hinsicht beschreiben. Ein erstes wichtiges Endprodukt ist eine Hierarchie von Funktionen unterschiedlicher Aggregationsstufen und deren exakte Beschreibung. Zweites, darauf aufbauendes Endprodukt eines Funktionsmodells ist ein Set identifizierter, wiederverwendbarer Funktionen. Diese können als mehrfach einsetzbare Bausteine oder als zentrale Module gestaltet werden. So sind Funktionen als kleine Module spezifizierbar, die in vielen später zu entwickelnden Anwendungen einsetzbar sind. Vielfach genügt es, Parameter für die späteren Funktionsmodule festzuhalten und entsprechende Übergabeschnittstellen vorzubereiten.

Bei der Spezifikation zentraler Module, z.B. dem "Clearing", ist in erster Linie zu entscheiden, welche der potentiellen Bankgeschäfte - etwa Devisen- und Wertpapiergeschäft aber auch der Zahlungsverkehr - auf dieses Modul ausgerichtet werden. Die jeweils spezifischen Informationen, wie Devisen-, Wertpapierstammdaten oder Adressen von Korrespondenzbanken, sind bereits dann zu berücksichtigen, wenn die Clearing-Funktion zum ersten Mal erstellt wird.

Im Unterschied zu Datenmodellen ist das separate Aufstellen eines Funktionsmodells nicht verbreitet[7]. Die im Gegensatz zu den Entity-Relationship-Modellen fehlende einheitliche Beschreibungssprache gilt als wichtige Ursache. Dennoch wird die separate Definition eines Funktionenmodells aus folgenden Gründen empfohlen:

- Erkennen von wiederverwendbaren Modulen[8],
- Strukturierungshilfe bei der Ermittlung des Datenhaushaltes für die Erstellung eines UDM (das Funktionsmodell fällt als Kuppelprodukt an)[9],

---

[7] vgl.: Skubsch, H., SW-Landschaft..., a.a.O., S. 4; der aus der Praxis bekannte Fall wird auch in fehlenden Literaturbeiträgen bzw. Lexikaeinträgen deutlich.

[8] Scheer kennzeichnet diese Funktionen als "AFUNKTION", sie werden als Ausgangspunkt des späteren Modulentwurfes genutzt; vgl. Scheer, A.-W., Architektur..., a.a.O., S. 66 f. und S. 139-142. Dort finden sich auch weitere Literaturhinweise.

[9] vgl.: Färberböck, H., Gutzwiller, T. und Heym, M., Ein Vergleich von Requirements Engineering Methoden auf Metamodell-Basis, in: Proceedings "Requirements Engineering '91, Informatik-Fachberichte Nr. 273, Berlin 1991, S. 49-53.

- Grundlage für das Neugestalten der wichtigsten Unternehmensabläufe ("Core Process Redesign") sowie Komplexitätsreduktion ("Lean Banking")[10].

Die Spezifikation des Funktionsmodells beginnt mit dem Zerlegen der einzelnen Funktionen. Hier sind mehrere Vorgehensweisen denkbar. Tabelle 4.1.1.2/1 zeigt die Alternativen in einer Übersicht:

		Projekteignung	
	Beschreibung	**Vorteile**	**Nachteile**
Dienstleistungen (Produkte)	Dienstleistungen/ Produkte des Unternehmens werden in Teilprodukte zerlegt und die Funktionsschritte festgelegt, mit denen die Produkte bearbeitet werden	• Produktkatalog kann als Ausgangspunkt genutzt werden • Erkennen wiederverwendbarer Funktionen durch Mehrfachnennungen • Gute Kommunikationsschnittstelle zum Anwender, da Spartenschnitt eigenem Erfahrungshorizont genügt • Projektumfang beliebig variabel • Vollständigkeit des Marktbereiches sichergestellt	• Keine einheitliche Detailtiefe vorgegeben • Wenig Ansatzpunkte für "Core-Process-Redesign" • Zentrale Module (z.B. Controlling, Vertriebssteuerung, Personal) nicht abgedeckt
Geschäfts-system	Die Aufbauorganisation der Unternehmung wird in die einzelnen Organisationseinheiten zerlegt	• Alle Aufgaben der Unternehmung sind abgedeckt, anhand von Organigrammen und Aufgabenbeschreibungen wird die Vollständigkeit der Prozesse sichergestellt • Projektumfang beliebig variabel • Referenzmodelle gut einsetzbar	• Bankfremde Produkte und dafür erforderliche Spezialfunktionen werden evtl. nicht berücksichtigt • Keine Systematik zum Erkennen wiederverwendbarer Funktionen
Geschäfts-prozesse	Durch Hierarchiediagramme werden die wichtigsten Geschäftsprozesse in die erforderlichen Teilfunktionen zerlegt	• Orientierung an Kernprozessen, gut aus Unternehmenszielen ableitbar • Gute Ansatzpunkte für Core-Process-Redesign-Überlegungen • Prozeßhierarchien sind gute Ansatzpunkte zum Erkennen wiederverwendbarer Funktionen	• Keine Abbildung des gesamten Unternehmens sichergestellt • Wiederverwendbarkeit erstreckt sich nur auf die untersuchten Prozesse • Regeln zur Untergliederung fehlen • Schwierige und oft umstrittene Auswahl der Prozesse

(Fortsetzung)

10 vgl.: Bierer, H., Fassbender, H. und Rüdel, T., Auf dem Weg..., a.a.O. S. 500-506.

(Fortsetzung)

	Beschreibung	Projekteignung Vorteile	 Nachteile
Abstrakte Funktionen	Ein Funktionenraster wird durch Spezialisierung mit unternehmenseigenen Funktionen spezifiziert	• Durch generische Funktionen Vollständigkeit sichergestellt • "Top-down"-Vorgehensweise gewährleistet spartenneutrale Suche nach wiederverwendbaren Funktionen (gleiche Semantik und Detailgrad vorausgesetzt) • Referenzmodelle gut einsetzbar	• Projektumfang nur schwer variierbar • Kommunikation zu Anwendern durch Abstraktionsniveau erschwert

Tabelle 4.1.1.2/1: Unterschiedliche Ausgangspunkte zur Funktionenmodellierung

Der Übersicht ist zu entnehmen, daß einzelne Ansätze für sich die geforderten Ansprüche nicht vollständig erfüllen können. Eine geeignete Kombination könnte in einer Vorgehensweise anhand von Produktkatalogen zusammen mit abstrakten Funktionen liegen. Ersteres wird aufgrund des Kommunikationsaspektes und der verfügbaren Dokumentation gewählt, letzteres aufgrund der primär substanziellen Vorteile wie Wiederverwendbarkeit, Vollständigkeit und Ansatzpunkte für Prozeß-Neugestaltung. Beispiele für abstrakte Funktionen können in Analogie zur "value-chain" von M.E. Porter erstellt werden, wie in Abbildung 4.1.1.2/1 gezeigt[11].

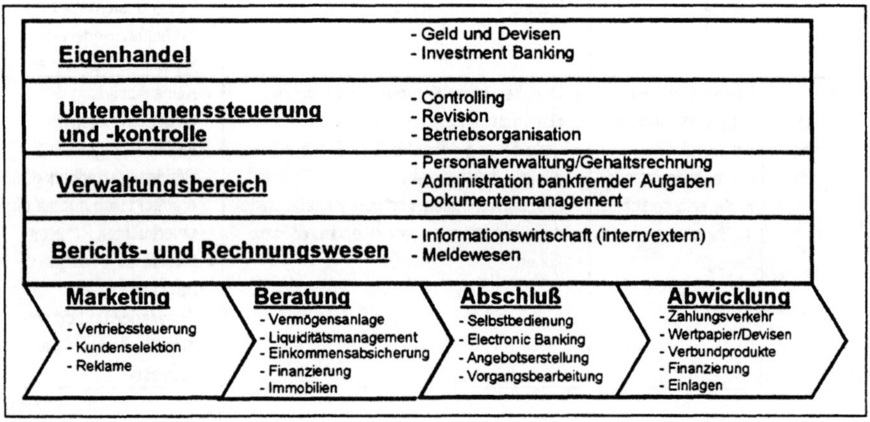

Abb. 4.1.1.2/1: Strukturierung abstrakter Funktionen in einem Kreditinstitut

---

11 vgl.: Porter, M.E. und Millar, V.E., How..., a.a.O., S. 151.

Die Funktionen sind über Teilfunktionen bis hin zu Elementarfunktionen weiter herunterzubrechen. Nach dem jeweiligen Detaillierungsgrad sind die Begriffe wie folgt zu definieren:

Funktion	Komplexe Tätigkeit zur Bearbeitung von Produkten und Dienstleistungen, die über Elementarfunktionen abgewickelt wird. Sie kann daher weiter zerlegt werden.
Teilfunktion	Tätigkeit, die in mehrfachen Hierarchiestufen die Abfolge einer Funktion beschreibt. Der höchste Detaillierungsgrad besteht aus Elementarfunktionen.
Elementarfunktion	Nicht weiter zerlegbare Tätigkeit (Einzelschritt).

Der Aufwand für das Zerlegen aller Funktionen in Elementarfunktionen läßt sich nur dann rechtfertigen, wenn dadurch die Anzahl an spartenübergreifenden, wiederverwendbaren Funktionen erhöhen werden kann. Der dazu nötige einheitliche Detaillierungsgrad wird jedoch weitestgehend durch unterschiedliches Know-how, Detailtreue und Selbstdisziplin der jeweilig befragten Funktionsträger bestimmt. Zudem existieren für eine einheitliche Beschreibungssprache zwar bereits Ansätze in älteren Methoden, so in den Arbeiten von Constantine, Yourdan oder deMarco[12], dennoch ist ein der ER-Methodik vergleichbarer verbreiteter Standard nicht verfügbar. Die aufgeführten Problemfelder weisen auf eine zu große Komplexität der unternehmensweiten Modellierung von Funktionen hin, so daß zusammenfassend Funktionsmodelle eher projektweit zu empfehlen sind[13].

Für die Suche nach wiederverwendbaren Funktionen wird daher eine hypothesenorientierte, pragmatische Vorgehensweise vorgeschlagen. Eine Liste wiederverwendbarer Funktionen ("Modulhypothesen") wird a priori aufgestellt, basierend auf Erfahrungswissen von Entwicklern bzw. bestehenden Modellen. Die Teil- und Elementarfunktionen mit unterschiedlichem Detaillierungsgrad aus dem jeweiligen Projektausschnitt können so der Liste von "Modulhypothesen" gegenübergestellt und entsprechend gruppiert werden. Damit ist eine auf den Projektumfang reduzierbare Analyse möglich ist.

Folgende Übersicht zeigt eine Liste möglicher "Modulhypothesen" für Kreditinstitute:

---

[12] vgl.: Schulz, A., Software-Entwurf: Methoden und Werkzeuge, 2., verb. Aufl., (Handbuch der Informatik, Bd. 5.1), München und Wien 1990, S. 63-88.

Kontoeröffnung	Umsatzerstellung	Zinsberechnung	Renditeberechnung
Bestandsermittlung	Kundenselektion	Kundenobligo	Stammdatenpflege
Auftragsuche	Überwachung der Fälligkeit	Stornieren	Buchen

Bei diesem Vorgehen wird bewußt auf die Suche nach vollständiger Abdeckung aller wieder-verwendbaren Funktionen verzichtet. Es ist jeweils im Einzelfall abzuwägen, wann die Vorteile der Wiederverwendbarkeit die zusätzlichen Such-, Modellierungs- und Verwaltungsaufwendungen für Module nicht mehr kompensieren können ("over-architecture").

4.1.1.3 Vorgangssicht

Die geschäftlichen Abläufe können durch Daten und Funktionen beschrieben werden, die im Rahmen von Vorgängen miteinander verknüpft sind. Vorgänge verbinden Funktionen und Daten durch eine Ablauflogik, so daß über die Vorgangssicht die jeweiligen Sichten verbunden werden. Die Vielfalt der einzelnen möglichen Abläufe in Unternehmen wird in ihrer Komplexität dadurch verringert, daß spezifische Typen an Transaktionen gebildet sowie die Schnittstellen zu anderen Typen festgelegt werden und nur für diese a priori eine Modellierung stattfindet. Zusätzlich sind Vorgangssteuerungssysteme erstellbar, die - fremd- oder eigengesteuert - festgelegte Bearbeitungsfolgen von Programm-Modulen oder kompletten Anwendungen abarbeiten. Die Vorgangssicht besteht daher zum einen aus den Verknüpfungen aller Daten und Funktionen für die spezifischen Anwendungen sowie zum anderen aus speziellen Vorgangssteuerungssystemen, die entweder substitutiv für einzelne Anwendungen erstellt werden (Steuerlogik) oder als eigenständige Oberfläche über alle Beratungsanwendungen als "Meta-Oberfläche" (Vorgangslogik) dienen.

Während die Notwendigkeit, Daten und Funktionen miteinander zu verbinden, offenkundig ist, sind Vorgangssteuerungssysteme noch nicht weit verbreitet. Ziele solcher Vorgangssteuerungssysteme liegen neben

13 Scheer, A.-W., Modellierung..., a.a.O., S. 413; Skubsch, H., SW-Landschaft..., a.a.O., S. 4.

methodischen Zwecken darin, sowohl die angeführten Rationalisierungspotentiale als auch Marktziele zu erreichen, wie dieses Tabelle 4.1.1.3/1 in einer Übersicht zeigt.

Dimension	Einzelziele von Vorgangssteuerungssystemen
Kosten	• Abbau von Fehlerquellen durch computerunterstützte, integrierte Sachbearbeitung (funktionsorientierte Integration) • Vereinheitlichung von Abläufen • Grundlage für "Office-Automation" (elektronische Akte) • Computergestützte Anleitung von Bearbeitern
Markt	• Reduktion von Durchlauf- und Liegezeiten durch automatisiertes Weiterleiten von Unterlagen sowie Parallelarbeiten • Einheitliches Auftreten an der Kundenschnittstelle • Computergestützte Integration externer und interner Informationsquellen • Automatisierte Bearbeitungshinweise aufgrund analysierter Transaktionen

Tabelle 4.1.1.3/1: Einzelziele von Vorgangssteuerungssystemen

Die anwendungsunabhängigen wiederverwendbaren Funktionsmodule sind durch geeignete Steuerleisten zu Anwendungen zusammenzuführen. Vereinfacht dargestellt werden die früher separaten, spartenorientierten Anwendungen auf "Steuerleisten" reduziert, die nun im Rahmen ihrer Ablauflogik wiederverwendbare Prozeßmodule nutzen. Anwendungen können somit nach dem Baukastenprinzip zusammengesetzt werden[14].

Diese primär aus DV-Sicht vorgenommene Reduktion der Komplexität ist von einer marktorientierten Vorgangssteuerung zu trennen. Aufgrund von marktpolitischen oder kostenorientierten Überlegungen soll die Beratung von Kunden nach einer festgelegten Vorgangskette vorgenommen werden. Hierzu sind typische Geschäftsvorfälle zu modellieren, die den Ablauf von Anwendungen regeln. Die jeweiligen Anwender werden entlang dieser Kette von Funktionsmodulen oder Anwendungen geführt. Das Ausmaß des deterministischen Vorgehens - und damit der Freiheitsgrad für den einzelnen Anwender - sollte neben der Abhängigkeit von der spezifischen Qualifikation die jeweiligen Organisationsabläufe und Unternehmenskultur ("wieviel Freiheit wird den Angestellten gelassen") beachten. Im Zusammenhang mit dem jeweiligen Übertragen von Abläufen in ein mechanisches System sind die Sicherheits- und Verfügbarkeitskontrollen an die neuen Medien anzupassen. Die Berechtigung kann durch feldinhaltsbezogenen Zugang zu Kundendaten oder durch kontrollierte Menüauswahl abgeprüft werden.

---

[14] vgl.: Penzel, H.-G., Die Informatikabteilung..., a.a.O., S. 10.

Der Aufwand einer unternehmensweiten Modellierung von zunächst anwendungsunabhängigen Vorgängen steht nicht in angemessenem Verhältnis zu den möglichen Potentialen. Vorweg modellierte Vorgänge könnten nur beispielhaft aufgeführt und müßten für jeden neuen Verwendungszweck den neuen Anforderungen angepaßt werden. Falls die Daten- und Funktionsmodelle den diskutierten Anforderungen genügen, ist bei der Konkretisierung einer Anwendung sowohl die Steuer- wie Vorgangslogik einfach umsetzbar. Die in der Informations-Architektur enthaltenen Endprodukte der Vorgangssicht sollten sich daher auf entsprechende Standardtransaktionstypen wie Beratungsprogramme sowie die Definition der Schnittstellen der einzelnen Module beschränken. Die Rahmenprogramme sind durch konkrete Anwendungen im Einzelfall zu füllen.

Tabelle 4.1.1.3/2 zeigt einen Übersichtsvergleich der verschiedenen Sichtweisen.

Merkmal	Datensicht	Funktionssicht	Vorgangssicht
Angewandte Methodik	• Generalisierung • Abstraktion • Spezialisierung	• Klassifikation	• Typisierung
Elemente	• Entitäten • Beziehungen • Attribute	• Funktionen • Teilfunktionen • Elementarfunktionen	• Kernprozesse • Typisierte Vorgänge
Beschreibungsart	• Entity-Relationship-Modelle	• Hierarchie-Diagramme • Schriftliche Detailbeschreibungen	• DeMarco-Datenflußdiagramme • Schriftliche Beschreibung der Steuerungslogik
Umfang	• Unternehmensweit	• Projektweit	• Exemplarische Typen
Endprodukte	• Unternehmensweites Datenmodell (uwDM) aus Projektdatenmodellen (PDM) • Unternehmensdatenmodell (UDM) • wiederkehrende, spartenübergreifende Datenkonstrukte	• Funktionshierarchien für Projektmodelle • Wiederverwendbare Module • Querschnittsfunktionen (Objektcharakter)	• Standardtransaktionstypen • Vorgangsrahmen • Schnittstellendefinitionen

Tabelle 4.1.1.3/2: Vergleich von Daten-, Funktions- und Vorgangssicht

4.1.2 Umsetzungs-Architektur

Um die Informations-Architektur zu erstellen und damit das Geschäftssystem zu unterstützen, ist eine dafür adäquate Umsetzungs-Architektur notwendig. Die in Abbildung 4.1.2/1 verwendete Unterteilung in

Verarbeiten, Speichern und Transportieren lehnt sich an die grundlegenden Arbeiten von Zachman an[15]. Je höher die Betrachtungsebene in Abbildung 4.1.2/1 wird, desto mehr hängen die Auswahlentscheidungen von Einflußfaktoren des spezifischen Unternehmens ab und sind verstärkt darauf auszurichten. Dies korreliert auch stark mit den dazugehörigen Investitionen[16].

VERARBEITEN	SPEICHERN	TRANSPORTIEREN	
Software-Entwicklungs-umgebung - Software-Engineering-Konzepte - Methoden und Regeln zur Software-Erstellung - Werkzeuge	Anwendungslandschaft - Struktur der fachlichen Anwendungsbausteine - Struktur der Service-Anwendungsbausteine - Vorgangsdienste	Netzwerk-Anwendungsdienste - Dateitransfer - Virtuelles Terminal - Elektronischer Nachrichtenaustausch - Verteilter Datenzugriff - Netzwerkverwaltung	**Technische Anwendungs -Architektur**
Betriebssysteme und systemnahe Software - Betriebssysteme - TP-Monitore - Benutzeroberflächen-software - Zugangskontroll-systeme	Datenmanagement-systeme - Dateisysteme - Datenbanksysteme - Datenmanipulations-sprachen	- Netzwerk-Systeme - Netzwerk-Konzepte - Netzwerk-Betriebs-systeme - Datendarstellung - Kommunikation - Transport - Vermittlung	**System-Software-Architektur**
Rechner - Prozessoren/ Zentraleinheiten - Eingabe- /Ausgabegeräte - Rechnerarten	Speichermedien - Speicherschnittstellen - Datenträger (Arten und Speichertechniken)	Netzwerke - Übertragungstechnik - Übertragungsmedien - Netztopologien - Netzwerkrechner	**Hardware-Architektur**

Abb. 4.1.2/1: Umsetzungs-Architektur

---

15 vgl.: Zachman, J.A., A Framework..., a.a.O.

16 vgl.: Gartner Group, What do you mean by "IT Architecture"?, in: Gartner Group, IS Research Note K-140-869, 1992.

Die Verbindlichkeit von Architekturfestlegungen kann mit unterschiedlichem Spezifikationsgrad vereinbart werden, wie in Tabelle 4.1.2/1 auszugsweise vorgestellt[17].

	Spezifikationsgrad Niedrig					
Architektur -Ebenen	Prinzipien	Methodik	Standards		Produkte	
			Schnitt-stellen	Kompo-nenten	Mindest-Release	Release-Stand
Technische Anwendungs-Architektur	Einbindung der Anwender	Prototyping		I-CASE	IEF, Foundation, CSP	
System-software-Architektur	Herstellerunabhängigkeit	• Kapselung durch API • Nutzung formaler Standards	• POSIX 1003.1 • XA • WOSA	• OLTP • Windows	• CICS, Tuxedo • RACF • MVS, UNIX SVR4.2, WinNT, • Windows 3.x	• CICS/MVS V2.1.2 • RACF 1.8.1 • MVS 3.1.3 • Windows 3.1
Hardware-Architektur	Kostengünstige Technologie	Nutzung von Marktstandards	EISA, MCA	PCM-Anbieter, 80x86	PS/2, 30xx, VAX	

Tabelle 4.1.2/1: Matrix der Umsetzungs-Architektur (beispielhaft)

Die folgenden Beschreibungen konzentrieren sich auf Prinzipien, Standards und Methoden, während die Produktauswahl nur veranschaulichend angeführt wird. Für den praktischen Einsatz in Unternehmen kann es aus Gründen der Kompatibilität sogar erforderlich sein, daß die Belegungen der Architekturelemente mit exaktem Release-Stand vorgegeben werden.

Die Ausstattung der Kreditinstitute mit Hard- und Software ist aufgrund des weltweiten Angebots an Produkten auch über verschiedene nationale Bankensysteme hinweg vergleichbar. Aufgrund der fehlenden Marktdaten für Deutschland können daher die ausführlichen Untersuchungen zum US-amerikanischen Bankenmarkt zur Analyse der grundsätzlichen Strukturen herangezogen werden. Das komplette Übertragen der Beispiele ist allerdings nur dann zulässig, wenn die unterschiedli-

---

[17] vgl.: Vereinfacht auch bei Gartner Group, Managing Information Technology: BRAVO, in: Industry Service, Strategic Analysis Report, 1992, S. 29 f. Die Unterscheidung von Standards und Produkten unterbleibt, dafür wird zusätzlich eine "Werte"- Komponente betrachtet.

chen Aufgabenstellung der Kreditinstitute keine Auswirkung auf die technologischen Grundlagen hat[18].

4.1.2.1 Technische Anwendungs-Architektur

Die technische Anwendungs-Architektur stellt ein logisches Konstrukt dar, um diejenigen Dienste zu strukturieren, die nötig oder hilfreich sind, Anwendungssoftware zu realisieren und zu nutzen. Die Netzwerkdienste, Datenzugriffe oder -verteilungen, Regeln sowie Realisierungshilfen zur Anwendungsentwicklung werden aufeinander abgestimmt und für alle Anwendungen gemeinsam zur Verfügung gestellt. Durch logische Aufteilung der Dienste und Anwendungen wird die Fachanwendung auf ihre spezifischen Aufgaben reduziert, Basisdienste bzw. Serviceanwendungsbausteine, wie etwa Standardsoftware zur Büroautomation oder Daten-, Oberflächen- sowie Kommunikationsdienste, werden übergreifend für alle Fachanwendungen zur Verfügung gestellt. Abbildung 4.1.2.1/1 zeigt das logische Konzept der technischen Anwendungs-Architektur in einer Übersicht, die einzelnen Bestandteile sind unterschiedlich straffiert.

Vier Ziele sollen durch das logische Konzept erreicht werden:

1. Das Design von Anwendungen wird über die fachlichen Inhalte hinaus auch für die Realisierungsphase sauber strukturiert und erleichtert damit die professionelle Entwicklung.
2. Durch die Vorgabe der Anwendungslandschaft ist sichergestellt, daß Anwendungen trotz spartenorientierter und zeitlich unterschiedlicher Entwicklung ohne große Redundanzen entwickelt werden und die vertikale Integration mit geringen Schnittstellenaufwendungen ermöglicht wird.
3. Wiederverwendbare Module sind, auch bei weiteren Detaillierungen des oben beschriebenen Konzeptes, leichter zu identifizieren bzw. zu nutzen.
4. Durch den Abgleich mit Lösungen von Werkzeugen oder Diensteplattformen kann leichter abgeschätzt werden, inwieweit die gewünschten Bereiche toolgestützt abgedeckt sind bzw. selbst realisiert werden müssen. Gleichzeitig wird deutlich, an welchen Stellen es zu Lücken oder bei mehreren Werkzeugen zu Überschneidungen kommt.

---

[18] vgl.: Teixeira, D.B. und Schmergel, G., The Emergence..., a.a.O.

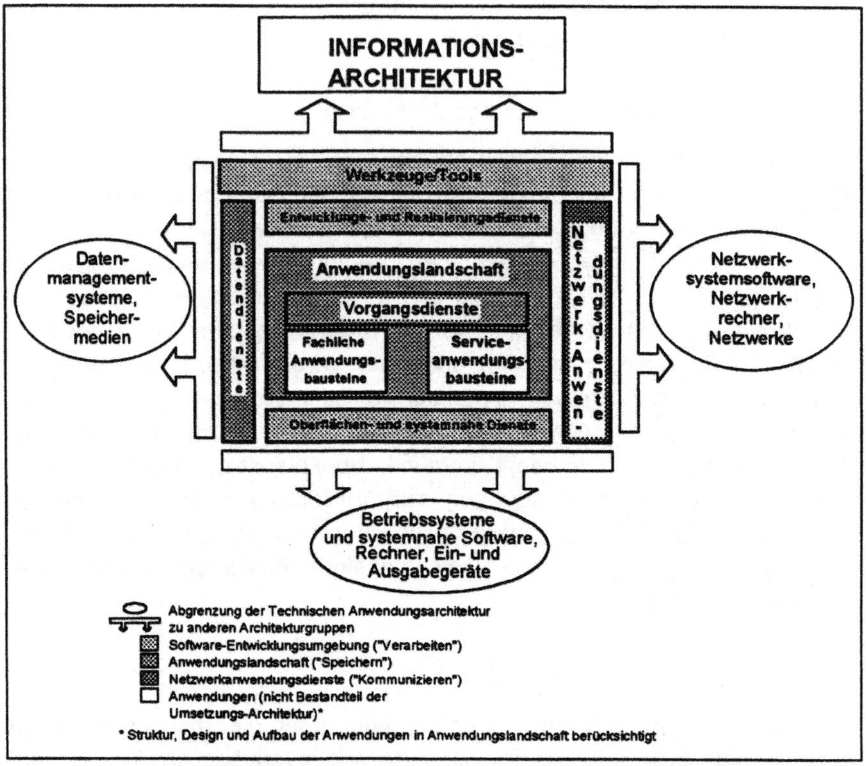

Abb. 4.1.2.1/1: Konzept und Abgrenzung der Technischen Anwendungs-Architektur[19]

Software-Entwicklungsumgebung

Die Software-Entwicklungsumgebung umfaßt Dienste, Regeln und Standards für die professionelle Anwendungsentwicklung. Hierbei sind integrierte Software-Engineering-Konzepte als übergreifende Strukturen zu beachten. Bislang ist dieser Bereich allerdings noch von geringer Standardisierung geprägt, es gilt häufig noch immer eine Orientierung am methodischen und instrumentalen Rahmen von AD/Cycle der Firma IBM nicht nur in der Bankenwelt als üblich[20]. Über diese IBM-Lösung

---

19 In Anlehnung an Skubsch, H., SW-Landschaft..., a.a.O., S. 14. Ähnlich o.V., Teilprojekt "Systemtechnik": Eigenentwicklung gewährleistet Unabhängigkeit, in: Betriebswirtschaftliche Blätter, 41 (1992), S. 674-676.

20 vgl.: Kelting, E.H., IBM's Vision zur Lösung der Anwendungsentwicklungsprobleme: AD/Cycle, in: Information Management 5 (1990) 2, S. 40-43; Andexer, H., AD/Cycle - Das IBM-Softwareentwicklungs-Konzept...und wie geht es weiter?, Wirtschaftsinformatik 33 (1991)

hinaus gibt es neben weiteren proprietären Lösungen auch bewußt herstellerunabhängige Konzepte, wie die Integrationslösungen "Portable Common Tool Environment" (PCTE). Sie soll von der ISO als internationale Norm verabschiedet werden und könnte dann an Bedeutung gewinnen[21].

Abhängig von den übergreifenden Konzepten werden die weiteren Inhalte der Software-Entwicklungsumgebung bestimmt. Als Methoden und Verfahren sind in der Analyse- und Designphase die Entity-Relationship-Modelle sowie die Strukturierte Analyse üblich. In der Realisierungsphase sind derzeit noch keine übergreifenden Methoden vorherrschend, sondern es werden die spezifischen Hilfen der Werkzeuge genutzt[22]. Insbesondere gibt es im Bereich der 4GL-Sprachen bzw. Generatoren nur proprietäre Lösungen, ein herstellerunabhängiger Standard ist noch nicht in Sicht[23].

Für das übersichtliche Darstellen der einsetzbaren Werkzeuge bietet sich an, diese unter Zuhilfenahme des AD/Cycle-Konzeptes in die Phasen des Software-Entwicklungsprozesses einzuordnen. In Abbildung 4.1.2.1/2 wurde dies, wenn möglich für Standards, vereinfacht und beispielhaft vorgenommen[24].

Für eine spezifischere Darstellung kann das jeweilige Werkzeugkonzept nach zentraler bzw. dezentraler Zielumgebung oder bestimmten Schwerpunkten in der Softwareentwicklung weiter differenziert werden.

Für die Architekturplanung ist vor allem wesentlich, mit welchem Integrationsgrad diese Werkzeuge ("CASE-Tools") eingesetzt werden. Hierbei gilt es häufig, zwischen Funktionalitätsvorteilen einzelner Tools und dem Integrationsvorteil von integrierten Werkzeugen abzuwägen.

1, S. 26-32; Rösch, M., IBM auf dem Zick-Zack-Kurs, in: Beilage zur Computerwoche: Focus 20 (1992) 2, S. 16 f.; Vollmer, R., Ade AD/Cycle!, in: Online 30 (1992) 8, S. 16.

[21] vgl.: Abrahams, I., IV-Architektur mit offenen Systemen und Herstellerkonzepten im Bankensektor, Diplomarbeit, Göttingen, 1993, S. 37.

[22] vgl.: Skubsch, H., SW-Landschaft..., a.a.O.

[23] vgl.: Gartner Group, Software Strategies for Open Systems, in: Software Management Strategies, Strategic Analysis Report, 1992, S. 13.

[24] vgl.: Mercurio, V.J. et al., AD/Cycle..., a.a.O.,S. 185; Datapro, Closeup on CASE, in: Datapro Information Service Group, Managing Information Technology, Software 7615, 1992; Datapro, CASE Methodologies, in: Datapro Information Service Group, Managing Information Technology, Software 7617, 1992; Abrahams, I., IV-Architektur..., a.a.O., S. 36 f.

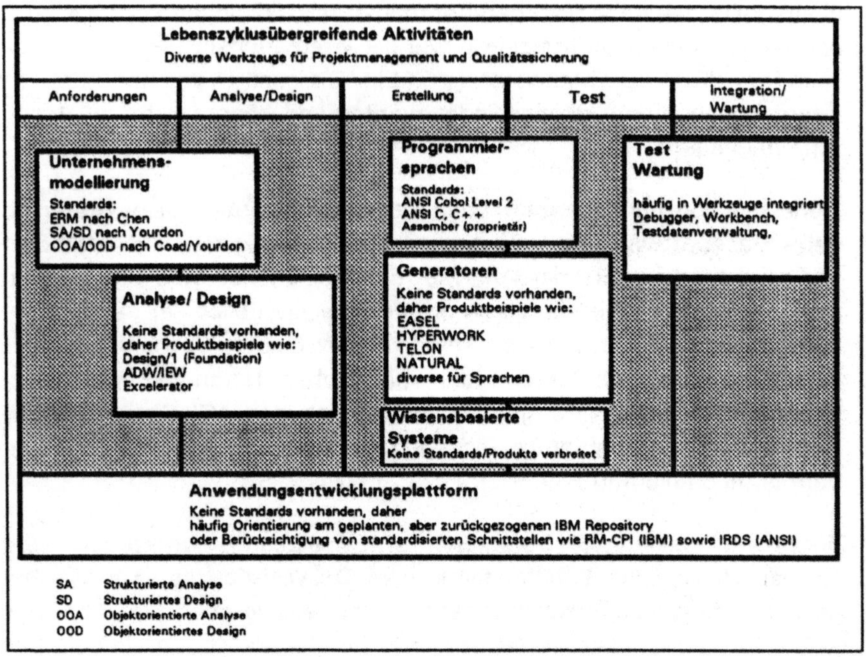

Abb. 4.1.2.1/2: Werkzeugkonzept in Anlehnung an AD/Cycle life-cycle function model

Untersuchungen aus den USA haben ergeben, daß sich die angestrebte Produktivitätssteigerung durch eine Kombination von vier Produktivitätseinflußgrößen - von denen die Unterstützung der CASE-Tools nur eine darstellt - am besten realisieren läßt. Abbildung 4.1.2.1/3 zeigt eine grafische Übersicht der dort aufgeführten empirisch ermittelten Ergebnisse, jeweils als Spannbreite der besten und schlechtesten der untersuchten 4200 Fälle[25]. Zur Vereinfachung wurde aus den Kombinationsmöglichkeiten nur die Lösung mit dem höchsten Produktivitätsmaß in die Übersicht aufgenommen.

---

[25] vgl.: Datenmaterial in Capers Jones, Applied Software Measurement: Assuring Productivity and Quality, New York u.a. 1991, S. 170-174. Die aufgeführten 4 Produktivitätshebel entsprechen nach Aussage des Autors den am häufigsten diskutierten Hebeln zur Steigerung der Produktivität. Auf S. 169 sind von Capers Jones die 20 wichtigsten Einflußfaktoren in einer Rangfolge aufgeführt. Zur Produktivitätsmessung in "function points" vgl.: Noth, T. und Kretzschmar, M., Aufwandsschätzung von DV-Projekten, 2. Aufl., Berlin u.a. 1986; Mertens, P., Bodendorf, F., König, W., Picot, A. und Schumann, M., Grundzüge..., a.a.O., S. 167 f.

Neben der höheren Produktivität bei schrittweise verbesserter Ausgangslage fällt die große und zunehmende Spannbreite zwischen den besten und schlechtesten Fällen auf[26]. Das höhere Produktivitätspotential muß demnach mit einem steigendem Risiko erkauft werden, ob die Produktivitätszuwächse überhaupt erreicht werden können. Die große Spannbreite führt etwa dazu, daß die Produktivität einer bestimmten Technologie bei guter Ausführung immer die der schlechteren Ausführung einer zusätzlichen Technologievariante übersteigt. Eine Effizienzsteigerung innerhalb einer vorhandenen Technologie ist daher in vielen Fällen, abhängig von der Ausgangsposition, einer Hinzunahme neuer Technologien vorzuziehen.

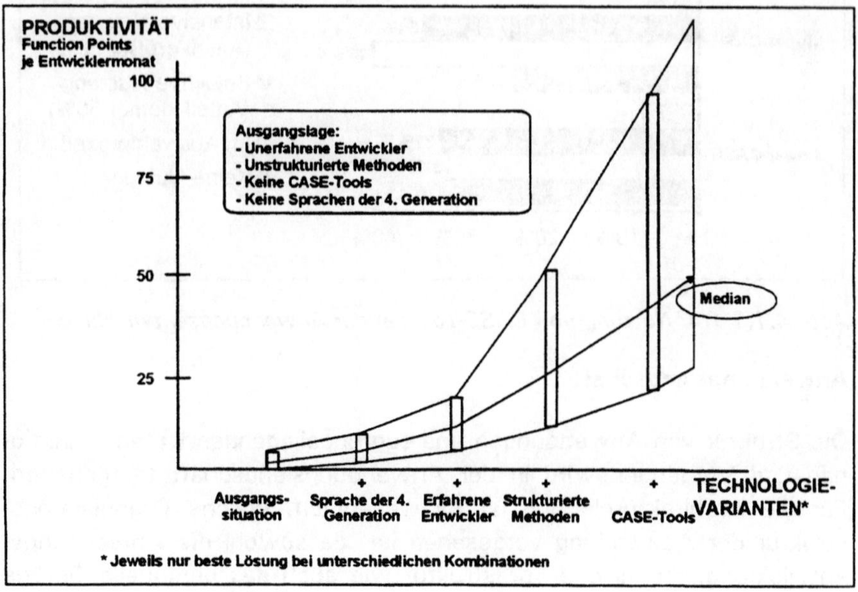

Abb. 4.1.2.1/3: Produktivität der Software-Entwicklung bei verschiedenen Technologievarianten

Die eher kritische Betrachtung von CASE-Tools spiegelt sich auch in deren Nutzungsrate wider. Zwar bezeichnen 80 bis 90% der US-Banken die CASE-Unterstützung als wesentlichen Schwerpunkt der zukünftigen Software-Entwicklung. Aber erst 3% der amerikanischen Banken nutzen diese Werkzeuge für die Analyse- und Designphase im Entwicklungsprozeß für mehr als 50% ihrer Anwendungen. Der weitaus größte

26 In Abbildung 4.1.2.1/3 ist bei dieser 1. Technologieänderung, wie oben ausgeführt, nur der beste Fall der "Sprache der 4. Generation" berücksichtigt.

Teil der Banken nutzt CASE-Tools nicht oder befindet sich erst in einem Auswahlprozeß. Abbildung 4.1.2.1/4 zeigt die Verteilung in einer Übersicht.

Um den Automatisierungsgrad zu steigern, sollten die definierten Dienste oder Regeln entweder direkt durch ausgewählte Werkzeuge unterstützt bzw. in den Tools hinterlegt werden. Untersuchungen bei Banken haben eine Abdeckung von 30-40% der in der Zielvorstellung formulierten Dienste durch entsprechende Tools aufgezeigt. Ansonsten sind sie in geeigneter Form zu dokumentieren.

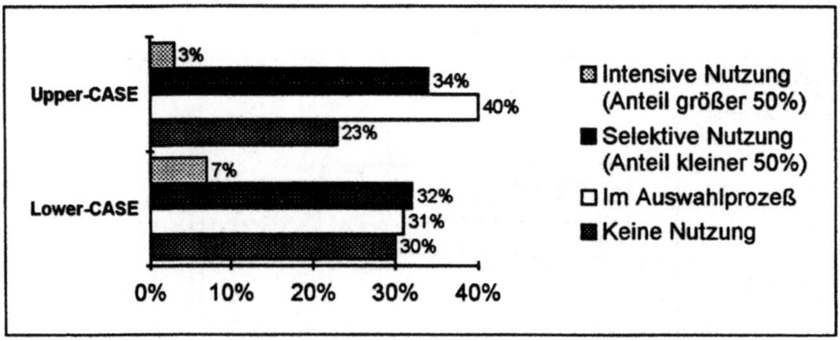

Abb. 4.1.2.1/4: Nutzung von CASE-Tools in der Anwendungsentwicklung[27]

Anwendungslandschaft

Die Struktur von Anwendungen und zugrundeliegenden Daten, Funktionen und Vorgängen wird in der Anwendungslandschaft festgehalten. Für die Architekturplanung ist es wesentlich, welche Organisationsstruktur der Anwendung vorgesehen ist, da sowohl die Anwendungsentwicklung, technische Infrastruktur wie auch das personelle Gefüge darauf auszurichten sind. Wesentlich ist hierbei die Unterscheidung zwischen zentraler und verteilter bzw. dezentraler Verteilung von Daten und Anwendungsfunktionalität. Das damit häufig verbundene Interesse, Anwendungen vom zentralen Großrechner auf vernetzte Systeme zu verlagern, wird als "Downsizing" bezeichnet. Die Bankenwelt zeichnet sich jedoch wegen der hohen Bedeutung der Integrität und Sicherheit

[27] vgl.: Teixeira, D.B. und Schmergel, G., The Emergence..., a.a.O., S. 37 f. Basis dieser Untersuchung sind Daten von etwa 50% des gesamten Bankenmarktes in den USA. Die Prognose soll für den Gesamtmarkt gültig sein.

von Kundendaten sowie der Zuverlässigkeit von Transaktionen durch eine eher konservative Dezentralisierungspolitik aus[28].

Darüber hinaus ist die Anwendungslandschaft, d.h. die fachliche Struktur der Anwendungen, eine fest vorzugebende Größe[29]. Nur so ist sichergestellt, daß etwa zentrale Anwendungsfunktionalitäten (wie z.B. Clearing) von allen (zukünftigen) Devisen-, Wertpapier- oder Zahlungsverkehrsanwendungen in der Entwicklung berücksichtigt und bei Ausführung genutzt werden[30].

Netzwerk-Anwendungsdienste

Netzwerk-Anwendungsdienste - sie sind in einem ISO-OSI-Referenzmodell[31] in der obersten Ebene einzuordnen - decken die Kommunikationsprozesse auf der Anwendungsebene ab. Sie werden weitestgehend durch übergreifende Konzeptionen definiert. Die wichtigsten Architekturen sind die proprietären "Systems Network Architecture" (SNA) der IBM, das anwendergetrieben definierte "Transmission Control Protocol/Internet Protocol" (TCP/IP) sowie die international genormte "Open Systems Interconnection" (OSI) der ISO.

Wie aus Tabelle 4.1.2.1/1 deutlich wird, sind die auf diesen Konzeptionen und Standards basierenden Produkte konkurrierend im Einsatz und tragen mit zur starken Multistandardisierung im Kommunikationsbereich bei.Im Falle der OSI-Konzeption ist zu beachten, daß nicht für alle definierten Normen Produkte vorhanden sind, so im Falle des "Virtuellen Terminals" (VT).

Obwohl die notwendige Funktionalität auch weitgehend durch die Dienste einer einzelnen Netzwerk-Architektur abgedeckt werden könnte, sind aufgrund der Kundenanbindung viele Kreditinstitute zur Unterstützung paralleler Konzepte gezwungen. So haben sich im amerikanischen Bankenmarkt über 95% der Banken auf die Unterstützung von

---

28 vgl.: Teixeira, D.B. und Schmergel, G., The Emergence..., a.a.O., S. 14 f.

29 Es ist auch vorstellbar, die Anwendungslandschaft als eigenständige Architektur-Hauptgruppe neben der Informations-, Umsetzungs- und Bereitstellungs-Architektur zu definieren.

30 vgl.: Kapitel 4.1.1.2 Funktionssicht.

31 vgl.: Mertens, P., Bodendorf, F., König, W., Picot, A. und Schumann, M., Grundzüge..., a.a.O., S. 35.

SNA festgelegt[32]. Gleichzeitig sind für die Kommunikation mit öffentlichen Behörden OSI-Protokolle, für die Kommunikation mit vielen Anwendern TCP/IP-Protokolle verpflichtend[33].

	Netzwerk-Architektur		
Dienst	**SNA**	**TCP/IP**	**OSI**
Dateitransfer	SNA Distribution Service (SNADS)	File Transfer Protocol (FTP)	File Transfer, Access and Management (FTAM)
Virtuelles Terminal	Telnet (TCP/IP)	Telnet	VT
Elektronischer Dokumentenaustausch	DCA/DIA		Electronic Data Interchange (EDI) Office Document Architecture (ODA) / Office Document Interchange Format (ODIF) Standard Generalized Markup Language (SGML)
Electronic Mail		Simple Mail Transfer Protocol (SMTP)	X.400
Verzeichnisdienst			X.500
verteilter Datenzugriff	Distributed Data Management (DDM)	Network File System (Sun) über Kopplung	Distributed File Service (DFS) aus OSF/DCE (angekündigt)
Netzwerkverwaltung	NMVT (SNMP angekündigt)	Simple Network Management Protocol (SNMP)	Common Management Information Protocols (CMIP) Common Management Information Services (CMIS)

Tabelle 4.1.2.1/1: Netzwerkanwendungsdienste innerhalb verschiedener Netzwerkkonzepte[34]

4.1.2.2 System-Software-Architektur

Die System-Software-Architektur ist das logische Konstrukt all der Elemente, die das Nutzen der Hardware durch die Anwendungsprogramme ermöglichen und nicht Bestandteil der Technischen Anwendungs-Architektur sind.

---

32 vgl.: Teixeira, D.B. und Schmergel, G., The Emergence..., a.a.O., S. 9. Basis dieser Untersuchung sind Daten von etwa 50% des gesamten Bankenmarktes in den USA. Die Prognose soll für den Gesamtmarkt gültig sein.

33 vgl. hierzu die Ausführungen im Kapitel 5.1.2.2 Standards und Normen.

34 vgl.: Abrahams, I., IV-Architektur..., a.a.O., S. 38-44, Datapro, Connectivity and the Distributed Computing Environment, in: Datapro Information Service Group, Corporate Software & Services, Distributed Systems: Concepts & Trends, 1992, S. 4-6.

Betriebssysteme und systemnahe Software

Die wichtigsten Architekturelemente dieses Bereichs sind neben den Betriebssystemen selbst die Transaktionsmonitore, die Benutzeroberflächen sowie etwaige Zugangskontrollsysteme. Betriebssysteme sind entsprechend der jeweiligen Hardwarewelt in solche für Großrechner (Mainframe), mittlere Systeme sowie Workstations und Mikrorechner, vor allem PCs, zu klassifizieren[35]. Während in der Großrechner- und PC-Welt für die Betriebssysteme weitgehend proprietäre Lösungen vorherrschen[36], sind für den sogenannten Midrange-Bereich auch als "offen" deklarierte, d.h. herstellerunabhängige Konzepte, vorhanden.

Die zentrale Welt der sogenannten Mainframe-Betriebssysteme wird durch das MVS-Produkt der Firma IBM bestimmt[37]. Im Bankenmarkt jedoch sind aufgrund der für Spezialaufgaben wie Handels- oder Geldautomatennetzwerksteuerung notwendigen fehlertoleranten Systeme auch weniger standardisierte Betriebssysteme verbreitet[38]. In der Architekturplanung ist aufgrund der erwartbaren hohen Stabilität von MVS/ESA dennoch eine Orientierung an diesem Marktstandard für den professionellen, d.h. nicht wissenschaftlichen Bereich, durchaus üblich, falls Großrechner-Systeme eingesetzt werden sollen. Nach Prognosen von Arthur D. Little wird sich der Trend zu MVS/ESA im Mainframe-

35 Die Abgrenzung innerhalb der Rechnergrößen ist fließend, vgl.: Hansen, H.R., Wirtschaftsinformatik..., a.a.O., S. 44-48; Mertens, P., Bodendorf, F., König, W., Picot, A. und Schumann, M., Grundzüge..., a.a.O., S. 40-43. Mainframes werden mitunter durch Preise über 1 Million US$ von Midrange-Systemen unterschieden, da Leistungsanforderungen sehr schnell überholt sind, vgl.: Datapro, Large Systems: An Overview, in: Datapro Information Service Group, Enterprise Systems, System Overview 4001, 1992, S. 2.

36 Der Anteil der durch die Unterstützung von POSIX "offenen" proprietären Großrechner wird nach Prognosen von DATAPRO im Jahr 1995 noch unter 20% bleiben, vgl.: Datapro, Proprietary Systems: An Overview, in: Datapro Information Service Group, Enterprise Systems, System Overview 4007, 1992, S. 3.

37 vgl.: o.V., Global Leaders: The Datamation 100, in: Datamation 39 (1993), 15. Juni, S. 22 f. Das hier genutzte "Large-Scale Systems"-Segment enthält auch Supercomputer. Die Prozentangabe bezieht sich auf die Summe der Umsätze der 100 weltweit größten Anbieter von Informationstechnologie im jeweiligen Segment.

38 vgl.: Teixeira, D.B. und Schmergel, G., The Emergence..., a.a.O., S. 5 f.

Bereich noch verstärken[39]. Jedoch sind lokale Besonderheiten im Einzelfall zu berücksichtigen[40].

Der dezentrale PC-Bereich ist durch das Betriebssystem MS-DOS der Firma Microsoft bestimmt[41]. 1992 waren 70% der knapp 800.000 in amerikanischen Banken installierten Microcomputer (inkl. Workstations) mit dem Betriebssystem DOS und weitere 22,5% mit DOS und Windows ausgerüstet[42].

Betriebssysteme für Workstations sind weitgehend unstandardisiert. Zwar ist das Betriebssystem UNIX vorherrschend, jedoch sind die implementierten Lösungen durch proprietäre Erweiterungen nicht immer kompatibel[43]. Im Bereich der Midrange-Systeme dominieren die zwei proprietären Betriebssysteme OS/400 von IBM und DEC-VMS. So nutzten etwa 75% der installierten Minicomputer von amerikanischen Banken 1992 diese beiden Betriebssysteme[44].

Von großer Bedeutung für die Architekturplanung ist das Verhältnis einzelner Betriebssysteme zueinander. Weil hierbei die Hardware-Entscheidung ausschlaggebend ist, wird dies im folgenden Kapitel behandelt.

Da "Online-Transaktionen" mit jährlichen Wachstumsraten von etwa 15% weiter zunehmen werden, wird damit der Bedarf an Transaktionsmonitoren (TP-Monitoren) für den Online-Betrieb, die sogenannten

---

[39] vgl.: Weizer, N., The Arthur D.Little Forecast on Information Technology and Productivity: Making the Integrated Enterprise Work, New York 1991, S. 138 f.

[40] Die europäischen Hersteller SNI (D), Bull (F) und ICL (UK) sind in ihren jeweiligen Heimatländern häufig überproportional vor allem bei öffentlichen Institutionen, aber auch bei Banken vertreten.

[41] Zur Geschichte von MS-DOS vgl.: Wallace, J. und Erickson, J., HARD DRIVE: Bill Gates and the Making of the Microsoft Empire, Reprint, New York 1993, S. 183-206.

[42] vgl.: Teixeira, D.B. und Schmergel, G., The Emergence..., a.a.O., S. 6 f. und 12; die Autoren weisen darauf hin, daß etwa 1/3 der Geräte nur als nicht-programmierbarer Endgeräte genutzt werden.

[43] vgl.: Schleich, C., Die Standardisierungsentwicklung beim Betriebssystem Unix, in: Kleinaltenkamp, M., Standardisierungsprozesse - Beispielhafte Standardisierungsprozesse aus den Bereichen der Konsum- und Mikroelectronik sowie der rechnerintegrierten Fertigung, Arbeitspapier des SFB 187 "Neue Informationstechnologien und flexible Arbeitssysteme: Entwicklung und Bewertung von CIM-Systemen auf der Basis teilautonomer flexibler Fertigungsstrukturen", Bochum 1990, S. 15-22; Groff, J.R. und Weinberg, P.N., Understanding UNIX: A Conceptual Guide, Indianapolis 1985; Datapro, Workstations: Technology Overview, in: Datapro Information Service Group, Managing Information Technology, Computer Systems 7230, 1991; Abrahams, I., IV-Architektur..., a.a.O., S. 27-29.

[44] vgl.: Teixeira, D.B. und Schmergel, G., The Emergence..., a.a.O., S. 5 f.

OLTP-Monitore, weiter wachsen[45]. Im zentralen Bereich werden TP-Monitore neben der Dialogsteuerung auch als Träger fast der gesamten Anwendungslogik sowie zur Aufbereitung der Präsentation für den Endbenutzer am Terminal benötigt. Allerdings enthalten neuere Datenbanksysteme viele der bislang abgedeckten Funktionalitäten[46].

Nur wenige TP-Monitore sind nicht auf die jeweilige Datenbank spezialisiert, sondern übergreifend nutzbar. Als weitgehend akzeptierter Standard im Großrechner-Bereich hat sich das IBM-Produkt CICS durchgesetzt[47]. Für den Workstation-Markt sind TP-Monitore noch nicht verbreitet. Erst wenn die fehlerkritischen und transaktionsintensiven Anwendungen vom Mainframe verlagert werden, könnte ein OLTP-Monitor für diese Bereiche zum Unterstützen und Absichern einzusetzen sein[48].

Benutzeroberflächen sollen die Bedienung des zugrundeliegenen Betriebssystems erleichtern. Der (allgemein nutzbare) IBM-Standard "Common User Access" (CUA) wird sowohl für den Mainframe als auch den dezentralen Bereich als "Style Guide" genutzt. Als Standardprodukt ist für PC-Lösungen Windows von Microsoft so verbreitet, daß es mittlerweile auch von konkurrierenden Softwareherstellern unterstützt wird. Im Workstation-Bereich hat sich OSF/Motif auf Basis der von X/Open spezifizierten X/Windows-Schnittstelle durchgesetzt[49].

Zugangskontrollsysteme sind derzeit nur für zentralistisch geprägte DV-Strukturen unter den Betriebssystemen MVS breit verfügbar. Hier hat sich das IBM-Produkt RACF ("Resource Access Control Facility") als

---

45 vgl.: Teixeira, D.B. und Schmergel, G., The Emergence..., a.a.O., S. 18.

46 vgl.: Datapro, On-Line Transaction Processing Systems: An Overview, in: Datapro Information Service Group, Corporate Software & Solutions, Transaction Processing 3601, 1993, S. 7-9, Datapro, Client/Server OLTP and UNIX, in: Datapro Information Service Group, Corporate Software & Solutions, Transaction Processing 3605, 1992.

47 Gartner Group, Can today´s SNA coexist with the SNA of tomorrow?, in: Gartner Group LAC Research, 1991, S. 2; in SAA ist nur CICS, nicht aber IMS/DC aufgeführt, vgl.: Datapro, On-Line..., a.a.O., S. 2.

48 vgl.: Johnson, J. und Hudson, D., Die OLTP-Produkte für offene Systeme gewinnen an Marktreife, in: Computerwoche 19 (1992) 12, S. 49-54.

49 vgl.: Wendler, S., Open Systems: A Mix of Myth and Reality, Gartner Group Conference Presentation, updated 24.11.1992, S. 11.

Standard durchgesetzt. Je nach Versionsstand identifiziert und verifiziert RACF die Anwender und schützt damit vor unerlaubtem Zugriff.[50]

Datenmanagementsysteme

Datenmanagementsysteme werden nach Dateisystemen oder Datenbankmanagementsystemen (DBMS) unterschieden. Während die Dateisysteme mit ISAM- oder VSAM-Konzepten durch Stabilität gekennzeichnet sind, unterliegen die DBMS auch weiterhin einem Wandel. Besonderes Interesse haben Banken vor allem an Großrechner-orientierten relationalen sowie, wegen der hohen Installationszahlen, hierarchischen Systemen. Im amerikanischen Bankenmarkt sind über 98% der gespeicherten Daten auf zentralen Datenbanken vorgehalten, der Anteil soll bis 1995 nur leicht zugunsten dezentraler Systeme zurückgehen. Wesentlich ist neben der reinen Anzahl der Daten auch, daß der Anteil der online angebundenen Daten derzeit nur etwa 6% beträgt[51].

Relationale DBMS lassen sich grundsätzlich in universell lauffähige und auf einzelne Betriebssysteme spezialisierte Systeme unterscheiden. So ist etwa Oracles System für über 80 unterschiedliche Betriebssystemumgebungen erhältlich, während der Marktführer für Mainframe-DBMS, IBMs DB2 mit der Sprache SQL[52] auf das MVS-Betriebssystem abgestimmt ist. Die Abdeckung der vier Betriebssystem-Ebenen wird in diesem Fall durch die Integration innerhalb der IBM-eigenen "System Application Architecture" (SAA) erreicht[53]. Hier stellt sich für die Architekturplanung die Frage, ob ein übergreifendes Produkt einer durch geeignete Architekturkonzepte zu integrierenden spezialisierten Lösung vorzuziehen ist.

Netzwerk-System-Software

Netzwerk-System-Software übernimmt die Steuerung der für die Bankenwelt vor allem wegen der Anbindung von Zweigstellen sowie brancheninternen Kommunikation wichtigen Netzwerke. Im Bankenmarkt der USA sind 87% der 60.000 Betriebsstätten an ein "Wide

---

50 vgl.: IBM Corp., RACF General User's Guide, Version 1.9, 7. Aufl., 1992, S. 1-1; Abrahams, I., IV-Architektur..., a.a.O., 1993, S. 30 f.

51 vgl.: Teixeira, D.B. und Schmergel, G., The Emergence..., a.a.O., S. 17 f.

52 SQL Level 2 ist durch das ANSI-Zertifikat als allgemeiner Standard anerkannt, obwohl die von Codd 1972 entwickelte Abfragesprache ALPHA oft technisch höher bewertet wird, vgl. hierzu Datapro, Database Management Systems: Overview, in: Datapro Information Service Group, Managing Information Technology, Software 7635, 1993, S. 4.

53 vgl.: Datapro, Database..., a.a.O., S. 2 f.

Area Network" (WAN) angeschlossen. Innerhalb von kleineren räumlichen Einheiten sind etwa 37% der Betriebsstätten mit einem "Local Area Network" (LAN) ausgestattet[54]. Bei den Netzwerkbetriebssystemen hat sich dabei NetWare von Novell mit einem integrierten Ansatz aller Management-Funktionen als Standard mit etwa 70% Marktanteil durchgesetzt[55].

Die Netzwerkdienste sind im ISO-OSI-Referenzmodell von der dritten ("network layer") bis zur sechsten Schicht ("presentation layer") angesiedelt. Da jedoch neben den OSI-Protokollen auch die konkurrierenden SNA- bzw. TCP/IP-Lösungen am Markt genutzt werden, ist häufig eine Verbindung der übergreifenden Netzwerk-Architekturkonzepte durch Protocol-Converter nötig[56]. In Tabelle 4.1.2.2/1 werden die wichtigsten Netzwerk-Systemsoftware-Dienste innerhalb der jeweiligen Netzwerk-Architekturen gegenübergestellt:

	Netzwerk-Architektur		
Dienst	**SNA**	**TCP/IP**	**OSI**
Datendarstellung	Presentation Services		Diverse ISO-Normen
Kommunikation	Common Programming Interface - Communication Interface (CPI-CI), LU 6.2, LU 0 - LU 4		Diverse ISO-Normen
Transport	Transmission Control	Transmission Control Protocol (TCP)	Diverse ISO-Normen
Vermittlung	Path Control	Internet Protocol (IP)	Diverse ISO-Normen

Tabelle 4.1.2.2/1: Netzwerkdienste innerhalb verschiedener Netzwerkkonzepte[57]

Kreditinstitute als Dienstleistungsunternehmen müssen sowohl die Anforderungen wichtiger Kunden (überwiegend TCP/IP, SNA) sowie der Kommunikation mit öffentlichen Behörden (überwiegend OSI) berücksichtigen. Die Architekturplanung hat hier nur die Chance, sich entweder auf eine Konzeption zu konzentrieren und die notwendigen Erweite-

---

[54] vgl.: Datapro, Strategies and Standards for LAN Management Integration, in: Datapro Information Service Group, Managing Information Technology, Networks 7465, 1993; Datapro, Local Area Networks: Overview, in: Datapro Information Service Group, Managing Information Technology, Networks 7420, 1993; Teixeira, D.B. und Schmergel, G., The Emergence..., a.a.O., S. 10 f.

[55] vgl.: Teixeira, D.B. und Schmergel, G., The Emergence..., a.a.O., S. 10 f.; Datapro, Strategies..., a.a.O., S. 6 f.

[56] Allerdings sind die Ebenen nur bedingt vergleichbar.

[57] vgl.: Abrahams, I., IV-Architektur..., a.a.O., S. 33-36, Datapro, Connectivity..., a.a.O., S. 4-6.

rungen durch Konverter zu unterstützen oder ein allgemein flexibles Schnittstellenmanagement zu schaffen.

4.1.2.3 Hardware-Architektur

Die Hardware-Architektur umfaßt Rechner, Speichermedien sowie Netzwerke und die dazugehörigen Komponenten. Da sich hier Kreditinstitute am freien Markt bedienen, gelten branchenübergreifende Trends analog. Im folgenden wird daher nur auf die spezifischen Unterschiede vertieft eingegangen.

Rechner im Mainframebereich beruhen meist auf der /370 Architektur von IBM, die auch von PCM-Anbietern zur Verfügung gestellt wird[58]. Wie aus Abbildung 4.1.2.3/1 entnommen werden kann, sollen jedoch bei US-Banken, vor allem wegen des typischerweise hohen Anteils an transaktionsintensiven Anwendungen, auch in Zukunft fehlertolerante Systeme überwiegen[59].

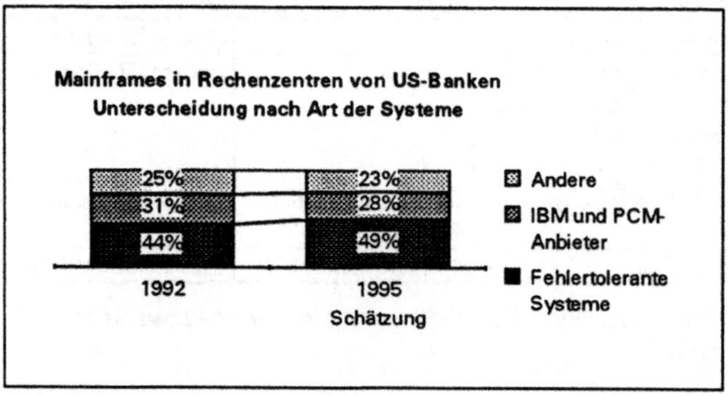

Abb. 4.1.2.3/1: Art der Mainframes in Rechenzentren

Nach Stichproben in der deutschen Kreditbranche sind hier fehlertolerante Systeme geringer verbreitet. Falls die Anforderungen an den Service-Level, insbesondere die Zuverlässigkeit, steigen, könnte dieser Anteil auf das amerikanische Maß anwachsen.

---

[58] vgl.: o.V., Global..., a.a.O., S: 22 f.

[59] vgl.: Teixeira, D.B. und Schmergel, G., The Emergence..., a.a.O., S. 4 f. Die Basis der Analyse sind Angaben in Stückzahl, hilfreicher wäre hierbei eine Angabe in MIPS oder angeschlossener Terminals, die zu einem stärkeren Stellenwert der PCM-Rechner führen könnte. Zu fehlertoleranten Systemen vgl.: Datapro, Fault-Tolerant Systems: An Overview, in: Datapro Information Service Group, Corporate Software & Solutions, Centralized Systems: Concepts & Trends 1405, 1992, S. 4 f.

Die für Mainframes üblichen Eingabegeräte sind überwiegend direkt angeschlossene nicht-programmierbare Terminals, oft nach dem Produktnamen des Hauptanbieters IBM "3270-Terminal" genannt, oder angeschlossene PC-Systeme[60]. Aufgrund des starken Wachstums im PC-Bereich mit jährlichen Raten von etwa 20% gegenüber eines jährlichen Rückgangs um 6% für die nicht-programmierbaren Terminals wird sich dieses Verhältnis jedoch bald umkehren. Gleichzeitig wird die Nutzung von PCs zur reinen Emulation nachlassen und damit diesen Effekt noch verstärken.

PC-Systeme zeichnen sich durch eine weitgehende Standardisierung auf Basis des Intel-Chips ("IBM-Kompatible") aus. Aufgrund der offenen Architektur der "IBM-Kompatiblen"[61] - die Einzelteile sind frei zugänglich - und des weitgehend festgelegten Designs dominiert keiner der Anbieter. Die 12 umsatzstärksten Hersteller von PCs hatten 1992 weltweit weniger als 75% des Gesamtmarktes, während der analoge Umsatzanteil im Großrechner-Bereich fast 98% beträgt[62]. Banken (in den USA) sind noch stärker auf IBM-kompatible PCs konzentriert, fast 97% aller Microcomputer in amerikanischen Banken basieren auf dem Intel-Chip[63]. Die weitere Vernetzung dieser Geräte sowie die neuen Wege zum Nutzen der damit verbundenen Potentiale, sind für Kreditinstitute die wesentlichen Fragestellungen[64]. Abbildung 4.1.2.3/2 zeigt in einer Übersicht, inwieweit PC-Systeme heute bereits vernetzt sind.

---

60 Etwa ein Drittel der installierten und dem Mainframe angeschlossenen PCs werden durch Emulationen nur im "3270-Mode" genutzt und deshalb den nicht-programmierbaren Terminals zugeschlagen. Zum Datenmaterial vgl.: Teixeira, D.B. und Schmergel, G., The Emergence..., a.a.O., S. 6, 10-12. Die Angaben sind auf den deutschen Markt übertragbar.

61 Die zeitweiligen Versuche durch Einführen einer neuen, patentierten Bus-Architektur für die 32-Bit-Adressierung der neuen Chip-Generation der "Micro Channel Architecture" (MCA) für die PS-Systeme von IBM wurde durch eine offene Architektur "Extended Industry Standard Architecture" (EISA) eines ad-hoc gegründeten Herstellerkonsortiums unterbunden, vgl. hierzu: Kleinaltenkamp, M. und Unruhe, H., Die Standardisierungsentwicklung auf dem Markt für Personal Computer, in: Kleinaltenkamp, M., Standardisierungsprozesse..., a.a.O., S. 11-13; Steinmann, H. und Heß, G., Die Rolle von Marktsignalen bei der Etablierung von Kompatibilitätsstandards im Rahmen der Wettbewerbsstrategie - Eine Fallstudie, in: Die Betriebswirtschaft 53 (1993), S. 167-186.

62 vgl.: o.V., Global..., a.a.O., S. 22 f. Die Prozentangabe bezieht sich auf die Summe der Umsätze der 100 weltweit größten Anbieter von Informationstechnologie im jeweiligen Segment.

63 vgl.: Teixeira, D.B. und Schmergel, G., The Emergence..., a.a.O., S. 6.

64 Schrage, M., Shared Minds: The New Technologies of Collaboration, New York 1990, S. 102.

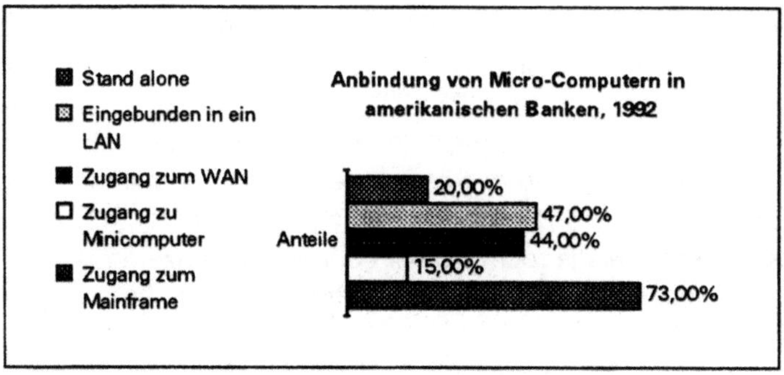

Abb. 4.1.2.3/2: Vernetzung von Microcomputern[65]

Im Bereich der Workstations und Midrange-Rechner sind Rechner mit RISC-Prozessoren und CISC-Prozessoren anzutreffen. Hier ist allerdings die technologische Entwicklung noch nicht abgeschlossen, so daß architekturrelevante Aussagen nur schwer vorzunehmen sind. Diese Rechner werden weiterhin in der bislang eingenommenen Nischenrolle bestehen bleiben und für Spezialaufgaben, etwa im Handel oder Zahlungsverkehr, eingesetzt werden. Die Vernetzung in das Gesamtsystem ist nicht unbedingt zu erwarten.

Neben der Analyse innerhalb von Segmenten ist deren anteilige Veränderung an der gesamten Rechnerunterstützung zu betrachten. Hierbei wird deutlich, daß Neuanschaffungen vermehrt bei PCs und Workstations und den dafür notwendigen Betriebssystemen zu verzeichnen sind. Abbildung 4.1.2.3/3 zeigt, daß Workstations 1988 noch eine eher unbedeutende Spezialistenrolle gespielt haben, während sie 1992 zunehmend auch im Massengeschäft anzutreffen waren.

Im Bankenbereich zeigt sich eine ähnliche Entwicklung, selbst wenn zur besseren Vergleichbarkeit der Hardware die Transaktionsbedeutung MIPS ("millions of transactions per second") herangezogen wird und unterschiedliche Nutzungsraten berücksichtigt werden[66].

Der Bereich der Speichermedien wird durch Datenträger und die jeweiligen Schnittstellen beschrieben, die meist durch proprietäre Lösungen abgedeckt werden. Das zu speichernde Datenvolumen wird etwa in den

[65] vgl.: Teixeira, D.B. und Schmergel, G., The Emergence..., a.a.O., S. 10.

[66] vgl.: Ebenda, S. 5-8; bei einer Nutzungsrate von nur 5% für PC und 75% für die Mainframe-Computer bieten installierte Microcomputer in den USA eine 5mal höhere Leistungsfähigkeit.

USA mit jährlichen Wachstumraten von etwa 20% zunehmen, obwohl bereits 1992 im amerikanischen Bankensystem umgerechnet etwa 1,7 Millionen Daten je Einwohner der USA gespeichert waren[67].

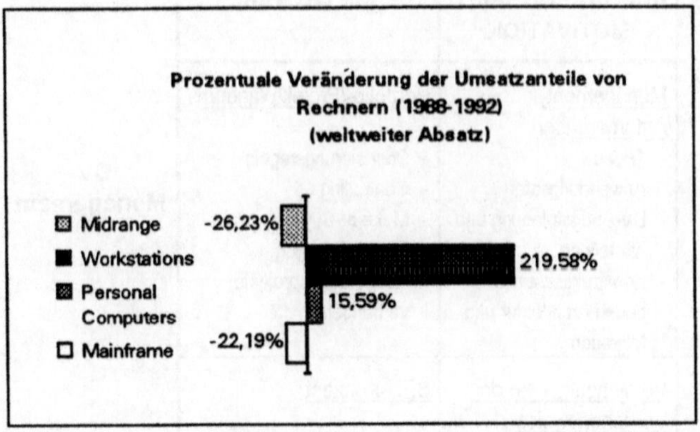

Abb. 4.1.2.3/3: Veränderung der Umsatzanteile von Rechnerklassen zwischen 1988 und 1992

Die für Kreditinstitute wichtige Fragestellung ist die Nutzungsmöglichkeit neuer Technologien wie z.B. der Image-Speicherung. Vor allem im Kreditgeschäft sowie dem Zahlungsverkehr werden durch solche Neuerungen große Rationalisierungspotentiale gesehen. Allerdings ist auf diesem Gebiet die technologische Entwicklung noch nicht abgeschlossen.

Netzwerke zeichnen sich durch einen hohen Anteil an internationalen Normen, insbesondere auf der untersten Ebene im ISO-OSI-Referenzmodell, aus. Die jeweiligen Standards sind fast ausschließlich normiert und damit technisch sehr stabil[68]. Da in beiden Bereichen für Kreditinstitute keine besonderen Spezifika gelten, außer daß sie einer der Hauptnutzer insbesondere von WANs sind, wird dieser Bereich nicht weiter erörtert[69].

4.1.3 Bereitstellungs-Architektur

Wie aus Abbildung 4.1.3/1 hervorgeht, wird die DV-Abteilung unter den Perspektiven Verantwortung, Aufgabengebiet/Motivation und Methodik

---

[67] vgl.: Teixeira, D.B. und Schmergel, G., The Emergence..., a.a.O., S. 17 f.

[68] vgl. hierzu die ausführlichen Untersuchungen von Abrahams, I., IV-Architektur..., a.a.O., S. 25-27.

[69] vgl.: Tanenbaum, A.S., Computer Networks, New Jersey 1981.

betrachtet. Diese Unterteilung findet sich in ähnlicher Weise bei Sowa und Zachman wieder[70].

VERANWORTUNG	AUFGABENGEBIET/ MOTIVATION	METHODIK	
DV-Organisation - Aufbau- und Ablauforganisation - DV-Management i.e.S. - DV-Controlling/ DV-Sicherheit - DV-Strategie	Management-Anforderungen - Abbau Anwendungsstau - DV-Budgetplanung und -verteilung - Konstruktion einer neuen Architektur und Migration	Portfolio-/Projektplanung - Priorisierungsregeln - Controlling - Make-or-Buy-Entscheidungen - Kooperationsprojekte verhandeln	**DV-Management**
Mitarbeiter - Anwendungsentwickler- und programmierer - System-Analytiker - Methoden- und Verfahren-Gruppe - Qualitätssicherung	Vereinheitlichung der Vorgehensweise - Anwendungs- und Entwicklungsstandards - Methoden und Verfahren - SEU-Konzept	SEU-Konzept - Vorgehenskonzept (Modelle, Projektmanagement- und Qualitätssicherungs-konzept) - Entwicklungskonzept - Werkzeugkonzept - Administrationskonzept	**DV-Entwicklung- und Wartung**
Mitarbeiter - Systemprogrammierer - Operateure - NW-Steuerung/ Überwachung - DB-Verwaltung	Reibungsloser Ablauf - Konfiguration-, Change- und Problemmanagement - Ausfallsicherheit - Ausreichende Verfügbarkeit (24h)	Produktionsvereinbarung - Service-Level-Agreements - Stabile Lieferfähigkeit durch Release-Strategie	**DV-Betrieb**

Abb. 4.1.3/1: Bereitstellungs-Architektur

4.1.3.1 DV-Management

Die Unterstützung der einzelnen Fachbereiche wird durch das DV-Management geplant, mit der zugehörigen Organisationsform - bei Universalbanken entsprechend der hohen Informationsintensität der Branche meist als eigenständige Abteilung auf der zweiten Hierarchieebene -

[70] vgl.: Sowa, J.F. und Zachman, J.A., Extending..., a.a.O., 1992.

verwaltet und häufig mittels einer DV-Controlling-Abteilung überwacht und gesteuert[71].

Der organisatorische Aufbau der DV-Abteilung in Kreditinstituten ab mittlerer Größe ist weitgehend nach dem Verrichtungsprinzip, d.h. den Hauptfunktionen Systementwicklung und -wartung, bestimmt. Die alternative Objektgliederung nach Anwendungsgebieten findet sich erst als Spezialisierung (in der Systementwicklung) auf einer unteren Hierarchieebene wieder[72].

Wichtigstes Argument für diese Organisationsform ist die erwünschte stabile Kommunikationsbasis von System-Entwicklern mit den spartenorientiert organisierten Anwendern. Typisch ist die Gliederung der Entwicklergruppen nach einzelnen Sparten des Bankgeschäftes wie Kreditbearbeitung, Wertpapierabwicklung oder Sparverkehr. Dies zeigt sich auch am Organigramm der DV-Abteilung einer Universalbank in Abb. 4.1.3.1/1.

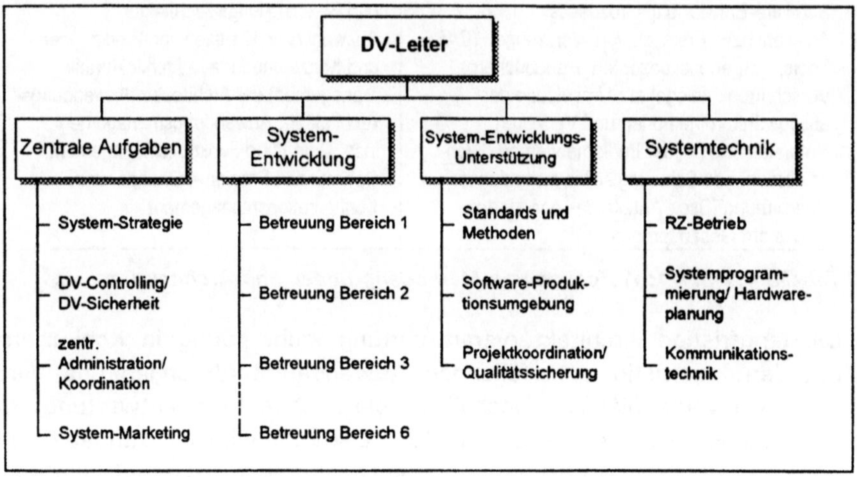

Abb. 4.1.3.1/1: Aufbauorganisation der DV-Abteilung der Westdeutschen Landesbank Düsseldorf (WestLB)

Die Aufteilung nach Anwendungsgebieten spiegelt die Aufbauorganisation auf der Anwenderseite wider. Die Abteilung "System-Entwicklung" ist in nur sechs Produktbereiche unterteilt, die zum einen zwar genaue

---

[71] vgl.: Krcmar, H., Informationsverarbeitungs-Controlling in der Praxis, in: Information Management 7 (1992) 2, S. 6-18.

[72] vgl.: Selig, J., EDV-Management..., a.a.O., S. 92 f.

Zuordnung und damit verbesserte Kommunikation zulassen, zum anderen aber keine zu starke Spezialisierung und deren negative Folgen in Form von isoliertem Spartendenken fördern.

Eine besondere Bedeutung ist der Methodengruppe beizumessen, die in vielen DV-Abteilungen bereits als eigenständige Abteilung angetroffen und als Vorläufer eines Architektur-Teams betrachtet werden kann. Die Wichtigkeit von Methodenverantwortlichen liegt darin begründet, daß durch geeignete Vorgaben von Standards, Verfahren und Werkzeugen an Entwickler die Produktivität und Qualität des Software-Entwicklungsprozesses erhöht werden soll. Wie in Tabelle 4.1.3.1/1 dargestellt, führt das konsequente Übertragen der Methodenaufgaben auf die gesamte DV-Unterstützung zum hier propagierten Architekturgedanken.

Aufgabe von Methodengruppen	Aufgaben eines Architekturteams
• Schwachstellenanalyse • Festlegung von Methoden und Verfahren zum Erhöhen der Produktivität und Qualität des Software-Entwicklungsprozesses • Auswahl bzw. Erstellen von Werkzeugen (CASE-Tools, Vorgehenskonzepten, Handbüchern, Vorschriftenkataloge) zur Umsetzung der ausgewählten Methoden und Verfahren • Unterstützung bei der Implementierung durch entsprechende Schulung sowie fortlaufende Überprüfung (Bsp.: Anteile des generierten Codes am Gesamtprogramm)	• Aufnahme der Ist-Architektur • Festlegen der System-Architektur mit den Hauptgruppen Informations-, Umsetzungs- und Bereitstellungs-Architektur • Auswahl bzw. Erstellen von Werkzeugen und Konzepten für alle Architekturteile • Management der Architektur: Anwendungs-Architektur-, Anwendungsmanagement, insb. Daten und Funktionsmanagement • Operations-, Problem-, Change- und Konfigurationsmanagement

Tabelle 4.1.3.1/1: Aufgaben von Methodengruppen und Architekturteams

Die langfristige Architekturverantwortung steht häufig in Konkurrenz mit den kurzfristig zu erfüllenden Anwenderanforderungen und wird daher oft vernachlässigt. Deshalb ist die Architekturverantwortung auf höchster Hierarchieebene anzusiedeln. Darunter wird die Aufgabe verstanden, die System-Architektur als Gesamtplan zu entwickeln und fortzuschreiben, die Zusammenhänge zwischen und innerhalb der Teil-Architekturen zu überwachen und alle Anforderungen und Änderungen immer im Hinblick auf die Konsequenzen für die System-Architektur zu begutachten und dementsprechend zu bewerten.

In Tabelle 4.1.3.1/2 werden Herausforderungen für das DV-Management aus einer aktuellen Untersuchung des Beratungshauses Arthur D.

Little formuliert und die entsprechende Unterstützung durch das Architekturkonzept gegenübergestellt[73].

Herausforderungen für das DV-Management	Unterstützung durch das System-Architekturkonzept
• "Deciding on Investments": Treffen von Investitionsentscheidungen über Verteilung des DV-Budgets sowie dessen Höhe auch in bezug auf Unternehmenswertsteigerungen und Einbezug der DV-Ausgaben in Investitionsentscheidungen - Anwendungsprogramme nehmen durch die angestrebte höhere Integration in Komplexität und Größe zu und sind in die Unternehmens-Investitionsentscheidungen einzubeziehen - Der mittlerweile hohe Anteil der DV-Ausgaben an den Verwaltungskosten, die hohe absolute Größe und der Kostendruck erhöhen die Management-Beobachtung der DV-Budgets	• Folgewirkungen von Entscheidungen auf die Gesamtarchitektur können leichter aufgezeigt und damit ins Nutzen- und Kostenkalkül einbezogen werden • Bei ausreichender Dokumentation können DV-Entscheidungen auf die entsprechenden ursächlichen Anforderungen aus dem Geschäft oder der DV zurückgeführt und gegebenenfalls neu priorisiert werden
• "Using outside resources": Nutzen von unternehmensfremden Ressourcen ("Outsourcing"): - System-Integratoren zur Entwicklung und unternehmensspezifischen Anpassung von Anwendungen - Fremdvergabe von Netzwerk- oder Datenverarbeitungsaufgaben	• Leichtere Definition betroffener Teilbereiche durch verstärkte Dokumentation und klare Strukturierung • Vereinbarkeit externer Konzepte mit eigener DV-Struktur leichter überprüfbar, da Vorstellungen über die Ausgestaltung bestehen
• "Managing the Transition": Organisieren der anstehenden Abkehr von der ausschließlich zentral orientierten DV-Welt mit zunehmener Verantwortung für Daten und Funktionen am Nutzungsschwerpunkt, etwa durch Endanwender - Schulen neuer Verfahren und Methoden und adäquates Umsetzen in Organisationskonzepte ("Downsizing" "Client/Server", "ICASE") - Investieren in grundlegende, anwendungsunabhängige System-Architektur und mehrjährig zu entwickelnde Anwendungen ohne unmittelbar sichtbare Erträge - Entwickeln einer langfristig zu nutzenden neuen System-Architektur und Migration bei parallelem Weiternutzen und -pflegen der Altsysteme bis zur Ablösung	• Architekturdenken kann dem Topmanagement durch die angesprochene Kommunikationswirkung leichter vermittelt werden und daher kurzfristige Erwartungen bremsen • "Bauplan" zur Entwicklung der System-Architektur liegt als Ziel vor und kann durch strukturierten und geplanten Migrationsprozeß leichter umgesetzt werden
• "Managing the Architecture": Kontinuierliches Steuern und Überwachen der Umsetzungs-Architektur und der Implikationen auf das originäre Unternehmensziel - Auswahl von Netzwerk und dessen Managementsystem - Festlegen der Standards und Normen für Schnittstellen Leistungsdaten und Struktur der Hardware	• Rückwirkungen auf die Geschäftsstrategie werden durch die Ableitungsregeln deutlich (Kommunikationswirkung) • Gesamtkonzeption erzwingt Kompatibilität der einzelnen Entscheidungen

(Fortsetzung)

[73] vgl.: Weizer, N., The Arthur D. Little..., a.a.O., S. 41-63.

(Fortsetzung)

Herausforderungen für das DV-Management	**Unterstützung durch das System-Architekturkonzept**
• "Governing and Controlling": Finden neuer Wege für die durch die neuen technologischen Möglichkeiten entstehenden Sicherheitsrisiken und Schwierigkeiten bei Budget- und Kostenallokation - Durch dezentrale Datenhaltung und verstärkte externe Kommunikation sind neuartige Sicherheits- und Kontrollstrategien erforderlich - Die stärkere Integration von Anwendungen und mehrfache Netzwerknutzung erschwert die exakte Verteilung von Kosten	• Keine (Architekturansatz bringt zunächst nur neue Risiken und Erschwernisse mit sich)
• "Developing Personnel": Anpassen von Schulung und Personalmarketing auf allen Ebenen der DV-Abteilung - Aneignen von Architekturkompetenz (Überblick) für DV-Manager - neue Berufsbilder werden im Rahmen der Netzwerkintegration und Dezentralisierung entstehen, zunehmend werden Arbeiten fremdvergeben - die Anwendungsentwicklung erfordert neue Kenntnisse für Werkzeuge und Methoden	• Architekturkonzeption erleichtert den Blick für die Gesamtheit der DV-Unterstützung und liegt daher im besonderen Interesse der DV-Verantwortlichen • Schulungs- und Personalanforderungen werden deutlich sichtbar
• "Pitfalls and Uncertainties": Erkennen von Neben- und Folgekosten neuer Technologien vor allem durch veränderte Wartungs-, Schulungs- und Unterstützungsstruktur. Reorganisationseffekte als Resultat neuer Technologien dürfen Veränderungen nicht verzögern	• Die dem Konzept inneliegende Gesamtbetrachtung macht die Implikationen von Entscheidungen leichter transparent

Tabelle 4.1.3.1/2: DV-Managementherausforderungen und Architekturunterstützung

Als geeignetes und vielfach angewandtes Verfahren zum Priorisieren der Anforderungen, das aufgrund der Nachfrageüberschüsse notwendig ist, gilt die Portfolio-Analyse[74]. Ein Anwendungs-Portfolio ist zunächst nur eine Menge an geforderten oder existierenden Anwendungen, die mit dem Ziel, eine Grundlage für die Auswahl und Planung der durchzuführenden Projekte zu schaffen, systematisch aufbereitet und dargestellt wird. Projektvorschläge sind nach Kriterien der unternehmerischen Zielsetzung (Nachfrage) und der technischen Realisierung (Bedarfsbefriedigung) zu bewerten.

---

[74] vgl.: Penzel, H.-G., Die Informatikabteilung..., a.a.O., 1991.

Hierbei kann als erste Dimension der strategische Nutzen von Projektvorschlägen unter den Gesichtspunkten "Steigerung des Kundennutzens" und "Beitrag zur Kostensenkung" eingeordnet werden. Auch andere Subziele wie "Differenzierungsvorteile", "Kapitalkostensenkung" oder "Personaleinsparungspotential" sind denkbar. Die zweite Dimension Realisierbarkeit wird durch die Architekturkonformität und das existierende technische Know-how bewertet. Andere Komponenten wären "Notwendigkeit von Parallelarbeit bei der Entwicklung", "technischer Integrationsgrad" oder "geforderte Werkzeugunterstützung". Zusätzlich sind die Projektunterlagen um entsprechende Wirtschaftlichkeitsberechnungen zu ergänzen[75].

4.1.3.2 DV-Entwicklung und Wartung

Zentrales Produkt von DV-Abteilungen sind Anwendungssysteme zum Unterstützen des Geschäftsbetriebes. Jedoch wird nur für einen Teil der Anwendungssoftware sowie zur Wartung bestehender Software eine unternehmenseigene Entwicklungsabteilung benötigt. Diese Art ist in Abbildung 4.1.3.2/1 durch die Straffierung hervorgehoben[76].

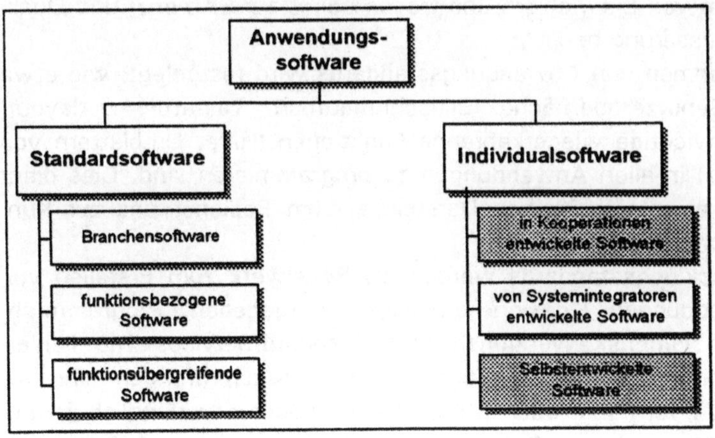

Abb. 4.1.3.2/1: Klassifizierung von Anwendungssoftware

Selbst die zur Standardsoftware alternative Individualsoftware kann ohne eigene Entwicklungsabteilung erstellt werden, wenn externe Systemintegratoren direkt mit den Fachabteilungen zusammenarbeiten.

---

75 vgl.: Schumann, M., Betriebliche Nutzeffekte..., a.a.O., S. 53-132.

76 Die Wartung wird nicht gesondert behandelt.

Als Systemintegratoren werden dabei solche Dienstleister bezeichnet, die aus dem breiten Angebot an Hard- und Software, die unternehmensindividuelle Lösung selbst erstellen oder als Makler aus Standardsoftware auswählen[77].

Hier nicht einbezogen sind Mischformen wie integrierte Software-Systeme, die z.B. funktionsbezogene Kostenrechnungssysteme mit typischer Branchensoftware verbinden. Oft wird auch eine unternehmensindividuelle Einbindung von Standardsoftware zur verbesserten Integration vorgenommen.

Neben den bereits erwähnten Methodenteams sind vor allem auch Mitarbeiter zur Qualitätssicherung und zur Prozeßunterstützung der Projektarbeit zu nennen[78].

Im einzelnen können folgende Konzepte zum Vereinheitlichen der Vorgehensweise vorgegeben werden:

- *Anwendungs- und Entwicklungs-Standards*: Beide Standards setzen vor allem an der Realisierungsseite an, verringern den Gestaltungsspielraum von Entwicklern und tragen damit zur Effizienz- und Qualitätsverbesserung bei.
  - Im Rahmen von Anwendungsstandards wird festgelegt, wie etwa die Benutzeroberfläche (Bildschirmaufbau, Tastatur, Listlayout) oder wichtige wiederkehrende Funktionen (Hilfe, Umblättern von Seiten) in allen Anwendungen zu programmieren sind. Dies dient auch einer einheitlichen Darstellung zum Bediener und zur Kundenschnittstelle.
  - Entwicklungsstandards werden als Regelwerk zum Erstellen von Anwendungen ("design principles") vorgegeben. Programmrahmen, Namenskonventionen oder Standard-Services wie Fehlermeldungen, Datenbank-Zugriffe und Datumsprüfungen sind als Module verfügbar oder in Projekt-Handbüchern verbindlich formuliert. Ebenso ist die Dokumentation der entwickelten Software zur verstärkten Personenunabhängigkeit sowie zur Vereinfachung von Wartung, Weiterentwicklung und schnellen Fehlerabhilfe einheitlich - möglichst automatisiert und toolgestützt - vorzunehmen.

---

77 o.V., Systems integrators. The Top 50., Beilage der Computer Systems News, CMP Publications Inc., 1990, S. 8.

78 vgl.: Mertens, P., Bodendorf, F., König, W., Picot, A. und Schumann, M., Grundzüge..., a.a.O., S. 192; Selig, J., EDV-Management..., a.a.O., S. 87-94.

- *Methoden und Verfahren*:
  - Die vor allem in den frühen Phasen des Entwicklungsprozesses einzusetzenden Methoden, wie Generalisierung, Abstraktion und Spezialisierung der Daten in einem Entity-Relationship-Modell, die Strukturierung der Funktionen in Hierarchie-Diagrammen sowie die Typisierung und Beschreibung von Vorgängen, werden verfeinert und im konkreten Fall angewandt.
  - Um die Akzeptanz der Nutzer zu erhöhen, wird Prototyping im Entwicklungsprozeß eingesetzt. Hiermit werden bereits in frühen Phasen des Entwicklungsprozesses unter Einsatz entsprechender Werkzeuge die Bildschirmdarstellung sowie die zugehörigen Dialogprozesse simuliert und zusammen mit den Anwendern verbessert.
  - Tests von Anwendungen - möglichst mit eigens spezifizierter Testumgebung und entsprechenden Testdaten - dienen dem rechtzeitigen Auffinden und Beseitigen von Fehlern. Zusätzlich zu den im herkömmlichen Phasenmodell integrierten abschließenden Abnahmetests werden von Beginn an die einzelnen Module hinsichtlich ihrer Funktionalität sowie Integrationsfähigkeit getestet.
- *Software-Entwicklungsumgebung (SEU)*:
  - Im Vorgehens-, Projektmanagement- und Qualitätssicherungskonzept werden alle nötigen Schritte, deren Inhalte und Abfolge sowie erste Ergebnisstrukturen beschrieben.
  - Im Entwicklungskonzept werden die Methoden und Verfahren über den gesamten Software-Lebenszyklus festgelegt.
  - Das Werkzeugkonzept enthält die Auswahl der Werkzeuge, mit deren Hilfe die festgelegten Methoden umgesetzt werden. Zielsetzung ist es hierbei, eine möglichst hohe Abdeckung aller Bereiche durch entsprechende Tools zu erreichen und diese möglichst integriert anzuwenden, um Aufwendungen für Schnittstellen zu vermindern. In Abbildung 4.1.2.1/2 in Abschnitt 4.1.2.1 wurden wichtige Werkzeuggruppen gemäß einer Einteilung nach dem AD/Cycle-Konzept von IBM aufgeführt.
  - In einem Administrationskonzept werden die Gesamtkonzeption überwacht und fortgeschrieben sowie die Ergebnisse kontrolliert.

Phasenkonzepte zur Software-Erstellung, wie sie implizit in der Darstellung der Werkzeuge in Abbildung 4.1.2.1/1 unterstellt werden, unterliegen zunehmend der Kritik. Vor allem aufgrund des zu kaskadenhaften Vorgehens ("Wasserfallmodell"), mit zu geringer Berücksichtigung von Anwenderbedürfnissen und Wartungserfordernissen, wird ein langfristigeres "life-cycle concept" gefordert. Dies umfaßt über den bisherigen Entwicklungszeitraum hinaus den Betriebszeitraum der Anwendung.

Durch den umfassenden Ansatz sollen zum einen eine bessere Grundlage für Wirtschaftlichkeitsrechnungen erreicht und damit verstärkt Kostensenkungspotentiale aufgedeckt werden. Zum anderen wird das Verantwortungsbewußtsein und die Motivation der Entwickler gefördert[79].

4.1.3.3 DV-Betrieb

Der DV-Betrieb - zuweilen auch Produktion genannt - wird als Service der DV-Abteilung für die Nutzer im Unternehmen oft nicht als eigenständige Dienstleistung wahrgenommen.

Für den Betrieb der Anwendungssysteme müssen Rechner-, Speicher- sowie Kommunikationsanlagen bedient, überwacht und gesteuert werden. Die Aufgaben sind vollständig durch ein internes Rechenzentrum, teilweise extern durch "Outsourcing" von Einzelleistungen oder durch komplette Fremdvergabe zu erfüllen. Im letzten Fall beschränkt sich die Verantwortung auf das Management der externen Dienstleister. Weiterer Gestaltungsfaktor des DV-Betriebs ist das Ausmaß der Dezentralität von DV-Verantwortung. Die zunehmende Bedeutung von PC-Netzen sowie Abteilungsrechnern verlagert Aufgaben, Kompetenzen und Verantwortung in die Fachbereiche. Vereinfachend beziehen sich die folgenden Ausführungen auf ein vollständig internes, zentrales Rechenzentrum.

Als Hauptaufgabenträger des zentralen DV-Betriebs sind Systemprogrammierer, Operateure sowie Mitarbeiter zur Netzwerksteuerung und -überwachung in Universalbanken anzutreffen, deren Aufgabengebiet und spezifische Bedeutung nachfolgend beschrieben wird.

Die Bedeutung von Systemprogrammierern wächst immer dann, wenn auf standardisierte System- und systemnahe Software verzichtet wird oder werden muß. Dies trifft zum Beispiel zu, wenn unabhängige Hardware-Welten unterschiedlicher Generationen oder Hersteller zu verbinden sind. Ebenso können die Leistungsanforderungen der Kreditinstitute die eigene Erstellung von Transaktionssoftware notwendig erscheinen lassen. Eine Besonderheit für Kreditinstitute liegt in der Programmierung von Spezial-Geräten wie Geldautomaten oder Kontoauszugsdruckern.

---

[79] vgl.: Seibt, D., Management des Systemlebenszyklus, in: Mertens, P. (HauptHrsg.), Lexikon der Wirtschaftsinformatik, 2., vollst. neu bearb. u. erw. Aufl., Berlin u.a. 1990, S. 413; Balzert, H., Die Entwicklung von Software-Systemen: Prinzipien, Methoden, Sprachen, Werkzeuge, Mannheim u.a. 1982, S. 469 .

Deren institutsindividuelle Anpassung muß ebenfalls durch Systemprogrammierer erfolgen.

Kreditinstitute haben durch die tägliche Aktualisierung von Kundendaten in nächtlichen Batch-Läufen besondere Anforderungen an den Ablauf dieser Anwendungen. Sekundengenauer Einsatz der angeforderten Programme, Saldenkontrollen neu aufzunehmender Datensätze oder automatische Sicherung der Daten müssen daher von den Operateuren sichergestellt werden.

Das Filial- bzw. Niederlassungssystem von Kreditinstituten erfordert die Unterstützung durch Mitarbeiter der Kommunikationstechnik. Neben der Überwachung der Inhouse-Netze (Telefon, lokale Netzwerke) sind Verbindungen zu Ausweichrechenzentren für Überlast- oder Katastrophenfälle zu nennen. Die Kommunikation mit anderen Banken muß für Zahlungsverkehrsaufgaben sowie mit Kunden gewährleistet werden.

Weitere wichtige Dienstleistungen werden durch den Entwurf und die Verwaltung der zentralen Datenbank wahrgenommen. Zusätzlich sind durch den zunehmenden Einzug von PC-Software weitere Betreuungsaufgaben, wie z.B. "hotline service", hinzugekommen.

Vom DV-Betrieb erwarten das DV-Management und die Nutzer die Erfüllung gegebener Anforderungen mit minimalen Mitteln. In der Regel fordern sie keine besonderen Impulse auf die Geschäftssphäre. Mit den Mitarbeitern des DV-Betriebes sowie der von ihnen betreuten technologischen Infrastruktur werden folgende Kernziele verfolgt:

- *Sicherstellen des reibungslosen Ablaufes:* Das Einführen neuer Anwendungen, Verteilen der dafür erforderlichen Software, Konfigurieren der Hardware und das entsprechende Ablösen von Programmen muß unterbrechungsfrei und nach fest vorgegebenen Regeln erfolgen. Störungen laufender Anwendungen sind sofort (auch nachts) abzustellen.
- *Einhalten vereinbarter "Service-Level":* Den Anwendern zugesicherte Leistungen bezüglich Verfügbarkeit, Schnelligkeit und Zuverlässigkeit werden zwar auch durch das entsprechende Software-Design beeinflußt, jedoch können Schnelligkeit und Verfügbarkeit durch entsprechende Auslegung der Hardware massiv gestaltet werden. Das Schwergewicht liegt hier nicht unbedingt im Optimieren der jeweiligen Dimensionen, sondern im korrekten Bewerten des Machbaren sowie der zugehörigen Kosten und Einhalten der zugesicherten Leistung.

- *Verfolgen einer angepaßten Kapazitätsplanung:* Aufgrund von Anforderungen an Service-Level, Transaktionsvolumen und angeschlossene Terminals sind die dafür geeigneten Geräte sowie das notwendige Personal, zur Verfügung zu stellen.
- *Gewährleisten stabiler Lieferfähigkeit durch "Release-Strategie":* Die kontinuierliche Weiterentwicklung von wichtigen Hard- und Betriebssoftwarekomponenten, steigende Leistungs- oder Volumenanforderungen oder allgemeine strategische Positionierungen erfordern das kontinuierliche Überwachen der Leistungsfähigkeit, das Nutzen der vorhandenen Dienste und des Anbietermarktes. Innerhalb des Spannungsfeldes von "immer das Aktuellste" bis "nur das Notwendigste" hat sich der DV-Betrieb zu positionieren und eine rechtzeitige Migration in aktuellere DV-Umgebung durchzuführen.
- *Abstimmen mit Anwendungsentwicklung*: Bereits bei der Anwendungsentwicklung können die Belange der DV-Produktion berücksichtigt werden, etwa um verstärkt fernbediente Problemanalyse und -behebung durchführen zu können oder Anwendungen laufzeitoptimal zu gestalten. Dies könnte in Anlehnung an die derzeitige Diskussion in Industriebetrieben als "Design for Production" bezeichnet werden.

4.1.4 Architekturelemente in tabellarischer Übersicht

In Tabelle 4.1.4/1 sind die in den Abbildungen 4.1.1/1, 4.1.2/1 und 4.1.3/1 aufgeführten und den jeweiligen Kapiteln erläuterten Architekturelemente in einer tabellarischen Liste zusammengefaßt.

	Architekturelemente	
Informations-Architektur	Informationsbegriffe	Geschäftsregeln Entitäten Beziehungen Attribute
	Datenmodell	Unternehmensweites Datenmodell (uwDM) Unternehmensdatenmodell (UDM) Wiederverwendbare, spartenübergreifende Datenkonstrukte
	Datenbankdesign	Felder Adressen
	Funktionsbaum	Produkte, abstrakte Funktionen Funktionen Teilfunktionen Elementarfunktionen

(Fortsetzung)

(Fortsetzung)

		Architekturelemente
	Funktionsmodell	Funktionshierarchien für Projektmodelle Wiederverwendbare, spartenübergreifende Module Querschnittsfunktionen
	Funktionsmodule	Programmierte Funktionen Module
	Geschäftsabläufe	Prozeßabläufe Kernprozesse Typisierte Vorgänge
	Prozeßmodell	Schnittstellendefinition Standardtransaktionstypen Vorgangsrahmen
	Programmrahmen	Rahmenprogramm Vorgangssteuerungssystem (VGS)
Umsetzungs-Architektur	Software-Entwicklungsumgebung	Software-Engineering-Konzepte Methoden und Regeln Werkzeuge
	Anwendungslandschaft Netzwerk-Anwendungsdienste	Struktur der fachlichen Anwendungsbausteine Struktur der Service-Anwendungsbausteine Vorgangsdienste Dateitransfer Virtuelles Terminal Elektronischer Nachrichtenaustausch Verteilter Datenzugriff Netzwerkverwaltung
	Betriebssysteme und systemnahe Software	Betriebssysteme TP-Monitore Benutzeroberflächensoftware Zugangskontrollsysteme
	Datenmanagement-Systeme	Dateisysteme Datenbanksysteme Datenmanipulationssprachen
	Netzwerk-System-Software	Netzwerk-Konzepte Netzwerk-Betriebssysteme Datendarstellung Kommunikation Transport Vermittlung
	Rechner	Prozessoren/ Zentraleinheiten Eingabe-/Ausgabegeräte Rechnerarten
	Speichermedien	Speicher-Schnittstellen Datenträger
	Netzwerke	Übertragungstechnik Übertragungsmedien Netztopologien Netzwerkrechner

(Fortsetzung)

(Fortsetzung)

		Architekturelemente
Bereitstellungs-Architektur	DV-Organisation	Aufbau- und Ablauforganisation DV-Management DV-Controlling/DV-Sicherheit DV-Strategie
	Management-Anforderungen	Abbau Anwendungsstau DV-Budgetplanung und -verteilung Konstruktion einer neuen Architektur und Migration
	Portfolio-/ Projektplanung	Priorisierungsregeln Controlling Make-or-Buy-Entscheidungen Kooperationsprojekte verhandeln
	Mitarbeiter	Anwendungsentwickler und -programmierer System-Analytiker Methoden- und Verfahrensgruppe Qualitätssicherung
	Vereinheitlichung der Vorgehensweise	Anwendungs- und Entwicklungs-Standards Methoden und Verfahren SEU-Konzept
	SEU-Konzept	Vorgehenskonzept Entwicklungskonzept Werkzeugkonzept Administrationskonzept
	Mitarbeiter	Systemprogrammierer Operateure NW-Steuerung/Überwachung DB-Verwaltung
	Reibungsloser Ablauf	Konfiguration-, Change- und Problemmanagement Ausfallsicherheit Ausreichende Verfügbarkeit
	Produktionsvereinbarungen	Service-Level-Vereinbarungen Stabile Lieferfähigkeit durch Release-Strategie

Tabelle 4.1.4/1: Liste aller Architekturelemente

4.2 Abhängigkeiten innerhalb der System-Architektur

4.2.1 Interdependenzen zwischen Elementen der System-Architektur

Die Architekturelemente stehen in einem technischen oder organisatorischen Abhängigkeitsverhältnis. Dies gilt es zu identifizieren, darzustellen und auszuwerten. Dabei sind die Beziehungen nicht nur wertfrei zu erfassen, sondern innerhalb und zwischen den Teil-Architekturen abzustimmen.

4.2.1.1 Identifikation der Interdependenzen

Die nachfolgend beschriebene Vorgehensweise nutzt die Stabilitätseigenschaft des Architekturkonzeptes. Denn nicht nur der Aufbau der Architekturelemente, sondern auch die Abhängigkeiten zwischen diesen Elementen können in festen Strukturen beschrieben werden. Damit lassen sich indirekte Einflüsse bei der Auswahl von Produkten als Folgewirkungen einfacher zu berücksichtigen. Infolgedessen ist die Gesamtwirkung exogen bedingter Änderungen, etwa aus der Geschäftsstrategie oder neuen technischen Möglichkeiten, leichter bewertbar. Je mehr hierbei die Architekturgruppen detailliert werden, um so differenzierter lassen sich die Beziehungen beschreiben und desto genauer die Ergebnisse ermitteln. Die verwandten Architekturelemente sollen so ausgewählt werden, daß die wichtigen Beziehungen darstellbar sind, die Komplexität beherrschbar bleibt und sie gleichzeitig für alle Kreditinstitute genutzt werden können. Die im Laufe der Arbeit bereits vorgestellten und hier verwandten 90 Architekturelemente bieten hierfür eine geeignete Basis.

Die Beziehungen zwischen den Elementen können in einer Matrix mit gleichen Zeilen und Spalten dargestellt werden. Die angewandte Methodik ist dem Information-Engineering entlehnt. Auf beiden Achsen werden hierbei die Architekturelemente tabellarisch aufgeführt und im Falle einer Abhängigkeit am Schnittpunkt markiert, wie in Abbildung 4.2.1.1/1 in einem Auszug der Beziehungsmatrix gezeigt. Die Beziehungen werden nur oberhalb der Diagonalen aufgeführt, die Reihenfolge der Beziehungen wird damit nicht berücksichtigt.

	UDM	Werkzeuge	TP-Monitore	DV-Management	Kooperationen	Werkzeugkonzept	Operateure
UDM		x			x	x	
Werkzeuge			x	x	x	x	
TP-Monitore					x	x	x
DV-Management					x		x
Kooperationen							
Werkzeugkonzept							
Operateure							

Abb. 4.2.1.1/1: Beispielhafte Beziehungsmatrix von Architekturelementen (1)

Eine ausführliche Analyse der 90 in Tabelle 4.1.4/1 aufgeführten Architekturelemente führt zu über 2300 Beziehungen (bei 4050 möglichen). Der Schwerpunkt liegt hierbei in der Umsetzungs- und Bereitstellungs-Architektur. Mit dieser Vorgehensweise läßt sich jedoch keine Aussage über die Intensität der Beziehungen machen. Gründe für Beziehungen zwischen Architekturelementen können darin liegen, daß sie Bestandteile anderer Elemente sind, als Vorbedingungen die Auswahl anderer Elemente festlegen oder nur als ein Einflußfaktor unter vielen zu berücksichtigen sind. Tabelle 4.2.1.1/1 zeigt dies in einer Übersicht. Eine Anwendung der Klassifikation findet sich in Abbildung 4.2.1.1/2.

Notation	Bedeutung	Notation	Bedeutung
B	ist Bestandteil von	b	setzt sich zusammen aus
D	definiert/legt fest	d	wird definiert/festgelegt
E	beeinflußt/wirkt auf	e	wird beeinflußt
G	beeinflußt gegenseitig		

Tabelle 4.2.1.1/1: Arten von Beziehungen zwischen Architekturelementen

Ähnlich der unterschiedlichen Notation in Information-Engineering-Tabellen kann die Beziehungsmatrix der Architekturelemente durch Angabe dieser unterschiedlichen Qualitäten der Beziehungen weiter differenziert werden. In Abbildung 4.2.1.1/2 wird dies auf das vereinfachte Beispiel angewandt, hierbei ist gemäß der Input-Output-Tabellen von links nach rechts zu lesen.

	UDM	Werkzeuge	TP-Monitore	DV-Management	Kooperationen	Werkzeugkonzept	Operateure
UDM		G			e	G	
Werkzeuge			d	d	e	B	
TP-Monitore					G	D	E
DV-Management					D		E
Kooperationen							
Werkzeugkonzept							
Operateure							

Abb. 4.2.1.1/2: Beispielhafte Beziehungsmatrix von Architekturelementen (2)

Die Klassifikation der Beziehungen dient der Komplexitätsreduktion - etwa durch Ausblenden aller mit "B" bezeichneten Elemente - sowie der erleichterten Projektdurchführung. So sind die mit "B" markierten Werkzeuge Bestandteil eines Werkzeugskonzeptes, alle darauf bezogenen Beziehungen müssen nicht nochmals wiederholt werden. Alle mit "D" gekennzeichneten Beziehungen erfordern eine möglichst frühzeitige Festlegung des definierenden Architekturelementes, da ansonsten zu den damit definierten Architekturelementen keine klare Untersuchung möglich ist. Dies läßt sich am Beispiel der in Unternehmen häufig parallel anzutreffenden TP-Monitore IMS/DC und CICS der Firma IBM verdeutlichen. Diese werden nicht von allen Werkzeugen in gleicher Weise unterstützt und sind daher ein wichtiges Auswahlkriterium für Tools. Eine mögliche Spezialisierung führt zu einer Verringerung des Lösungsraumes bei der Toolauswahl.

Die mit "E" und "G" markierten Beziehungen werden häufig das Involvieren mehrerer Beteiligter erfordern, um in übergreifenden Koordinationsgesprächen zu einer gemeinsamen, abgestimmten Lösung zu kommen. So kann ein einheitliches UDM Kooperationen zwischen Anwendern zum Entwickeln von Software fördern bzw. vereinfacht ermöglichen. Bei den mit "G" bezeichneten Beziehungen beeinflussen sich die betroffenen Architekturelemente gegenseitig, ohne daß eine eindeutige funktionale Abhängigkeit besteht. Somit können zur Bearbeitung von Architekturelementen nicht Ergebnisse der anderen Elemente als Vorbedingung gefordert werden. Dadurch entsteht die Gefahr, daß in der Planungsphase die Verantwortung für deren Festlegung gegenseitig zugeschoben wird.

Weiteres Ziel einer Analyse der Beziehungen zwischen den Elementen ist es, geeignete Cluster für Projekteinteilungen zum Erstellen, Verändern oder Fortschreiben der Architektur zu finden. Hierbei können Architekturelemente zusammengefaßt werden, die gemeinsam zu bearbeiten sind. Die Elemente sollten möglichst viele Beziehungen innerhalb des Clusters, aber möglichst wenig Beziehungen zwischen den Clustern haben. Dies wäre dann ein erster Ausgangspunkt für eine geeignete Projektuntergliederung. Bei zeitlicher Unterteilung der Architekturbetrachtung kann die Übersicht darüber hinaus als vereinfachtes Planungswerkzeug der abgearbeiteten Themengebiete genutzt werden. Weiterhin können besonders zentrale Architekturelemente, die mit vielen anderen Elementen in Beziehung stehen, aufgedeckt und in Analogie zu den Produktmanagern der Konsumgüterindustrie einer besonderen Beobachtung - etwa durch "Koordinationsbeauftragte" - unterzogen werden.

In Tabelle 4.2.1.1/2 sind jeweils zehn Elemente aufgeführt, die nach der Analyse am meisten bzw. am wenigsten mit anderen Elementen in Beziehung stehen.

Anzahl	Architekturelement
60	Werkzeuge
57	Anwendungsentwickler und -programmierer
55	Meth./Verfahren-Gruppe
52	Methoden und Regeln
42	Stabile Lieferfähigkeit
42	Service-Level-Agreement
42	Werkzeugkonzept
42	SEU-Konzept
40	Verfügbarkeit
40	Ausfallsicherheit

Anzahl	Architekturelement
6	Produkte, abstrakte Funktionen
7	Zugangskontrollsysteme
7	Controlling
9	Geschäftsregeln
10	Felder
10	Adressen
10	Übertragungstechnik
11	Prozeßabläufe
11	Eingabe-/Ausgabegeräte
11	Übertragungsmedien

Tabelle 4.2.1.1/2: Anzahl von Beziehungen ausgewählter Architekturelemente

Tabelle 4.2.1.1/2 läßt sich wie folgt nutzen: Da das Werkzeugkonzept sehr viele Architekturelemente berührt, wird jede Änderung hier hohe Implikationen auf die Gesamt-Architektur hervorrufen. Im Falle einer Neuplanung sind daher frühzeitige Festlegungen hilfreich, um die Optionsvielfalt betroffener Architekturelemente einschränken zu können. Die hohe Anzahl an Beziehungen zu Mitarbeitern der DV-Entwicklung verstärkt nochmals, daß Architektur nicht nur aus technischer, sondern vor allem auch aus organisatorischer Perspektive betrachtet werden muß. Konzepte, die sich allein mit der Informations-Architektur beschäftigen, greifen zu kurz.

Elemente mit wenigen Beziehungen sind vorwiegend in der Informations-Architektur zu finden, was durch die technologische Unabhängigkeit dieser Teil-Architektur begründet ist.

Auch die Ergebnisse eines Architekturprojektes können unter Nutzung der Beziehungsmatrix leichter überwacht werden[80]. Durch Aufzeigen der Abhängigkeiten und der derzeitigen Produktbelegung abhängiger Elemente - etwa der tatsächlich ausgewählten Werkzeuge sowie der TP-Monitore - lassen sich die Ergebnisse zusammenführen. Wenn etwa bei interdependenten Architekturelementen die jeweilige Produktbelegung nicht kompatibel ist, muß der Bereich neu abgestimmt werden. Die Beziehungsmatrix unterstützt jedoch nicht nur den Prozeß der

80 vgl. hierzu die Ausführungen in Kapitel 7.3.1 Auswahl von Produkten bzw. Eigenerstellen von Lösungen.

Architekturdefinition. Falls bei einer Fortschreibung der Architektur Produkte ersetzt werden, läßt sich über die verknüpften Architekturelemente die Änderungsnotwendigkeit bei allen davon betroffenen Produkten ermitteln. Damit werden die Implikationen der ursprünglichen Entscheidung leichter identifizier- und bewertbar.

4.2.1.2 Abstimmung der Architekturelemente

Am Beispiel des abgestimmten Vorgehens zwischen der Informations-Architektur als rein fachlicher Anwendungs-Architektur und der Technischen Anwendungs-Architektur, der obersten Ebene der Umsetzungs-Architektur, soll die Abstimmung der Elemente illustriert werden. Konzeptionell läßt sich dies vereinfacht am Bild einer Schraubzwinge verdeutlichen. Während in der Analyse- und Designphase versucht wird, durch möglichst detaillierte fachliche Beschreibungen den Raum für die unstrukturierte Entwicklung von Software einzuschränken, wird dies auf der Realisierungsseite durch entsprechende Regeln und Dienste der Technischen Anwendungs-Architektur angestrebt. Abbildung 4.2.1.2/1 zeigt dies in einer Übersicht.

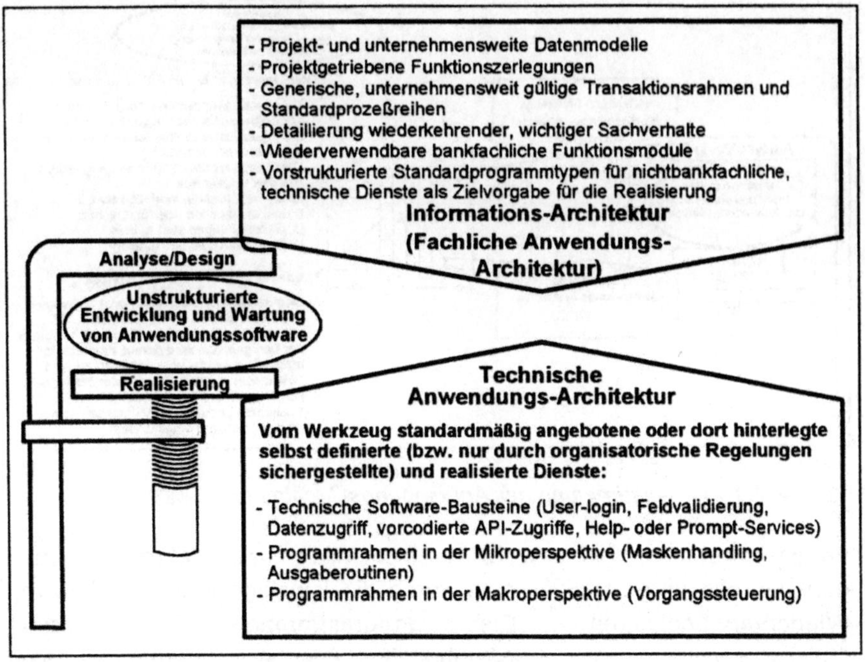

Abb. 4.2.1.2/1: Management der Anwendungs-Architektur

Die Management-Komponente besteht darin, beide Vorgehensweisen aufeinander abzustimmen. Bereits bei der Vorstrukturierung der Informationen in der fachlichen Beschreibung sind die zur Verfügung stehenden Dienste, Rahmenprogramme oder Konzepte zu berücksichtigen. Abbildung 4.2.1.2/2 zeigt dies vereinfacht auf.

Die Fachliche Anwendungs-Architektur ist vor allem auf der Datenseite sehr ausgeprägt, da hier Upper-CASE-Tools aus den Beschreibungen die dazugehörigen relationalen Datenbank-Tableaus erstellen können. Die Technische Anwendungs-Architektur hat ihren Schwerpunkt auf der Funktions- und Vorgangsseite. Die Realisierungsmodule finden in der oben erwähnten fachlichen Anwendungs-Architektur ihre Entsprechung, besondere Ausprägungen ohne Berücksichtigung in der Informations-Architektur gibt es nicht. Die technischen Software-Bausteine wie User-Login, Feldvalidierung, Datenzugriffe oder vorcodierte Programmierschnittstellen-(API) Zugriffe werden vorformuliert, da ansonsten ein mehrfacher Einsatz durch fehlende übergreifende Formulierung nicht mehr möglich ist. Das Potential der Wiederverwendbarkeit wird dann nicht ausgeschöpft.

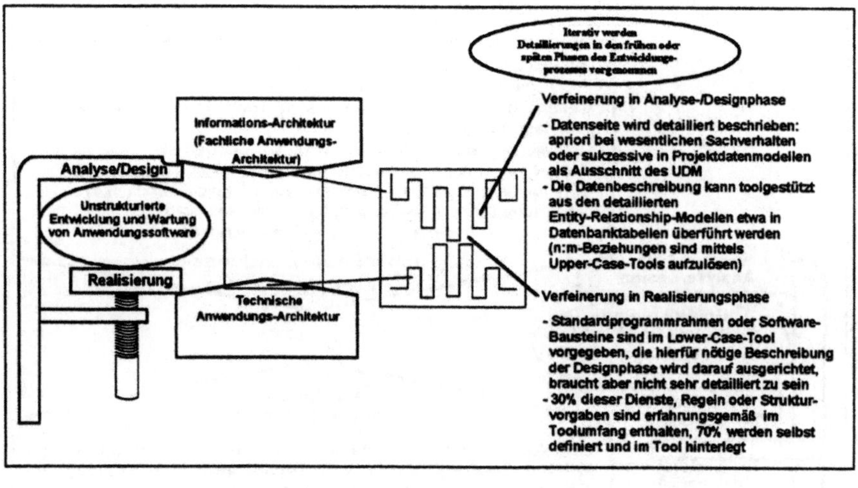

Abb. 4.2.1.2/2: Abstimmung der Anwendungs-Architektur

Programmrahmen sind sowohl in einer Mikro- wie Makroperspektive denkbar. Sie unterscheiden sich durch die jeweilige Interpretation von Wiederverwendbarkeit. Die Programmrahmen in einer "Mikroperspektive", wie Maskenhandling oder Ausgaberoutinen, sind mehrfach verwendbar zu realisieren. Die hier definierten Vorgaben müssen bei der fachlichen Beschreibung berücksichtigt werden ("in die vorgefertigten Schubladen hineinmodellieren"). Die Programmrahmen der "Makroperspektive", wie die Vorgangssteuerung, werden einmalig erstellt und durch neue Anwendungen nur ausgebaut.

Die Ausführungen zeigen, daß zwar die Forderung nach einer technologisch unabhängigen fachlichen Beschreibung des Geschäftes in der Informations-Architektur bestehen bleibt, es für eine erhöhte Produktivität aber hilfreich sein kann, Realisierungshilfen bereits in der Analysephase zu berücksichtigen. Somit ist eine Klammer innerhalb des Entwicklungsprozesses gegeben. Die oft beklagte "Kluft" zwischen Analyse- bzw. Designphase und der Realisierung wird damit von beiden Seiten verringert.

Zusammenfassend seien in Abbildung 4.2.1.2/3 nochmals die wichtigsten Koordinationspunkte für den Abstimmungsbedarf aufgezeigt. Die Konsequenzen von Entscheidungen, die oft primär im geschäftspolitischen Bereich getroffen werden, können durch den Abstimmungszwang im Rahmen der Architekturdarstellung leichter aufgedeckt werden und damit durch die erhöhte Transparenz eine Entscheidungsfindung auf sicherer Faktenbasis ermöglichen[81].

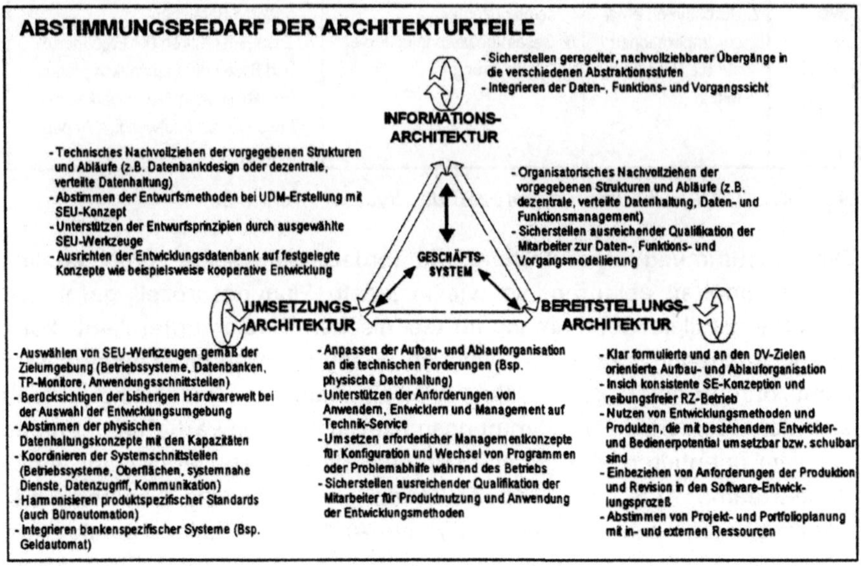

Abb. 4.2.1.2/3: Abstimmungsbedarf der Architekturteile

---

81 vgl.: Schmalzl, J. und Schumann, M., Aufbau und..., a.a.O., S. 84.

Die oben beispielhaft aufgeführten Koordinationsnotwendigkeiten erschweren aufgrund ihrer Komplexität eine Gesamtplanung der DV-Unterstützung, da nicht immer eine eindeutige Reihenfolge für Folgeketten von Einzelentscheidungen vorgegeben ist. Abbildung 4.2.1.2/4 zeigt die Alternativen auf. Der Ablauf des Planungsprozesses ist durch die jeweiligen Nummern gekennzeichnet. Je nach Architekturvorhaben sind unterschiedliche Reihenfolgen einzuhalten.

	ARCHITEKTUR-VORHABEN		
	Außerplanmäßig (notwendige) Anpassung	**Bewertung möglicher Weiterentwicklungen**	**vollständige Neuplanung**
Simultan		1. Vorgabe der zu untersuchenden Änderung (Bsp.: Client-Server-Fähigkeit) 3. Unterteilen in Planungsbereiche 4. Ausarbeiten der Implikationen innerhalb des Bereichs	3. Vorgeben grundlegender Richtlinien für alle Bereiche der DV-Architektur 4. Unterteilen in Planungsbereiche 5. Ausarbeiten der Konzeption innerhalb des Bereichs 7. Übergeordnete Abstimmungen
Sukzessive	1. Vornehmen der notwendigen Änderung am Einzelproblem 2. Durchführen etwaiger Implikationen auf die Rest-Architektur	2. Feststellen der betroffenen Architekturelemente 5. Zusammenführen der Ergebnisse und Bilden der Gesamtkonzeption 6. Gesamtbewertung über die Durchführung	1. Bestandsaufnahme der Ist-Landschaft 2. Aufzeigen der Bedarfslücken 6. Überwachen der Schnittstellen zu anderen Bereichen 8. Zusammenführen der Ergebnisse und Bilden der Gesamtkonzeption 9. Feinabstimmen: Vereinbarkeit der Lösungen und notwendige Anpassungen

Abb. 4.2.1.2/4: Abstimmungsprozeß der System-Architektur

Die Abstimmung der Architekturanforderungen sollte grundsätzlich immer simultan ablaufen, so wie in jedem Planungsprozeß gefordert. Falls die parallele Abstimmung im technischen Bereich unterbleibt, kann die Kombination der Einzellösungen wegen fehlender Kompatibilität nicht durchführbar sein[82]. Bei außerplanmäßigen Anpassungen wird sich der erforderliche Abstimmungsprozeß am gegenwärtig drängensten Problem orientieren. Ausgehend von der erarbeiteten Detaillösung eines Projektteams für ein Spezialthema müssen die anstehenden Implikationen auf andere System-Architektur-Teile durch ein "Architekturteam" abgeleitet und mitbewertet werden. Dies kann, analog zum Ausgleichsgesetz der Planung, nur eine kurzfristige

[82] vgl.: o.V., Analysten sprechen der IBM Client-Server-Engagement ab, in: Computerwoche 19 (1992) 36, S. 25.

Betrachtung sein[83]. Die Rückwirkungen der anderen Architektur-Hauptgruppen haben Einfluß auf die Gesamtoptimierung. Vor allem in der Umsetzungs-Architektur kann die alleinige sukzessive Vorgehensweise aufgrund der notwendigen Berücksichtigung externer Vorgaben etwa durch Hersteller nicht durchgehalten werden. Bei der vollständigen Neuplanung wird deutlich, daß zwischen simultanen und sukzessiven Prozessen mehrfach gewechselt werden sollte.

4.2.2 Ausgewählte Konzepte innerhalb der System-Architektur

Die einzelnen Komponenten der System-Architektur beeinflussen sich (wie in Kapitel 4.2.1 ausgeführt) und werden (wie in Kapitel 4.2.2 ausgeführt) aufeinander abgestimmt. Darüber hinaus können sie bewußt durch übergreifende Konzepte miteinander verknüpft werden. Hierzu gehören organisatorische Konzepte wie "Downsizing" oder das Client-Server-Prinzip sowie technologische Konzepte wie Microsofts "Windows Open Services Architecture" (WOSA), die "Systems Application Architecture" (SAA) von IBM oder die Kommunikationsplattform "BCS" deutscher Privatbanken. Während organisatorische Konzepte durch die Auswahl, das Gestalten und den unterschiedlichen Einsatz von technischen Komponenten Einfluß nehmen, sind bei technologischen Konzepten primär produktspezifische Einflußfaktoren dominierend. Anhand von Beispielen - das Client-Server-Konzept als organisatorisches Konzept sowie die BCS-Kommunikationsplattform als technologisches Konzept - werden diese dargestellt und ihr Einfluß auf die Architekturplanung erläutert.

4.2.2.1 Organisatorische Konzepte am Beispiel von Client-Server-Konzepten

Als Client-Server-Konzepte werden alle die Organisationsformen bezeichnet, die vernetzte Datenverarbeitungssysteme enthalten und auf einer nachrichtenbasierten, auftragsorientierten Interprozeßkommunikation beruhen[84]. Hierbei sind die kommunizierenden Partner entweder Diensteerbringer, sogenannte Server, oder Dienstebenutzer, sogenannte Clients. Der Client initiiert den entsprechenden Ablauf, der Server wird durch die Anfragen des Clients gesteuert. Ziel ist es, die Aufgaben auf

---

[83] vgl.: Gutenberg, E., Grundlagen der Betriebswirtschaftslehre, Erster Band: Die Produktion, 24., unveränderte Aufl., Berlin u.a. 1983, S. 164 f.

[84] vgl.: Houy, C., Scheer, A.-W. und Zimmermann, V., Anwendungsbereiche von Client/Server Modellen, in: Information Management 7 (1992) 3, S. 14 f.

diejenigen Partner zu verteilen, die die Aufgabe am besten erfüllen können. Zum Sicherstellen der Kommunikation zwischen den Partnern sind hierfür gemeinsame Schnittstellen, Kommunikationsprotokolle sowie organisatorische Regelungen zu vereinbaren.

Client-Server als Organisationsprinzip ist nicht eindeutig definiert. Eingeschlossen werden sollen auch kooperative Verteilungsformen von Anwendungen. Während bei Client-Server-Konzepten im engeren Sinne die Aufgaben fest auf spezifische Server verteilt sind, können im davon zu trennenden "network processing" bzw. "cooperative processing" Anwendungsmodule beliebig verteilt sein und dynamisch jeweils freien Verarbeitungskapazitäten zugeteilt werden[85]. Andere Darstellungen differenzieren die Client-Server-Modelle nach der unterschiedlichen Verteilung von Präsentations-, Logik- und Datenschicht[86]. Kreditinstitute lassen derzeit flächendeckend den Einsatz von verteilten Anwendungen sowie vernetzter, intelligenter Arbeitsplätze prüfen oder bereits vornehmen.

In der Architekturplanung ist das Ausmaß, wo und für welche Anwendungen das Client-Server-Prinzip genutzt werden soll, nicht exakt festzulegen. Wesentlich ist der Einbezug der Client-Server-Fähigkeit von Anwendungen an sich, die eine Abkehr von der alleinigen Mainframe-Orientierung bedeutet. Die jeweilige Ausprägung kann bei ausgestalteter Architektur nach unternehmensindividuellen Entscheidungsparametern vorgenommen werden.

Um Einflüsse von Client-Server-Konzepten auf die Ausgestaltung der Architektur feststellen und bewerten zu können, sind zunächst die betroffenen Architekturteile zu bestimmen. Hierzu empfiehlt es sich, die einzelnen Architekturelemente hinsichtlich einer Client-Server-Relevanz zu untersuchen. In Tabelle 4.2.2.1/1 sind die Architekturelemente in einer ersten Gliederungstiefe aufgeführt und vereinfacht nach der Auswirkung einer Client-Server-Konzeption bewertet.

---

[85] vgl.: Weizer, N., The Arthur D. Little..., a.a.O., S. 65 f.

[86] vgl.: Houy, C., Scheer, A.-W. und Zimmermann, V., Anwendungsbereiche..., a.a.O., S. 16 f.

	Architekturelement	Auswirkungen einer Client-Server-Konzeption			
		Unmittelbar	Mittelbar	Wenig	Nicht
Informations-Architektur	• Datensicht:				
	- Informationsbegriffe				x
	- Datenmodelle				x
	- Datenbankdesign			x	
	• Funktionssicht				
	- Funktionsbaum			x	
	- Funktionsmodell			x	
	- Funktionsmodule		x		
	• Vorgangssicht				
	- Geschäftsabläufe		x		
	- Prozeßmodell		x		
	- Programmrahmen		x		
Umsetzungs-Architektur	• Technische Anwendungs-Architektur				
	- Software-Entwicklungs-Umgebung	x			
	- Anwendungslandschaft	x			
	- Netzwerkanwendungsdienste	x			
	• System-Software-Architektur				
	- Betriebssysteme und systemnahe Software		x		
	- Datenmanagement-Systeme		x		
	- Netzwerk-Systeme	x			
	• Hardware-Architektur				
	- Rechner		x		
	- Speichermedien		x		
	- Netzwerke	x			
Bereitstellungs-Architektur	• DV-Management				
	- DV-Organisation		x		
	- Management-Anforderungen		x		
	- Portfolio-/Projektplanung		x		
	• DV-Entwicklung und Wartung				
	- Mitarbeiter	x			
	- Vereinheitlichung der Vorgehensweise	x			
	- SEU-Konzept	x			
	• DV-Betrieb				
	- Mitarbeiter	x			
	- Reibungsloser Ablauf	x			
	- Produktionsvereinbarung	x			

Tabelle 4.2.2.1/1: Auswirkungen einer Client-Server-Konzeption auf Architekturelemente

Bereits die grobe Auswertung zeigt, daß unmittelbare Auswirkungen einer Neueinführung eines Client-Server-Konzeptes vor allem in der Umsetzungs- und Bereitstellungs-Architektur zu finden sind. Die definitionsgemäß anwendungsunabhängige Informations-Architektur wird vom

Client-Server-Konzept als einer Organisationsform für Anwendungen weniger berührt.

Für eine genauere Analyse sind sowohl die Client-Server-Szenarien hinsichtlich der konkreten Verteilung von Anwendungen und Daten zu detaillieren als auch die Architekturelemente zu spezifizieren. Am Beispiel der DV-Entwicklung und Wartung sollen die Implikationen einer Entscheidung für die Client-Server-Konzeption im Detail aufgezeigt werden. Die zugrundeliegenden Szenarien für die Analyse in Tabelle 4.2.2.1/2 beruhen auf der Annahme einer Client-Server-Konzeption mit verteilter Datenhaltung und Verarbeitung. Für die Entwicklungsumgebung wird ein intelligenter Arbeitsplatzrechner definiert, auf dem die Entwicklungswerkzeuge installiert und Teile der erforderlichen Daten abgelegt sind. Die Anwendungsentwicklung erfolgt arbeitsteilig, wobei verstärkt die Funktionen modularisiert werden. Das Client-Server-Prinzip für die Zielumgebung wird mit verteilten Anwendungen gleichgesetzt.

Die nachfolgende Analyse soll auch zeigen, wie das Architekturkonzept zu nutzen ist. Durch den Zwang zur vollständigen Analyse der Architekturkonsequenzen - hier nur des Ausschnittes "DV-Entwicklung und Wartung" - erfolgt eine leichtere Gesamtbewertung einzelner Architekturmaßnahmen - hier: Einführung des Client-Server-Konzeptes - auf eine schnelle und umfassende Art.

Architekturelemente		**Architekturkonsequenzen durch Client-Server-Konzept für die**	
		Entwicklungsumgebung	Zielumgebung
Mitarbeiter	Anwendungs-entwickler und -programmierer	• Schulung für Werkzeuge und Methoden (Frontendwerkzeuge, Oberfläche, Multitasking) • Schulung in arbeitsteiliger Anwendungsentwicklung	• Aufwendigeres Anwendungs- und Datendesign (welche Prozesse auf welcher Umgebung) • Kenntnisse der unterschiedlichen Hardware und der zugehörigen Kommunikationsprotokolle für Aufruf von Anwendungsteilen (Modulen) oder Diensten • Sicherstellen von Datenkonsistenz
	System-Analytiker		• Vorschläge für adäquate Client-Server-Anwendungen mit hoher Anwendungsintegration • Physische Verteilung von Daten und Funktionen (Modularisierung wird gefördert)

(Fortsetzung)

(Fortsetzung)

Architekturelemente		Architekturkonsequenzen durch Client-Server-Konzept für die	
		Entwicklungsumgebung	Zielumgebung
	Methoden und Verfahren-Gruppe	• Auswahl, Schulung und Betreuung neuer Werkzeuge • Auswahl und Schulung neuer Methoden für Workgroups in arbeitsteiliger Entwicklung • Datenbankdesign für Entwicklungsdatenbank (Metamodell)	• Unterstützung durch Client-Server-fähige Prozedurmodule, etwa von anwendungsunabhängigen Diensten • Betreuung der in der Entwicklungsdatenbank abgelegten Informationen
	Qualitätssicherung	• Sicherstellen der Konsistenz der Entwicklungsdaten bei arbeitsteiliger Anwendungsentwicklung • Vorgabe und Kontrolle einheitlicher Qualitätsstandards	• Typischerweise mehr Module zu testen, dafür mit geringerem Umfang, zusätzlich mit wichtigen Integrationstests • Technische Testzyklen[87] zur Sicherstellung der Datenkonsistenz bei Hardware- oder Netzwerkausfall
Vereinheitlichung der Vorgehensweise	Anwendungs- und Entwicklungsstandards		• Anpassung des Bildschirmaufbaus an erweiterte Darstellungsmöglichkeiten intelligenter Arbeitsplätze
	Methoden und Verfahren	• Anpassung der Methoden für Workgroups in arbeitsteiliger Entwicklung	
	SEU-Konzept		• Auf Zielumgebung angepaßte Entwicklungswerkzeuge (Generatoren)
SEU-Konzept	Vorgehenskonzept (Modelle, PM und QS)		
	Entwicklungskonzept		
	Werkzeugkonzept	• Einsatzmöglichkeit neuer Werkzeuge • Verteilbare Entwicklungsdatenbank	• Oberflächentools für die Gestaltung einer grafischer Oberfläche • Änderungen im Realisierungsteil durch Zielumgebung (Generatoren, Datenbank)

(Fortsetzung)

87 Riemensperger, F., Die "Business-Integration" ist jetzt keine Utopie mehr, in: Computerwoche 19 (1992) 29, S. 24

(Fortsetzung)

Architekturelemente		Architekturkonsequenzen durch Client-Server-Konzept für die	
		Entwicklungsumgebung	Zielumgebung
	Administrationskonzept	• Höhere Innovationsrate bei Tools kann leichter genutzt werden und erfordert kontinuierliche Marktbeobachtung	

Tabelle 4.2.2.1/2: Auswirkungen einer ausgewählten Client-Server-Konzeption auf Architekturelemente am Beispiel der DV-Entwicklung und Wartung

4.2.2.2 Technische Konzepte am Beispiel des Banking Communication Standards

Als technische Konzepte werden die von Herstellern bewußt zusammengefügten Einzelprodukte bezeichnet. Ein einfaches Beispiel sind die bekannten PC-Betriebssysteme oder die Benutzeroberflächen, bei denen eine Vielzahl an Diensten und Funktionalität mit der Zielsetzung, die Bedienbarkeit zu erleichtern, zusammengefaßt sind. Mitunter werden auch Dienste branchenspezifisch, wie die Bankenplattform FBSS/LAN DP der Firma IBM, von Herstellern zusammengefaßt[88]. Auch Anwender können versuchen, ein derartiges technisches Konzept zu definieren und zu realisieren. Ein Beispiel ist die Kommunikationsplattform BCS der deutschen Privatbanken.

Der Organisationsausschuß des Bundesverbandes deutscher Banken (nur Privatbanken) entwickelte die Software "MultiCash^{Plus}" zur Abwicklung von Bankgeschäften per Datenfernübertragung (DFÜ)[89].

"MultiCash^{Plus} " besteht aus einer Plattform "BCS", die den Systemteil und eine einheitliche Benutzeroberfläche standardisiert, sowie dem Anwendungsteil "MultiCash", der mehrere Anwendungsmodule enthält.

---

[88] vgl.: Brachtl, B., IBM FBSS: Ein Set von Services für Anwendungen in C/S-Netzen: IBM FD Informationssysteme Kreditwesen, Symposium Aktuell '92, Client/Server, Herrenberg 1992; o.V., Teilprojekt Systemtechnik..., a.a.O.; dort wird auch MXBOS von SNI aufgeführt.

[89] Der DatenService des Deutschen Sparkassen- und Giroverbandes bietet ebenfalls Zahlungsverkehrsprodukte für die ihm angeschlossenen Sparkassen und Landesbanken an, vgl.: Deutscher Sparkassen- und Giroverband (DSGV), Jahresbericht 1990, Bonn 1991, S. 31.

Innerhalb von BCS[90] wird unabhängig von den verwendeten Anwendungsprogrammen ein fest vorgegebenes Bündel an Standardverfahren von Diensten der Umsetzungs-Architektur eingesetzt. Unter Verwendung internationaler Normen bzw. Marktstandards werden die für die Datenfernübertragung notwendigen technischen Basisfunktionen abgedeckt. Darunter fallen Verfahren zur Elektronischen Unterschrift (RSA), Datenverschlüsselung (DES), Datenkomprimierung (FLAM) und des Datentransportes. Für die Kommunikation zwischen dem Kunden und der Bank berücksichtigt BCS konkurrierende Standards in paralleler Weise, um bestehende Systeme der Kunden problemlos mit dem Systemteil von BCS verbinden zu können.

Auf Basis dieser technischen Umgebung können Anwendungen gemeinschaftlich oder nach individuellen Anforderungen realisiert werden. Der Anwendungsteil "MultiCash" umfaßt derzeit das Cash-Management, Kontokonzentration mit Saldenausgleich, Inlandszahlungsverkehr sowie Auslandszahlungsverkehr. Als mögliche Zusatzmodule werden Wertpapier-, Devisen- oder Geldinformationen angeboten. In Verbindung mit einzelnen Anwendungsmodulen können Kontoinformationen aus BTX, von BankLink, NDC, Fides und Infopool in das einheitliche Datenformat entsprechend der SWIFT-Konvention MT 940 umgewandelt werden[91].

Obige Ausführungen zeigen eine Kombination von verschiedenen technischen Komponenten auf, die bereits fest in einer realisierten Plattform vorgegeben sind. Die Anzahl und Auswahl unterstützter Standards wird einmalig und nicht von allen Nutzern festgelegt. Falls sich nun andere Banken diesem Konzept anschließen wollen, sind sie gezwungen, die Auswahl darunterliegender technischer Standards zu akzeptieren. Dies birgt die Gefahr, daß spezielle Kundenanbindungen nicht ausreichend unterstützt werden können[92].

---

90 Version 1.24: Stand 06/92.

91 vgl.: o.V., MultiCash Plus - Electronic Banking Service auf der Basis von BCS, Stand 11/92, Bank-Verlag Köln, S. 7 und 22.

92 vgl.: Abrahams, I., IV-Architektur..., a.a.O., S. 60-62.

5 Allgemeine Festlegung der System-Architektur

Ziel des 5. Kapitels ist die grundsätzliche Festlegung einer wie oben charakterisierten System-Architektur. Nach dem Vorstellen von Rahmenbedingungen werden Architekturanforderungen sowohl aus der Datenverarbeitung wie auch dem Geschäft formuliert.

5.1 Rahmenbedingungen der System-Architektur

5.1.1 Sicherheit

Das mehrstufige Sicherheitssystem im Kreditwesen, mit Bankaufsichtsbehörde, Wirtschafts- und Verbandsprüfern sowie den internen Revisionsabteilungen, zeugt von der hohen Sensitivität der Thematik für diese Branche[1]. Da viele der Prozesse weitgehend automatisiert sind oder sich in großen Teilen der Informationstechnologie bedienen, ist die Gewährleistung von Sicherheit für DV-technische Konzepte und Anlagen eine wichtige Rahmenbedingung für die Akzeptanz der Informationstechnik in diesem Bereich. Darüber hinaus werden zunehmend auch viele nichttechnischen Maßnahmen im Rahmen der Aufbau- und Ablauforganisation - genannt sei hier nur das 4-Augen-Prinzip bei speziellen Bankgeschäften - technisch unterstützt. Neben den vergleichsweise unproblematisch zu erreichenden Aspekten wie physikalischer Sicherheit sind all die technischen Sicherheitsmaßnahmen hier angesprochen, welche die Anforderungen bzgl. Vertraulichkeit, Integrität und Verfügbarkeit sicherzustellen haben. Die dazu benötigten spezifischen Funktionen können wie folgt klassifiziert werden:

- Identifizieren und Authentisieren der Benutzer,
- Kontrolle des Zugriffs, der Erzeugung und Änderung von Informationen,
- Beweissicherung vorgenommener Handlungen,
- Protokollauswertung zum Auffinden und Überprüfen wichtiger Ereignisse,
- Wiederaufbereitung wichtiger Betriebsmittel und Datenobjekte,
- Unverfälschtheit der Informationen bei Übertragungen,
- Zuverlässigkeit der Dienstleistung,
- Übertragungssicherheit der Kommunikationskanäle.

Aufgrund der hohen Vernetzung der Kreditinstitute, die auch europäische und überseeische Partner einschließt, ist die Einführung von einheitlichen

---

[1] vgl.: Süchting, J., Bankmanagement, 3., vollst. überarb. und erw. Auflage, Stuttgart 1992, S. 44.

Sicherheitsstandards mit harmonisierten Kriterien sinnvoll. In Form der "Information Technology Security Evaluation Criteria" (ITSEC) liegen solche harmonisierten Sicherheitskriterien für die wichtigsten europäischen Länder einschließlich der Bundesrepublik Deutschland vor.

Von klar formulierten und kommunizierten Sicherheitszielen sind alle Bereiche der DV-Unterstützung betroffen. Sie umfassen all die Gesetze, Grundsätze und Verfahrensweisen, die den Umgang mit kritischen Informationen (Daten und Funktionen) und die Nutzung der technischen Hilfsmittel betreffen. Bereits beim Architekturentwurf sind Sicherheitsbelange zu berücksichtigen, um Sicherheitsaspekte nicht später abprüfen zu müssen, sondern in den Entwicklungs- und Bereitstellungsprozeß zu integrieren. So können in Anwendungs- und Entwicklungsstandards Sicherheitsanforderungen als "Checklisten" bei der Entwicklung eingebaut werden. Denkbar sind feldinhaltsbezogene Berechtigungsprüfungen oder der Aufbau eines modularen, von der eigentlichen Anwendung abgekoppelten Sicherheitssystems. Die Ausgestaltung der Umsetzungs-Architektur verlangt bei der Auswahl von Tools wie Compilern und Datenbanken oder Datenhaltungs- und -verteilungskonzepten die Berücksichtigung sicherheitspolitischer Belange. Die "built-in security" ist nicht nur aus Effizienzgründen einer nachträglich nur sehr aufwendigen Kontrolle der Sicherheit vorzuziehen. Eventuell können nach dem Fertigstellen von Software die Sicherheitsbestimmungen lediglich mit erhöhtem Aufwand oder aufgrund des Zeit- und Kostendrucks gar nicht mehr berücksichtigt werden.

5.1.2 Architekturstabilität

Ein systematisches Auflisten der wichtigsten Einflußfaktoren der Architekturstabilität bzw. deren Dynamik kann sich am sogenannten "Porter-Modell" für Industriestrukturen orientieren[2]. Während man im originären Konzept die Wettbewerbsfaktoren für eine bestimmte Industrie dar-stellt, wird hier versucht, die Einflußfaktoren für die Architekturstabilität der DV-Infrastruktur eines Kreditinstituts zu beschreiben. In Analogie zum Originalmodell gilt auch hier, daß die Charakteristika nicht fest vorgegeben sind, sondern durch die DV-Abteilung in gewissen Grenzen beeinfluß- oder antizipierbar sind. Die Architekturstabilität ist wiederum von der Stabilität der Anforderungen der Fachabteilung abhängig, die in den Banken als Nachfrager von DV-Dienstleistung auftreten. Abbildung 5.1.2/1 zeigt die verschiedenen auf die DV-Abteilung wirkenden Kräfte in einer Übersicht.

2 vgl.: Porter, M.E., Competitive..., a.a.O., S. 6.

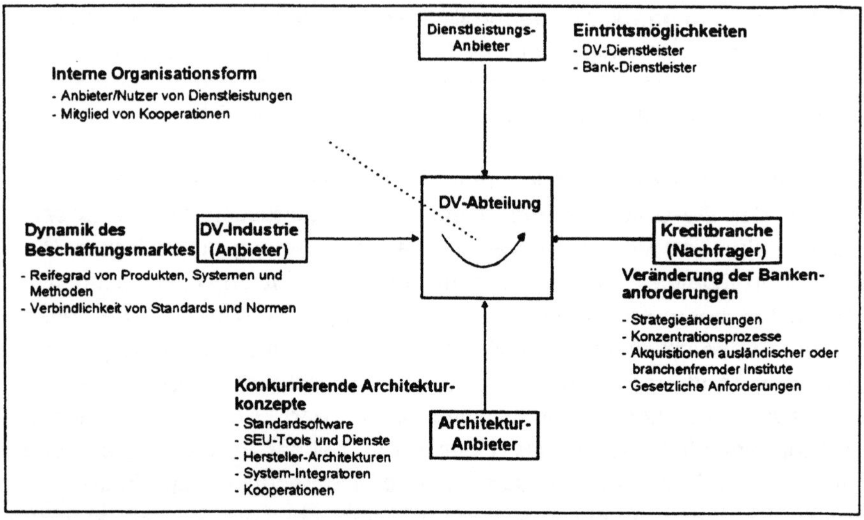

Abb. 5.1.2/1: Einflußfaktoren der Architekturstabilität

Im folgenden seien mögliche Szenarien zu einzelnen Änderungen sowie wichtige Architekturkonsequenzen kurz in Tabelle 5.1.2/1 erläutert:

Bankenanforderungen	**Mögliche Szenarien (Beispiele)**	**Mögliche Architekturkonsequenzen**
Strategieänderung	Ausbau des Allfinanzangebotes: Erweiterung der Bankdienstleistungen um Versicherungs- oder Bausparkassendienstleistungen	• Berücksichtigen von integrierter Beratungssoftware im Datenmodell • Sicherstellen eines geeigneten Schnittstellenmanagements zum Zugriff auf die unterschiedlichen Anwendungen
	Abkehr vom Allfinanzgedanken: arbeitsteilig organisierte Bankenstruktur des angelsächsischen Kreditgewerbes wird in Kontinentaleuropa bestimmend	• Verringern der Anzahl spartenübergreifend zu modellierender gleichartiger Informationsbegriffe • Reduzieren des internen Schnittstellenmanagements und Erhöhen der Integration zwischen Banken
Konzentrationsprozesse	Fusionen im Sparkassen- und Genossenschaftssektor	• Harmonisieren der technischen Basis • Ermöglichen von mehrfach nutzbaren bzw. übertragbaren Anwendungen
Akquisition	Akquisitionen oder Beteiligungen bei Instituten in Europa oder Übersee	• Integrieren neuer Datenmodelle • Berücksichtigen von Länderspezifika durch Parametrisierung in der Software • Einbeziehen landesspezifischer Hard- und Softwareprodukte

(Fortsetzung)

(Fortsetzung)

Bankenanforderungen	Mögliche Szenarien (Beispiele)	Mögliche Architekturkonsequenzen
Gesetzliche Anforderungen	Neue gesetzliche Anforderungen, die es schnell und effizient umzusetzen gilt[3] (Bsp. Zinsabschlag, Sicherheitsanforderungen)	• Geeignetes Modularisieren der Software (z.B. Isolieren der Zinsberechnung) • Errichten eines eigenständigen Sicherheitssystems

Tabelle 5.1.2/1: Architekturkonsequenzen durch Veränderung des Einflußfaktors "Kreditbranche"

Neben den Veränderungen auf der Nachfrageseite muß die Architekturgestaltung auch auf die Veränderung auf dem Beschaffungsmarkt, d.h. die der DV-Industrie als Anbieter von DV-Lösungen, reagieren[4]. In Tabelle 5.1.2/2 sind Szenarien zu einzelnen Änderungen der DV-Industrie sowie wichtige Architekturkonsequenzen kurz erläutert.

Beschaffungsmarkt[5]	Mögliche Szenarien (Beispiele)	Mögliche Architekturkonsequenzen
Reifegrad von Produkten, Systemen und Methoden	Verteilte bzw. objektorientierte Datenbanken	• Einführen neuer Client-Server-Konzepte • Berücksichtigen von Sicherheitserfordernissen verteilbarer Daten
	Stabile Methodik und ausreichende Toolunterstützung bei objektorientierten Sprachen	• Neugestalten der Informations-Architektur auf Basis einer Objektsicht • Schulen von Mitarbeitern
	Erhöhte Datenkompression	• Veränderung der Netztopologie • Multimedia-Anwendungen
Verbindlichkeit von Standards und Normen[6]	Anzahl international verbindlicher Standards und Normen nimmt zu[7]	• Übernahme der Standards und darauf basierender Produkte • Abbau des Schnittstellenmanagements
	"Proprietäre, offene" Standards nehmen an Bedeutung zu[8]	• Aufbau von APIs • Aufwendiges Schnittstellenmanagement

Tabelle 5.1.2/2: Architekturkonsequenzen durch Veränderung des Einflußfaktors "DV-Industrie"

---

3 vgl.: Heitmüller, H.-M. und Benda, H.v., Das Rad nicht ständig neu erfinden, in: Betriebswirtschaftliche Blätter 41 (1992), S. 660.

4 Hoch, D.J. und Schirra, W., Entwicklung..., a.a.O., S. 24.

5 Eine ausführliche Untersuchung ist im "Strategic Analysis Report" der Gartner Group zu finden. Dort wird mit Angabe von Wahrscheinlichkeiten die zukünftige DV-Entwickung dargestellt, vgl.: Gartner Group, SMS Scenario: The Impact of Change in Information Architecture, in: Software Management Strategies, Strategic Analysis Report, 1993.

6 vgl.: Kapitel 5.1.3 Standards und Normen.

7 vgl.: Datapro, ISO Reference Model for Open Systems Interconnection (OSI), in: Datapro Information Service Group, Managing Information Technology, Standards 8440, 1991, S. 8 f.

8 vgl.: Morris, C.R. und Ferguson, C.H., How Architecture Wins Technology Wars, in: Harvard Business Review 71 (1993) 2, S. 86-96.

Die Zunahme der Innovationen macht einerseits ein übergeordnetes Strukturierungskonzept nötig - das der Architekturansatz bieten kann -, erfordert andererseits auch, daß die Rückwirkungen auf die Architekturgestaltung ausreichend berücksichtigt werden.

Die Einflüsse der Hersteller sind nicht allein durch die technologische Entwicklung von Produkten oder Standards gegeben, sondern auch, wie Tabelle 5.1.2/3 exemplarisch zeigt, durch mitgelieferte oder als eigenständiges Produkt angebotene Architekturkonzepte.

Architektur-konzepte	Mögliche Szenarien (Beispiele)	Mögliche Architekturkonsequenzen
Standard-software	Eigenständige, nicht kompatible Informations-Architektur	• Anpassen des bestehenden Informationsmodells • Isolieren des Modellausschnittes und Erarbeiten der Schnittstellen
SEU-Tools und Dienste	Unveränderbare Meta-Struktur im Analysetool	• Überarbeiten der eigenen Meta-Struktur • Integrieren zusätzlicher, neutralisierender Werkzeuge
	Vorgegebene Diensteumgebung im Realisierungstool	• Antizipieren der Möglichkeiten bereits in der Designphase • Schulen (und Überwachen) der Mitarbeiter
Hersteller-Architekturen	Produktangebot innerhalb übergreifender Architekturkonzepte (Bsp.: SAA)	• Orientieren an bestimmenden Architekturen • Schaffung geeigneter Schnittstellen
Kooperationen	Verschiedene Architekturkonzepte der Partner	• Isolieren der Unterschiede durch Schnittstellenmanagement • Harmonisieren der Architekturen

Tabelle 5.1.2/3: Architekturkonsequenzen durch Veränderung des Einflußfaktors "Architektur-Anbieter"

Darüber hinaus kann die Architektur auch durch Anbieter von Dienstleistungen beeinflußt werden, wie in Tabelle 5.1.2/4 aufgeführt. Zum Teil werden komplette Bereiche der DV-Abteilung übernommen. Mögliche Anbieter können aus der DV- oder Finanzbranche stammen.

Neben den aufgeführten externen Faktoren gibt es auch innerhalb der DV-Abteilung Faktoren, die es zu berücksichtigen gilt. Durch das Anbieten von Dienstleistungen an andere Institute sind nicht nur eigene, sondern auch fremde Anforderungen in der Architektur zu berücksichtigen. Im Falle von Kooperationen zwischen Instituten zum Entwickeln von Software sind die "Architekturwünsche" mehrerer, zuweilen inhomogener Partner einzubeziehen[9]. Insbesondere bei der Anpassung an die unterschiedliche technische Basis sind Kompromisse notwendig.

Eintritts-möglichkeit	Mögliche Szenarien (Beispiele)	Architekturkonsequenzen
DV-Dienst-leister	Eigene Netzarchitektur von genutzten Outsourcing-Anbietern	• Anpassen und Koordinieren der Netz-Architekturen
	Standarddatenmodelle (Bsp.: FSDM)[10]	• Übernehmen proprietärer Methoden • Akzeptieren der Abhängigkeit von Fortentwicklungen des Grundmodells
	Eigene Tool-Umgebung von System-Integratoren (Bsp.: Foundation oder Isotec)[11]	• Übernehmen proprietärer Tools und darin implementierter Methoden • Schaffen geeigneter Schnittstellen
Bank-Dienstleister	Abgabe von Bankdienstleistungen z.B. an Depotbank [12]	• Abgeben der Architekturkompetenz für betroffenen Bereich • Überwachen der Schnittstellen

Tabelle 5.1.2/4: Architekturkonsequenzen durch Veränderung des Einflußfaktors "Dienstleistungs-Anbieter"

Die Einflußgrößen sind als "architekturunschädlich" zu bezeichnen, falls sie innerhalb der bestehenden Architektur berücksichtigt werden können. Dies ist immer dann der Fall, wenn es sich um reine Fortentwicklungen handelt oder die Änderungen durch ausreichende Flexibilität abzufangen sind. Falls eine Änderung der Architektur erforderlich ist, gilt es, die Gesamtimplikation, etwa über die Beziehungsmatrix der Architekturelemente, zu ermitteln und zu bewerten. Nur falls der Nutzen der geforderten DV-Anforderungen die etwaigen Zusatzkosten der Architekturänderung übersteigt, ist die Änderung durchzuführen.

5.1.3 Standards und Normen

Durch Standards[13] und Normen[14] werden technische, formale oder inhaltliche Eigenschaften spezifiziert sowie festgelegt und dadurch die Varian-

---

[9] vgl.: Teixeira, D.B. und Schmergel, G., The Emergence..., a.a.O..., S. 53.

[10] vgl.: o.V., Teilprojekt Anwendungsarchitektur. Auf den besten gemeinsamen Nenner bringen, in: Betriebswirtschaftliche Blätter 41 (1992), S. 671.

[11] vgl.: Färberböck, H., Gutzwiller, T. und Heym, M., Ein Vergleich..., a.a.O., S. 40-66.

[12] vgl.: Kapitel 3.2.1.1 Unterstützung des Geschäftssystems.

[13] Die folgende Untersuchung beschränkt sich auf Kompatibilitätsstandards im DV-Bereich, vgl: o.V., Qualitätssicherung: ISO-Star, in: Manager Magazin 23 (1993) 8, S. 114-119; Berger, K.-H, Normung und Typung, in: Kern, W. (Hrsg.), Handwörterbuch der Produktionswirtschaft, Stuttgart 1984, Sp. 1353-1370.

[14] vgl.: Kleinaltenkamp, M., Der Einfluß überbetrieblicher Standards auf den Marktprozeß von CIM-Komponenten und -Systemen, Habilitationsschrift, Bochum 1991, S. 30-33.

tenvielfalt verringert[15]. Zielsetzung ist es, Kompatibilität zwischen mehreren Produkten zu erreichen[16]. Mit Kompatibilität wird allgemein die Fähigkeit von Hardware- und Software-Einheiten bezeichnet, untereinander ausgetauscht oder zu einem System zusammengesetzt werden zu können[17]. Eine differenzierte Analyse der Kompatibilität ist in Übersicht 5.1.3/1 dargestellt[18].

		Grad der Kompatibilität				
		niedrig				hoch
		Datei-Transfer	Datentransfer	Source-Code Portabilität	Gemeinsame Entwicklungs-Umgebung	Stecker-Kompatibilität
Dimensionen der Kompatibilität	Herstellervielfalt					
	Produktlinienvielfalt					
	Produktvielfalt					

Abb. 5.1.3/1: Dimensionen und Grad der Kompatibilität[19]

Kompatibilität zwischen zwei Systemen wird danach mit fünf Abstufungen unterschieden ("Grad der Kompatibilität"), gleichzeitig sind drei Dimensionen zwischen Produkten mehrerer Hersteller, innerhalb von Baureihen bzw. "Releases" eines Produktes eines Herstellers und verschiedener Produktlinien eines Herstellers zu beachten. In der Darstellung wird unterstellt, daß der Grad der Kompatibilität im Falle der

---

15 vgl.: Standards gelten als Ergebnis eines Vereinheitlichungsprozesses, der nicht wie Normen auf der beabsichtigten gemeinsamen Rationalität vieler Teilnehmer beruhen muß, vgl.: Reese, J., Standardisierung, Typisierung, Normung, in: Wittmann, W. (Hrsg.), Handwörterbuch der Betriebswirtschaft, 5., völlig neu gestaltete Aufl., Stuttgart 1993, Sp. 3941 f.; Meffert, J. P.H., Wettbewerbsstrategische Bedeutung und Durchsetzung von Standards als Integrationsinstrument, Dissertation, Sankt Gallen 1993, S. 17-22.

16 vgl.: Roever, M., Goldener Schnitt, in: Manager Magazin 21 (1991) 11, S. 25-264; Rommel, G., Brück, F., Diederichs, R., Kempis, R.-D. und Kluge, J., Einfach überlegen. Das Unternehmenskonzept, das die Schlanken schlank und die Schnellen schnell macht, Stuttgart 1993; Farell, J. und Saloner, G., Competition, Compatibility and Standards: The Economics of Horses, Penguins and Lemmings, in: Gabel, H.L. (Hrsg.), Product Standardization and Competitive Strategy, Amsterdam u.a. 1987, S. 3. Standardisierung ist nur ein möglicher Weg, Kompatiblität zu erreichen. Bekannt sind Konversionsprogramme etwa für Druckertreiber (aufgrund mangelnder Standards) oder die Ad-hoc-Anpassung durch einzelne Spezialisten.

17 vgl.: Farell, J. und Saloner, G., Compatibility..., a.a.O., S. 1.

18 Viele Betrachtungen untersuchen allein die Wirkung eines Produktes, die Besonderheit der Computerindustrie liegt jedoch in der Notwendigkeit, mehrere Produkte aufeinander abstimmen zu müssen, vgl.: , Farell, J. und Saloner, G., Compatibility..., a.a.O und Matutes, C./Regibeau, P., Standardization, 1987, S. 23 f.

19 In Anlehnung an Gabel, H.L., Open..., a.a.O., S. 94-96.

Steckerkompatibilität am höchsten und im Falle des File-Transfers am niedrigsten ausgeprägt ist[20].

In den folgenden Ausführungen werden zunächst Standards und Normen anhand von Klassifikationen vorgestellt und ihre Bedeutung für die DV-Unterstützung der Kreditinstitute erläutert. Nach dem Beschreiben der Standardisierungsprozesse wird abschließend der Stellenwert für die Architekturplanung erläutert.

5.1.3.1 Klassifikation von Standards und Normen

Die Begriffsvielfalt für Standards in der DV ist in der Literatur aufgrund unterschiedlich angewendeter Kriterien sehr groß.

In Anlehnung an das Kontinuum für offene Systeme von Blaha[21] entwickelte Abrahams ein Klassifikationsschema für Standards[22]. Beginnend in Klasse 1 mit proprietären, geschlossenen Standards (Bsp. SNA-Netzwerkdienste von IBM) werden die unterschiedlichen Standards der Umsetzungs-Architektur unter dem Gesichtspunkt der "Offenheit", d.h. freier Zugang zum Standard sowie Herstellerunabhängigkeit und Durchsetzungsfähigkeit klassifiziert. Klasse 2 beschreibt proprietäre Standards mit veröffentlichten Schnittstellen (Bsp. Postscript-Treiber von Adobe), Klasse 3 von herstellerunabhängigen Anwendervereinigungen verwendete Standards (Bsp. Swift). In Klasse 4 sind alle auf Konsens oder Herstellermacht basierenden Standards enthalten (Bsp. Microsoft Windows), während Klasse 5 alle von Herstellerkonsortien für offene Systeme spezifizierten Standards umfaßt (Bsp. Workstation-Betriebssystem UNIX SVR4). Für diese fünf Klassen ist auch der Begriff "De-facto-Standard" üblich. Klasse 6 und 7 umfassen nationale bzw. internationale Normen, die sogenannten "De-jure-Standards".

---

[20] vgl.: Gabel, H.L., Open Standards in the European Computer Industry: the Case of X/Open, in: Gabel, H.L. (Hrsg.), Product..., a.a.O., S. 94-97; Farell, J. und Saloner, G., Compatibility..., a.a.O, S. 1 f.; Farrell, J. und Saloner, G., Standardization, Compatibility and Innovation, in: Rand Journal of Economics 16 (1985) 1, S. 70-83; Chorafas, D.N., System Architecture and System Design, New York 1989, S. 236 f.

[21] vgl.: Blaha, J., Offenheit ist ein dauerndes und evolutionäres Bestreben, in: Computerwoche 19 (1992) 12, S. 41

[22] vgl.: Abrahams, I., IV-Architektur..., a.a.O., S. 16-18; dem hier verwandten weit gefaßten Standardbegriff unter Einschluß der Normen wird sich angeschlossen.

Die Analyse in einem deutschen Kreditinstitut identifiziert fast 80% der Standards in den Klassen 4 und 7[23]. Der hohe Anteil der proprietären, auf Herstellermacht basierenden Standards (Klasse 4) ist aufgrund der typischerweise starken Stellung der IBM im Bankenmarkt zum Teil historisch zu erklären. Die immer häufiger anzutreffende Strategie von Herstellern, durch Offenlegen von Schnittstellen eine hohe Marktmacht von proprietären Standards zu erreichen, könnte sogar zum Ausbau dieser typischen Standardklassen beitragen[24].

Der hohe Anteil an internationalen Normen (Klasse 7) ist durch die notwendige Kommunikation, vor allem mit öffentlichen Institutionen oder länderübergreifend mit anderen Kreditinstituten, zu erklären. Dort sind genormte Systeme üblich[25]. Die Verteilung deckt sich weitgehend mit der ebenfalls vorgenommenen Untersuchung der am gesamten DV-Markt eingesetzten Standards. Eine Spezialisierung für die Kreditbranche oder deren Aufgabenschwerpunkte scheint (noch) keinen Niederschlag in einer bestimmten Standardisierungspolitik zu finden.

5.1.3.2 Bedeutung von Standards und Normen für Kreditinstitute

Die folgenden Ausführungen untersuchen die Bedeutung von Standards und Normen für Kreditinstitute anhand der Wirkungen auf Netzeffekte, Wettbewerb, Vielfalt sowie Kosten[26].

Als Netzeffekt bezeichnet man, wenn der Nutzen für die Anwender eines Produktes bzw. Systems dadurch erhöhen wird, daß sich zusätzliche Teilnehmer daran beteiligen. Hierbei entstehen zum einen direkte Netzeffekte, da erst aufgrund der Nutzung eines möglichst großen Netzes der eigentliche Zweck des Gutes erreichbar ist. Zum anderen werden durch die Zunahme von Komplementärleistungen indirekte Netzeffekte erzielt[27].

---

[23] vgl.: Abrahams, I., IV-Architektur..., a.a.O., S. 80.

[24] vgl.: Morris, C.R. und Ferguson, C.H., How Architecture..., a.a.O., S. 95; vgl. ebenso die darauf folgende Diskussion maßgeblicher DV-Verantwortlicher in o.V., Will Architecture Win the Technology Wars?, in: Harvard Business Review 71 (1993) 3, S. 162-170 .

[25] vgl.: De Backer, W. und Building, J.M., Guidelines for an Informatics Architecture/Commission of the European Communities, in: Wirtschaftsinformatik 32 (1990), S. 429; Datapro, The Importance of Computer Industry Standards, in: Datapro Information Service Group, Managing Information Technology, Architecture & Standards 8010, 1991, S. 3.

[26] vgl.: Farell, J. und Saloner, G., Compatibility..., a.a.O, S. 4.

[27] vg.: Katz, M. und Shapiro, C., Network Externalities, Competition and Compatibility, in: American Economic Review 75 (1985) 5, S. 424-440; Kleinaltenkamp, M., Analyse der den

Wettbewerbswirkungen erzielen Standards vor allem durch die erhöhte Informationstransparenz, erhöhte Effizienz des Suchprozesses und Wettbewerbsintensivierung. Da die Produktdifferenzierung durch die offengelegten Standards als Marketinginstrument entfällt, sind Hersteller auf Ersatz durch andere Parameter, etwa sinkende Preise angewiesen[28].

Die Variantenvielfalt wird durch zwei gegenläufige Effekte beeinflußt. Zum einen wird die Vielfalt der Systeme erhöht, aus denen die Anwender aufgrund des vorhandenen Standards auswählen ("mix and match") können. Dies erfolgt weitestgehend durch das Auftrennen der Wertschöpfungskette in Einzelkomponenten und Erhöhen der Anbietervielzahl. Durch die verringerte Einstiegsbarriere für Wettbewerber infolge einer erhöhten Informationstransparenz wird dies möglich[29]. Zum anderen wird die Vielfalt der Komponenten (basierend auf unterschiedlichen oder keinen Standards) durch die Vereinheitlichung verringert[30].

Kostenwirkungen werden vor allem durch die Skaleneffekte der Massenproduktion hervorgerufen. Durch die erhöhte Anzahl der Anbieter wird der Preis langfristig sinken[31].

Kreditinstitute haben ein großes Interesse an den Netzeffekten von Standards durch hohe Teilnehmerzahl, häufig treiben sie selbst die Entwicklung, etwa durch die gemeinsame Bereitstellung von standardisierten Netzwerken, voran. Der Wunsch nach standardisierter Anbindung an Kunden oder andere Banken führte zur Bildung der "Gesellschaft für Zahlungssysteme mbH" (GZS) durch alle deutschen Banken und zur "Society for World-wide Financial Telecommunication" (SWIFT) mit weltweit über 1.600 Mitgliedern. So können aufgrund der vorgegebenen Standards etwa im Bereich der Kartensysteme Banken eigene Kredit- oder ec-Karten ausgeben, ohne selbst die Abdeckung mit entsprechenden Automaten sicherstellen zu müssen. Gleichzeitig sind alle angeschlossenen Institute

---

Verlauf und die Dauer von Standardisierungsprozessen beeinflussenden Faktoren, in: Kleinaltenkamp, M. (Hrsg.), Standardisierungsprozesse..., a.a.O., S. 30-32 (dort auch Verweis auf Wiese, H., Netzeffekte und Kompatibilität, Stuttgart 1990); Hergert, M., Technical Standards and Competition in the Microcomputer Industry, in: Gabel, H.L. (Hrsg.), Product..., a.a.O., S. 70 f.

[28] vgl.: Schumann, M., Betriebliche..., a.a.O., S. 131; Gabel, H.L. (Hrsg.), Product..., a.a.O., S. 307 f.; Steinmann, H. und Heß, G., Die Rolle..., a.a.O., S. 171.

[29] vgl.: Gabel, H.L., Open..., a.a.O., S. 113.

[30] vgl.: Matutes, C. und Regibeau, P., Standardization in Multi-Component Industries, in: Gabel, H.L. (Hrsg.), Product..., a.a.O., S. 24-27.

[31] vgl.: Ferguson, C.H. und Morris, C.R., Computer Wars: How the West Can Win in a Post-IBM World, New York 1993, S. 113 f.

auf eine breite, häufig internationale Abdeckung, etwa bei Geldausgabeautomaten, angewiesen. Steiner/Teixeira bezeichnen diese "shared networks" als typisch für fast alle wichtigen Geschäftszweige von Banken[32].

Die Wettbewerbswirkung von Standards und daraus resultierende Preissenkung oder Verbesserung des Servicegrads oder anderer Leistungsparameter wird von Kreditinstituten analog zu allen Anwendern begrüßt. Kennzeichnend für Kreditinstitute ist jedoch, daß mitunter weniger die Preis- als vielmehr die Leistungsdifferenzierung betont wird und Institute einen "datentechnischen Vorsprung weiter ausbauen"[33] wollen. Daher wird vor allem die erhöhte Systemvielfalt durch Standards und damit die Differenzierungsmöglichkeit von Banken über technologische Faktoren begrüßt. Im Zuge der weiteren Segmentierung der Kreditbranche[34] wird der Anteil spezialisierter Hardware, wie etwa der fehlertoleranten Systeme, weiter zunehmen[35]. Ohne ein Mindestmaß an Standards würden dann die Komplexität zu stark steigen und die Differenzierungsvorteile auf der Kundenseite durch Kostennachteile in der internen Abwicklung neutralisiert.

Besonders im Bereich der Midrange-Systeme und Workstations werden DV-Manager eine Reduzierung der noch immer vorherrschenden Komponentenvielfalt durch fortschreitende Standardisierung begrüßen. In der angesprochenen Untersuchung in einem deutschen Kreditinstitut wird die parallele Unterstützung von vier Workstation-Betriebssystemen beschrieben, die derzeit nicht kompatibel sind[36]. Diese Vielfalt kann zwar zum Teil durch administrative Weisungen verringert werden, mitunter ist jedoch eine Einigung der Hersteller nötig. Aufgrund der hohen Komponentenvielfalt werden im Wartungsbereich Personalkapazitäten gebunden, auch wenn keine Portierbarkeit gefordert ist. Das betreffende DV-Management hat die Komplexität in diesem Bereich deshalb auch als eine der zukünftigen Herausforderungen bezeichnet.

Die Verringerung der Komponentenvielfalt durch Standards und Normen wird durch die starke Stellung der "System Application Architecture" von

---

[32] vgl.: Steiner, T.D. und Teixeira, D.B., Technology..., a.a.O., S. 73 f.
[33] Deutscher Sparkassen und Giroverband, Jahresbericht 1990..., a.a.O., S. 51.
[34] vgl.: Kapitel 2.1.4 Strategische Bedeutung der DV in Kreditinstituten, ähnlich auch Teixeira, D.B. und Schmergel, G., The Emergence..., a.a.O., S. 55 f.; Bryan, L.L., The Forces Reshaping Global Banking. Technology and Demography are Changing the Deep Foundations on which Traditional Financial Services Rest, in: McKinsey Quarterly o.Jg. (1993) 2, S. 59 f.
[35] vgl.: Steiner, T.D. und Teixeira, D.B., Technology..., a.a.O., S. 192-196.
[36] vgl.: Abrahams, I., IV-Architektur..., a.a.O., S. 72 f.

IBM in Kreditinstituten noch unterstrichen. So wird in der Untersuchung von Ernst & Young für den amerikanischen Bankenmarkt aufgrund der mit 95% sehr hohen Nutzungsrate von SNA, einem zentralen Bestandteil von SAA, festgestellt, "they anticipate letting IBM set the standards for the future growth of their enterprise computing"[37]. Kreditinstitute scheinen im Falle der SNA-Unterstützung auch diese proprietären Standards (Klasse 2) gegenüber internationalen Normen (OSI) zumindest als gleichwertig anzusehen. Die häufig erhoffte Integration vieler DV-Komponenten durch die SAA-Konformität führt dazu, daß zugunsten verringerter Komponentenvielfalt auf Herstellerunabhängigkeit verzichtet wird. So sollen nach Angaben von Teixeira und Schmergel DV-Manager amerikanischer Banken im Bereich der PC-Betriebssysteme das SAA-konforme Produkt OS/2 von IBM bevorzugen, während die Anwender in den Banken das Microsoft-Produkt Windows vorziehen.

Die ausgeführte Bedeutung von Standards und Normen für Kreditinstitute läßt die Tendenz erkennen, daß Kreditinstitute der Frage nach Offenheit dieser Standards und damit dem Gewährleisten von Herstellerunabhängigkeit eine eher geringe Bedeutung beimessen. Hier unterscheiden sich Kreditinstitute etwa von öffentlichen Institutionen[38]. Es bleibt jedoch offen, ob sich dieser erkannte Trend im Zuge der eventuell verringerten Margen im Ergebnis der Kreditinstitute nicht zugunsten der offenen Systeme verändern wird.

5.1.3.3 Festlegung von Standards und Normen

Standards und Normen werden von drei Quellen bestimmt: Öffentliche Institutionen, Hersteller (einzeln oder als Konsortien) sowie Anwendervereinigungen bzw. starke Einzelanwender. Zweck der folgenden Betrachtung ist es, die unterschiedlichen Stellenwerte dieser "Standardquellen" aufzuzeigen[39].

---

37 Teixeira, D.B. und Schmergel, G., The Emergence..., a.a.O., S. 9.

38 vgl.: Commission of the European Communities, Guidelines for an Informatics Architecture, 4. Aufl., Luxembourg 1990, S. 17; Datapro, The Importance..., a.a.O., S. 8; Datapro, The Government Open Systems Interconnection Profile (GOSIP), in: Datapro Information Service Group, Managing Information Technology, Standards 8450, 1991.

39 Auf eine Analyse der wirtschaftswissenschaftlichen Ansätze zu Normierungs- und Standardisierungsprozessen wie Diffusionstheorie, Transaktionskostenansatz oder Industrial Economics kann nicht eingegangen werden, vgl. hierzu insb. Kleinaltenkamp, M., Analyse der..., a.a.O., S. 32-57; Meffert, J.P.H., Wettbewerbsstrategische..., a.a.O., S. 178-205.

Öffentliche, z.T. staatlich unterstützte Institutionen, die es sich zur Aufgabe gemacht haben, IT-Standards und Normen festzulegen, gibt es auf nationaler und internationaler Ebene[40]. Diese Standards sind vor allem durch die Offenheit, d.h. Anbieterunabhängigkeit sowie allgemeine Verfügbarkeit und technische Stabilität gekennzeichnet[41]. Allerdings sind die Institutionen auf die Unterstützung von Herstellern oder nationalen Subgremien angewiesen. Daraus kann sich eine verdeckte Abhängigkeit ergeben.

Doch obwohl von staatlich finanzierten Institutionen definiert, sind diese Standards und technischen Normen weder für Anwender noch für Hersteller verpflichtend. Es handelt sich um eine Empfehlung ohne Sanktionsgewalt, die durch die offizielle Herkunft und aus pragmatischen Gründen verbindlichen Charakter haben kann[42]. Die Bedeutung von offiziellen Standards kann letztlich nur durch die Marktnachfrage bewertet werden, wenn sie in unmittelbarer Konkurrenz zu proprietären Produkten oder sogenannten "offenen Systemen" von User-Groups oder Herstellerkonsortien stehen[43]. Es wird mitunter sogar die These vertreten, daß die Festlegung von Standards durch Normierungsinstitute keinen großen Anwendernutzen hat. Der weltweit notwendige Abstimmungsprozeß bei gleichzeitig erhofften nationalen Wettbewerbsvorteilen führe zu Kompromißlösungen, die mit dem erforderlichen technischen Fortschritt nicht Schritt halten könnten[44]. Es gilt zwischen technischer Stabilität sowie freiem Zugang auf der einen Seite und gefährdeter wirtschaftlicher Stabilität durch fehlende Aktualität und Leistungsfähigkeit auf der anderen Seite abzuwägen.

---

[40] vgl.: Datapro, Standards Organizations and the Making of Standards, in: Datapro Information Service Group, Managing Information Technology, Architecture & Standards 8020, 1991, S. 1 f.; Gora, W., Normen werden Standards, in: Diebold Management Report o.Jg. (1991) 4, S. 13.

[41] vgl.: Gartner Group, Software Engineering Strategies, Research Note, R-100-108, 1991, S. 57 f.; Meffert, J.P.H., Wettbewerbsstrategische..., a.a.O., S. 25.

[42] vgl.: Tanenbaum, A.S., Computer..., a.a.O., S. 98-100; Meffert, J.P.H., Wettbewerbsstrategische..., a.a.O., S. 20 f.

[43] vgl.: o.V., Interview der Woche: HP laviert zwischen den Gegnern Microsoft und IBM, in: Computerwoche 20 (1993) 27, S. 7. Am Beispiel der OSI-Standards der ISO läßt sich dies aktuell zeigen, vgl. Kapitel 3.4.1.2. Umsetzungs-Architektur.

[44] vgl.: Morris, C.R. und Ferguson, C.H., How Architecture..., a.a.O., S. 89; Ferguson, C.H. und Morris, C.R., Computer Wars..., a.a.O., S. 120 f.; Datapro, Standards..., a.a.O., 1991, S. 8; Farell, J. und Saloner, G., Compatibility..., a.a.O, S. 4; Gray, P.A., Open Systems: A Business Strategy For the 1990s, London 1991, S. 44-64.

"Offenen Systemen" bzw. mit einer Verteidigungsstrategie gegenüber der Vormacht einzelner Hersteller. Hierfür wurden und werden weiterhin Konsortien gegründet. Neben den "geschlossenen" Konsortien, die proprietäre Lösungen mit befreundeten Unternehmen als Standards (Klasse 1, 2 oder 4) propagieren wollen, sind vor allem die "offenen" Konsortien zu beachten. Dies sind Zusammenschlüsse unabhängiger Hersteller, die Komponenten oder Schnittstellen von "Offenen Systemen" spezifizieren, validieren oder in Produkten implementieren.

Um das Verhalten der Hersteller als Anwender auf der Suche nach Standards besser bewerten zu können, sind die Effekte der Anbieterstruktur auf die Dauer und den Verlauf von Standardisierungsprozessen zu untersuchen. Es läßt sich die Hypothese aufstellen, daß Hersteller immer dann zu kooperativem Verhalten neigen, wenn sie jeweils alleine keinen oder nur geringen Einfluß auf die Standardentwicklung nehmen können[45]. Die wichtigen "offenen" Herstellerkonsortien können aufgrund ihrer Stellung zum Betriebssystem UNIX unterschieden werden, obwohl sich Aufgabenbereich und Selbstverständnis der Konsortien vergrößert haben. Daher kann die Standardisierungsentwicklung anhand des eher zufälligen Weges der Standardisierung von UNIX bis 1975 verdeutlicht werden[46]. Verbunden mit dieser Entwicklung sind multi- und unstandardisierte Bereiche in der System-Software-Architektur, die dem DV-Management vieler Anwender große Probleme aufwerfen[47].

Als dritte wesentliche Gruppe zur Definition oder Spezifikation von Standards gelten wichtige Anwendervereinigungen oder große, richtungswei-

---

[45] vgl.: Kleinaltenkamp, M., Analyse..., a.a.O., S. 31.

[46] vgl.: o.V., Konkurrenz durch Windows NT droht. Große Anbieter definieren Unix als einheitliches Betriebssystem, in: Computerwoche 20 (1993) 13, S. 1 und 5; o.V., Interview..., a.a.O., S. 7 und 9; Gartner Group, Software..., a.a.O., S. 21-23; o.V., Novell und USL wollen nur noch ein Gremium. Für Open-Systems-Konsortien brechen jetzt schwere Zeiten an, in: Computerwoche 20 (1993) 27, S. 11; o.V., Solaris erhält Motif-Benutzerumgebung. Sun gibt das Engagement für die Open-Look-Oberfläche auf, in: Computerwoche 20 (1993) 16, S. 11; zur weiteren Diskussion empfiehlt sich die bei Meffert, J.P.H., Wettbewerbsstrategische..., a.a.O., S. 112 f. aufgeführte Liste mit über 100 Literaturbeiträgen vor allem aus der amerikanischen Fachpresse.

[47] vgl. Ferguson, C.H. und Morris, C.R., Computer Wars..., a.a.O., S. 103-05; Schleich, C., Die Standardisierungsentwicklung..., a.a.O.; Groff, J.R. und Weinberg, P.N., Understanding UNIX: A Conceptual Guide, Indianapolis 1985, S. 19-25; Datapro, Standards and the UNIX Industry, in: Datapro Information Service Group, Managing Information Technology, Standards 8430, 1992, S. 2; Gulbins, J., Die Entwicklung von Unix, in: Chip Plus - Eine Beilage, in: Chip o. Jg. (1988) 10, S. 4-11; Gulbins, J., Der lange Weg, in: Chip Plus - Eine Beilage, in: Chip o. Jg. (1988) 10, S. 12-14; Hansen, H.R., Wirtschaftsinformatik..., a.a.O., S. 394-397.

sende Einzelanwender. Zum einen können damit sogenannte "Beschaffungslisten" oder "Beschaffungsanforderungen" formuliert werden. Am bekanntesten sind hierbei "The Government Open System Interconnection Profile" (GOSIP) für alle staatlichen Stellen in den USA sowie die "Guidelines for an Informatics Architecture" der Kommission der Europäischen Gemeinschaft[48]. Die in beiden Unterlagen enthaltenen Richtlinien zeichnen sich durch ein Plädoyer für Produkte "Offener Systeme" aus und ähneln sich in der konkreten Auswahl von Standards.

Ähnliches findet sich auch im Bereich der Kreditinstitute. Im SIZ, dem Informatikzentrum der deutschen Sparkassenorganisation GmbH, wurde eine detaillierte Liste der Architektur und der zu verwendenden Standards und Produkte erstellt[49]. Die bereits angeführte BCS-Konzeption für die Datenfernübertragung im Zahlungsverkehr durch die im Bundesverband der Banken zusammengeschlossenen deutschen privaten Banken zeigt einen ähnlichen Weg auf[50].

5.1.3.4 Berücksichtigung von Standards und Normen in der Architekturplanung

Die System-Architektur ist als langfristiges Gesamtkonzept auf Standards auszurichten. Mitunter wird eine Architektur auch nur als eine Sammlung der wichtigsten Prinzipien oder Standards bezeichnet[51].

Die Verpflichtung auf Standards und Normen reicht jedoch nicht aus. Zum einen sind weiterhin Teilbereiche der IT-Architektur noch nicht mit Standards bzw. darauf basierenden Produkten abgedeckt. Zum anderen sind Standards auch, häufig eingebettet in übergreifende Konzepte, konkurrierend vorzufinden. Da auf jedem dieser Standardkonzepte oft bereits eine Vielzahl von Produkten basiert und eingesetzt wird, ist eine Harmonisie-

---

48 vgl.: Datapro, The Government..., a.a.O.; Commission of the European Communities, Guidelines..., a.a.O.

49 Die Einzelbeschreibungen sind mit unterschiedlichem Spezifikationsgrad aufgeführt, zuweilen wurden exakte Release-Stände oder Mindestrelease-Stände von Produkten angegeben, vgl.: o.V., Querschnittsprojekt Büroautomation. Ein einziges Gerät für alle Aufgaben am Arbeitsplatz, in: Betriebswirtschaftliche Blätter 41 (1992), S. 683; o.V., Teilprojekt Systemtechnik..., a.a.O.; o.V., Teilprojekt Kommunikationstechnik. Netzarchitektur für die Zukunft der Sparkassen-Organisation, in: Betriebswirtschaftliche Blätter 41 (1992), S. 677-680.

50 vgl.: Kapitel 4.2.2.2 Technische Konzepte am Beispiel BCS.

51 Gartner Group, What do..., a.a.O., S. 1. Dieses Zitat dient nur der Illustration, es wird weder den gewählten Architekturebenen noch den aufgeführten Beispielen zugestimmt.

rung nicht allzuschnell zu erwarten. In diesen Fällen sowie ohne verfügbare Standards, besteht für die Anwender die Gefahr, einem falschen Trend zu folgen[52]. Abbildung 5.1.3.4/1 stellt die un-, multi- und monostandardisierten Bereiche vereinfacht in einer Übersicht dar.

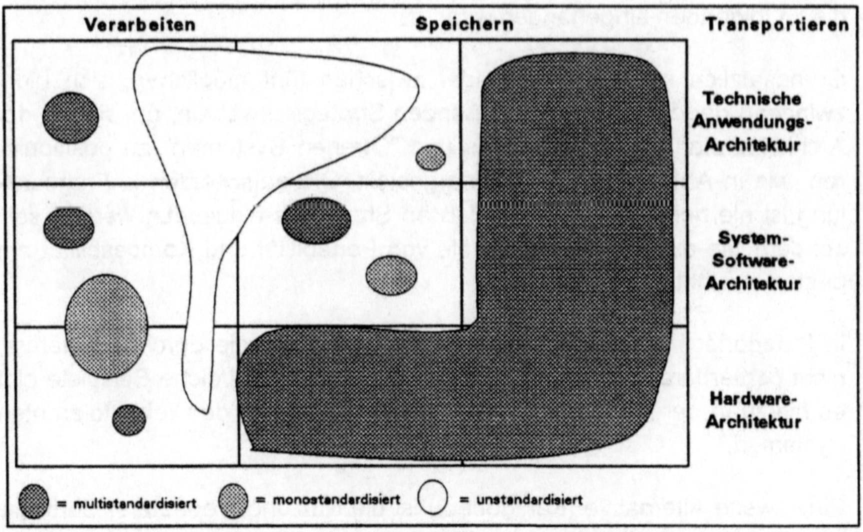

Abb. 5.1.3.4/1: Abdeckung der IT-Architektur mit Standards[53]

Neben der fehlenden Verfügbarkeit bzw. Eindeutigkeit von Standards werden von Gegnern "Offener Systeme" auch rein funktionale Nachteile nicht-proprietärer Lösungen genannt. Typische Einwände liegen zumeist im Bereich der Leistungsfähigkeit, der unübersichtlichen Marktlage und ungeklärten Fragen zur Migration oder der Sicherheit[54]. Die aufgeführten Problemfelder können in Einzelfällen zutreffen, häufig ist dies jedoch nicht unbedingt auf die Standardisierung an sich, sondern auf die Qualität einzelner Festlegungen zurückzuführen.

Das Hinterfragen einer bedingungslosen Strategie zugunsten "Offener Systeme" deckt sich mit Prognosen der Gartner Group. Diese empfiehlt den Anwendern eine Strategie der "selektiven Offenheit", d.h. Funktionali-

---

[52] vgl.: Commission of the European Communities, Guidelines..., a.a.O., S. 18; Datapro, ISO..., a.a.O., S. 8 f.; Gartner Group, Strategies for Architectural Transition, in: Midrange Computing Strategies, Strategic Analysis Report, 1993, S. 9, ähnlich auch Abrahams, I., IV-Architektur..., a.a.O.; Gartner Group, Software..., a.a.O., S. 69 f.

[53] vgl.: Abrahams, I., IV-Architektur..., a.a.O., S. 49.

[54] vgl.: Datapro, The Importance..., a.a.O., S. 9.

tätsvorteile proprietärer Systeme werden gegenüber Kostenvorteilen bei offenen Standards abgewogen[55].

Aufgrund der nur teilweise möglichen Nutzung von offenen Standards sind daher andere Methoden in der Architekturplanung zu berücksichtigen, auf die im folgenden eingegangen wird.

Grundsätzlich kann der Anwender zwischen fünf möglichen, sich nicht zwingend gegenseitig ausschließenden Strategien wählen, um sich in der Architekturplanung zu Standards und "Offenen Systemen" zu positionieren, wie in Abbildung 5.1.3.4/2 dargestellt. Die entscheidende Fragestellung ist hierbei nicht, welches Maß an Standards eingesetzt werden soll, sondern wie die angestrebten Ziele von Portabilität und Kompatibilität am besten erreicht werden können.

In Kategorie 1 sind die Konstellationen enthalten, die durch proprietäre, nicht portierbare Lösungen beschrieben werden. Zahlreiche Beispiele gibt es hierzu in der mainframeorientierten Welt oder bei den fehlertoleranten Systemen.

Eine zweite Alternative (Kategorie 2) ist die Nutzung proprietärer Software wie TP-Monitore, DBMS oder 4GL-Sprachen, die die Portierbarkeit der Anwendungen auf mehrere Betriebssystem-Plattformen erleichtern. Typische Systeme wie der TP-Monitor CICS oder das DBMS Oracle bieten schon heute eine große Vielfalt an unterstützten Hardwareplattformen.

Wenn das Anpassen an unterschiedliche Hardware- und System-Software-Umgebungen durch ein proprietäres CASE-Tool erreicht wird, spricht man von modularer Entwicklung (Kategorie 3). Eine sehr grobe Modularisierung liegt bereits darin, nach einheitlicher Analyse- und Designphase die entsprechende Software auf Knopfdruck für unterschiedliche Zielumgebungen zu realisieren. Die CASE-Tools sind umso herstellerunabhängig, je verschiedenartigere Systemumgebungen mit Anwendungen unterstützt und je mehr offene, formale Standards vor allem im Bereich der Programmiersprachen angeboten werden. Ebenso trägt zur Offenheit bei, wenn weitere Werkzeuge leicht einbindbar sind[56].

---

[55] vgl.: Gartner Group, SMS..., a.a.O., S. 19.

[56] vgl.: Gartner Group, Building Open Applications - The Key Issues, in: Midrange Computer Strategies, Key Issues, Research Note K-290-1067, 1991.

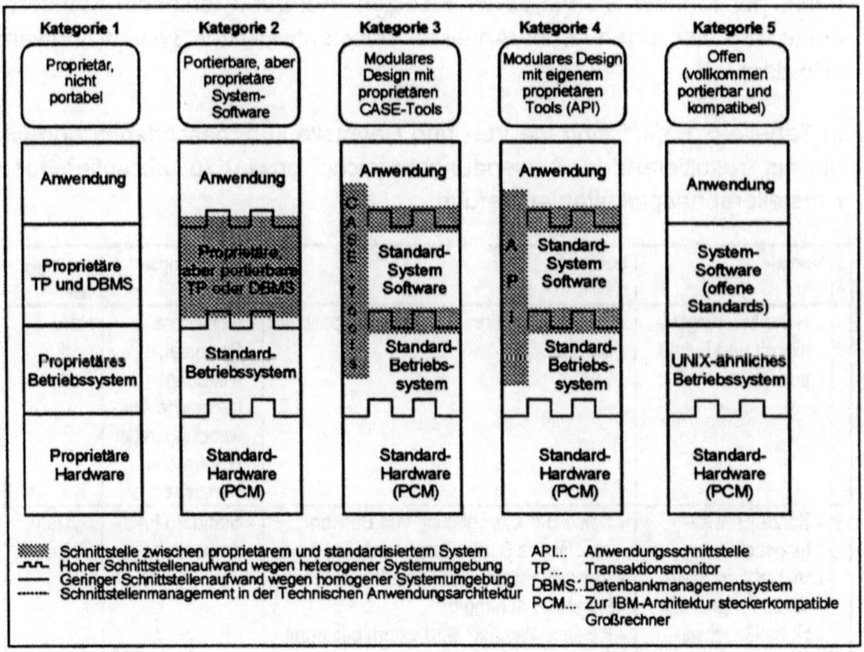

Abb. 5.1.3.4/2: Positionierung zum Thema Standardisierung[57]

Bei einer Vorgehensweise nach Kategorie 4 werden Anwendungen nicht direkt auf unterschiedliche Betriebssysteme, sondern auf eine unternehmenseigene Anwendungsschnittstelle ausgerichtet. Das "Application Programming Interface" (API) spezifiziert Syntax sowie Semantik der notwendigen Systemsoftware und anderer Anwendungsdienste und -programme. Darauf abgestimmte Anwendungen können deshalb "unabhängig von den darunterliegenden system- und produktabhängigen Programmierschnittstellen auf den Trägersystemen unterschiedlicher Hersteller [...] laufen"[58]. Der Erfolg dieses Vorgehens ist vom Know-how der internen oder externen System-Entwickler und der Anzahl unterstützter Betriebssystem-Plattformen abhängig. Erleichtert werden kann die Aufgabe durch bereits vorformulierte "Bankenplattformen" großer Hersteller, die bereits eine große Anzahl an zumeist proprietären Diensten unterstützen[59]. Ob externe Anbieter von Software diese Anwendungsschnittstelle aktiv unterstützen, ist von der Nachfragemacht, etwa durch Zusammenschlüsse mehrerer Kreditinstitute, abhängig. Eine völlig offene Strategie (Kategorie 5) beruht

---

57 Stark vereinfacht bei Gartner Group, SMS8: A Framework for Open Systems, in: Software Management Strategies, Research Note, K-557-1281, 1993, S. 1.

58 o.V., Teilprojekt Systemtechnik..., a.a.O., S. 676.

59 vgl.: Brachtl, B., IBM FBSS..., a.a.O., 1992.

darin, nur formale Standards einzusetzen. Aufgrund fehlender Marktprodukte wird dies einen hohen Anteil an selbstentwickelter System-Software erfordern.

In Tabelle 5.1.3.4/1 sind die Vor- und Nachteile kurz beschrieben und die daraus resultierenden Anwendungsbereiche sowie zu akzeptierenden Herstellerabhängigkeiten aufgeführt.

	Vorteile	Nachteile	Anwendungsbereich	Abhängigkeit
1	• Hohe Leistungsfähigkeit und Funktionalität	• Keine Integration, fehlende Kompatibilität	• Isolierbare Spezialanwendungen • Integrierte Anwendungen bei proprietären Konzepten	Hard- und Software
2	• Kurze Entwicklungszeit • Vielzahl an Standardsoftware • Hohe Geschwindigkeit und Zuverlässigkeit	• Keine Berücksichtigung von Bankenspezifika (z.B. der Peripherie) • Auswahl unterstützter Plattformen vom Hersteller abhängig • Release-Wechsel wird extern bestimmt • Kosten für CASE-Tools zusätzlich nötig • Keine Integration von Altanwendungen	• Standard-Fach-Anwendungen	System-Software
3	• Schnelle Entwicklung von Software (hohe Produktivität)	• Keine Berücksichtigung von Bankenspezifika (z.B. der Peripherie) • Auswahl unterstützter Plattformen vom Hersteller abhängig • Kosten für Auswahl, Kauf und Schulung des CASE-Tools • Release-Wechsel des Tools wird extern bestimmt • Wartung der Altanwendungen nicht immer möglich	• Wichtige Fachanwendungen	CASE-Tool
4	• Eigene Festlegung unterstützter Plattformen (inkl. bankenspezifischer Peripherie) • Integration der Altanwendungen möglich	• Hoher Know-how-, Zeit- und Investitionsbedarf • Ausrichtung von Standardsoftware auf API nur bei großer Nachfragemacht gewährleistet • Kosten für CASE-Tools oft zusätzlich nötig	• Wenn eingeführt, dann weitestgehende Nutzung	Eigenes API
5	• Hohes Maß an Kompatibilität	• Eingeschränkte Leistungsfähigkeit • Kosten für CASE-Tools oft zusätzlich nötig	• Technische Anwendungs-Architektur	Keine

Tabelle 5.1.3.4/1: Zusammenfassende Bewertung zur Berücksichtigung von Standards und Normen in der Architekturplanung von Kreditinstituten

5.2 Anforderungen an die System-Architektur

Die System-Architektur für Kreditinstitute ist auf derzeitige und vor allem auch zukünftige Anwendungen auszurichten. Da aber das künftige Anwendungsportfolio nicht vollständig bekannt sein kann, muß auf die zugrundeliegenden, langfristig wirksamen Anforderungen aus dem Geschäft und der Datenverarbeitung zurückgegriffen werden. Die für die Anwendungsplanung genutzten Verfahren brauchen daher nicht vollständig und umfassend durchgeführt, sondern können auf die für Architekturaussagen erforderlichen Anforderungen reduziert werden.

Zu deren Ableitung sind die strategischen Anforderungen sowohl aus dem originären Bank-Geschäft als auch aus dem DV-Bereich heranzuziehen[60]. In Anlehnung an Mintzbergs Beiträge zur Strategietheorie wird hierbei Strategie vor allem als theoretisches Konzept, als Plan und als Verhaltensmuster bezeichnet[61]. Innerhalb dieser Bereiche sind die drei Einflußgrößen Strategie, Struktur und Systeme einzeln und mit den möglichen Interdependenzen zu betrachten[62]. So legt die Strategie die Struktur (Aufbau und Ablauforganisation) des Unternehmens fest. Aus beiden werden die Systeme bestimmt (formelle und informelle Abläufe und Prozesse, unterstützt durch die Datenverarbeitung). Neben dem reinen Ableiten von Strukturen und Systemen kann dieser Schritt auch umgekehrt werden. Im Rahmen neugestalteter Prozesse können durch Systeme die Strukturen und Abläufe geändert werden sowie Strategieänderungen erfolgen. Daher

---

60 vgl.: Kapitel 3.2 Ziele der System-Architektur.

61 vgl.: Mintzberg, H., The Strategy Concept I: Five Ps For Strategy, in: California Management Review, o.Jg. (1987) 1, S. 11; Hanker, J., Die strategische Bedeutung der Informatik für Organisationen: industrieökonomische Grundlagen des Strategischen Informatikmanagements, Stuttgart 1990, S. 47 f.; Ulrich, H., Unternehmenspolitik, Bern 1978, S. 107, Overlack, J., Wettbewerbsvorteile durch Informationstechnologie, Dissertation, Hochschule St. Gallen, Frankfurt 1988, S. 32. Mitunter werden den strategischen Informationssystemen neben dem langfristigen Charakter primär Ertrags- statt Kostenwirkung zugeschrieben, vgl.: Mertens, P. und Plattfaut, E., Informationstechnik als strategische Waffe, in: Information Management 1 (1986) 2, S. 6-17; Mertens, P., Schumann, M. und Hohe, U., Informationstechnik..., a.a.O., S. 110.

62 vgl.: Zum übergreifenden 7-S-Konzept von McKinsey & Company, Inc. vgl.: Waterman, R.H.Jr., The Renewal Factor: How the Best Get and Keep the Competitive Edge, Toronto u.a. 1987, S. 56-58; Peters, T.J. und Waterman, R.H.Jr., In Search of Excellence: Lessons from America's Best-Run Companies, New York 1982. Das MIT90-Framework, dargestellt in verschiedenen Beiträgen im Sammelband von Morton, M.S.S. (Hrsg.), The Corporation of the 1990s. Information Technology and Organizational Transformation, Oxford 1991, enthält neben den vergleichbaren Punkten Strategie, Struktur und Technologie noch die Rollen bzw. Individuen sowie die Managementprozesse.

wird auch von einem Kreislauf gesprochen, wie in Abbildung 5.2/1 dargestellt[63].

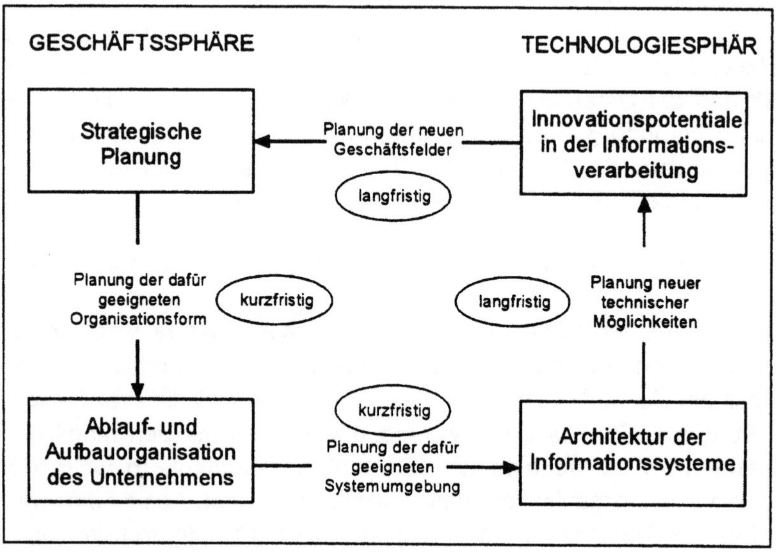

Abb. 5.2/1: Planungsprozeß für die Geschäfts- und DV-Sphäre

Das Ausgestalten der Strategischen Planung fordert eine bestimmte Organisationsform, die wiederum eine dafür geeignete System-Umgebung notwendig macht. Die Planung der geeigneten DV-Unterstützung kann gleichzeitig Möglichkeiten für das zusätzliche Nutzen von Informationen im Unternehmen schaffen. Die daraus resultierenden neuen Anforderungen an die Strategische Planung setzen den Kreislauf erneut in Gang.

Die definitorische Trennung zwischen DV- und Geschäftsanforderungen wird im folgenden pragmatisch durchgeführt. DV-Anforderungen lassen sich grundsätzlich aus den übergeordneten Geschäftsanforderungen, wie etwa langfristiger Gewinnmaximierung, ableiten. Gleichzeitig können aber die Möglichkeiten der Datenverarbeitung zu einer Neudefinition der DV

---

63 vgl.: Benson, R.J., Enterprise-wide Information Management, in: Scheer, A.-W. (Hrsg.), Handbuch Informationsmanagement: Aufgaben - Konzepte - Praxislösungen, Wiesbaden 1993, S. 194; Parker, M.M., Trainor, H.E. und Benson, R.J., Information..., a.a.O., S. 4 f.; Davenport. T.H. und Short, J.E., The new Industrial Engineering: Information Technology and Business Process Redesign, in: Sloan Management Review 31 (1990) 4, S. 11-27. Zur Neugestaltung von Abläufen in Banken vgl.: Bierer, H., Fassbender, H. und Rüdel, T., Auf dem..., a.a.O.. Dort wird der Begriff "Lean Banking" in Anlehnung an die bereits etablierte "Lean Production"-Terminologie gewählt, vgl. ebenso: Sokolovsky, Z., Informationsmanagement..., a.a.O., S. 429.

von der rein unterstützenden Funktion zu einer zunehmend strategischen Rolle führen[64]. Doch auch mit technologisch nicht innovativer DV-Ausstattung in der Umsetzungs-Architektur können durch geeignetes Anwenden der Möglichkeiten, etwa mit entsprechenden Fachanwendungen, technologische Führerschaft und wirtschaftliche Vorteile entstehen. So sollen nach Angaben von Steiner und Teixeira die Transaktions- und Betriebssysteme der technologisch als führend geltenden Citibank 15 Jahre alt sein[65].

Im folgenden wird daher mit der These gearbeitet, daß die Geschäftsstrategie die DV-Strategie nicht dominiert und sich diese nicht allein auf die geschäftlichen Anforderungen ausrichten muß. Zwar entspricht mitunter noch das Selbstverständnis der DV-Abteilungen in Banken dieser früher üblichen Unterordnung, wie es auch durch die organisatorische Zuordnung deutlich wird[66]. Die aufgrund der engen Kopplung notwendige Abgrenzung zwischen Geschäfts- und DV-Strategie wird aus Anwendersicht aufgelöst: Zum einen sind zusätzlich eigenständige DV-Anforderungen, z.B. Reduktion der Komplexität, formulierbar, die unter "Strategische DV-Anforderungen" aufgeführt und behandelt werden. Zum anderen werden DV-Anforderungen aus Geschäftsanforderungen abgeleitet. Die Ergebnisse sind dann vom Anwender direkt bemerkbar. Diese werden unter den "Strategischen Geschäftsanforderungen" erfaßt. Mögliche Potentiale der Datenverarbeitung, die eine Rückwirkung auf die Geschäftsstrategie haben, müssen dabei in den einzelnen Geschäftsfeldern behandelt werden.

---

64 vgl.: Penzel, H.G., Die Informatikabteilung..., a.a.O., S. 7; Sokolovsky, Z., Informationsmanagement..., a.a.O., S. 420; Venkatraman, N., IT-Induced Business Reconfiguration, in: Morton, M.S.S. (Hrsg.), The Corporation..., a.a.O., S. 125 f.; American Express Company, Annual Report 1989, 1990, S. 32; Steiner, T.D. und Teixeira, D.B., Technology..., a.a.O., S. 217 f.; Casserley, D., Facing up to the Risks: How Financial Institutions Can Survive and Prosper, McKinsey & Company, Inc., New York 1991, S. 275-290; Porter, M.E. und Millar, V.E. , How Information..., a.a.O., S. 156-158; vgl. ebenso Kapitel 3.2.1.1 Unterstützung des Geschäftssystems. Zu Beispielen außerhalb des Bereichs der Finanzinstitute vgl.: Overlack, J., Wettbewerbsvorteile..., a.a.O., S. 75-90; Hopper, M.D., Sabre..., a.a.O.

65 vgl.: Steiner, T.D. und Teixeira, D.B., Technology..., a.a.O., S. 69. Die Autoren definieren hierzu das M1-M2-M3-Konzept für die unterschiedlichen DV-Ebenen. M1 entspricht in etwa der Umsetzungs-Architektur, M2 der Informations-Architektur, M3 ist die Geschäftsebene. Die Autoren sprechen M1 jegliche Eignung für das Erreichen von Wettbewerbsvorteilen ab, vgl. S. 59-66.

66 Der Geschäftsbereich EDV der Westdeutschen Landesbank ist in die Vorstandsdivision Services eingeordnet . Neben anderen Dienstleistungen ist auch der Innenbetrieb zugeordnet, vgl.: Westdeutsche Landesbank Girozentrale, Geschäftsbericht 1992, Düsseldorf und Münster 1993, Umschlag. Generell sind Vorstandspositionen für den DV-Bereich in Banken eher selten.

5.2.1 Strategische DV-Anforderungen

5.2.1.1 Anforderungen zur Steigerung der Wirtschaftlichkeit der DV-Unterstützung

In Kapitel 3.2.1.2 wurden die Ziele zur Steigerung der Wirtschaftlichkeit der DV-Unterstützung formuliert und die dafür notwendigen Mittel erläutert. Darauf aufbauend werden im folgenden die Anforderungen an die System-Architektur erarbeitet. Eingegangen wird hierbei auf die typische Konstellation der gegenwärtigen DV-Unterstützung in den meisten Kreditinstituten. Generell können diese Maßnahmen unabhängig vom fachlichen Schwerpunkt, oft sogar branchenübergreifend, durchgeführt werden. Einige Anforderungen decken sich mit denen aus den Fachbereichen. Diese Redundanz wird in Kauf genommen, um eine vollständige Liste der strategischen DV-Anforderungen erhalten zu können.

5.2.1.1.1 Anforderung zur Steigerung der Effektivität

Die Anforderungen zur Steigerung der Effektivität sind häufig Ausgangspunkt großer Reorganisations- bzw. Architekturprojekte der DV-Unterstützung. Oft fordern z.B. externe Berater zunächst grundsätzliche Änderungen, um vorgegebene Ziele überhaupt erreichen zu können[67].

Um das Bankgeschäft zwar abstrakt, aber eindeutig beschreiben zu können, wird angestrebt, den Geschäftsbetrieb auf einer fachlich logischen Ebene zu modellieren. Damit dies arbeitsteilig sowie über längere Zeiträume hinweg durchgeführt werden kann, sind einheitliche Qualitätskriterien erforderlich. Die angestrebte Bausteintechnik in der Anwendungsentwicklung macht es notwendig, wiederkehrende und damit wiederverwendbare Informationsstrukturen (Daten wie auch Funktionen) zu identifizieren und entsprechend zu modellieren. Die Forderung nach einer Entwicklung von Produktvarianten in den Fachabteilungen kann dadurch vorbereitet werden, daß intensives, integriertes Prototyping betrieben sowie durch Parametrisierung eine leichte Änderbarkeit von Produkten eingebaut wird. Im Einzelfall kann es z.B. nötig sein, Werkzeuge mit objektorientiertem Hintergrund einzusetzen, um in sehr kurzer Zeit Anwendungen erstellen oder besondere Anforderungen an die Benutzeroberfläche unterstützen zu können[68]. Die spartenübergreifende, einheitliche und logisch zentrale Datenorganisation erfordert ein unterneh-

[67] vgl.: o.V., Reining..., a.a.O., S. 20-24.

[68] vgl. die Ausführungen im Rahmen der Finanzinnovationen in Kapitel 5.2.1.2 Anforderungen aus den Kundenbereichen.

mensweites Datenmodell. Um daraus wiederum arbeitsteilig und über die Zeit Projektdatenmodelle ableiten zu können, sind klare Entwurfsprinzipien für die jeweilige Spezifikation festzuhalten, anzuwenden und zu überprüfen. Auf die Abläufe übertragen heißt dies, daß die Informationsströme bereichsübergreifend integriert werden sollen. Eine Forderung, die sich in fast allen bankfachlichen Anforderungen wiederfindet. Gleichzeitig wird damit auch die Integrität und Konsistenz der Informationen gefördert.

Die Restriktionen aus dem batchorientierten Verbuchen von Transaktionen führen zum Problem doppelter Datenbestände. Hier kann durch Berücksichtigen von Direktbuchungssystemen in der Anwendungsentwicklung, unterstützt mit entsprechendem DBMS sowie Hardware, Abhilfe geschaffen werden.

Für einen reibungsfreien Betrieb der DV über alle Hardware-Plattformen hinweg sollen die Vielfalt reduziert und die verbleibenden Teile besser aufeinander abgestimmt werden. Hierzu bieten sich eine plattformübergreifende Anwendungsschnittstelle (API) und das Ausrichten auf internationale Normen und Standards an. Um die Verfügbarkeit und Ausfallsicherheit zu erhöhen, kann entsprechende Hardware wie fehlertolerante Systeme oder Spiegelplatten eingesetzt werden. Auch die Netztopologie hat hierauf entscheidenden Einfluß.

Die für steigende Benutzerfreundlichkeit sinnvolle einheitliche Menü-Steuerung erfordert eine feste Vorgabe, wie Bildschirmoberflächen in eigenentwickelten Anwendungen zu gestalten sind. Anhand einer Check-Liste, differenziert nach Art und Funktionsfähigkeit der Oberfläche, kann hierbei den Entwicklern Hilfestellung gegeben werden. Um Fremdsoftware einzuordnen, ist eine gemeinsame Oberfläche anzustreben, die unternehmensspezifisch ausgestaltet werden kann[69]. Für eine grafisch objektorientierte Bedienungsoberfläche sind intelligente Endgeräte notwendig.

In Tabelle 5.2.1.1.1/1 werden die Anforderungen an die Architektur kurz zusammengefaßt.

---

69 Neuere Entwicklungen hin zu einer einheitlichen Makro-Sprache für verschiedene Arten von Büroautomations-Werkzeugen der Firma Microsoft unterstützen diese Entwicklung.

	Architekturanforderungen für die Steigerung der Effektivität
Informations-Architektur	• Modellieren des Geschäftsbetriebes • Identifikation wiederkehrender und wiederverwendbarer Informationsstrukturen • Modellierung von mehrfach nutzbaren Dateikonstrukten (z.B. Produkt) sowie Funktionen (z.B. Zinsberechnung) • Parametrisieren von Datenstrukturen • Unternehmensweites Datenmodell • Bereichsübergreifende Integration der Informationsströme • Modellieren betrieblicher Abläufe unabhängig von ihrer arbeitsteiligen Umsetzung
Umsetzungs-Architektur	• Moderne, objektorientierte Methoden und Verfahren sowie begleitende Werkzeuge (in ausgewählten Bereichen) • Abstimmen der Umsetzungsarchitektur über alle Hardware-Plattformen hinweg • Gestalten von einheitlichen Oberflächen zur Integration von Fremdsoftware • Herstellerunabhängigkeit durch Unterstützung entsprechender API • Berücksichtigen von internationalen Kommunikationsstandards • Intelligente Endgeräte (dezentrale Datenhaltung zum Bildschirmaufbau) • Spiegelplatten, bedienerloser Betrieb • Netztopologien mit intelligentem Routing
Bereitstellungs-Architektur	• Einheitliche Qualitätskriterien für die Modellierung • Integriertes Prototyping • Klare Entwurfsprinzipien für die Spezifikation von Projekt-Datenmodellen • Verbindliche Richtlinien zur Gestaltung der Bedienungsoberfläche • Berücksichtigen von Direktbuchungssystemen in der Anwendungsentwicklung

Tabelle 5.2.1.1.1/1: Architekturanforderungen für die Steigerung der Effektivität

5.2.1.1.2 Anforderungen zur Steigerung der Effizienz

Erhöhte Effizienz der DV-Unterstützung kann nur durch einen kontinuierlichen Prozeß erreicht werden, der seinen Niederschlag auch in Forderungen an die System-Architektur findet. Die dazu einsetzbaren Mittel wurden in Kapitel 3.2.1.2.2 erläutert.

Von neuen Methoden und Verfahren der Anwendungsentwicklung sowie deren toolgestützter Anwendung erhoffen sich viele Unternehmen eine verbesserte Produktivität in der Leistungserstellung. Aufgrund von Standards und Regeln, die in Tools implementiert sind, soll es möglich sein, Software wie in einem Produktionsprozeß zu erstellen[70]. Zentrale Bedingung ist hierbei, daß die Personalkonzepte darauf abgestimmt werden. So müssen Schulungspläne entsprechend langfristig vorgeplant und durchgeführt werden, gleichzeitig muß aber auch in der Personalpolitik die entsprechende Qualifikation berücksichtigt werden. Neue Methoden erfordern häufig die Neueinstellung von dafür ausgebildeten Entwicklern. In der

---

70 vgl. die Ausführungen in Kapitel 4.1.2.1 Technische Anwendungsarchitektur.

Anwendungsentwicklung sind transparente Strukturen zu schaffen, um personenunabhängig die Anwendungssoftware warten, pflegen und ändern zu können. Das schließt entsprechende Werkzeuge zum automatischen Dokumentieren des Entwicklungsprozesses mit ein.

Alternativen zur eigenständigen Systemversorgung bestehen im Fremdbezug von DV-Dienstleistungen. Professionelle Dienstleister können ihre Leistung z.T. zu Preisen anbieten, die im Bereich der variablen Kosten der institutseigenen Datenverarbeitung liegen[71]. Allerdings ist die Abhängigkeit von externen Dienstleistern angesichts der besonderen Vertraulichkeit von Informationen für Kreditinstitute besonders kritisch. Weiterhin können externe Entwickler einbezogen werden, sowohl durch die Vergabe von Entwicklungsaufgaben an Fachkräfte außerhalb des Unternehmens als auch durch den Einsatz professioneller System-Integratoren[72]. In all den Bereichen, in denen sich die Kreditinstitute nicht von Unternehmen anderer Branchen unterscheiden, ist der Einsatz von Fremdsoftware eine sinnvolle Strategie.

Mitunter können sich auch unabhängige Kreditinstitute in Kooperationen zusammenfinden, um gemeinsam die fixkostenlastige Anwendungsentwicklung durchzuführen, vor allem, wenn im Projektumfang ein hoher Infrastrukturanteil und damit nicht kundenrelevanter Bereich enthalten ist[73]. Die Systemversorgung läßt sich zudem erleichtern, wenn durch Standards und Normen aus einer größeren Variantenvielfalt gewählt werden kann[74].

In vielen Fällen ist es sinnvoll, über sogenannte IDV-Lösungen eine Vielzahl von Problemen ohne direkte Einflußnahme der zentralen DV-Abteilungen zu bearbeiten. Durch Büroautomationswerkzeuge, vor allem Tabellenkalkulationsprogramme, können anwenderspezifische Lösungen schnell in kurzer Zeit erreicht werden[75]. Für eine globale Effizienzsteigerung wäre es jedoch sinnvoll, diesen Trend zentral zu steuern. So ist eine zentrale, koordinierte Marktsichtung und Analyse von Werkzeugen sinnvoll, um etwa bei akzeptierter homogener Lösung einen gemeinsamen

---

71 vgl.: Huber, R.L., How Continental Bank Outsourced Its "Crown Jewels", in: Harvard Business Review 71 (1993) 1, S. 121-129.

72 o.V., Systems..., a.a.O.

73 vgl.: Lotter, K., Systemstrategie..., a.a.O., S. 66-68; o.V., IBM..., a.a.O.; Heitmüller, H.-M., Informatikzentrum..., a.a.O., S. 5-12; Teixeira, D.B. und Schmergel, G., The Emergence..., a.a.O., S. 51-53.

74 vgl.: o.V., Teilprojekt Systemtechnik, 1992; vgl. ebenso die Ausführungen in Kapitel 5.1.3 Standards und Normen.

75 vgl.: Haferkorn, J., Einsatz..., a.a.O., S. 100-103.

Help-Service durchführen zu können. In Tabelle 5.2.1.1.2/1 werden die Anforderungen an die Architektur kurz zusammengefaßt.

	Architekturanforderungen für die Steigerung der Effizienz
Informations-Architektur	• Daten- und Funktionsmodelle mit transparenten, personenunabhängigen Strukturen • Sicherstellen von Konsistenz und Integrität der Daten
Umsetzungs-Architektur	• Moderne CASE-Umgebung (Daten- und Funktionsanalyse, Generatoren) • Integration über Entwicklungsdatenbank • Sauberes Strukturieren der DV-Landschaft • Einbezug von Fremdsoftware (Schnittstellen, Standards, Modellierung, Anpassungen, Releasepflege) • Nutzen internationaler Standards und Normen (Offene Systeme), um auf ein breites Marktangebot zugreifen zu können • Entwicklung spezifischer Schnittstellen zur Integration paralleler proprietärer Standards
Bereitstellungs-Architektur	• System-Architektur-Ansatz als klares, langfristig angelegtes DV-technisches Konzept • Geplante und auf Geschäftsanforderungen abgestimmte System-Architektur • Ausgewählte Standards und Regel zur "fabrikmäßigen" Software-Entwicklung • Auswahl von Methoden und Verfahren, die toolgestützt umgesetzt werden können (Entity-Relationship-Methode, Strukturierte Analyse) • Werkzeuggestütztes Dokumentieren, Testen, Ändern und Warten der Software • Einfaches Herausarbeiten von Kosten und Nutzen von Kooperationen • Komplettes Auslagern von Abteilungen (z.B. Rechenzentrum, Entwicklung) • Punktuelles Hinzuziehen externer Entwickler (Manpower-Leasing, System-Integratoren) • Langfristiges Personalmarketing • Integrierte Schulungspläne • Unterstützung von IDV-Werkzeugen durch Nutzerservice • Zentrale Auswahl von IDV-Werkzeugen • Kontinuierliche Beobachtung des technischen Umfeldes

Tabelle 5.2.1.1.2/1: Architekturanforderungen für die Steigerung der Effizienz

Ein Vergleich der Tabellen 5.2.1.1.1/1 und 5.2.1.1.2/1 läßt erkennen, daß Anforderungen zur Effektivitätssteigerung ihren Schwerpunkt in der Informations-Architektur haben, während die Anforderungen an höhere Effizienz sich vor allem in der Bereitstellungs- und Umsetzungs-Architektur niederschlagen. Dies deckt sich mit Marktbeobachtungen und dem Ergebnis von Interviews mit verantwortlichen DV-Managern in Kreditinstituten. Probleme im Informationshaushalt, etwa durch fehlende, schlecht organisierte oder redundante Daten, führen dazu, daß dringende Anwendungsprojekte überhaupt nicht angegangen werden können. Damit ist das Erreichen des Zieles an sich in Gefahr (Effektivität). Die hohe Komplexität in der technischen Infrastruktur sowie der sie stützenden Bereitstellungs-Architektur scheint derzeit noch bewältigbar, so daß dann vor allem Effizienzgesichtspunkte zum Tragen kommen. Die hohe Hersteller- und vor allem Standardvielfalt läßt jedoch eine Entwicklung erkennen, die aufgrund der hohen Komplexität auch hier die Beherrschbarkeit an sich und damit die Effektivität in den Vordergrund stellt.

5.2.1.2 Sicherstellen der langfristigen Lieferfähigkeit der DV-Unterstützung

Zentrale Aufgabe vor allem des strategischen DV-Managements ist das Sicherstellen der langfristigen Lieferfähigkeit. Darunter wird verstanden, daß die DV-Unterstützung über einen längeren Zeitraum mit der geforderten Leistung handhabbar und finanzierbar bleibt. Analog zu möglichen Suboptima bei fehlendem Abstimmen zwischen Teilbereichen der DV-Unterstützung besteht auch im zeitlichen Ablauf die Gefahr einer fehlenden Gesamtoptimierung über eine längere Betrachtungsperiode. Die System-Architektur muß daher sowohl alle Teilbereiche in einer umfassenden DV-Planung enthalten, wie auch einen langfristigen Ausgleich zwischen den Perioden schaffen. Kernproblem ist die zu beobachtende zunehmende Vielfalt in der DV-Infrastruktur, die zwar augenblicklich Probleme lösen, dafür aber langfristig zu dem erwähnten hohen indirekten Aufwand führen kann. Im Mittelpunkt steht deshalb die Reduktion der Komplexität. Die verbleibende Komplexität gilt es durch geeignete Maßnahmen derart zu organisieren, so daß sie langfristig beherrschbar bleibt.

5.2.1.2.1 Komplexität als Kriterium der langfristigen Lieferfähigkeit

Die Komplexität gibt allgemein nur die Gesamtheit unterscheidbarer Merkmale oder Möglichkeiten eines Systems oder Begriffes an[76].

Im hier angewandten Sinne ist die Komplexität als Maßzahl der fehlenden Kompatibilität bei hoher Kompliziertheit zu bezeichnen. Im Kapitel 5.1.3 Standards und Normen wurden anhand einer Übersicht sowohl die Dimensionen wie auch der Grad der Kompatibilität erläutert[77]. Diese Struktur läßt sich nun hier anwenden. Je mehr Dimensionen es zu betrachten gilt (beginnend bei verschiedenen Ausprägungen innerhalb einer Produktlinie eines Herstellers) und je geringer der Grad der Kompatibilität ist (startend mit Steckerkompatibilität), desto komplexer ist das jeweilige System. In Abbildung 5.2.1.2.1/1 wird dies konzeptionell veranschaulicht.

---

76 vgl.: o.V., Duden "Fremdwörterbuch", 4. neu bearb. u. erw. Aufl., Mannheim u.a. 1982, S. 409; Heinrich, L.J. und Roithmayr, F., Wirtschaftsinformatik..., a.a.O., S. 271; Probst, G.J., Selbst-Organisation: Ordnungsprozesse in sozialen Systemen aus ganzheitlicher Sicht, Berlin u.a. 1987, S. 29.

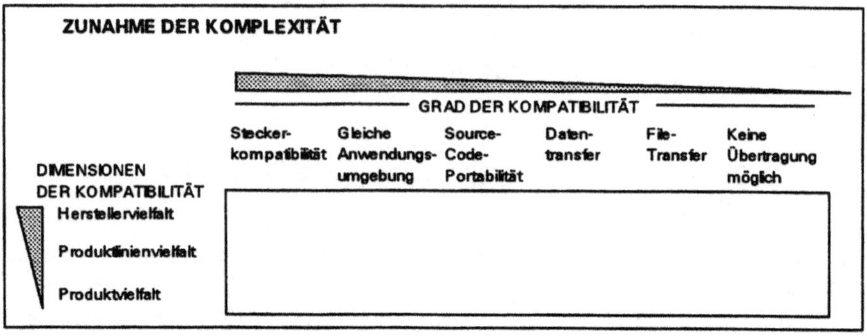

Abb. 5.2.1.2.1/1: Komplexität von DV-Systemen

Diese vor allem für die Umsetzungs-Architektur zutreffende Beschreibung, kann auch auf die anderen Haupt-Architekturgruppen übertragen werden. In Tabelle 5.2.1.2.1/1 sind die Analogien zur Komplexität der Architektur für die Informations-Architektur tabellarisch dargestellt.

Umsetzungs-Architektur	Informations-Architektur
Hersteller	Modell-Entwickler
Produktlinien	Modell
Produkt	Modellkomponenten
Steckerkompatibilität	Vertikale Integration der Prozesse
Gleiche Anwendungsumgebung	Unternehmensmodell
Source-Code-Portabilität	Source-Code-Portabilität
Datentransfer	Wiederverwendbare Module/Datenstrukturen
File-Transfer	Wiederverwendbare Unterprogramme
Keine Übertragung möglich	Keine Integration möglich

Tabelle 5.2.1.2.1/1: Analogien zur Komplexität der Architektur

Eine Übertragung auf die Bereitstellungs-Architektur ist zwar vorstellbar, wird aber als weniger sinnvoll angesehen[78]. Begründet liegt dies vor allem in deren starken Abhängigkeit von der Ausgestaltung und Komplexität der zwei anderen Architekturgruppen. Die Komplexität in der Umsetzungs- und Informations-Architektur kann dagegen eher als unabhängig von der jeweils anderen betrachtet werden.

[77] vgl.: Abbildung 5.1.3/1, ebenso Gabel, H.L., Open Standards..., a.a.O., S. 94-96.

[78] Denkbar wäre die Leistungsbereitstellung durch die DV-Abteilung als die dem Produkt bzw. Modell vergleichbare Dimension. Davon ausgehend ließen sich die anderen Dimensionen sowie der unterschiedliche Grad der Kompatibilität ableiten.

5.2.1.2.2 Anforderungen aus der Komplexitätsreduktion in der Datenverarbeitung

Der Wunsch nach Reduktion der wahrgenommenen Komplexität wird durch das Überfordern der begrenzten menschlichen Wahrnehmungs- und Verarbeitungskapazität hervorgerufen[79]. Die Vielzahl der theoretisch möglichen Zustände des Systems kann bei weitem das überschreiten, was "handlungsmäßig und wahrnehmungsmäßig"[80] aufgenommen und aktualisiert werden kann.

Komplexität in der Datenverarbeitung läßt sich gemäß der vorherigen Abbildung 5.2.1.2.1/1 sowohl durch Wahl der Dimensionen wie auch des Grades der Kompatibilität verringern, wobei hier enge technische Restriktionen gelten[81].

Hierzu lassen sich drei grundsätzliche Handlungsoptionen finden, die unabhängig voneinander angestrebt werden können:

- Verringern der Vielfalt innerhalb einer Kompatibilitätsdimension,
- Wahl einer weniger komplexen Dimension und
- Festlegen eines steigenden Grades der Kompatibilität.

Sie werden im einzelnen am Beispiel der Umsetzungs-Architektur ausführlicher vorgestellt. Im Rahmen dieser "ceteris-paribus"-Untersuchung wird nicht auf die Rückwirkung von zu hoher Komplexitätsreduktion eingegangen. So kann die Herstellerabhängigkeit mit den beschriebenen negativen Folgen, erfaßt unter dem Effizienzkriterium, eine mögliche Konsequenz verringerter Komplexität sein. Ein Abwägen der verschiedenen Forderungen hat im Rahmen einer Gesamtplanung nach individuellen Zielen zu geschehen.

---

79 vgl.: Nurmi, H., Das Konzept der Komplexität, in: Türk, K. (Hrsg.), Handlungssysteme, Opladen 1978, S. 64.

80 Luhmann, N. und Habermas, J., Theorie der Gesellschaft oder Sozialtechnologie: Theorie - Diskussion, Frankfurt am Main 1982, S. 32.

81 Davon unbenommen bleiben Ansätze, die eine Reduktion der Komplexität nicht in der Datenverarbeitung, sondern im Geschäft fordern. Diese in der "lean banking"-Debatte formulierten Thesen beschränken die Komplexitätsreduktion auf die Produkte bzw. Abläufe, die durch die Datenverarbeitung unterstützt werden müssen, vgl.: Bierer, H., Faßbender, H. und Rüdel, T., Auf dem Weg..., a.a.O.; Sokolovsky, Z., Informationsmanagement..., a.a.O., S. 429. Dadurch schränkt sich die verbleibende Komplexität natürlich weiter ein. Dennoch sollten auch Möglichkeiten untersucht werden, die sich innerhalb des DV-Bereiches ergeben, die Komplexität zu vermindern bzw. besser zu verwalten. Dies darf allerdings nicht zur Kompensation von übermäßig komplexen geschäftlichen Anforderungen dienen.

Das Verringern der Herstelleranzahl reduziert die Komplexität, da proprietäre Systeme und Standards bereits vom Hersteller aufeinander abgestimmt wurden[82]. Jedoch können selbst große System-Anbieter nicht alle Bereiche der DV-Dienstleistung abdecken, so daß sie mit anderen Herstellern kooperieren müssen[83].

Das Verringern der Produktlinienvielfalt bei einem Hersteller betrifft vor allem die Angebote großer Hersteller. Das Parallelangebot verschiedener Produktlinien, genannt sei das für fast alle Banken geltende Problem der zwei konkurrierenden TP-Monitore CICS und IMS/DC der Firma IBM, erhöht zwangsläufig die Komplexität. Zwar werden als Begründung häufig Funktionalitätsunterschiede aufgeführt, es ist jedoch abzuwägen, ob die Mehrbelastung durch die Komplexität nicht kleinere Vorteile kompensiert.

Da häufig Anwendungsprogramme länger genutzt werden als es dem Lebenszyklus der genutzten Compiler-Version entspricht, haben viele Kreditinstitute Anwendungen mit unterschiedlichen Standards in der laufenden Produktion. Vor allem die unterschiedlichen Releasestände bei Compilern sowie Betriebssystemen führen zu unnötiger Komplexität, da häufig unterschiedliche Produktionsverfahren notwendig sind.

Die zweite angesprochene Möglichkeit, die Komplexität zu reduzieren, basiert auf dem Konzept der Herstellerarchitekturen[84]. Es wird hierbei unterstellt, daß die Komplexität zwischen verschiedenen Produktreihen eines Herstellers weniger stark ist als zwischen den Produktreihen verschiedener Hersteller. Hersteller sorgen selbst dafür, daß die Produkte ohne großen Schnittstellenaufwand (und damit höherer Komplexität) zusammengestellt werden können. Ein für Kreditinstitute typisches Phänomen ist das große Vertrauen auf die Systemintegrationsfähigkeit der IBM[85].

Um die Funktionalität eines Versionsstands zu verbessern, sollte als Konsequenz aus Abbildung 5.2.1.2.1/1 ein erhöhter Releasestand des gleichen Produktes einem Wechsel auf ein eventuell innovativeres und leistungsfähigeres Produkt vorgezogen werden. Im Falle von Compiler-Versionen ist dies auch in der Praxis vorzufinden. Bevor auf neuartige

---

[82] vgl.: Abrahams, I., IV-Architektur..., a.a.O.; ebenso die Ausführungen in Kapitel 5.1.3.1 Klassifikation von Standards und Normen.

[83] Genannt sei das AD/Cycle-Konzept der Firma IBM sowie die Unterstützung durch verschiedene Business Partner.

[84] vgl.: Abrahams, I., IV-Architektur..., a.a.O., S.6.

[85] vgl.: Teixeira, D.B. und Schmergel, G., The Emergence..., a.a.O., S. 9; ebenso die Ausführungen in Kapitel 5.1.3.2 Bedeutung von Standards und Normen für Kreditinstitute.

Sprachen (Bsp. C++) zurückgegriffen wird, versuchen Kreditinstitute häufig erst, vorhandene Cobol-Versionen auf einen einheitlichen, aktuellen Stand zu bringen.

Als dritte Möglichkeit zur Komplexitätsreduktion läßt sich der Grad der Kompatibilität durch die Konzentration auf ausgewählte Standards und Normen erhöhen. In einer Untersuchung bei einer großen Frankfurter Privatbank wurde z.B. festgestellt, daß bei den Anwendungsdiensten sowie im System-Software-Bereich sehr viele Standards oder Produkte konkurrierend genutzt werden. Die damit verbundene Komplexität drückt sich in erhöhtem Personalaufwand, vor allem bei der Pflege der unterschiedlichen Systeme aus[86]. In Anlehnung an die in Kapitel 4.1.2 vorgestellten unterschiedlichen Spezifikationsgrade sollten daher Standards oder Produkte zentral vorgegeben werden, die in der DV-Abteilung sowie in den Fachbereichen genutzt werden dürfen.

In der Anwendungsentwicklung ist die Komplexität erfahrungsgemäß in hohem Maße vom Projektumfang abhängig. Die Aufgabe, viele Teilprojekte miteinander abzustimmen und die Ergebnisse zu koordinieren sowie zu integrieren, führt zu Großprojekten mit ungewissen Erfolgsaussichten, wie in Abbildung 5.2.1.2.2/1 dargestellt.[87]

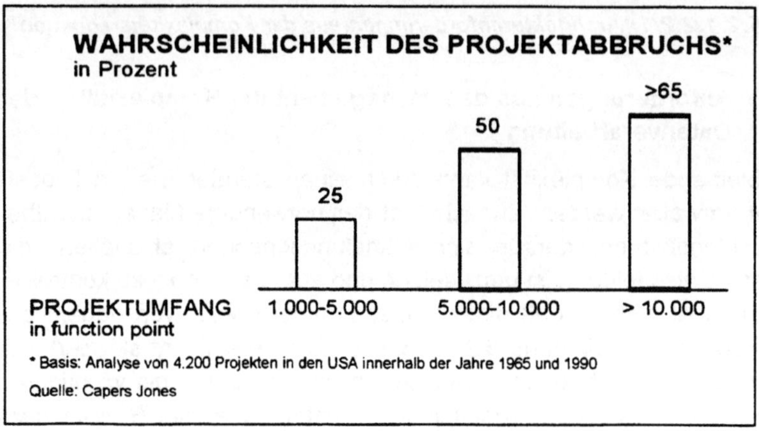

Abb. 5.2.1.2.2/1: Abbruchwahrscheinlichkeit von Software-Projekten in Abhängigkeit vom Projektumfang

Nach Untersuchungen des Beratungsunternehmens Capers Jones ist der in "function points" gemessene Projektumfang ein signifikantes Merkmal

---

[86] vgl.: Abrahams, I., IV-Architektur..., a.a.O., S.83 f.

[87] vgl.: o.V., It's Late..., a.a.O., S. 164 f.; o.V., Reining..., a.a.O., S. 20-24.

für die Abbruchwahrscheinlichkeit von Software-Projekten.[88] Ein zu großer Umfang der Projekte wirkt sich auf die Entwicklerproduktivität und die durchschnittliche Verzögerung ebenfalls ungünstig aus[89].

In Tabelle 5.2.1.2.2/1 werden die Anforderungen an die Architektur kurz zusammengefaßt.

	Architekturanforderungen aus der Komplexitätsreduktion
Informations-Architektur	• Keine Integration unterschiedlicher Fremdsoftware-Daten- und Funktionsmodelle, sondern weitgehende Betrachtung als Insel-Lösungen • Kein detailliertes, spartenübergreifendes Unternehmensmodell, dafür kleinere Projektdatenmodelle mit UDM/UFM auf sehr abstrakter Ebene vor allem zur Navigation (Projektumfang eher klein halten) • Vertikale Integration der Prozesse (eigener Modelle) nur in sensiblen Gebieten anstreben
Umsetzungs-Architektur	• Akzeptieren von herstellerabhängigen Lösungen, etwa im Rahmen von Herstellerkonzepten wie SAA • Aufgabe paralleler Produktlinien, wenn Funktionalitätsvorteile nicht wesentlich sind und dadurch Komplexität verringert werden kann • Sicherstellen der Auf- und Abwärtskompatibilität bei Releaseständen
Bereitstellungs-Architektur	• Untersuchung der Komplexität der DV-Landschaft, insbesondere nach paralleler oder konkurrierender Anwendung von Standards • Aufbau einer Positionierungsstrategie zu Standards, in der einzusetzende Standards bzw. Produkte festgelegt werden

Tabelle 5.2.1.2.2/1: Architekturanforderungen aus der Komplexitätsreduktion

5.2.1.2.3 Anforderungen aus dem Management der Komplexität in der Datenverarbeitung

Die verbleibende Komplexität kann durch einen standardisierten Prozeß geeignet verwaltet werden. Zunächst ist der notwendige Managementbedarf zu identifzieren, daraus sind Handlungsoptionen abzuleiten, die gefundene Entscheidung ist umzusetzen und auf ihren Erfolg zu kontrollieren. Wichtig ist hierbei, daß diese Phasen immer wieder von neuem beginnen können. In Abbildung 5.2.1.2.3/1 ist dies vereinfacht skizziert. Mit Hilfe der bereits beschriebenen Beziehungsmatrix werden die wichtigsten Abhängigkeiten zwischen Architekturelementen analysiert[90]. Die rein mengenorientierte Identifikation ist um die Analyse der Aufgabengebiete zu ergänzen, die eine starke Konsequenz für das Geschäft haben.

---

88 vgl.: Capers Jones, Applied..., a.a.O., S. 157; zur Nutzung von "function points" vgl. Noth, T. und Kretzschmar, M., Aufwandsschätzung..., a.a.O.

89 vgl.: Capers Jones, Applied..., a.a.O., S.151-155..

90 vgl. die Ausführungen in Kapitel 4.2.1.1 Identifikation der Interdependenzen.

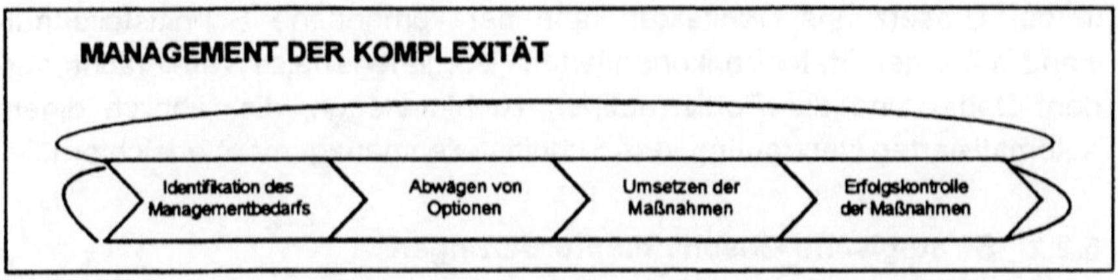

Abb. 5.2.1.2.3/1: Prozeßbeschreibung zum Management der Komplexität

Anschließend sind die Optionen aufzustellen und zu bewerten. Eine häufig anstehende Fragestellung ist dabei, inwieweit sich eine Investition in Infrastrukturmaßnahmen lohnt. So kann dies zwar helfen, die Komplexität zu verwalten, gleichzeitig aber durch den Entwicklungsprozeß und etwaige Verwaltungs- und Organisationsaufgaben die Komplexität unnötig erhöhen.

Im Falle der Informations-Architektur sowie der darauf aufbauenden Anwendungen ist vor allem der Einsatz von neu zu erstellenden Anwendungsschnittstellen (API) zu prüfen. Diese können unterschiedlich ausgeprägt sein. Es ist es vorstellbar, beim Erstellen des APIs das Unterstützen einer vielfältigen technischen Infrastruktur zu berücksichtigen. Damit kann das Unternehmen trotz der technischen Vielfalt mit nur einer Anwendung auskommen[91]. Ebenso kann die Anwendungsschnittstelle dazu genutzt werden, neue Anwendungen leichter in Altanwendungen zu integrieren. Weiterhin sollte man im Rahmen einer Prozeß-Neugestaltung den Automationsgrad von Prozessen erhöhen.

In Tabelle 5.2.1.2.3/1 werden die Anforderungen an die Architektur kurz zusammengefaßt.

	Architekturanforderungen aus dem Management der Komplexität
Informations-Architektur	• Neuprozeß-Gestaltung zum Automatisieren von bislang manuellen, nicht-integrierten Prozessen
Umsetzungs-Architektur	• Abtrennen der Anwendungen (alt und neu) von der zugrundeliegenden Hardware-Plattform durch spezielle Anwendungsschnittstellen (diese kann auch für Harmonisierung zwischen Alt- und Neuanwendungen genutzt werden) • Automatisieren des Schnittstellenaufwandes
Bereitstellungs-Architektur	• Feststellen von Management-Bedarf durch Erstellen, Überwachen und Fortschreiben einer Beziehungsmatrix

Tabelle: 5.2.1.2.3/1: Architekturanforderungen aus dem Management der Komplexität

91 vgl.: o.V., Teilprojekt Systemtechnik..., a.a.O.; ebenso die Ausführungen in Kapitel 5.1.3.3.

In der Umsetzungs-Architektur kann der vorhandene Schnittstellenaufwand mit einer "datenbankorientierten" Vorgehensweise vereinfacht werden. Dabei sind die Portierroutinen zu hinterlegen, die, ähnlich einem automatisierten Netzrouting, das Schnittstellenmanagement erleichtern.

5.2.2 Strategische Geschäftsanforderungen

Strategische Geschäftsanforderungen werden aus der Branchenstruktur bzw. Wettbewerbssituation von Banken und den daraus abgeleiteten DV-orientierten Dimensionen der Geschäftsstrategie bestimmt.

5.2.2.1 Methodische Grundlagen

Um strategische Geschäftsanforderungen für eine Analyse ermitteln zu können, sind verschiedene Verfahren denkbar, die kurz - illustriert am Beispiel der Kreditinstitute - erläutert werden. Die vorgestellten Methoden umfassen:

- "Kritische Erfolgsfaktoren" nach Rockart,
- "Strategische Bedeutung bestehender und künftiger Systeme" nach McFarlan/McKenney,
- "Customer Resource Life Cycle" (CRLC) nach Ives/Learmonth,
- "Strategic Option Generator" nach Wiseman,
- "Strategic Alignment Process" unter anderem nach Henderson/Venkatraman.

5.2.2.1.1 Ausgewählte Ansätze zur Identifikation Strategischer Geschäftsanforderungen

Mit der systematischen Suche nach kritischen Erfolgsfaktoren sollen die Bedingungen gefunden werden, die eine dauerhafte Wettbewerbsposition sicherstellen[92]. Die ermittelten strategischen Anforderungen sind dann ein Bündel an Maßnahmen, mit denen die identifizierten Haupterfolgsfaktoren dauerhaft erfüllt werden können[93]. Diese werden aus vier Quellen abgeleitet: Industriestruktur, Positionierung im Wettbewerb, Umweltfaktoren und temporärer Zustand. Kennzeichnend für dieses Vorgehen ist, daß Erfolgs-

[92] vgl.: Porter, M.E., Competitive Strategy: Techniques for Analyzing Industries and Competitors, New York 1980, S. 34-46.

[93] vgl.: Rockart, J.F., Chief Executives Define Their Own Data Needs, in: Harvard Business Review 57 (1979) 2, S. 81-93. Nach Rockart (S. 85) basiert der Ansatz auf einem älteren Konzept, veröffentlicht in Daniel, R.D., Management, 1961. Der grundlegende Artikel von Rockart aus dem Jahre 1979 wurde noch 1992 im Tagungsband des Center for Information Systems Research am MIT unverändert veröffentlicht.

faktoren aus der Sicht des einzelnen Unternehmens, seiner Organisation oder Struktur abgeleitet werden. Um den Unternehmensbezug herstellen zu können, werden dann in Interviewrunden die führungsrelevanten Informationen ermittelt[94]. Eine vereinfachte Erläuterung des Prinzips für bestimmte Kreditinstitutstypen[95] ergibt folgende Tabelle 5.2.2.1.1/1.

Banktyp	Strategische Positionierung	Kritische Erfolgsfaktoren	Beispiele: (Marktführer)
Traditionelle "Retailbank"	Angebot an üblichen Bankprodukten und -dienstleistungen für (Standard-) Privatkunden, Kleinfirmen und Gewerbetreibende	• Auf Bedürfnisse abgestimmte Produktbündel • Flächendeckendes, dichtes Zweigstellennetz • Kostengünstige und effektive Abwicklung traditioneller Produkte und Dienstleistungen, z.T. durch Ausbau an Selbstbedienung • Vertraulichkeit/Freundlichkeit	• Sparkassen • Genossenschaftsbanken
Privatkundengeschäft ("Private Banking")	Über übliches Angebot hinausgehende anspruchsvolle Produkt- und Dienstleistungspalette für vermögende Privatkunden	• Portfoliomanagement • Aufwendige, kundenindividuelle Beratung in Vermögens-, Steuer- und Erbfragen • Cash-Management • Schnelle Reaktion auf sich ändernde Produktangebote und Kundeninteressen	• Großbanken • Privatbanken und einzelne sonstige Geschäftsbanken
Firmenkundengeschäft ("Corporate Banking")	Angebot an üblichen Bankprodukten und -dienstleistungen für mittelständische Unternehmen und große Firmen	• Vertrauensvolle Beziehung • Umfassende Beratungsqualität • Effektive, schnelle Abwicklung • Unterstützung des Auslandsgeschäfts durch Korrespondenzbanken	• Sparkassen/ Landesbanken • Genossenschaftsbanken/ DG-Bank • Große Geschäftsbanken

(Fortsetzung)

94 Ein Vergleich sowie eine kritische Würdigung verschiedener auf dieser Methodik basierender Verfahren, seine erkenntnistheoretischen Probleme sowie die Vorstellung eines auf kundenbezogene Faktoren basierenden Ansatzes findet sich in Overlack, J., Wettbewerbsvorteile..., a.a.O., S. 179-216.

95 Bei deutschen Universalbanken findet sich diese Typisierung in der Organisationsstruktur der Banken wieder, vgl.: Schimmelmann, W.v., Bankorganisation, in: Obst, G. und Hintner, O., Geld-, Bank- und Börsenwesen, hrsg. von Norbert Kloten und Johann Heinrich von Stein, 38., völlig neu bearb. Aufl., Stuttgart 1988, S. 844-849.

(Fortsetzung)

Banktyp	Strategische Positionierung	Kritische Erfolgsfaktoren	Beispiele: (Marktführer)
Großfirmenkundengeschäft ("Wholesale Banking")	Angebot an Bankdienstleistungen für multinationale Konzerne und institutionelle Kunden	• Internationale Präsenz • Risikobereitschaft • Eigenständige Entwicklung von Produktderivaten (Finanzinnovationen) • Effektive und effiziente, kostengünstige Abwicklung • Kompetenz in Beteiligungs- sowie Emissionsgeschäft • Integriertes, globales Risikomanagement • Eigenhandel	• Deutsche Bank • WestLB • Ausländische Institute

Tabelle 5.2.2.1.1/1: Kritische Erfolgsfaktoren ausgewählter Banktypen

Für weitergehende Analysen sind unternehmensindividuelle Informationen notwendig.

Das von McFarlan und McKenney entwickelte Schema, das Unternehmen und Geschäftseinheiten nach einem strategisch zweckmäßigen Grad der Systemdurchdringung klassifiziert, ist für den in dieser Untersuchung verfolgten Zweck nur eingeschränkt geeignet[96]. Zwar ist es vorstellbar, ausgehend vom gegenwärtigen und zukünftigen Stand der Systemunterstützung, die wichtigsten Geschäftssparten auf ihre Unterstützung mit Informationssystemen zu untersuchen. Die Autoren bieten die Kategorisierung dazu an, geeignete Maßnahmen zum Ressourceneinsatz für Anwendungen zu formulieren[97]. Jedoch differiert die Informationsintensität zwischen den Sparten nur wenig, zudem widerspricht diese eher situationsabhängige Klassifikation dem langfristigen Charakter der System-Architektur[98]. Die für eine Architekturplanung wesentliche Identifikation strategischer Anforderungen für zukünftige Anwendungen ist durch dieses Verfahren nicht ausreichend möglich[99].

An der Kritik, Informationssysteme nicht nach ihrer Außenwirkung zu unterscheiden, knüpft die Methodik des "Customer Resource Life Cycle" (CRLC) an. Dieser Ansatz reduziert den Untersuchungsumfang auf die Kundenbeziehung und analysiert sehr detailliert den Informations- und

96 vgl.: McFarlan, F.W. und McKenney, J.L., Corporate Information Systems Management, Homewood 1983.

97 vgl.: Ives, B. und Learmonth, G.P., The Information System as a Competitive Weapon, in: Communications of the ACM 27 (1984), S. 1193-1201, S. 1194.

98 vgl.: Porter, M.E. und Millar, V.E., How Information..., a.a.O., S. 153.

99 vgl.: Overlack, J., Wettbewerbsvorteile..., a.a.O., S. 108 f.

Warenfluß zwischen Unternehmen und Kunden. Die Systematik enthält 13 Schritte, die zum Teil auf die 4 Stufen des "Business System Planning" (BSP) von IBM zurückgeführt werden können. Die zugrundeliegende Annahme ist, daß aus Sicht des Kunden der Beschaffungsprozeß in bestimmten Zyklen verläuft, der für viele Branchen und Produkte erstaunliche Ähnlichkeit aufweist[100]. Auf jeder dieser Stufen kann die Datenverarbeitung die Kundenbeziehung intensivieren. In Tabelle 5.2.2.1.1/2 wird anhand von Beispielen für die Kreditbranche der Beitrag durch die Datenverarbeitung illustriert.

Grob-schritte	**Stufen des CRLC**[101]	**Intensivierung der Kundenbeziehung von Kreditinstituten (Beispiele)**
Anforde-rungen	Mengenmäßige Bedarfsermitt-lung	• Analyse der groben Vermögens-, Liquiditäts- und Versorgungssituation • Ausgabe von Beratungssoftware zur selbständigen, individuellen Erhebung von Bedarf an Finanzdienstleistungen
	Spezifikation des Bedarfs	• Spezielle bedarfsorientierte Anschreiben (Hochzeit, Geburt, Schulabschluß, Volljährigkeit, Rentenalter) • Transaktionsorientierte Produktangebote, etwa durch Auswertung der Kreditkartennutzung • Kundenindividuelle Produktgestaltung (Derivate) für Institutionelle oder multinationale Kunden mit Berücksichtigung des situationsspezifischen Risikos
Kauf	Auswahl der Lieferanten	• Ausgabe von Gebührenvergleichen an potentielle Kunden (Bsp. Postbank) • Hohe Präsenz vor Ort durch dichtes Zweigstellennetz • Erleichterter Zugang z.B. durch gebührenfreie Telefonnummern • Positionierung als unabhängiger Vermittler von Dienstleistungen konkurrierender Finanzinstitute • Kooperation mit branchenfremden Instituten zum Ausbau eines Allfinanz- und Beratungsangebotes

(Fortsetzung)

---

[100] vgl.: Ives, B. und Learmonth, G.P., The Information..., a.a.O., S. 1197; Plattfaut, E., DV-Unterstützung strategischer Unternehmensplanung. Beispiele und Expertensystemansatz, Berlin u.a. 1987; S. 15 f.; ähnlich auch die Identifikation kaufentscheidender Faktoren von Overlack, J., Wettbewerbsvorteile..., a.a.O., S. 218-253. Zum Vergleich mit dem BSP bieten sich die Untersuchungen von Lederer und Sethi an, in: Lederer, A.L. und Sethi, V., The Implementation of Strategic Information Systems Planning Methodologies, in: Management Information Systems Quarterly 12 (1988), S. 447-449.

[101] Die Wortwahl sowohl im Original sowie in dieser vom Verfasser vorgenommenen Übersetzung könnten auf eine hauptsächliche Anwendung in Produktionsbetrieben schließen lassen, vgl.: Ives, B. und Learmonth, G.P., The Information..., a.a.O., S. 1198-1200. Die dort zur Illustration aufgeführten Beispiele stammen jedoch aus einer Vielzahl von Branchen, u.a. Transportgewerbe, Informationsdienstleister, Groß- und Einzelhandel, Finanzinstitute, Telekommunikation, Verlage, Hotelgewerbe.

(Fortsetzung)

Grob-schritte	Stufen des CRLC[102]	Intensivierung der Kundenbeziehung von Kreditinstituten (Beispiele)
	Bestellung	• Automatisiertes Bestellsystem für traditionelle, einfache Formulare mit 24-Stunden-Verfügbarkeit • Kostenlose Servicenummern bzw. Beförderung etwaiger Belege • Unterstützung von EDIFACT-Möglichkeiten
	Authorisierung und Bezahlung	• Online-Authorisierung am Point-of-Sale mit kundenindividuellem Verfügbarkeitsrahmen • Automatische vertikale Integration verschiedener Produktbündel (Wertpapierkauf, Termineinlage, Girokonto)
	Übergabe	• Geldausgabeautomation, Kontoauszugsdrucker oder Multifunktionsterminals am Nutzungsschwerpunkt • Kundenfreundliche Öffnungszeiten • Nutzung von existierenden Kommunikationswegen durch komfortable Telefon- oder BTX-Angebote
	Prüfung und Abnahme	• Großzügiges Einräumen von Prüfungs- und Einspruchsfristen • Nutzen einer Schiedsstelle für Zweifelsfälle ("Ombudsmann")
Verwaltung	Einlagerung	• Unterstützung bei der Verwaltung von Unterlagen bzw. Integration wesentlicher Informationen ("Finanzstatus") • Zur Verfügungstellen von Software zur eigenen Depotverwaltung mit Akquisitionshinweisen
	Nutzungsüberwachung	• Transaktionsorientierte Beratungsanstöße • Unterstützung bei steueroptimaler Gestaltung von Wertpapiertransaktionen
	Volumen- oder Qualitätsausbau	• Zurverfügungstellen von Software zur eigenen Chartanalyse des Aktienportfolios mit "Stop-Loss-Order" • Beratungshinweise bei Veränderung der Lebenssitutation oder gesetzlicher Bestimmungen
	Instandhaltung, Pflege	• Laufende Aktualisierung von steuerlichen und anderen gesetzlichen Regelungen
Rückgabe	Weitergabe bzw. Entsorgung	• Umzugsservice, etwa durch kostenlose Übertragung aller Bankgeschäfte auf (befreundete) Institute bzw. andere Filialen in neuer Wohngegend • Dichtes Korrespondenzbankennetz für Auslandsgeschäfte
	Rechenschaft ablegen	• Unterstützung durch steuergerechtes Formularwesen

Tabelle 5.2.2.1.1/2: Exemplarische Anwendung des CRLC auf die Kundenbeziehung von Kreditinstituten

Mit dem Differenzieren in Service oder Distribution bzw. durch Vermeiden potentieller Transaktionskosten wird eine höhere Kundenbindung erreicht. Das hier zugrundeliegende Modell kann als strukturierte "Check-Liste" dienen. Durch die dem CRLC innewohnende Beschränkung auf die Kundenbeziehung werden allerdings wesentliche Bereiche des Bankgeschäf-

[102] vgl.: Fußnote 101.

tes, z.B. in der Abwicklung, nicht direkt berührt, sondern sind nur als mögliche Konsequenz ableitbar. Für die Analyse in den Kundenbereichen ist die Anwendung des CRLC jedoch eine große Unterstützung und wird in der Struktur bei der Analyse der Geschäftsfelder indirekt mit berücksichtigt[103].

Basierend auf der Theorie des "Strategic Thrust" entwickelte Wiseman einen Leitfaden ("Strategic Option Generator"), der durch seine Systematik eine große Anzahl von Ansatzpunkten für strategische Anforderungen an die DV aufzeigen kann[104]. Als strategische Stoßrichtungen definiert er Differenzierung, Kosten, Innovation, Wachstum und Allianzen. Kombiniert werden diese 5 Strategieparameter mit den strategischen Zielgruppen Zulieferer, Kunden und Wettbewerber. Im Falle der Kreditinstitute sind Zulieferer allerdings noch von geringerer Bedeutung. In Tabelle 5.2.2.1.1/3 werden Möglichkeiten zur weiteren Untergliederung aufgeführt, die im Falle der Kreditinstitute zu Ansatzpunkten für eine Sammlung von strategischen Anforderungen und dafür geeigneten Systemen führen können. Zur weiteren Konkretisierung berücksichtigt Wiseman die offensive bzw. defensive Art und Weise des Einsatzes - etwa im Sinne einer Vergrößerung der Marktanteile zu Lasten von Konkurrenzinstituten[105] - sowie die Einsatzrichtung, die intern oder extern orientiert sein kann.

Basierend auf der Erfahrung von häufig scheiternden Projekten mit einem hohem Architekturgehalt[106] werden auch neuere, die Aufbau- und Ablauforganisation integrierende Ansätze herangezogen. Ausgangspunkt der Überlegung ist es, daß zur Gestaltung und Implementierung von Informationssystemen die Konsequenzen auf die Organisation der Unternehmung stärker berücksichtigt werden sollen[107].

---

103 vgl.: Deutscher Sparkassen und Giroverband, Jahresbericht 1992..., a.a.O., S. 54 f.

104 vgl.: Wiseman, C., Strategy and Computers: Informations Systems are Competitive Weapons, Homewood 1985, S. 42-57.

105 vgl.: Süchting, J., Marketing, in: Obst, G. und Hintner, O., Geld-, Bank- und Börsenwesen..., a.a.O., S. 912.

106 Beispiele sind das Wertpapierabwicklungsprojekt der Citicorp, das MASTERNET Trust system der Bank of America oder das Kundenberatungssystem der WestPac-Bank in Australien, vgl.: o.V., Reining in Runaway Systems, in: Information Week o. Jg. (1991), 16. Dezember, S. 20; o.V., It´s Late, Costly, Incompetent - But Try Firing a Computer System, in: Business Week o. Jg. (1988) 45, S. 164 f.

107 vgl.: Adriaans, W., Winning Support for Your Information Strategy, in: Long Range Planning 26 (1993) 1, S. 45-53; Katz, R.L., Business/enterprise modeling, in: IBM Systems Journal 29 (1988), S. 509-525.

Strategische Stoßrichtung	Strategische Zielgruppe: Zulieferer • Bankfilialen • Unabhängige Makler • Exklusivagenten • Strukturvertriebe	Kunden • Lebensstil • Einkommen/ Vermögen • Betreuungs-aufwand	Wettbewerber • Nationale Ban-ken • Ausländische Banken • "Nicht"-Banken
Differenzierung • Bankprodukte und Dienstleistungen • Preis (Zinsen, Gebühren) • Distribution (Zweigstellendichte, Electronic Banking) • Kommunikation			
Kosten • Finanzierungskosten • Abwicklungskosten • Vertriebskosten • Risikokosten			
Innovation • Finanzinnovationen (Derivate) • Technologische Innovationen (Service, Kundenanbindung)			
Wachstum • Geographisch (regional, national, europäisch, global) • Ergebnis (Geschäftsvolumen, d.h. bilanzwirksames Geschäft, Markt-anteil, Gewinn)			
Allianzen • Ausbau einer Allfinanzstrategie durch Gründung, Kauf oder Koope-ration von Komplementärpartnern • Abdeckung eines überregionalen Netzwerkes durch Kooperation oder Akquisition • Fest definierte Kooperationen zwi-schen Banken (Bsp. für Software-entwicklung)			

Tabelle 5.2.2.1.1/3: Matrix zur Identifikation Strategischer Anwendungssysteme nach Wiseman

Diskutiert werden Ansätze, die Modelle zur Angleichung bzw. Abstimmung der Geschäfts- und DV-Strategie enthalten. Dieser "Strategic Alignment Process" wird intensiv in der aktuellen Forschung am amerikanischen MIT beschrieben[108]. Zentrale Kernpunkte finden sich hierbei auch in den Untersuchungen zur Unternehmensmodellierung in der deutschsprachigen Literatur[109]. Während in der wissenschaftlichen Auseinandersetzung häufig von einer Angleichung ("Alignment") gesprochen wird, zeigt sich in der betrieblichen Praxis, daß eine Hierarchie vorherrscht. Kennzeichnend ist hierbei, daß im Rahmen dieser Modellierung des Geschäftsablaufes die bestehenden Prozesse in Frage gestellt werden können bzw. sollen und eine effizientere und effektivere Organisationsform als Ergebnis dargestellt wird. Auf Basis der Analyse von unterschiedlich erfolgreichen Architekturprojekten läßt sich die Hypothese formulieren, daß eine reine Abbildung bestehender Strukturen den hohen Aufwand einer Architekturplanung nicht rechtfertigt. Abbildung 5.2.2.1.1/1 zeigt verschiedene Stufen der Geschäftsveränderung in einer einfachen, plakativen Übersicht auf.

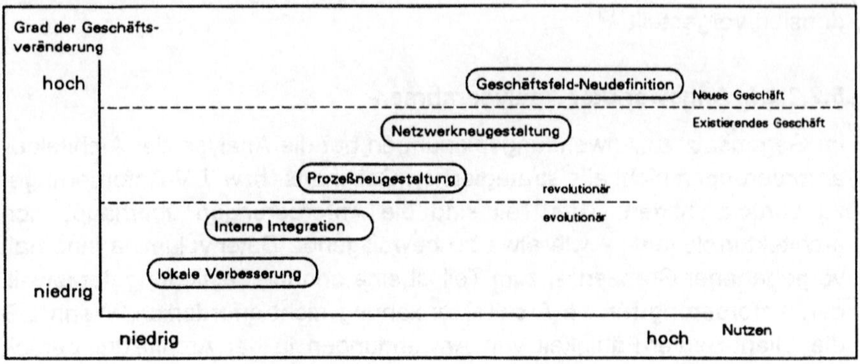

Abb. 5.2.2.1.1/1: Ebenen der DV-beeinflußten Veränderung des originären Geschäftes

---

[108] vgl.: Henderson, J.C. und Venkatraman, N., Understanding Strategic Alignment, in: Business Quarterly 55 (1991) 3, S. 72-78; Henderson, J.C., Plugging into Strategic Partnerships: The Critical IS Connection, in: Sloan Management Review 31 (1990) 3, S. 7-18; MacDonald, K.H., The Strategic, Alignment Process, in: Morton, M.S.S. (Hrsg.), The Corporation..., a.a.O., S. 310-322; MacDonald, K.H., Business Strategy Development, Alignment, and Redesign, in: Morton, M.S.S. (Hrsg.), The Corporation..., a.a.O., S. 159-186; Venkatraman, N., IT-Induced..., a.a.O., S. 122-158.

[109] vgl.: Hahn, D., Hölter, E. und Steinmetz, D. , Gesamtunternehmensmodelle als Entscheidungshilfe im Rahmen der Zielplanung, strategischen und operativen Planung, in: Hahn, D. und Taylor, B. (Hrsg.): Strategische Unternehmensplanung, 4. Aufl., Heidelberg und Wien 1986, S. 565-595; Scheer, A.-W., Architektur..., a.a.O.; Skubsch, N., Unternehmensmodellierung. Kompaß für IT-Einsatz, in: Diebold Management Report o. Jg. (1991) 5, S. 16-20.

Hierbei wird unterstellt, daß ein positiver Zusammenhang zum realisierbaren Nutzen des DV-Einsatzes besteht.[110] Während bei der Prozeßneugestaltung die existierenden Geschäftsabläufe nicht verändert werden, greift eine Netzwerkneugestaltung in die gesamten bisherigen Abläufe ein. Dies betrifft insbesondere die Verbindung zu Anbietern und Kunden, die grundsätzlich neu überdacht wird. Eine Neudefinition des Geschäftsfeldes bringt den höchsten Grad der Geschäftsveränderung mit sich[111].

Die für die weitere Untersuchung ausgewählte Methodik nutzt alle vorgestellten Vorgehensweisen. Als Rahmengerüst wird hierfür das Wertschöpfungskette-Modell von Porter/Millar genutzt. Die wichtigsten Geschäftsfelder von Kreditinstituten werden auf die Architekturanforderungen hin untersucht, wie in Abbildung 3.2.1.1/1 bereits übergreifend und stark kondensiert vorgestellt[112].

5.2.2.1.2 Angewandter Analyserahmen

Im Gegensatz zu Anwendungsplanungen hat die Analyse der Architekturanforderungen nicht alle strategischen Geschäfts- bzw. DV-Anforderungen zu berücksichtigen. Zum Teil sind die Anforderungen überhaupt nicht architekturrelevant - wie etwa zu bewältigende Datenvolumina innerhalb vorgegebener Grenzen -, zum Teil ist eine genaue Festlegung der jeweiligen Anforderung für die Architekturplanung nicht erforderlich. Wenn z.B. die Client-Server-Fähigkeit von Anwendungen in der Architektur berücksichtigt worden ist, muß jede Konzeption umsetzbar sein, unabhängig vom Schwerpunkt der Datenhaltung. Daher ist für die Ableitung der Architekturanforderungen eine pragmatische Vorgehensweise vorstellbar, die zwar die Methoden einer Anwendungsplanung nutzen, aber auf das Detailniveau verzichten kann. Darüber hinaus müssen konkurrierende Anforderungen nur dann entschieden werden, wenn sie auch architekturrelevant sind.

Die gegenwärtige und zu erwartende Strategie wird anhand der Entwicklung des Marktes und seiner Teilnehmer untersucht. Dies kann um die individuelle Positionierung eines Unternehmens ergänzt werden. Daraus werden die DV-relevanten Geschäftsanforderungen herausgefiltert und

---

110 Venkatraman, N., IT-Induced..., a.a.O., S. 123, ähnlich auch Hoch, D.J. und Schirra, W., Entwicklung..., a.a.O., S. 44.

111 vgl.. Hopper, M.D., Sabre..., a.a.O., S. 80-87.

112 vgl.: Porter, M.E., Competitive Strategy..., a.a.O., S. 3-29; Porter, M.E. und Millar, V.E., How Information..., a.a.O., S. 153.

anhand der Erfolgsfaktoren Kostensenkung/Mengenbewältigung, Steuerung sowie Kundennutzen strukturiert. Um die vollständige Abdeckung der Geschäftsanforderungen sicherzustellen, wird das Bankgeschehen mit Hilfe der Unternehmensfunktionen segmentiert[113]. Bei der pragmatischen und zielorientierten Rasterung steht im Vordergrund, unter Architekturaspekten weitgehend homogene Aufgabenblöcke als Ausgangsbasis zu definieren. Es wird nicht angestrebt, das Bankgeschäft überschneidungsfrei zu klassifizieren, vielmehr erscheint es sogar hilfreich, gleiche Themenstellungen unter verschiedenen Aspekten erörtern zu können. Abbildung 5.2.2.1.2/1 zeigt das Analyseschema in einer Übersicht.

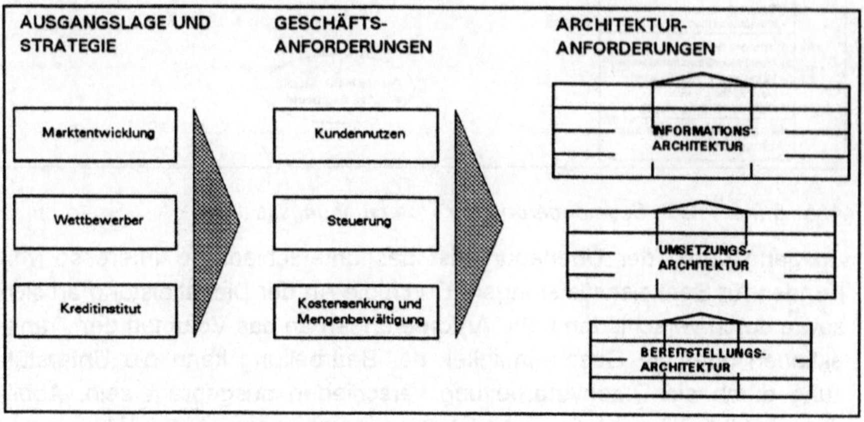

Abb. 5.2.2.1.2/1: Analyseschema zur Ableitung von Architekturanforderungen aus strategischen Anforderungen

Die untersuchten Segmente eines Kreditinstituts orientieren sich an der in Kapitel 2.1 herausgearbeiteten Struktur der Banken und Sparkassen in Deutschland. Die einzelnen Geschäftsfelder sind auf besondere Anforderungen von Kundengruppen zu untersuchen, wie in Abbildung 5.2.2.1.2/2 dargestellt. Hierzu wurde die aus Kapitel 4.1.1.2 bekannte Abbildung der "generischen Funktionen" einer Bank um solche Funktionen erweitert, die für die Architekturplanung einer Branchengesamtlösung wichtig sind. Da sie nur von einzelnen Bankengruppen benötigt werden, waren sie in der Aufzählung der generischen Funktionen nicht enthalten. Neu aufgenommen wurde die "Unterstützung ausländischer Betriebsstellen". Weiterhin wurde die "Selbstbedienung" als eigenständige Untersuchungsklasse aus den Beratungs- und Abwicklungsfunktionen herausgezogen.

---

113 Die Datenbasis umfaßt 159 Segmente.

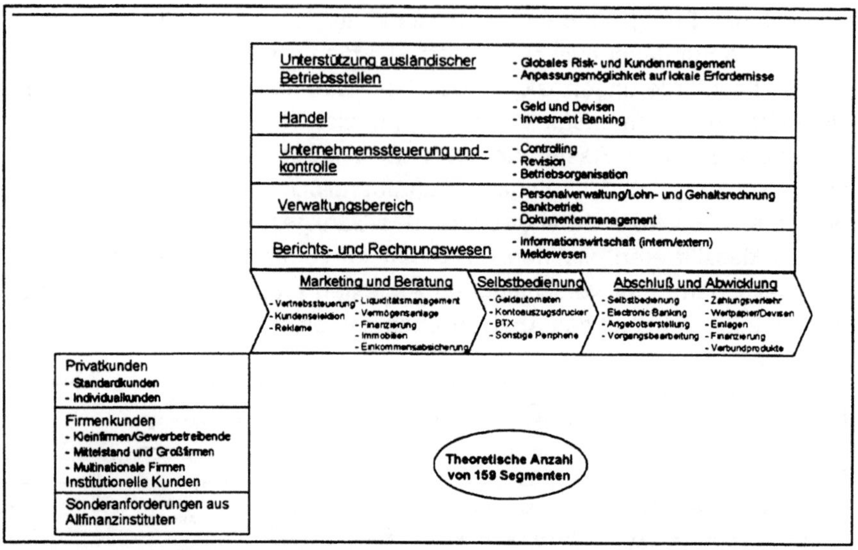

Abb. 5.2.2.1.2/2: Segmentierung der Untersuchungsstruktur

Ausgangspunkt der Überlegung ist das unterschiedliche Interesse von Kunden für Bankdienstleistungen. Durch die Art der Dienstleistung an sich sowie durch verschieden hohe Anforderungen an das Volumen der Transaktionen oder die Geschwindigkeit der Bearbeitung kann die Unterstützung durch die Datenverarbeitung verschieden ausgeprägt sein. Abbildung 5.2.2.1.2/3 zeigt die grobe Segmentierung in einer Matrix[114].

	Art der Dienstleistung					
Kunden-segment	Liquiditäts-management	Vermögens-anlage	Finanzierung	Absicherung	Handel	Immobilien
Standardkunden	++	+	+	+	-	+
Individualkunden	+	++	0	0	+	++
Mittelstand	+	+	++	+	0	+
Großfirmen	++	+	++	0	+	+
Institutionelle	++	++	-	-	++	0
Eigengeschäft	++	0	0	+	++	-

Legende:
++ hauptsächlich nachgefragt
+ häufig nachgefragt
0 durchschnittlich oft nachgefragt
- wenig nachgefragt

Abb. 5.2.2.1.2/3: Nachfrage der Kundengruppen nach Dienstleistung in Kreditinstituten

Die Gruppierung der Dienstleistung im Beratungssegment erfolgt nach dem Problemlösungsbedarf der Kunden. Die alternative Gruppierung nach

114 In der Struktur ähnlich auch Süchting, J., Bankmanagement..., a.a.O., S. 34.

Produkten entspricht nicht den tatsächlich anzutreffenden Nachfrageketten. Mit diesen werden typische Folgen von Produktgruppen bezeichnet, die anläßlich eines konkreten Bedarfes nachgefragt werden[115].

Typische im Liquiditätsmanagement angebotene Produkte sind neben den üblichen Zahlungsverkehrsmitteln alle transaktionsbezogenen Termin- und Spareinlagen sowie genutzten Überziehungskredite. Die Vermögensanlage setzt sich aus den anlagenbezogenen Spar- und Termineinlagen sowie den sonstigen Anlageprodukten zusammen[116]. Die Finanzierungsprodukte umfassen neben den Standardkrediten auch die Spezial- und Konsortialkredite. Darüber hinaus ist neben den Fremdfinanzierungsmöglichkeiten auch die Eigenkapitalfinanzierung zu beachten, in der auch die "Merger & Aquisition"-Tätigkeiten (M&A) eingeordnet werden. In den Bereich der Absicherung sind vor allem Einkommensabsicherungsprodukte wie Kranken-, Unfall- oder Haftpflichtversicherungen einzuordnen. Die immobilienbezogenen Dienstleistungen umfassen sowohl Finanzierungs- und Einlagenprodukte wie Versicherungsprodukte.

Die Unterscheidung der Kundengruppen findet sich in der Aufbauorganisation von Banken wieder[117]. Auf die Aufteilung in Mengen- und Individualkunden bzw. Kleingewerbe/Mittelstand und Großfirmen werden spezifische Produkt- und Beratungsangebote zugeschnitten[118]. Die Ursache liegt in den unterschiedlichen Ergebnisbeiträgen der zahlenmäßig kleinen Gruppe von vermögenden Privatkunden bzw. des z.T. vernachlässigten Kleingewerbes. Dementsprechend ist es (prinzipiell) für ein Kreditinstitut vorteilhafter, sich von einer Gleichbehandlung seiner Kunden abzukehren und seine Vertriebsaktivitäten auf diese Kundengruppen abzustimmen.

Die in den jeweiligen Kundensegmenten mitbehandelten DV-orientierten Dimensionen der Geschäftsstrategie entsprechen den in Kapitel 2.4 herausgearbeiteten Phasen des DV-Einsatzes in Kreditinstituten[119]. Die Unterteilung in Kunden- und Nichtkunden-Bereiche ist als Grobstruktur

---

115 vgl.: Süchting, J., Marketing..., a.a.O., S. 883 f.

116 Eine ähnliche Unterscheidung findet sich in der handelsrechtlichen Abgrenzung von Umlauf- und Anlagevermögen, die etwa für Bewertungsfragen bei Wertpapieren mit schwankenden Kursen von großer Bedeutung ist.

117 vgl.: Klee, H.W., Strukturwandel der Banken. Konsequenzen neuer Strategien für die Organisationsstruktur, in: Zeitschrift für Organisation o. Jg. (1991), S. 390. Der "Nicht-Kunden"-Bereich ist davon abgetrennt.

118 vgl.: o.V., Die Bank gewinnt immer, in: Der Spiegel 47 (1993) 34, S. 90.

119 vgl.: Penzel, H.G., Die Informatikabteilung..., a.a.O., S. 7; Sokolovsky, Z., Informationsmanagement..., a.a.O., S. 412.

bereits in Abbildung 5.2.2.1.2/2 ersichtlich und orientiert sich an den direkten und indirekten Aktivitäten der "value-chain" eines Kreditinstituts[120].

5.2.2.2 Anforderungen aus den Kundenbereichen

Die folgenden Ausführungen beziehen sich auf die Situation im deutschen Universalbankensystem. Anforderungen aus anderen Ländern, insbesondere aus dem angelsächsischen Raum werden nur zur weiteren Illustration genutzt. Die in der amerikanischen Literatur aufgeführten wichtigsten Trends, Securitization, Globalisierung, Konsolidierung und Disaggregation sind aufgrund des internationalen Charakters auch in Deutschland spürbar und dementsprechend zu behandeln[121].

5.2.2.2.1 Anforderungen aus dem Markt für Privatkunden

5.2.2.2.1.1 Marketing und Beratung

Liquiditätsmanagement

Die Anforderungen im Liquiditätsmanagement sind vom Wunsch nach flexibler Wahl der einzusetzenden Zahlungsmittel geprägt. Deshalb ist das Angebot von Einzelprodukten sowohl auf der Passiv- wie Aktivseite, die zu Liquiditätszwecken gehalten werden, zusammen mit der Zahlungsverkehrsfunktion zu anderen Marktpartnern als eine Dienstleistung zu betrachten. Kunden werden hierbei ertragssensitiver und berücksichtigen gleichermaßen Zinserträge wie auch Opportunitätskosten etwa bei unfairer Wertstellung[122]. Um hierbei flexibel sein zu können, sollten Produktbündel, was Zusammenstellung, Zins- bzw. Gebührenhöhe und Umfang betrifft, flexibel innerhalb kurzer Zeit zusammenstellbar sein. Dies erfordert DV-technisch ein detailliertes Aufteilen der Produktbündel, etwa in Elementarfunktionen, so daß durch Parametrisierung schnell Produktkombinationen abgebildet werden können.

---

120 vgl.: Porter, M.E. und Millar, V.E., How Information..., a.a.O., S. 151.

121 vgl.: Bryan, L.L., The Forces..., a.a.O.; Bryan, L.L., Bankrupt..., a.a.O., S. 151-208; Bryan, L.L., Breaking Up..., a.a.O.; Casserley, D., Facing up..., a.a.O.; Steiner, T.D. und Teixeira, D.B., Technology..., a.a.O., S. 3-27; Teixeira, D.B. und Schmergel, G., The Emergence..., a.a.O., S. 45-56.

122 Die effektive Verzinsung aller Einlagen bei deutschen Sparkassen lag 1992 bei 5.38% mit einer Spannweite von 3,70 bis 7,80% je nach gewählter Sparform, vgl. Deutscher Sparkassen und Giroverband, Jahresbericht 1992..., a.a.O., S. 18.

Die Quersubventionierung zwischen den einzelnen Sparten im Privatkundengeschäft ist eine Möglichkeit für Konkurrenzinstitute, sich als "Rosinenpicker" auf profitable Einzelgeschäfte des Liquiditätsmanagements zu fokussieren[123]. Für Kreditinstitute sind die hohen Ergebnisbeträge von Sicht- sowie Spar- und Termineinlagen nötig, um den stark defizitären Zahlungsverkehr zu kompensieren[124]. Viele Angebote von "Nicht"- oder "Near-Banken" sind daher verstärkt bei Aktivprodukten des Liquiditätsmanagements anzutreffen, etwa von Kreditkartenherausgebern wie American Express oder VISA. Darüber hinaus wird der im Rahmen der Deregulierung und Liberalisierung ermöglichte leichtere Zugang zu Geldmarktfonds auch für kleinere und mittlere Beträge den Trend nach hochverzinsten, aber liquiden Mitteln verstärken[125]. Die dann erforderliche marktnahe Verzinsung erfordert eine sehr effiziente Abwicklung der Vorgänge, da die gewohnten Margen entfallen werden. Hieraus resultieren Anforderungen an die vertikale Integration sowie Automation von Vorgängen.

Die noch immer umfangreichen (und für Banken kostengünstigen) Sparbucheinlagen lassen sich auf eine sehr enge Kundenbindung zurückführen. Vor allem im Bereich der vermögenden Privatkunden ist daher das Gewährleisten einer intensiven Kundenbeziehung sicherzustellen. Dazu gehört auch die Selektion von Kundeninformationen über verschiedene Produktsparten sowie Online-Verbindungen zu den Kunden- und Produktdaten. Das Liquiditätsmanagement für Massenkunden wird bereits seit längerer Zeit auf Selbstbedienungsgeräte verlagert. Dies macht eine Unterstützung der typischen Peripherie wie Geldautomaten oder Telefonnetze nötig. Verbunden sind damit häufig standardisierte Beratungsanwendungen, die von Systemanbietern zusammen mit den Geräten ausgeliefert werden[126].

---

123 vgl.: Faßbender, H. und Leichtfuß, R., Banking im neuen Europa: Eine Zwischenbilanz, in: Die Bank, o. Jg. (1990) 5, S. 247; die für Europa ermittelten Werte können auch auf die Situation in Deutschland übertragen werden.

124 Ein Erhöhen der zu zahlenden Zinsen für Spareinlagen um nur 0,5 Prozentpunkte würde das Ergebnis der westdeutschen Sparkassen um über 10% verschlechtern, zum Datenmaterial vgl.: Deutscher Sparkassen und Giroverband, Jahresbericht 1992..., a.a.O., S. 10 sowie Deutsche Bundesbank, Die Ertragslage..., a.a.O., S. 49.

125 Die Besonderheit der Geldmarktfonds ist deren Anlage in nicht börsennotierten Geldmarktpapieren, die wegen ihrer kurzfristigen Laufzeit sehr marktnah verzinst werden, vgl.: Breuer, R.-E., Das Effektengeschäft, in: Obst, G. und Hintner, O., Geld-, Bank- und Börsenwesen..., a.a.O., S. 567. In Deutschland ist dieser Typus in der reinen Form noch nicht erlaubt.

126 vgl. hierzu die Ausführungen in Kapitel 5.2.1.2.1.2 Selbstbedienung.

Eine andere Kompensationsmöglichkeit für die schwindende Refinanzierung durch zinsgünstige Einlagen bietet das kostengerechte Weiterleiten der Gebühren. Wenn die Institute die Zahlungsströme über eine zentrale Stelle abwickeln, etwa über ein Clearing-Modul, läßt sich das interne Cash-Management der Kreditinstitute (Treasury) als weitere Ertragsquelle nutzen. Die kostengerechte Gebührenermittlung macht ein internes Controlling-System erforderlich. Idealerweise werden die einzelnen Kundenergebnisse errechnet, was eine einheitliche Modellierung der wichtigsten Informationsbegriffe erforderlich macht.

In Tabelle 5.2.2.2.1.1/1 werden die Anforderungen an die Architektur kurz zusammengefaßt.

	Architekturanforderungen für die Unterstützung des Liquiditätsmanagements
Informations-Architektur	• Einheitliche Definition der wichtigen, spartenübergreifenden Informationsbegriffe (Kunde, Zins, Kondition, Umsatz, Abwicklungsregeln) • Disaggregierte Datenbasis, um verschiedene Produktbündel zusammenstellen zu können • Isolieren wiederverwendbarer Funktionsmodule (Zinsberechnung, Kontoeröffnung) • Gestalten eines zentralen Funktionsmoduls wie Buchen oder Clearing, um Zahlungsströme besser überwachen, auswerten sowie für Beratungsanstöße nutzen zu können
Umsetzungs-Architektur	• Spartenübergreifend strukturierte Anwendungslandschaft • Vorgangssteuerungssystem für produktintegrierendes und spartenübergreifendes Liquiditätsmanagement • Relationales DBMS zur flexiblen Auswertung von Kunden- und Produktnutzungsdaten für individuelle Preisgestaltung • Spezielle SB-Geräte mit bedienerfreundlicher Oberfläche • Ausbau von SB- und Telefon-Banking
Bereitstellungs-Architektur	• Abbau des Anwendungsstaus durch Ankauf von Standardsoftware für das Mengenkundengeschäft (evtl. integriert mit Beratungsterminals) • Ausreichende Ausfallsicherheit von SB-Terminals

Tabelle 5.2.2.2.1.1/1: Architekturanforderungen für die Unterstützung des Liquiditätsmanagements

Vermögensanlage

Die Vermögensanlage wird im Privatkundenbereich zunehmend auf die "Individualkunden" bzw. vermögenden Privatkunden fokussiert[127]. Mengenkunden werden standardisierte Angebote, etwa in Form von Publikumsfonds angeboten, eine individuelle Beratung findet nicht statt bzw.

---

[127] vgl.: o.V., Alle suchen nach Millionären. Auch Hypo-Bank präsentiert Tochter für das "Top-Segment", in: Süddeutsche Zeitung 49 (1993) 256, S. 30.

wird durch entsprechende Gebührenpolitik verhindert[128]. Hintergrund der Überlegungen ist, daß aufgrund verbesserter Kundenergebnisrechnungen festgestellt werden kann, in welchem Maße welche Produkte und welche Kunden zu einem positiven Ergebnis beitragen. Die Kundenselektion kann sich hierzu häufig der eigenen Unternehmensdaten bedienen, soweit diese verfügbar und aufbereitbar sind[129]. Eine Analyse der verfügbaren Einkommen dient als Ausgangspunkt für das Segmentieren der Kunden für Vermögensanlagen[130]. Begründet liegt die Segmentierung unter anderem in den hohen Personalkosten der Beratung. Wie eine Übersicht aus einem "Werkstattgespräch" mit der Dresdner Bank in Abbildung 5.2.2.2.1.1/1 zeigt, ist der größte Fixkostenblock eines Wertpapiergeschäftes im Beratungsteil zu finden[131].

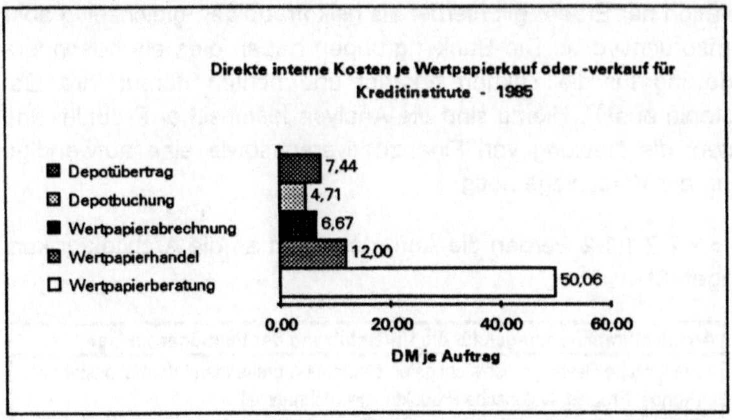

Abb. 5.2.2.2.1.1/1: Struktur der direkten, fixen Kosten im Wertpapiergeschäft für Banken

Da variable Kosten direkt an die Kunden weitergereicht werden können, die jeweiligen Provisionen für Wertpapieraufträge jedoch volumenabhängig sind, kann aus obigem Beispiel leicht die jeweilige "Break-even-Schwelle" für Kreditinstitute errechnet werden. Bei einer 1%igen Provision liegt diese bei einem Volumen von über 8000 DM je Auftrag.

---

128 Ein häufig angewandtes Mittel sind hohe Pauschalgebühren im Wertpapiergeschäft, die erst bei großen Volumen lineare Bereich erreichen.

129 vgl.: Schierenbeck, H., Controlling, in: Obst, G. und Hintner, O., Geld-, Bank- und Börsenwesen..., a.a.O., S. 911-939.

130 vgl.: Deutsches Institut für Wirtschaftsforschung (DIW), Einkommen und Verbrauch der privaten Haushalte in den neuen und alten Bundesländern 58 (1991) 29, S. 407.

131 vgl.: Hagenmüller, K.F. und Jacob, A.-F., Der Bankbetrieb. Band II. Kredite und Kreditsurrogate, Dienstleistungsgeschäft, 5., völlig überarb. Auflage, Wiesbaden 1987, S. 104 f.

Ebenfalls angeboten werden Sondersparformen, die sich durch Höhe, Laufzeit und Regelmäßigkeit der Einzahlungen sowie Zeitpunkt der Zinszahlungen unterscheiden.

Die Vermögensberatung muß innerhalb der nicht gleichzeitig optimierbaren Zielgrößen Rendite, Sicherheit sowie Verfügbarkeit entsprechend individuell zugeschnittene Angebote offerieren. Die Herausforderung besteht darin, daß mit Hilfe eines individuellen Rendite- und Risikoprofils eine geeignete Anlagestrategie festzulegen ist. Aufgrund der starken Zunahme des Geldvermögens in Deutschland bekommt die Vermögensverwaltung, basierend auf bereits erwirtschaftetem Einkommen, einen zunehmend wachsenden Stellenwert[132].

Die "Generation der Erben" gilt hierbei als risikofreudiger, gleichzeitig aber auch als anspruchsvoller. Die Bankengruppen haben dies als besondere Herausforderung für die Zukunft erkannt und richten darauf ihre Geschäftsstrategie aus[133]. Hierzu sind die Analyse historischer Produkt- und Kundendaten, die Nutzung von Finanzderivaten sowie eine aufwendige Präsentation der Vorschläge nötig.

In Tabelle 5.2.2.2.1.1/2 werden die Anforderungen an die Architektur kurz zusammengefaßt.

	Architekturanforderungen für die Unterstützung der Vermögensanlage
Informations-Architektur	• Einheitliche Definition der wichtigsten spartenübergreifenden Informationsbegriffe (Kunde, Produkt, historische Produktinanspruchnahme) • Detaillierte Datenmodellierung von Kundenattributen zur besseren Segmentierung • Hohe Flexibilität der Datenstruktur zur Aufnahme internationaler Regeln durch Parametrisierung • Ermöglichen einer Gesamtkundensicht sowie -ergebnisrechnung über Sparten- und Produktgrenzen hinaus für Angebot und Preissetzung

(Fortsetzung)

132 Deutsche Bundesbank, Die Vermögensbildung und ihre Finanzierung in der Bundesrepublik Deutschland im Jahre 1991, in: Monatsberichte der Deutsche Bundesbank 44 (1992) 5, S. 23.

133 Deutscher Sparkassen und Giroverband, Jahresbericht 1990..., a.a.O., S. 26.

(Fortsetzung)

	Architekturanforderungen für die Unterstützung der Vermögensanlage
Umsetzungs-Architektur	• Anwendungslandschaft unterteilt nach Privatkundensegmenten • Zurverfügungstellen von selbstbedienten Beratungsterminals für Mengenkunden mit eingeschränktem Produktangebot • Verlagerung von Massentransaktionen, wie einfache Spar- und Termineinlagen, auf SB-Geräte • Online-Informationen, Zeitreihen, Simulationsrechnungen für vermögende Privatkunden (inkl. Halten und Aktualisieren von "Forschungsdatenbeständen") • Unterstützung von Schnittstellen zu externen Informationsdienstleistern (Bsp. Reuters) • Hohe Präsentationsfähigkeit der Beratungssoftware für interaktive Beratungsgespräche (auch vor Ort) • Falls Geschwindigkeitsanforderungen dezentrale Lösungen erforderlich machen, Datenhaltung am Nutzungsschwerpunkt (unter Beachtung der Sicherheitsrestriktionen) • Hochleistungs-Hardware, zur besseren Lastverteilung vernetzt (für Außendienst Laptop)
Bereitstellungs-Architektur	• Konzentration der eigenständigen Software-Entwicklung auf ergebnisträchtige Segmente, evtl. Dezentralisierung der Verantwortung in die Fachbereiche (bei zentraler Architekturverantwortung) • Sicherstellen von Datenintegrität bei dezentralen Lösungen, insb. bei Einsatz von Laptops

Tabelle 5.2.2.2.1.1/2: Architekturanforderungen für die Unterstützung der Vermögensanlage

Finanzierung

Die Nachfrage nach Finanzierungsprodukten außerhalb der Kredite für den Wohnungsbau steigt zwar an, nimmt jedoch noch immer einen eher geringen Anteil an der Gesamtverschuldung des privaten Sektors ein. Der Anteil dieser Konsumentenkredite insgesamt stieg von 7% im Jahre 1970 auf 12% im Jahre 1992[134]. Das Wachstumspotential im Bereich der Finanzierung ist für Kreditinstitute weiterhin sehr hoch, wie ein Vergleich der Verschuldung privater Haushalte in ausgewählten Ländern zeigt. Aus Abbildung 5.2.2.2.1.1/2 geht ein "Nachholbedarf" für den deutschen Markt hervor, der sich bei einer langfristigen Anpassung der Konsum- und Finanzierungsgewohnheiten einstellen könnte[135].

---

[134] vgl.: Deutsche Bundesbank, Konsumentenkredite, 1993, S. 24 (hierbei sind auch inländische Unternehmen enthalten)

[135] vgl.: Deutsche Bundesbank, Zur längerfristigen Entwicklung der Konsumentenkredite und der Verschuldung der privaten Haushalte, in: Monatsberichte der Deutschen Bundesbank 45 (1993) 4, S. 29.

Konsumentenkredite werden als Raten-, Dispositions- und Festkredite angeboten. Sie unterscheiden sich vor allem durch die unterschiedlichen Rückzahlungsmöglichkeiten. Der Anteil der Ratenkredite ist seit den 60er Jahren mit einem Anteil von über 90% auf nun 45% stark zurückgegangen[136]. Vor allem der eröffnete Zugang zu Dispositionskrediten über die angebotenen Gehaltskonten führte zu Substitution. Dispositionskredite erfordern eine kontinuierliche Zinsberechnung auf unterschiedlichen Kredithöhen, da eine flexible Tilgung ermöglicht wird. Zudem sind die Eingänge im Rahmen des Liquiditätsmanagements zu überprüfen, um den jeweiligen Kreditrahmen individuell festzulegen.

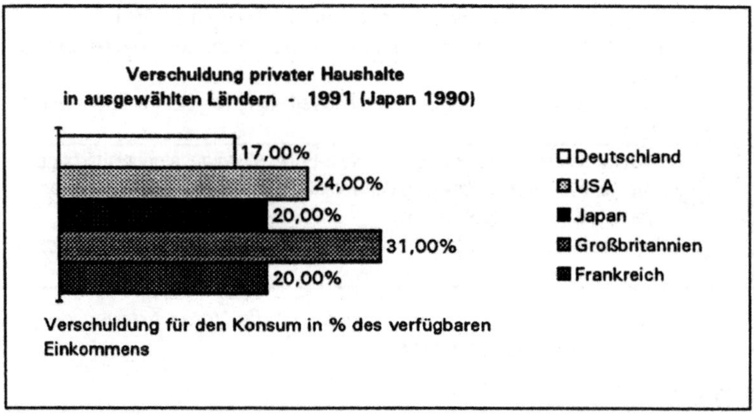

Abb. 5.2.2.2.1.1/2: Verschuldungsquote privater Haushalte in ausgewählten Ländern

Für die eher teuren[137] Ratenkredite werden Simulationsrechnungen mit unterschiedlichen Laufzeiten, Rückzahlungsbeträgen sowie Darlehenshöhen als selbstverständlich erwartet. Die von Kunden weiter geforderte schnelle Abwicklung, insb. der Kreditentscheidung, wird durch Einholen von institutsübergreifend gespeicherten Informationen, vor allem der Schufa-Informationen erleichtert. Hierzu sind integrierte Online-Anbindungen üblich. Um im Mengengeschäft die Bearbeitung weiter zu beschleunigen sowie die Kreditrisiken besser bewerten zu können, werden anhand von Scoring-Modellen Bewertungskennzahlen und damit standardisierte Risikobewertungen ermittelt. Als Merkmale werden Lebensalter, Art und Dauer des Beschäftigungsverhältnisses, Einkommen oder eigener

[136] vgl.: Deutsche Bundesbank, Zur längerfristigen..., a.a.O., S. 21.

[137] Auf Ratenkredite spezialisierte Institute zeichnen sich durch hohe Verwaltungskosten sowie überdurchschnittliche Wertberichtigungen aus. Kompensiert wird dies durch eine gegenüber Kontokorrentkrediten etwa 1,5 Prozentpunkte höhere Marge, vgl.: Ebenda, S. 22.

Telefonanschluß genutzt[138]. Zielsetzung sollte es jedoch sein, mit wenigen, einfach zugänglichen Informationen ein hohes Maß an Prognosesicherheit zu gewährleisten. Zudem sind historische Daten über Nutzung und Rückzahlung von Krediten bei hoher Kundenbindung auswertbar. Mit geeigneter Risikoselektion können "gute" Kunden durch günstigere Konditionen, etwa einer verminderten Risikoprämie, angezogen werden. Bei anwachsendem Wettbewerb und größerer Preistransparenz kann die korrekte Segmentierung zum wichtigsten Wettbewerbsfaktor für das Finanzierungsgeschäft werden[139]. Es werden dann die Kreditzinsen nicht mehr pauschaliert vergeben, sondern neben den reinen Zinskosten eine kundenindividuelle Risikomarge angesetzt. Institute mit einer langen Kredithistorie bei hoher Anzahl an Kreditvorfällen können auf einen großen Datenbestand an zu segmentierenden Informationen zurückgreifen. Auch Nicht-Banken, etwa im Versandhandel, können dank der großen Datenbasis durch Analyse der Zahlungsgewohnheiten sowie der Rückzahlungswahrscheinlichkeit nicht nur die Kreditwürdigkeit der existierenden Kunden besser prognostizieren, sondern daraus auch Rückschlüsse für eine bessere Segmentierung noch anzusprechender Kunden ziehen. Dies scheint zudem ein wichtiger Faktor für einen möglichen Markteintritt zu sein[140].

Voraussetzung für diese Segmentierung ist jedoch, daß die ausreichend große Datenbasis so strukturiert werden kann, daß signifikante Merkmale des Kreditrisikos ermittelbar und Korrelationen errechenbar sind[141]. Dies macht eine spartenübergreifende Modellierung der Kernentitäten wie Kunde, Produktnutzung oder Umsatz notwendig. Eventuell sind die für eine Segmentierung notwendigen Kundenmerkmale neu zu erheben.

In Tabelle 5.2.2.2.1.1/3 werden die Anforderungen an die Architektur kurz zusammengefaßt.

---

138 vgl.: v. Stein, J.H. und Kirschner, M., Bestimmungsfaktoren der Kreditgewährung, in: Obst, G. und Hintner, O., Geld-, Bank- und Börsenwesen..., a.a.O., S. 382. Diese Kriterien werden auch bei Antragsformularen für Kreditkarten aufgeführt.

139 vgl.: Casserley, D., Facing Up..., a.a.O., S. 97.

140 Die Quelle Bank hat sich von einem reinen Teilzahlungsinstitut zur Finanzierung des Versandhandels zu einer Voll-Bank entwickelt, die eigenständige Angebote aus dem Bank- und Versicherungsbereich bietet.

141 vgl.: Ebenda, S. 69 f.

	Architekturanforderungen für die Unterstützung der Finanzierung
Informations-Architektur	• Aufnahme von wichtigen Kundenmerkmalen in die Datenbasis (als eigenständige Attribute oder Entitäten) wie persönliche Daten, Risikofaktoren, Produktinanspruchnahme, Kredithistorie • Einheitliche Definition der wichtigen bankinternen Informationen zu Kunde und Produktnutzung über verschiedene Sparten hinweg • Darstellungsmöglichkeit eines Gesamtobligos bei vermögenden Privatkunden über Spartengrenzen hinweg • Trennung von Zins- und Risikomarge bei der Gestaltung von individuellen Produktangeboten • Vorgangsmodellierung von typischen Standardkrediten für Mengenkunden
Umsetzungs-Architektur	• Vorgangssteuerungssystem für vertikal integrierten Kreditvergabevorgang (Informationen, Simulationsrechnung, Angebotserstellung, Prüfung, Schufa-Abfrage, Vertragsübergabe, Kontoeröffnung, Auszahlung, Kreditüberwachung) • Verlagerung von einfachen Kreditinformationen sowie Simulationsrechnungen auf SB-Terminals • Unterstützung von Schnittstellen zu externen Informationsdienstleistern • Relationales DBMS für flexible Auswertung von Kundendaten sowie Verknüpfung etwa mit soziodemographischen, externen Informationen • Bedienerfreundliche, leistungsfähige Beratungssoftware mit akzeptablen Antwortzeiten • Leistungsfähige Massenspeicher für historische Kunden- und Produktdaten
Bereitstellungs-Architektur	• Evtl. partielle Dezentralisierung der Verantwortung zur Entwicklung von "schnellebigen" Anwendungen mit hohem Fachwissenanteil (bei zentralem Daten- und Funktionsmanagement sowie zentraler Architekturverantwortung) • Intensive Zusammenarbeit mit den Fachbereichen unter Einsatz von Prototyping

Tabelle 5.2.2.2.1.1/3: Architekturanforderungen für die Unterstützung der Finanzierung

Immobiliengeschäft

Das Immobiliengeschäft zeichnet sich durch die Kopplung von mehreren Dienstleistungen und Produkten aus. So werden die Immobilienvermittlung als auch die Baufinanzierung nachgefragt. Letztere wiederum umfaßt neben Hypothekendarlehen (in Abhängigkeit vom Wert der zu sichernden Immobilie) weitere langfristige Kredite sowie häufig die Leistungen von Bausparverträgen in Form von angespartem Kapital und weiteren zinsvergünstigten Darlehen. Aufgrund steuerlicher Regelungen und zur Absicherung des Darlehensbetrages werden zusätzlich Lebensversicherungsverträge eingebunden.

Die einzelnen notwendigen Produkte in der Baufinanzierung unterscheiden sich nicht von normalen Finanzierungsvorgängen. Allein die Berechnung der Konditionen von Bausparverträgen, die durch die lange Laufzeit und recht flexible Handhabung in Abhängigkeit von der Zuteilung erfolgt, ist für Bausparkassen spezifisch und bedarf hoher Sachkenntnis. Für das jeweilige Institut ist wichtig, daß trotz hoher Anlaufverluste infolge der Provisionszahlungen und Abschlußkosten auch bei Abbruch zu jedem Zeitpunkt eine ausreichende Rendite erwirtschaftet wird. Darüber hinaus sind durch die üblicherweise lange Laufzeit dieser Verträge besondere Anforderungen an die Archivierung von Daten sicherzustellen. Die für die Vergabe von Hypothekendarlehen notwendige Fachkenntnis, etwa bei der Feststellung des Beleihungswertes, erfordert lokale Präsenz, um die notwendigen Informationen erhalten zu können. Ansonsten gelten die für andere langfristige Kredite üblichen Anforderungen, etwa im Hinblick auf das größere Zinsänderungsrisiko[142].

Bei der Datenmodellierung ist darauf zu achten, daß zumindest die überlappenden Geschäftsgebiete zwischen den unterschiedlichen Sparten abgestimmt modelliert werden, falls dies bei organisatorisch getrennten Unternehmen umsetzbar ist. Zumindest ein UDM erscheint im Allfinanzverbund im vollen Umfang nicht realisierbar und kann durch einheitliche Definition wichtiger, zentraler Begriffe wenigstens teilweise ersetzt werden. In der technischen Realisierung ist darauf zu achten, daß die häufig unterschiedliche Hardware-Ausstattung durch effizientes Schnittstellen-Management an den relevanten Stellen interoperabel gestaltet wird. Analog zur Informations-Architektur ist eine durchgängige Infrastruktur nur schwer erreichbar. Mögliche Hauptproblemfelder sind aber durch einheitliche Definition der wichtigen Schnittstellen bewältigbar.

Im Immobilienhandel kann die Visualisierung von Kaufobjekten durch Multi-Media-Anwendungen ein stark wirksames Marketinginstrument sein[143].

In Tabelle 5.2.2.2.1.1/4 werden die Anforderungen an die Architektur kurz zusammengefaßt[144].

---

142 Für Hypothekenbanken wird daher gesetzlich folgendes gefordert,: "Der Gesamtbetrag der im Umlauf befindlichen Hypothekenpfandbriefe muß in Höhe des Nennwertes jederzeit durch Hypotheken von mindestens gleicher Höhe und mindestens gleichem Zinsertrag gedeckt sein", vgl. § 6 (1) HypBankG.

143 vgl.: Schoop, E., Hypermedia, in: Mertens, P. (Hauptbrsg.), Lexikon..., a.a.O., S. 204; Henrich, A., Johannsen, W. und Kloidt, M, Multimediale Kundenselbstbedienung im Bankgeschäft, in: Reichel, H. (Hrsg.), Informatik..., a.a.O., S. 123-129.

144 vgl. ebenso die Ausführungen im Kapitel Anforderungen aus dem Markt für Allfinanzkonzepte.

	Architekturanforderungen für die Unterstützung des Immobiliengeschäftes
Informations-Architektur	• Gleichartige Definition von spartenübergreifenden Informationsbegriffen (Kunde, Produkt, Kondition) sowie der wichtigsten Beziehungen • Hohe Flexibilität der Datenstrukturen für Konditionen und Abwicklungsregeln im Bauspar-Bereich • Harmonisierung der Daten- und Funktionsmodelle mit anderen Spar- und Finanzierungsprodukten • Leistungsfähige, flexible Funktions-Bausteine für die anspruchsvollen Berechnungen (Zuweisung, Konditionen, Sonderregelungen bei Abbruch)
Umsetzungs-Architektur	• Vorgangssteuerungssystem für Komplettberatung zur Baufinanzierung und Immobilienvermittlung • Leistungsfähige Hard- und Software für Multimedia-Anwendungen (falls diese als notwendig angesehen werden) • Unterstützung eines mobilen Außendienstes durch Laptops, dezentrale Datenhaltung und Sicherstellen der Anbindung an das Rechenzentrum • Speichermedien für Multimedia-Daten mit ausreichend schnellem Zugriff (CD-ROM) • Dauerhafte Speichermedien für 20-30jährige Datenhaltung • Kommunikationsnetze für die Übertragung von Daten für Multimedia-Anwendungen, falls diese nicht lokal vorgehalten werden
Bereitstellungs-Architektur	• Abstimmung mit Entwicklergruppen für Finanzierungs- und Sparprodukte für arbeitsteilige Entwicklung bei eindeutig dezentraler Zuordnung • Sicherstellen ausreichender Antwortzeiten für datenintensive Multimedia-Anwendungen

Tabelle 5.2.2.2.1.1/4: Architekturanforderungen für die Unterstützung des Immobiliengeschäftes

Einkommensabsicherung

In enger Zusammenarbeit oder Konkurrenz mit Versicherungen stehen Kreditinstitute, wenn der Wunsch nach Einkommensabsicherung befriedigt werden soll. Viele längerfristige Sparpläne, oft mit Laufzeiten bis zu 30 Jahren, sind mit Kapital-Lebensversicherungen (bis auf den Steuervorteil) zu vergleichen. Hierfür ist erforderlich, daß in der Beratung das individuelle Versorgungsrisiko berücksichtigt wird. Häufig analysieren Kreditinstitute anhand von zu erwartenden Einkommens- und Rentenzahlungen die Versorgungssituation und bieten bei möglicher Unterdeckung ein dafür geeignetes Produkt an. Ähnlich der Vermögensberatung unterscheiden sie dabei zwischen Standard- und Individualberatung. Zusätzlich können, aufgrund von Auswertungen der Kundendaten oder der Transaktionen des Zahlungsverkehrs, mögliche Ansatzpunkte für Beratungsgespräche oder direkte Produktangebote ermittelt werden. Die für Versicherungen wesentliche Berechnung des Schadensrisikos entfällt im Falle der Kreditinstitute[145]. Im Zusammenhang mit der Entwicklung von Allfinanzkonzernen ist es für Kreditinstitute auch wichtig, entweder den Bedarf zum Einsatz eigener Produkte zu erkennen oder diesen Bedarf an Kooperationspartner weiterzumelden. Darauf wird im Zusammenhang der Untersuchung zu "Anforderungen aus dem Markt für Allfinanzkonzepte" eingegangen.

In Tabelle 5.2.2.2.1.1/5 werden die Anforderungen an die Architektur kurz zusammengefaßt.

	Architekturanforderungen für die Unterstützung der Einkommensabsicherung
Informations-Architektur	• Nutzen von Teil-Datenmodellen des Einlagenbereiches, um Konsistenz sicherzustellen
Umsetzungs-Architektur	• Nutzen der parametrisierten Anwendungen des Sparbereiches • Halten eines Forschungsbestandes an Produkt-Daten, um verschiedene Produktvarianten auf ihre Rentabilität und (Zinsänderungs-)Risikostruktur testen zu können • Einfache Schnittstellen zu Kontokorrent für Ein- und Auszahlungen • Sicherstellen von leistungsfähigen Speichereinheiten, die lange Laufzeit überstehen (vor allem in Pflege und Wartung bzw. Lesbarkeit)
Bereitstellungs-Architektur	• Sicherstellen ausreichender Pflege durch langfristige Unterstützung des Datenbestandes und der Anwendungen

Tabelle 5.2.2.2.1.1/5: Architekturanforderungen für die Unterstützung der Einkommensabsicherung

Aus den Ausführungen wird deutlich, daß die Architekturanforderungen auch davon abhängen, welche Art von Privatkunden bedient werden soll. Die strategischen Geschäftsanforderungen aus dem Geschäft für Massenkunden unterscheiden sich stark von den besonderen Anforderungen für das Betreuen vermögender Individualkunden. Im Kapitel 6 wird darauf in der Typisierung der Architekturmodelle wieder zurückgegriffen.

5.2.2.2.1.2 Selbstbedienung

Neben dem Beratungssegment ist der Bereich der Selbstbedienung für Privatkunden von differenzierender Bedeutung. Die wichtigsten Bereiche sind Kartensysteme, das POS ("Point-of-sale")-Banking, das SB-Banking, das Home-Banking sowie die PC-gestützte Allfinanzberatung. Vor allem im Mengengeschäft soll die teure, personalintensive Abwicklung von

---

145 Die von Lebensversicherungen in Deutschland zu über 90% vertriebenen Kapital-Lebensversicherungen (Prämie wie Stückzahl) haben im Gegensatz zu Risikolebensversicherungen nur eine geringe Risikoprämie und sind in Rendite (nach Steuer) mit herkömmlichen Sparverträgen vergleichbar.

Standardgeschäften durch die Automatisierung erleichtert werden. Geldausgabeautomaten, Kontoauszugsdrucker und Info-Terminals dienen hierbei zur Entlastung der Bankschalter[146]. Erweitert werden diese einfachen Geräte durch Wechselautomaten, Geldausgabeautomaten mit Devisenfunktion oder sogenannten Multifunktionsterminals, bei denen Festgeldanlagen oder Überweisungen vom Kunden direkt eingegeben werden. Weitaus bequemer sind im Prinzip die Angebote des "Online-Telebankings" oder auch Home-Bankings zu nutzen[147]. Fast alle Banken bieten über Datex-J-Leitung oder BTX-Anschlüsse Dienstleistungen, wie Überweisungen, Kontostandsabfragen, Zahlungsanweisungen, Kontenübersichten sowie Reise- und Sortenbestellung, an[148].

In Pilotversuchen werden sprachgesteuerte Telefon-Banking-Services ohne menschliche Unterstützung angeboten, die aus Sicherheitsgründen zumeist reine Informationsservices, wie das Abfragen des Kontostandes, enthalten[149].

Aus Abbildung 5.2.2.2.1.2/1 geht hervor, daß vor allem solche Dienstleistungen vom Bankschalter auf SB- oder noch stärker auf Home-Banking-Geräte verlagert werden, die eine hohe Häufigkeit des Kontaktes, gleichzeitig aber nur geringe Beratungsintensivität aufweisen. Mit Hilfe dieser Geräte werden Kunden dazu gebracht, einen Teil der einstigen Dienstleistung von Banken, etwa den Erfassungsprozeß, selbst zu übernehmen. Durch günstigere Gebühren sollen Kunden zunehmend auf die SB-Geräte verwiesen werden[150].

---

[146] vgl.: Zügel, W., Automation und Rationalisierung im nationalen Zahlungsverkehr, in: Obst, G. und Hintner, O., Geld-, Bank- und Börsenwesen..., a.a.O., S. 637-639; Hanraths, K.H., Wettbewerbsvorteile durch elektronische Dienstleistungen. Erfahrungen einer Landesbank, in: Betriebswirtschaftliche Blätter 40 (1991), S. 259.

[147] vgl.: Produktinformationen der American Express Bank GmbH, Theodor-Heuss-Allee 80, 60036 Frankfurt.

[148] Die geringe Verbreitung dieser Medien ist durch die noch immer benutzerunfreundliche Bedienung sowie geringe Datenübertragungsrate begründbar.

[149] Firmenbroschüren amerikanischer Banken beschreiben umfassende Informationsmöglichkeiten, aber auch die Möglichkeit, Überweisungen zu tätigen, Kontobewegungen nachvollzu ziehen oder ähnliches mehr, vgl. hierzu beispielsweise die "Bank-By-Phone"-Broschüre der First Chicago. Als technische Unterstützung sind die in Deutschland nicht verfügbaren "touch-tone"-Telefone notwendig.

[150] Die dabei entstehende Gefahr, die Möglichkeit einer Kundenansprache zu verlieren, etwa bei großer Barabhebung, wird vielfach nicht ausreichend beachtet, vgl.: Zügel, W., Automation..., a.a.O., S. 638.

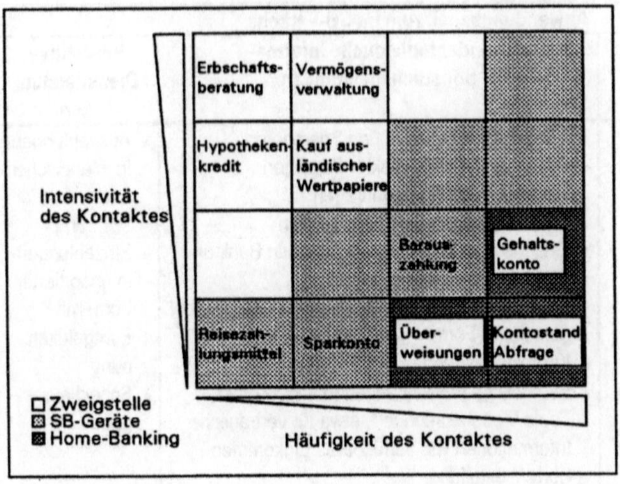

Abb. 5.2.2.2.1.2/1: Portfolio typischer Bankdienstleistungen und -produkte[151]

Gegenüber dem internationalen Durchschnitt ist noch ein großer Nachholbedarf an SB- und Home-Banking-Unterstützung vorhanden. Der deutsche Markt zeichnet sich durch eine sehr hohe Zweigstellendichte, gleichzeitig aber niedrige Ausstattung mit SB-Geräten aus[152]. Durch entsprechende Segmentierung können z.B. die unterschiedlichen Kundenbedürfnisse, beobachteten Zahlungsverkehrsgewohnheiten sowie der Pendelverkehr berücksichtigt werden[153].

Eine Übersicht möglicher Bestandteile im SB-Verkehr gibt Tabelle 5.2.2.2.1.2/1[154]. Hierzu wurden mögliche SB-Anwendungen in drei Klassen unterteilt, die sich vor allem durch die dafür notwendige DV-Unterstützung unterscheiden.

---

[151] vgl.: Zum Datenmaterial ähnlich auch Süchting, J., Marketing..., a.a.O., S. 910.

[152] vgl.: o.V. Banken. Automaten statt Personal, in: Wirtschaftswoche 47 (1993) 39, S. 9. Hierbei ist jedoch das unterschiedliche Zahlungsverkehrsverhalten in den europäischen Ländern zu beachten. Den eher scheck-orientierten Ländern Frankreich und Großbritannien sowie den bargeld-orientierten Ländern Italien und Spanien steht Deutschland mit einem sehr hohen Anteil an Überweisungen und Lastschriften gegenüber.

[153] vgl.: Casserley, D., Facing Up..., a.a.O., S. 89-92; dort wird am Beispiel der Segmentierung der New Yorker Bevölkerung durch die Citibank deren sehr erfolgreiche Plazierung von ATM und Zweigstellen darstellt.

[154] vgl.: Unsortiert in Haferkorn, J., Einsatz von Personal-Computern in Kreditinstituten: Grundlagen und Fallstudien, Wiesbaden 1991, S. 74.

Anwendungsspektrum im SB-Verkehr		
Allgemeine Informationsdienstleistungen	**Kundenindividuelle Informationsdienstleistungen**	**Interaktive Dienstleistungen**
• Allgemeine Kundeninformationen (z.B. Konditionen/Kurse), auch in verschiedenen Landessprachen • Spezielle Kundeninformationen zum Bankdienstleistungsangebot • Veranstaltungskalender • Versicherungsangebote • Zielgruppengerechte Markt- und Konjunkturdaten	• Anlage in Festgeldern und Sparbriefen • Bestellung von Prospekten/Anträgen • Einrichten von Daueraufträgen • Erhöhung von Dispositionskrediten • Gegenseitige Mitteilungen zwischen Bank und Kunde (z.B. Terminabsprachen) • Kontoausdruck nach Zeitperiode und in variabel gestalteter Form • Kontostands- und Umsatzabfragen • Persönliche Berechnungen (mit Hilfe eines Tools "Taschenrechner", etwa für vertrauliche Informationen wie verfügbares Einkommen • Sortenbestellung • Überweisungsverkehr	• Auszahlungen in inländischer/ ausländischer Währung • Einzahlungen in unsortierter Form mit Echtgeldkennung • Scheckausgabe

Tabelle 5.2.2.2.1.2/1: Anwendungsspektrum im SB-Verkehr

Eine besondere Rolle könnten hierbei die Kartensysteme spielen, die sowohl an Funktionalität wie auch Reichweite zugenommen haben. Karten werden häufig gestaffelt als reine Servicekarten, Bankkarten, Verbundkarten, ec-Karten und letztlich Kredit- bzw. "Charge"[155]-Karten, je nach Status und Wunsch des Kunden. Sie eröffnen den Zugang zu Standarddienstleistungen der Kreditinstitute. Darüber hinaus sind über Abkommen mit europäischen Partnern viele Dienstleistungen auch auf europäischer, durch Kreditkarten auch auf internationaler Ebene, nutzbar[156]. Ein Wettbewerbsvorteil ist hierbei die Höhe des verfügbaren Abhebebetrages, der durch Online-Abfrage mit dem kontoführenden Institut variabel gehalten werden kann.

In enger Verbindung zum Firmenkundenmarkt stehen die POS-Systeme, die an Umfang und Differenziertheit zunehmen. So wurden neben den etablierten "electronic cash"-Verfahren unter Nutzung der ec-Karte mit Geheimzahl auch sogenannte "POZ"-Verfahren ohne Online-Autorisierung geschaffen[157]. Das Volumen der Lastschriften durch Kartensysteme

---

155 Der weitaus größte Teil der ausgegebenen sogenannten Kreditkarten verfügt nicht über eine Kreditfunktion, sondern das Belastungskonto wird durch monatliche Lastschriften vollständig ausgeglichen. Diese Kartensysteme werden zur Unterscheidung zu echten Kreditkarten auch "Charge"-Karten genannt.

156 vgl.: Deutscher Sparkassen und Giroverband, Jahresbericht 1992..., a.a.O., S. 29 f.

157 vgl.: Terrahe, J., Was Handel und Banken bei electronic cash trennt, in: Die Bank o. Jg. (1992), S. 313-315.

betrug innerhalb des Sparkassensektors im Jahr 1992 mit 23,5 Mrd. DM nur 1,4% aller Lastschriften in diesem Sektor, die Anzahl der Transaktionen war mit 5,1% wesentlich höher[158]. Da die jeweiligen Kosten transaktionsabhängig, die Gebühren jedoch volumenabhängig sind, ist bei den geringen Volumen des kartengestützten Lastschriftverkehrs auf eine besonders kostengünstige Abwicklung zu achten.

Die Anforderungen an die Architektur sind dann nicht sehr spezifisch, wenn die SB-Software als Fremdsoftware eingekauft und nur angepaßt wird. Dann ist das SB-Gerät als Insel-Lösung zu betrachten und hat keine große Architekturwirkung, sofern die damit einhergehende Komplexität in Pflege und Wartung beherrschbar bleibt[159]. Eine Fremdbeschaffung ist vor allem dann zu empfehlen, wenn aufgrund von Netzeffekten, etwa im Falle von Cash-Management-Systemen oder Geldautomaten, eine bankenweite Lösung gefordert ist und eine zu starke Differenzierung durch Eigenerstellung dem Markterfolg eher abträglich wäre.

In Tabelle 5.2.2.2.1.2/2 sind die Architekturanforderungen für die Selbstbedienungs-Geräte zusammengefaßt.

	Architekturanforderungen aus dem Markt für Privatkunden (Selbstbedienung)
Informations-Architektur	• Grobe Definition der Datenstruktur, vor allem zum Überprüfen externer Angebote auf Umfang und Integrierbarkeit in bestehende Systeme • Detaillierte Definition der Schnittstellen zu überlappenden Geschäftsbereichen wie Kontokorrent oder Abwicklung • Überprüfen und Vergleichen des Leistungsvermögens von Fremd- und Eigenlösungen anhand einer Liste der geforderten Funktionalität • Detaillierte Untersuchung bestehender Geschäftsabläufe auf Möglichkeiten zum Automatisieren und Verlagern in Electronic-Banking-Bereich (Prozeß-Neugestaltung, Integration von Vorgängen, Automatisieren bislang manueller Vorgänge) • Parametergesteuerte Akquisitionshinweise • Integrierte, kunden- und problemorientierte Vorgangssteuerung (z.B. Anlageberatung statt reine Informationen zu Anlageprodukten) • Integration von Beratungshinweisen und Electronic-Banking-Dienstleistungen z.B. durch transaktionsabhängige Produktvorschläge auf dem Kontoauszug • Einheitlicher Ablauf der Vorgänge

(Fortsetzung)

158 vgl.: Deutscher Sparkassen und Giroverband, Jahresbericht 1992..., a.a.O., S. 109.

159 Bei einer Kalkulation der unterschiedlichen Varianten ist darauf zu achten, daß nicht nur die einmalig anfallenden Kosten einer Fremdlösung betrachtet werden, sondern auch die langfristig wirksamen Kosten durch die Erhöhung der Hardware-Vielfalt.

(Fortsetzung)

	Architekturanforderungen aus dem Markt für Privatkunden (Selbstbedienung)
Umsetzungs-Architektur	• Verwenden einer speziellen Software-Entwicklungsumgebung zur Software-Entwicklung für die bankenspezifische Peripherie bzw. Anpassen von Fremdsoftware • Datenhaltung an externen Geräten zur Offline-Fähigkeit • Einbinden der bankenspezifischen Peripherie in die übliche Verbindungsstruktur (LAN), Direktanbinden an autorisierendes Rechenzentrum durch brancheneinheitliche Schnittstelle (z.B. Abnahme durch institutsunabhängige Gesellschaft für Zahlungssysteme) • Nutzen von Standards auf der Schnittstellenebene, hierbei isolieren der zumeist proprietären Geräte-Software • Integration und Anpassen von Standardsoftware an das Corporate Design • Grafisch orientierte Benutzeroberfläche mit einheitlichem Erscheinungsbild • Ausfallsichere, leistungsfähige Hardware • Anbindung an Zentralrechner, um Zugang für Kundendaten sicherzustellen • Ausreichende Speichermöglichkeiten zum Sicherstellen einer temporären Offline-Fähigkeit (evtl. nur für ausgewählten Kundenkreis) • Abgestufte Sicherheitsausstattung in Abhängigkeit vom Standort der SB-Geräte (in Zweigstellen, außerhalb, überwacht, 24-Stunden-Betrieb)
Bereitstellungs-Architektur	• Einrichten spezieller Benutzerservices für SB-Geräte • Beschränkung auf wenige Anwendungsbereiche mit fehlender Standard-Software bzw. Notwendigkeit zur Differenzierung • Outsourcing-Potential der Pflege und Wartung der Hard- und Software von SB-Geräten prüfen • Sicherstellen der den Kunden zugesicherten Leistungsfähigkeit der Geräte • 24-Stunden-Notdienste für Störungsbeseitigung sowie Auffüllen von Geldautomaten

Tabelle 5.2.2.2.1.2/2: Architekturanforderungen aus dem Markt für Privatkunden (Selbstbedienung)

5.2.2.2.1.3 Abschluß und Abwicklung

Der Abschluß eines Bankgeschäftes erfordert neben der konkreten Angebotserstellung die bankinterne Vorgangsbearbeitung sowie die Einigung mit dem Kunden. Die Abwicklung, die häufig auch als "back-office" bezeichnet wird, umfaßt das Weiterbearbeiten und Verwalten der Bankprodukte und -dienstleistungen nach Abschluß eines Vertrages. Hierzu gehören neben direkten Ausführungen wie Ein- und Auszahlen von Geldbeträgen auch das Überwachen und Fortführen von Verträgen. Eingeschlossen in die Untersuchungen sind die Anforderungen aus einer vertikalen Integration mit dem vorgelagerten Beratungsakt[160].

---

160 vgl.: Bernet, B., Back Office Management für Banken und Finanzorganisationen, Stuttgart 1993, S. 5 f.

Abschluß und Abwicklung werden vom wachsenden Kostenbewußtsein im Mengenkundenbereich sowie hohen Anspruch an Qualität und das Bereitstellen der Leistung bei vermögenden Privatkunden geprägt. Die steigende Anzahl an Transaktionen bei gleichzeitig erhöhtem Automatisierungsgrad haben die Anforderungen an die Effizienz und Leistungsfähigkeit im Back-Office-Bereich überproportional wachsen lassen[161]. Darüber hinaus erfordert die wachsende Globalisierung im Handel mit Vermögens- und Finanzierungsprodukten eine höhere Leistungsfähigkeit bei Abschluß der Verträge und Abwicklung der Produkte, da sowohl Volumen wie auch Komplexität zunehmen.

Grundsätzlich sind im Abwicklungsbereich vier unterschiedliche Strategien einsetzbar, die sich auch in ihren Anforderung an die DV-Unterstützung unterscheiden:

- Eigene Abwicklung,
- Auslagern in (unabhängigen) Dienstleistungsunternehmen,
- Auslagern in konkurrierendes Kreditinstitut und
- Auslagern in Gemeinschaftsunternehmen.

Bei kooperativen Einrichtungen sind Zugeständnisse an die Offenheit von Standards, Herstellerunabhängigkeit oder Gleichbehandlung der Teilnehmer einzuräumen[162]. Im folgenden soll das eigene Abwickeln unterstellt werden, da ansonsten die Kreditinstitute diesen Teil der DV-Unterstützung nicht mehr aktiv gestalten können.

Die Struktur unterscheidet sich immer dann von der im Bereich "Marketing und Beratung" angewandten, wenn zwischen der Kunden- und Beratungsseite bei Kreditinstituten getrennt wird (oder sein sollte). So ist das Liquiditätsmanagement die adäquate Untersuchungseinheit auf der Beratungsseite. Die möglichen Produkte werden aber nach den Anforderungen des Zahlungsverkehrs, der Einlagen oder der Finanzierung abgewickelt.

Zahlungsverkehr

Die Diskussion über Abwicklung im Zahlungsverkehr wird mitunter auf die Electronic-Banking-Produkte verkürzt, die aber in Deutschland einen noch immer geringen Anteil am Gesamtaufkommen des Zahlungsverkehrs ein-

---

161 vgl.: Deutscher Sparkassen und Giroverband, Jahresbericht 1992..., a.a.O., S. 109.

162 Ein typisches Beispiel sind Zahlungsverkehrsverbunde und die entsprechende Abwicklung etwa über die GZS, die von allen Bankengruppen getragene Gesellschaft für Zahlungssysteme.

nehmen[163]. Der Barverkehr, zunehmend durch POS-Systeme sowie Geldautomaten über den reinen Kassenverkehr hinaus technologisch unterstützt, umfaßte 1989 einen Anteil von über 80% der Transaktionen[164]. Der bargeldlose Zahlungsverkehr ist in seiner Struktur in Deutschland sehr stark von Überweisungen und Lastschriften geprägt[165].

Die Forderung nach einer rationellen Abwicklung des bargeldlosen Zahlungsverkehrs wird zumeist mit beleglosem Zahlungsverkehr gleichgesetzt[166]. Denn Belege zwingen zu einem Medienbruch in der Abwicklung, der zum einen eine personalintensive, teure Bearbeitung bedingt, zum anderen mit Fehlern behaftet sein kann. Durch inner- und zwischenbetriebliche Integration wird versucht, die damit verbundenen Probleme abzubauen[167]. Der derzeitige Rationalisierungsstand läßt sich am Beispiel des Überweisungs-, Lastschrift- sowie Scheckverkehrs bei Sparkassen und Landesbanken in Abbildung 5.2.2.2.1.3/1 darstellen[168].

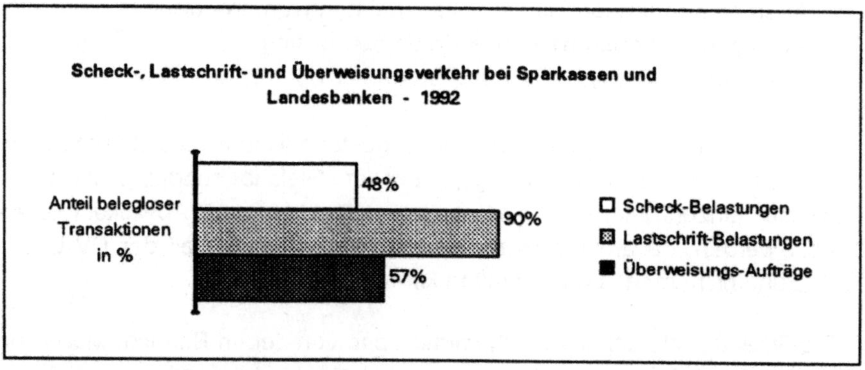

Abb. 5.2.2.2.1.3/1: Anteil belegloser Überweisungen, Lastschriften und Schecks im Sparkassensektor

Innerhalb von 10 Jahren stieg der Anteil der beleglosen Verfügungen an den bargeldlosen Verfügungen insgesamt von 52% auf nur 65%. Da der Anteil im Firmenkundengeschäft wesentlich höher ist, muß von einer

---

163 vgl.: Bernet, B., Back..., a.a.O., S. 21-27.

164 vgl.: Humpert, A., Nationaler Zahlungsverkehr, in: Obst, G. und Hintner, O., Geld-, Bank- und Börsenwesen..., a.a.O., S. 607.

165 vgl.: Deutscher Sparkassen und Giroverband, Jahresbericht 1992..., a.a.O., S. 109. Die Lastschriften enthalten auch den Einzug von Forderungen aus 79 Mrd. Transaktionen mit Kartensystemen.

166 vgl.: Grill, W. und Perczynski, H., Wirtschaftslehre des Kreditwesens, 25., überarbeitete und erweiterte Auflage, Bad Homburg vor der Höhe 1990, S. 107.

167 vgl.: Schumann, M., Betriebliche..., a.a.O., S. 18-23.

168 vgl.: Deutscher Sparkassen und Giroverband, Jahresbericht 1992..., a.a.O., S. 27 und 110.

Quote von unter 50% für das Privatkundengeschäft ausgegangen werden, was enorme Rationalisierungspotentiale signalisiert[169].

Im Privatkundengeschäft sind vor allem zwei Ziele für die Abwicklung im Zahlungsverkehr zu verfolgen. Zum einen ist der Anteil des beleghaften Zahlungsverkehrs weiter zu verringern, zum anderen ist der verbleibende Anteil effizienter zu handhaben. Für ersteres wird vor allem die Gebührenpolitik eingesetzt. So läßt sich z.B. die strukturelle Verschiebung von Überweisungen auf Lastschriften, die einfacher beleglos abzuwickeln sind, weiter vorantreiben. Eine kurze Übersicht in Tabelle 5.2.2.2.1.3/1 zeigt, daß auch Schecks gegenüber Überweisungen einfacher abzuwickeln sind, da weniger Zusatzinformationen erhoben werden müssen[170].

Die Verlagerung auf die Selbstbedienungseinrichtungen läßt sich ebenfalls durch verringerte Gebühren forcieren[171].

Der nicht weiter zu reduzierende beleghafte Buchungsverkehr wird durch möglichst frühzeitige Erfassung besser handhabbar. Es ist hierbei abzuwägen, ob die Belege bereits in den dezentralen Zweigstellen zu erfassen oder, um in den Genuß höherer Skalenerträge zu gelangen, erst in eine zentrale Stelle zu transportieren und dort zu erfassen sind. Auf jeden Fall ist eine mehrfache Aufnahme der Informationen zu vermeiden. Für das frühzeitige Erfassen von Belegen spricht, daß vorhandene Leerkapazitäten des Schalterpersonals genutzt werden können. Hierzu ist eine entsprechende System-Software nötig, die es etwa in Einmann-Zweigstellen ermöglicht, zwischen Anwendungen zu wechseln[172]. Zudem müssen höhere Anforderungen an die systemgestützte Eingabeprüfung gestellt werden, wenn die Tätigkeit auch von nicht-spezialisierten Kräften durchgeführt werden soll. Falls das Erfassen durch teuere Spezialgeräte unter-

---

169 Ob erreichte Rationalisierungspotentiale in Form verkürzter Bearbeitungszeit an die Kunden weitergegeben werden, ist gesondert zu betrachten. Hierbei sind die Valutierungsgewinne für das Halten von Geldbeträgen im eigenen Netz gegenüber einem höheren Kundennutzen abzuwägen.

170 vgl.: Hagenmüller, K.F. und Jacob, A.-F., Der Bankbetrieb. Band II..., a.a.O., S: 164 f. Dort findet sich eine Aufzählung aller technisch-rechtlichen Voraussetzungen für die Automatisierung des Zahlungsverkehrs.

171 So zählt die Postbank BTX-Buchungen nur als halben Buchungsposten.

172 Diese im PC-Bereich selbstverständliche Eigenschaft ist bei großrechnerbasierten Anwendungen nicht immer einfach umzusetzen.

stützbar ist, z.B. durch Lesegeräte, wird das Bearbeiten an einer zentralen Stelle wirtschaftlicher sein[173].

zu erfassende Daten:	**Überweisung**	**Scheck**
Bankleitzahl des endbegünstigten Kreditinstituts	Zu erheben	Nicht nötig
Kontonummer des Überweisungsempfängers	Zu erheben	Vorhanden
Name des Überweisungsempfängers	Zu erheben	Vorhanden
Betrag	Zu erheben	Zu erheben
Verwendungszweck	Zu erheben	Nicht nötig
Kontonummer des Auftraggebers	Vorcodiert	Vorcodiert
Name des Auftraggebers	Vorcodiert	Vorcodiert
Bankleitzahl des erstbeauftragten Kreditinstituts	Vorcodiert	Vorcodiert

Tabelle 5.2.2.2.1.3/1: Vergleich der von Kreditinstituten zu erfassenden Daten bei Überweisungen oder Schecks

In Tabelle 5.2.2.2.1.3/2 werden die Anforderungen an die Architektur kurz zusammengefaßt.

	Architekturanforderungen für die Unterstützung der Zahlungsverkehrsabwicklung
Informations-Architektur	• Einfache Datenkonstrukte, um lange Abfrageroutinen zu vermeiden (z.B. Ausklammern von Sonderfällen in Routineabläufen) • Geringe Produktkomplexität und -vielfalt durch Wiederverwendbarkeit auf der Ebene der Elementarfunktionen und Reduktion der Variantenzahl • Hohes Maß an vertikaler Integration der Vorgänge
Umsetzungs-Architektur	• Vertikal integrierte Vorgangsbearbeitung von der Beratung bis zur Abwicklung • Bereits bei der Erfassung die integrierte Eingabeprüfungen mit separatem, wiederverwendbarem Prüfmodul berücksichtigen • Spezial-Software und -Hardware für transaktionsintensive Abwicklung von Zahlungsverkehrsvorgängen, z.B. IMS-Fastpath (hierarchisches DBMS) oder fehlertolerante Systeme • Berücksichtigung der z.B. durch die Deutsche Bundesbank zentral vorgegebenen Kommunikations-Standards (evtl. auch für internen Einsatz) • Verlagerung von einfachen Transaktionen auf Selbstbedienungs-Terminals und Home-Banking-Aktivitäten
Bereitstellungs-Architektur	• Sicherstellen der 24-Stunden-Verfügbarkeit von SB-Geräten durch ausreichendes Problem-Management • Nur kurzes Unterbrechen der Online-Verfügbarkeit für Batch-Läufe, um fast vollständigen 24-Stunden-Betrieb in der Abwicklung zu gewährleisten (und entsprechende Ausgestaltung der Software) • Berücksichtigen von Produktionsanforderungen, z.B. Reduktion der Online-Zugriffe, im Anwendungsdesign für effiziente Abwicklung

Tabelle 5.2.2.2.1.3/2: Architekturanforderungen für die Unterstützung der Zahlungsverkehrsabwicklung

173 Für eine Entscheidung sind Zweigstellendichte und Besetzung mit Beschäftigen heranzuziehen.

Wertpapier/Devisen

Im Teilbereich Wertpapier/Devisen sind die Anforderungen an die Abwicklung einschließlich der Verwahrung vor allem durch die Volumensteigerung, Zunahme der Produktkomplexität und wachsende Internationalisierung gestiegen. Zusätzlich wirken sich die bereits beschriebenen Effekte in der Beratung auch auf die Abwicklung aus, da dort angebotene Dienstleistungen umzusetzen sind[174].

Neben den traditionellen Wertpapieren[175] sind insbesondere die Instrumente zu berücksichtigen, die aufgrund des gestiegenen Zins- und Risikobewußtseins zur Absicherung bestehender Investitionen geschaffen wurden. Zum Teil haben sich diese Finanzinnovationen zu reinen Spekulationsobjekten verselbständigt, wie ein Vergleich des Umsatzes am Devisenmarkt mit dem Warenwert des Welthandels zeigt. Eine hohe Bedeutung nehmen hierbei die Zins- und Währungsswaps in unterschiedlichen Ausprägungen ein[176].

Wesentlich für eine effiziente Abwicklung von Wertpapieraufträgen ist die Reduktion der manuellen Vor- und Nachbearbeitung. Hierzu sind die nötigen Informationen in Auskunftssystemen vorzuhalten, die Auftragsbearbeitung integriert vorzunehmen und die Depotverwaltung möglichst zu automatisieren. Für eine integrierte Auftragsbearbeitung müssen z.B. die Zahlungsverkehrskonten des Kunden einfach identifizierbar sein.

Aufgrund der vielen zur Verfügung stehenden Wertpapier- und Devisenarten, einschließlich der zugehörigen Derivate, sind hohe Flexibilität und Effizienz konkurrierende Ziele. Allein die mehrdimensionale Untergliederung des Gattungsbegriffes erfordert eine hohen Flexibilität im Datenmodell[177]. Denn je nach Gattungsart, z.B. Aktien oder Anleihen, unterscheiden sich die Abwicklungserfordernisse. Um jedoch die Fehlerquote gering und die Antwortzeit akzeptabel zu halten, darf der Detaillierungsgrad nicht zu groß sein. Erfahrungsgemäß läßt sich das System an den wichtigsten Geschäftsvorfälle ausrichten, mit denen 80% der insgesamt vorkommenden

---

174 Da im Bereich der Untersuchungen zu Firmenkunden auf eine detaillierte Analyse des Abwicklungsbereiches verzichtet wird, um nicht zu hohe Redundanzen zu schaffen, wird in der aktuellen Analyse das Untersuchungsspektrum erweitert. Die Anforderungen von Firmenkunden und institutionellen Kunden werden ebenfalls mit integriert.

175 vgl.: Thomas, K. und Treutler, H.-J., Kapitelmarkt, in: Obst, G. und Hintner, O., Geld-, Bank- und Börsenwesen..., a.a.O., S. 1216 f.

176 vgl.: Ebenda, S. 1230 f.

177 vgl.: Hagenmüller, K.F. und Jacob, A.-F., Der Bankbetrieb. Band II..., a.a.O., S. 89-93.

Aufträge erfaßt sind. Durch eine geschickte Kombination von Subroutinen, die nur bedarfsweise aufgerufen werden, kann der gesamte Wertpapier- und Devisenmarkt abgedeckt werden.

Aufgrund der Ähnlichkeit der Abwicklung von Wertpapier-, Devisen- und Edelmetallgeschäften sollten die Systeme aus Effizienzgründen koordiniert entwickelt werden. Allerdings darf nicht die Kompliziertheit und Vielfalt des Wertpapiergeschäftes auf die einfacheren Devisen- und Edelmetallgeschäfte übertragen werden. Gemeinsam lassen sich jedoch typische Transaktionen wie "Buchen" ausformulieren. Ebenso sollten alle diese Systeme ein zentrales Modul "Clearing" berücksichtigen, um das interne Cash-Management und die Risikosteuerung zu verbessern.

Die Aufgaben in der Wertpapierverwahrung und -verwaltung sind von starken DV-Anforderungen geprägt[178]. So ist die Abbildung von mehreren Währungen selbstverständlich, ebenso Abwicklung in Echtzeit, die jedem Kunden jederzeit den aktuellen Wert und die Struktur seines Depots übermittelt. Die Daten werden nicht nur übermittelt, sondern in kundenindividuellen Berichtsformaten aufbereitet. So bietet die dazu ausgelieferte Software der Boston Safe einem Kunden bis zu 240 verschiedene Auswertungsmöglichkeiten an. Hierfür wird dem Kunden der Zugang vom heimischen Computersystem ermöglicht[179].

Die Informations-Architektur muß vor allem auf der Datenseite sehr detailliert strukturiert werden, um alle derzeitigen und zukünftigen Produkte in kürzester Zeit aufnehmen und verwalten zu können. Darüber hinaus sind Routine-Prozesse im Zusammenhang mit der Wertpapierverwaltung, wie Zins- und Dividendeneinzug oder Ausgabe von Bezugsrechten, zu automatisieren. Ebenso müssen für jedes Depot vorgegebene Leistungsmessungen jederzeit verfügbar gemacht werden. Aufgrund der speziellen Leistungsanforderungen vertrauen die Marktführer in den USA weitestgehend auf eigenentwickelte Software, wie aus Tabelle 5.2.2.2.1.3/3 sichtbar wird. Vor allem die schnelle Reaktionsfähigkeit, die angesichts der hohen Innovationsrate bei Finanzderivaten gefordert ist, wird als Hauptgrund für das fehlende Vertrauen in Fremdsoftware genannt[180].

---

178 Es gilt als bezeichnend, daß in der Firmenstrategie des Marktführers in den USA, der State Street Boston, Technologie einen sehr hohen Stellenwert hat, vgl.: o.V., Trust..., a.a.O., S. 1A.

179 vgl.: Sollinger, A., In Search of the Perfect System, in: Institutional Investor 27 (1993) 3, S. 147.

180 vgl.: Ebenda, S. 147-151.

Bank	Software-Strategie
• State Street Bank & Trust Co.	• Ausschließlich Eigenentwicklung (Schätzwert 100 Mio. US$ für Neuentwicklung, evolutionäre Weiterentwicklung eines in den 70er Jahren entwickelten Systems[181])
• Boston Safe Deposit & Trust Co.	• Weitestgehend Eigenentwicklung (1987-1991: 80 Mio. US$ zurechenbarer Aufwand)
• Bankers Trust Co.	• Kombination aus Eigenentwicklung und Fremdsoftware (Eigenentwicklung des Rechnungs- und Berichtswesens in der Endphase)
• Chase Manhattan Bank	• Weitestgehend Eigenentwicklung (Fremdsoftware in unerheblichen Teilbereichen)
• Northern Trust Co.	• Weitestgehend Eigenentwicklung (Fremdsoftware in unerheblichen Teilbereichen)
• Chemical Bank	• Ausschließlich Fremdsoftware

Tabelle 5.2.2.2.1.3/3: Software-Strategien führender US-Depotbanken

Bei der Übernahme großer Depots sind diese Spezialisten darauf angewiesen, die vorgegebene kundenspezifische Struktur der Depotinformationen zu verarbeiten und an die hauseigene, effiziente Struktur anzupassen. Häufig sind damit auch spezielle Hardware-Anforderungen verbunden. Falls hier nicht darauf geachtet wird, die zwangsläufig komplexe Struktur möglichst zu harmonisieren, besteht die Gefahr, die erhofften Skaleneffekte von spezialisierten Depotbanken nicht zu erreichen[182].

In Tabelle 5.2.2.2.1.3/4 werden die Anforderungen an die Architektur kurz zusammengefaßt.

181 Basierend auf einem Mainframe-Datenbestand wird über zur Verfügung gestellte Workstations den Kunden Realtime-Zugang gewährt, vgl.: o.V., Trust..., a.a.O., S. 1A; o.V., Tomorrow..., a.a.O., S. 46; o.V., State Street..., a.a.O., S. 8; Steiner, T.D. und Teixeira, D.B., Technology..., a.a.O.

182 Kunden werden die Verwaltung und Verwahrung ihres Anlagevermögens vor allem dann abgeben, wenn sie selbst der wachsenden Komplexität der Systeme bzw. der zugrundeliegenden Architektur nicht mehr gewachsen sind. Es ist nicht immer zu erwarten, daß diese Aufgabe von professionellen Spezialisten besser gelöst werden kann, wenn diese selbst immer nur die Komplexität ihrer Systeme erhöhen.

	Architekturanforderungen für die Unterstützung von Wertpapier- und Devisenabwicklung
Informations-Architektur	• Detaillierte Definition der Datenkonstrukte mit hohem Maß an Parametrisierung, um eine Vielzahl von Produkt-Varianten, Währungen sowie Abwicklungsregeln abbilden zu können • Abstimmen des Wertpapier- und Devisen-Datenmodells mit einem Unternehmensdatenmodell zumindest auf oberster Aggregationsstufe, um Voraussetzung für die Integration zu schaffen • Funktionsmodule mit mehreren Aggregationsstufen zum einfachen Gestalten von Produktvarianten • Ausrichten der Anwendungen an zentralen Modulen (z.B. Clearing) • Vertikale Integration der Abläufe (Nutzung der Beratungsdaten für Abschluß und Abwicklung) sowie horizontale Integration im vermögenden Privatkundensegment
Umsetzungs-Architektur	• Gestalten einer Anwendungslandschaft unter Nutzung von Zentralmodulen (z.B. Clearing) • Automatisches Bewerten von Depots mit gleichzeitiger Risiko- und Performance-Messung auf Kundenebene • Zentrale Verarbeitung der Daten, um Datenkonsistenz und Sicherheit (auch bei dezentraler Datenhaltung für Beratungszwecke) sicherzustellen • Individuelles Gestalten von Benutzeroberflächen (Bildschirm, Ausdruck) im Treuhändergeschäft, um kundenspezifische Wünsche umsetzen zu können • Nutzen von Spezial-Software und Hardware für die transaktionsintensive, ausfallsichere Abwicklung insb. der Massendaten (z.B. fehlertolerante Systeme, Spiegelplatten) • Sicherstellen von Realtime und Online-Verarbeitung bei verursachungsgemäßer Preisgestaltung • Garantie einer 24-Stunden-Verfügbarkeit für globalen Handel durch entsprechende Auslegung der Systeme • Einheitliche Definition der Schnittstellen zu anderen Anwendungen, insb. zu den Zahlungsverkehrskonten der Kunden
Bereitstellungs-Architektur	• Anwendungsdesign ohne Batch-Fenster mit 24-Stunden-Online-Betrieb sowie unter Berücksichtigung unterschiedlicher Buchungsschnitte • Eigenentwicklung von Anwendungssoftware für Depotverwaltung und -verwahrung nur bei ausreichend homogenem Geschäft (entweder Nische oder Masse), ansonsten Fremdsoftware oder Auslagern des Geschäftes • Sicherstellen ausreichender Antwortzeiten bereits durch Abwägen notwendiger Flexibilität im Anwendungsdesign

Tabelle 5.2.2.2.1.3/4: Architekturanforderungen für die Unterstützung von Wertpapier- und Devisenabwicklung

Einlagen

Der Teilbereich Abwicklung von Einlagen umfaßt vor allem die Spareinlagen sowie die entsprechenden Surrogate wie Sparbriefe, Sparkassenbriefe oder Zinsbriefe, jeweils in Form von Inhaber- oder Namensschuldverschreibungen[183]. Am Beispiel des Marktführers, Sparkassen und Landesbanken, läßt sich zeigen, daß die Umsätze im Sparverkehr zwar saldiert seit 1989 zurückgehen, der relativ hohe Bestand jedoch aufgrund der Zinszahlungen überwiegend konstant bleibt. Die Abwicklung von Einlagen ist daher weniger durch neue Herausforderungen aus dem Geschäft als vielmehr durch die generelle Forderung nach Effizienz geprägt.

Eine Analyse der Kontengröße bei westdeutschen Sparkassen läßt erkennen, daß etwa 40% aller Sparkonten einen Betrag unter 300 DM aufweisen. Gleichzeitig decken sie aber nur 0,6% des Spareinlagenvolumens ab, während in nur 13% aller Konten über 72% des Volumens angelegt ist (Einlagen über 10.000 DM). Insgesamt haben die westdeutschen Sparkassen über 74 Millionen Sparkonten zu verwalten[184]. Der Abwicklungsaufwand ist jedoch alleine von der Anzahl der Transaktionen, nicht vom Volumen abhängig.

Eine Analyse der Transaktionen zeigt, daß diese sich erfahrungsgemäß zu zwei Zeitpunkten häufen, zum einen während der Weltsparwoche sowie zu Beginn des Jahres zum Nachtragen von Zinserträgen. Diese Spitzenbelastungen sind für die Kapazitätsplanung sowie Performanceanforderungen zu beachten. Es ist jedoch abzuwägen, ob sich ein Vorhalten von Leerkapazitäten lohnt.

Für die Architekturplanung ist wesentlich, daß Anwendungen im Sparbereich im Kern oft 10-30 Jahre alt sind und nur durch Pflege- und Änderungsdienste an aktuelle Anforderungen angepaßt werden. Die Dringlichkeit, diese oft nach alten Methoden erstellten Anwendungen neu zu gestalten, kann aufgrund der geringen Dynamik im Geschäft als gering angesehen werden. Erst ein nicht mehr effizienter Wartungsaufwand oder Probleme im Ablauf der bestehenden Anwendungen machen hier eine Neuplanung erforderlich. In einem solchen Falle sollten die Daten- und Funktionsmodelle in Abstimmung mit den übrigen Modellen erstellt werden, um Integrationspotentiale zu verwirklichen.

Die technischen Anforderungen sind durch die notwendige Spezial-Hardware und darauf abgestimmte proprietäre Systemsoftware gekennzeichnet. So sind häufig spezielle Drucker erforderlich, um die verschiedenfor-

---

[183] vgl.: Deutscher Sparkassen und Giroverband, Jahresbericht 1992..., a.a.O., S. 101.

[184] vgl.: Deutscher Sparkassen und Giroverband, Jahresbericht 1992..., a.a.O., S. 101 und 103. Ein hoher Anteil der Konten mit sehr kleinen Beträgen könnte auch Beträge bis zu 5 DM enthalten, die aufgrund einer Kündigungsgebühr formal aufrecht erhalten bleiben, aber von den Kunden nicht mehr aktiv betrieben werden.

matigen Sparbücher bedrucken zu können. Ebenso sollte das Verlagern der Sparaktivitäten auf SB-Geräte geprüft werden.

In Tabelle 5.2.2.2.1.3/5 werden die Anforderungen an die Architektur kurz zusammengefaßt.

	Architekturanforderungen für die Unterstützung der Abwicklung von Einlagen
Informations-Architektur	• Abstimmung der Datenmodelle der Einlagenprodukte mit dem Unternehmensdatenmodell zumindest auf grober Ebene, um Schnittstellen zu anderen Spartenbereichen einheitlich zu definieren (prinzipiell als "black box" behandelbar) • Funktionale Zerlegung der Sparprodukte in Elementarfunktionen, um potentielle Neubildungen bei Wettbewerbsintensivierung zu ermöglichen
Umsetzungs-Architektur	• Verlagerung von Routinetätigkeiten wie Nachtrag von Zinsen auf SB-Geräte sowie Abprüfen, inwieweit durch moderne Sicherheitstechniken auch Ein- und Auszahlungen verlagert werden können • Bei Spezialhardware wie Sparbuchdruckern muß die Schnittstellenkompatibilität bzw. das Einbinden in ein LAN berücksichtigt werden
Bereitstellungs-Architektur	• Nutzen von belastungsärmerem Nachtbetrieb für das Aktualisieren der Sparkonten • Sicherstellen ausreichender Performance für Spitzenzeiten Ende Oktober und Anfang Januar, hierbei Abprüfen von externen Lösungen

Tabelle 5.2.2.2.1.3/5: Architekturanforderungen für die Unterstützung der Abwicklung von Einlagen

Finanzierungsprodukte

Der Teilbereich Abwicklung von Finanzierungsprodukten ist in einigen Gebieten dem der Wertpapier- und Devisenabwicklung ähnlich. Vor allem bei modernen Finanzinnovationen, wie der Verbriefung von Krediten zu handelbaren Wertpapieren, kommt es zu Überschneidungen, so daß viele Anforderungen, insbesondere aus dem Finanzierungsbedarf vermögender Privatkunden, analog gelten. Daher werden im folgenden die Anforderungen aus der Abwicklung der Kredite, vor allem von Standardkrediten, untersucht. Neben einer den Einlagen vergleichbaren Zinsberechnung sind insbesondere die Kreditrisiken sowie die entsprechende Abwicklung von Problemfällen zu berücksichtigen. Das papier-basierende Bearbeiten der Kreditvorfälle bietet große Effizienzpotentiale für die DV.

Die Berücksichtigung von Kreditrisiken erfolgt durch ein aufwendiges Verfahren, häufig mit zentraler Kreditentscheidung und mit mehrstufigen Kompetenzklassen. Hierbei werden Kreditanträge oft manuell erstellt, um die Informationen über Sicherheiten ergänzt und dann zur Entscheidung vorgelegt. Als wesentlicher Erfolgsfaktor gilt neben den bereits beschriebenen Scoring-Modellen insbesondere die vertikale Integration des Bearbeitungsvorganges. Vor allem bei standardisierten Krediten, wie sie im

Mengenkundengeschäft vorherrschend sind, können aufgrund des hohen Volumens durch entsprechende Systemunterstützung große Ersparnisse erreicht werden. Die erforderlichen Daten werden bereits bei der Beratung erfaßt bzw. bei Kunden der Bank aus den entsprechenden Informationssystemen entnommen. Bei vermögenden Privatkunden sollte ein automatischer Abgleich von Kreditstatus und Vermögensstatus erfolgen, ohne daß darauf vom Kunden bei einem Kreditantrag verwiesen werden muß. Für Massenkunden ist ein etwaiges Informationsdefizit manuell behebbar.

Mit Hilfe eines Vorgangssteuerungssystems könnten erforderliche Unterlagen zur Kreditentscheidung unter Einsatz vernetzter Systeme verschickt werden. Dies ist vor allem dann wichtig, wenn mehrere Personen in den Prozeß eingeschaltet werden müssen. Das Anlegen einer elektronischen Akte ist vielfach noch nicht möglich, allerdings wird dies durch den zunehmenden Einsatz von Image-Processing in naher Zukunft erwartet. In keinem anderen Bereich sind die Anforderung an die Integration des Ablaufes höher, da zwischen Beratung und Abschluß ein langer Kreditprüfungsprozeß im "back-office" üblich ist.

Bei erfolgter Kreditzusage sind die Ausgabe des Kreditvertrag, das Eröffnen des Kreditkontos sowie die Auszahlung der vereinbarten Summe integriert umsetzbar, ohne daß neue Daten erhoben werden müssen. In der Kreditüberwachung ist vor allem wichtig, daß Zahlungseingänge automatisch überprüft und frühzeitig Warnsignale gegeben werden.

Bereits im Kapitel "Marketing und Beratung" wurde auf die Möglichkeiten fokussierter Segmentierung hingewiesen. Die dazu nötigen historischen Daten über Produktinanspruchnahme und Kredithistorie müssen von der Abwicklung geliefert und abgespeichert werden.

In Tabelle 5.2.2.2.1.3/6 werden die Anforderungen an die Architektur kurz zusammengefaßt.

	Architekturanforderungen für die Unterstützung der Abwicklung von Finanzierungsprodukten
Informations-Architektur	• Gleichartige Definition der wichtigsten spartenübergreifenden Informationsbegriffe (zumindest für vermögende Privatkunden) für eine horizontale Integration der Informationen (Gesamtobligo) • Funktionale Zerlegung der Finanzierungsprodukte in Elementarfunktionen, um verschiedene Produktvarianten (Laufzeit, Zinssatz, Rückzahlungsmodalitäten) flexibel gestalten zu können (evtl. Nutzen von Modellen aus dem Sparbereich) • Vertikale Integration der Abläufe auch über Laufzeit des Kredits hinweg

(Fortsetzung)

(Fortsetzung)

	Architekturanforderungen für die Unterstützung der Abwicklung von Finanzierungsprodukten
Umsetzungs-Architektur	• Verlagerung von Routinetätigkeiten wie Simulationsrechnungen für Standardkredite auf SB-Geräte • Nutzen von Standardsoftware für standardisierte Kreditabläufe • Einfache Schnittstellen zu Zahlungsverkehrskonten des Kunden für Ein- und Auszahlungen • Einsatz von Image-Processing für die Aufnahme von Kreditunterlagen in "elektronische Akten" (zumindest Offenhalten der Option) • Vernetzung der Arbeitsplätze zwischen Front- und Back-Office zur Nutzung von Workflow-Systemen
Bereitstellungs-Architektur	• Sicherstellen der langfristigen Verfügbarkeit und Bearbeitbarkeit von Kreditdaten • Nutzen von belastungsärmerem Nachtbetrieb für das Aktualisieren der Kreditkonten im Batch-Lauf

Tabelle 5.2.2.2.1.3/6: Architekturanforderungen für die Unterstützung der Abwicklung von Finanzierungsprodukten

Verbundprodukte

Unter Verbundprodukten werden Kombinationen von Einzelprodukten verschiedener Finanzinstitutionsarten verstanden. Neben dem bekannten Beispiel einer Baufinanzierung mit Bausparvertrag, Hypothekendarlehen und Kapitallebensversicherung zählen hierzu auch Kombinationen aus Leasing- mit Finanzierungsprodukten.

Die besondere Herausforderung für eine effiziente Abwicklung liegt in den unterschiedlichen Ausgangspositionen der Anbieter von Verbundprodukten. Die DV-Unterstützung entstand in jeder Branche isoliert, zumeist parallel zur geschäftlichen Entwicklung. Daher ist die institutsübergreifende Integration bei Verbundprodukten mit weitaus mehr zusätzlichem Aufwand verbunden als bei rein spartenübergreifenden Angeboten innerhalb eines Instituts. Gleichzeitig fehlt jedoch häufig die nötige Umsetzungsmacht, um die notwendige Abstimmung der Architektur sicherstellen zu können. In einer detaillierteren Untersuchung wären unterschiedliche Arten von Kooperationen zu betrachten, die jeweils spezifische Synergie-Potentiale realisieren lassen. Ähnlich einer Fusionsüberlegung könnten sogar Abwicklungsbereiche ähnlicher Produkte zusammengelegt werden, falls Skaleneffekte erreichbar sind[185].

Die Anforderungen an die Architektur unterscheiden sich je nach Kooperationsgrad der Partner. In Tabelle 5.2.2.2.1.3/7 werden die Anforderun-

---

185 Auf diesen Bereich wird vor allem im Kapitel Anforderungen aus dem Markt für Allfinanzkonzepte eingegangen.

gen einer eher lockeren Vertriebs-Kooperation zusammengefaßt, die gemeinsame Entwicklung von Produkten und dafür notwendige Software nur beschränkt einschließt und die gemeinsame Abwicklung der Prozesse und Zusammenlegen von Rechenzentren gänzlich ausschließt.

	Architekturanforderungen für die Unterstützung der Abwicklung von Verbundprodukten
Informations-Architektur	• Einheitliche Definition der wichtigsten übergreifenden Informationsbegriffe (Kunde, Produkt, Vertrag sowie die wichtigsten Beziehungen ("Kunde hat Vertrag") zumindest in den überlappenden Geschäftsgebieten • Austausch von Funktionsmodellen aus Effizienzgründen möglich • Berücksichtigen von "Fremdsoftware" in Beratungsvorgängen
Umsetzungs-Architektur	• Sicherstellen ausreichender Kommunikationsfähigkeit ohne zusätzlichen Schnittstellenaufwand • Schaffen spezieller Anwendungsschnittstellen (API) für Kooperationsprodukte, um gemeinsame Anwendung von unterschiedlicher Hardware- und Systemsoftware abzukoppeln
Bereitstellungs-Architektur	• keine besonderen Anforderungen

Tabelle 5.2.2.2.1.3/7: Architekturanforderungen für die Unterstützung der Abwicklung von Verbundprodukten

5.2.2.2.2 Anforderungen aus dem Markt für Firmenkunden und Institutionelle Kunden

Als Firmenkunden werden sowohl Gewerbetreibende und Kleinfirmen, mittelständische Unternehmen, Großfirmen wie auch multinationale Firmen bezeichnet. Zwar ist die Abgrenzung bei Personengesellschaftern zu Privatkunden im gewerblichen und mittelständischen Bereich nicht genau zu treffen, die Entwicklungen können jedoch typisiert herausgearbeitet werden. Als institutionelle Kunden, die überwiegend nicht im Aktivgeschäft tätig sind, werden solche Unternehmen verstanden, die als Unternehmenszweck die Betätigung bestimmter Finanzdienstleistungen haben. Hierzu gehören insbesondere die Finanzinstitutionen selbst sowie Kapitalanlagegesellschaften, in den USA insbesondere die Pensionsfonds. Die Anforderungen der institutionelle Kunden unterscheiden sich nur durch höhere Ansprüche von denen der Firmenkunden, die Struktur der Aufgaben sowie Erfolgsfaktoren sind vergleichbar. Deshalb kann auf eine getrennte Betrachtung verzichtet werden.

5.2.2.2.2.1 Marketing und Beratung

Im Gegensatz zum Markt für Privatkunden ist der Firmenkundenmarkt für Kreditinstitute derzeit nicht profitabel. Der seit langem stark negative Beitrag im Kreditbereich kann nur durch positive Beiträge aus dem Wertpapier- und Einlagengeschäft ausgeglichen werden. Dies führt zu einem neutralen Gesamtergebnis im Firmenkundenbereich[186].

Bei Universalbanken dient das profitable Privatkundengeschäft dazu, das ergebnisneutrale Firmenkundengeschäft zu finanzieren. Diese Marktbetrachtung darf jedoch nicht darüber hinwegtäuschen, daß es auch Firmenkundensegmente gibt, in denen alle Banken ausreichend Gewinne erwirtschaften, z.B. der Mittelstand.

Analog zum Vorgehen im Bereich der Privatkunden sollen im folgenden die Teilbereiche Liquiditätsmanagement, Vermögensberatung und Finanzierung auf ihre Architekturanforderungen hin untersucht und diese tabellarisch dargestellt werden. Die entsprechenden Teilbereiche Einkommensabsicherung sowie Immobilien werden nicht eingehender behandelt, da hier bei Firmenkunden keine zusätzlichen Anforderungen vorliegen.

Liquiditätsmanagement

Im Bereich des Liquiditätsmanagements gelten im Grunde die Anforderungen der vermögenden Privatkunden, die sich weniger durch die geringere technische Komplexität als vielmehr aus der Konsequenz der größeren Mengenvolumen von denen der Firmenkunden unterscheiden. Im Bereich des mittelständischen Unternehmers überschneiden sich beide Segmente.

Bei regelmäßigen Zahlungen, wie Lohn- und Gehaltszahlungen, kommen vor allem die Volumeneffekte der Datenverarbeitung zum Tragen[187]. Deshalb lohnt sich für Firmenkunden die stärkere Anbindung an Kreditinstitute durch Zahlungsverkehrsmedien im Bereich des Electronic Bankings. Mit Hilfe der Datenübertragung sind Unternehmen oft direkt mit dem Kreditinstitut verbunden. Aufgrund einer kundenindividuelleren Gebührengestaltung kann häufig zwischen direkten Gebühren oder einer indirekten Finanzierung durch niedrig verzinste Guthaben gewählt werden[188]. So berichtet der DSGV von einem durchschnittlichen Guthaben von 17000 DM

---

[186] vgl.: Faßbender, H. und Leichtfuß, R., Banking..., a.a.O., S. 247; die für Europa ermittelten Werte können auch auf die Situation in Deutschland übertragen werden.

[187] vgl.: Grill, W. und Perczynski, H., Wirtschaftslehre..., a.a.O., S. 113-118; vgl. ebenso die Ausführungen im folgenden Kapitel Abschluß und Abwicklung.

[188] Hier zeigen sich starke Unterschiede im Konsumentenverhalten: Während ein typischer Firmenkunde in den USA bereit ist, Gebühren für Transaktionen zu zahlen und dafür seine Guthaben marktgerecht verzinst bekommt, ist in Europa eine Querfinanzierung der Gebühren durch niedrige Verzinsung der Guthaben üblich.

auf Girokonten in diesem Segment[189]. Der Bereich des "Cash-Managements" ist im Firmenkundenbereich besonders stark ausgeprägt, da der Einsatz der liquiden Mittel mit großen Umsätzen und hoher Frequenz, zuweilen im In- und Ausland, bezüglich der Ziele Rentabilität und Liquidität optimiert werden soll. Als Ziel gilt ein automatisches "Kontoübertragungsverfahren", das idealerweise bankenübergreifend die verschiedenen debitorischen und kreditorischen Konten eines Unternehmens ausgleicht[190]. Kreditinstitute sehen sich hierbei einem inhärenten Zielkonflikt unterworfen, da durch effizientes Cash-Management für Kunden Zinseinkünfte gefährdet sind. Allerdings ist das Angebot von leistungsfähigen Systemen durch Kreditinstitute ein möglicher Wettbewerbsfaktor. Da Firmenkunden in der Regel mehrere Bankverbindungen aktiv nutzen, kann nicht mit einer der Privatkunden ähnlichen Kundentreue gerechnet werden.

Für den Erfolg dieser Systeme ist die Integration mit dem kundeneigenen Rechnungswesen sehr wichtig. Deshalb müssen sich Kreditinstitute auf proprietäre Standards bei den Kunden einstellen. Dies trifft insbesondere auf die Kommunikationsprotokolle zu. Falls einheitliche Schnittstellen, etwa durch ein kostengünstiges Produkt von seiten eines Instituts, nicht erreicht werden können, ist die Übernahme und Verarbeitung der Daten aus proprietären Systemen ein wichtiger Wettbewerbsfaktor. Mit EDIFACT ("Electronic Data Interchange for Finance, Administration, Commerce and Transport") kann ein branchenübergreifender Kommunikationsstandard auch für die Übermittlung von Daten zwischen Unternehmen und Kreditinstituten genutzt werden[191].

In Tabelle 5.2.2.2.2.1/1 werden die Anforderungen an die Architektur kurz zusammengefaßt.

---

[189] vgl.: Deutscher Sparkassen und Giroverband, Jahresbericht 1992..., a.a.O., S. 28.

[190] vgl.: Willi, R., Cash Management, in: Obst, G. und Hintner, O., Geld-, Bank- und Börsenwesen..., a.a.O., S. 672-677. Diese Systeme werden von fast allen Instituten in ähnlicher Weise angeboten.

[191] vgl.: Eistert, T., Strategische Informationssysteme und Electronic Data Interchange, in: Reichel, H. (Hrsg.), Informatik..., a.a.O., S. 111 f.

	Architekturanforderungen für die Unterstützung des Liquiditätsmanagements
Informations-Architektur	• Einheitliche Definition der wichtigsten Informationsbegriffe über die Spartengrenzen hinweg, um sowohl eine vertikale Integration über den Beratungsvorgang, wie auch eine horizontale Integration über mehrere Produkte und Dienstleistungen zu ermöglichen (Analyse der Produktnutzung von Kunden ist ein wesentlicher Erfolgsfaktor) • Disaggregierte, unternehmensweite Datenbasis, um verschiedene Produktbündel aus Kombinationen mehrerer Spartenprodukte zusammenstellen zu können • Isolieren wiederverwendbarer Funktionsmodule (Zinsberechnung, Kontoeröffnung) • Gestalten von zentralen Funktionsmodulen (z.B. Clearing), um Zahlungsströme besser überwachen, auswerten sowie für Beratungsanstöße nutzen zu können • Berücksichtigung von Fremdsoftware in der Vorgangs- und Prozeßmodellierung
Umsetzungs-Architektur	• Spartenübergreifend strukturierte Anwendungslandschaft • Einbau von Fremdsoftware (Cash-Management-Systeme)[192] • Vorgangssteuerungssystem für produktintegrierendes und spartenübergreifendes Liquiditätsmanagement • Relationales DBMS für flexible Auswertung von Kunden- und Produktnutzungsdaten zur individuellen Preisgestaltung • Berücksichtigen kundenindividueller Kommunikationsstandards durch effizientes Schnittstellenmanagement bzw. Isolieren und automatisches Umsetzen der Informationen • Angebot zur Unterstützung von standardisierten Kommunikationsprotokollen, z.B. unter Nutzung von EDIFACT • Gewährleisten von Sicherheit insbesondere bei institutsübergreifender Kontenkonzentration
Bereitstellungs-Architektur	• Angebot an Software an Unternehmen für effiziente Zahlungsverkehrsabwicklung (inkl. Beratung für unternehmensinterne Integration mit Rechnungswesen bzw. Angebot mit standardisierten Schnittstellen) • Berücksichtigung von täglich mehrfachen Aktualisierungen, falls weiterhin Batch-Läufe erforderlich sind • Sicherstellen ausreichender Kompatibilität mit eigenen Sicherheitsstandards bei Nutzen von Fremd-Netzen

Tabelle 5.2.2.2.2.1/1: Architekturanforderungen für die Unterstützung des Liquiditätsmanagements

Vermögensberatung

Der Bereich der Vermögensberatung von Firmenkunden wird für Kreditinstitute vor allem aufgrund der stark wachsenden Volumina immer wichtiger. Wie aus Untersuchungen der Deutschen Bundesbank hervorgeht, ist die Geldvermögensbildung die am stärksten wachsende Vermögensbil-

---

[192] vgl.: Hagenmüller, K. und Jacob, A.-F., Der Bankbetrieb. Band II..., a.a.O., S. 194. Nur die dort aufgeführten ausländischen Banken haben die Cash-Management-Systeme selbstentwickelt, die 3 deutschen Großbanken nutzen ein lizenziertes Produkt (unter eigenem Namen) sowie ein unternehmensfremdes Kommunikationssystem.

dungsart der letzten zehn Jahre[193]. Vor allem die Positionen Beteiligungen und Wertpapiere nahmen stark zu; ihr Anteil an der Bilanzsumme stieg zu Lasten der Vorräte und Sachanlagen. Daraus resultiert bei den 18281 untersuchten Unternehmen ein Anstieg der Erträge aus Wertpapieren und Beteiligungen von 12 auf 32 Mrd. DM zwischen 1979 bis 1989[194].

Dies erfordert ein stärkeres Gewicht für die Vermögensberatung durch Kreditinstitute, die auch den Handel mit Unternehmensbeteiligungen (M&A-Geschäft) berührt. So müssen etwa Informationen über Unternehmen, auch wenn sie nicht quantifizierbar sind, aufgenommen und ausgewertet werden[195].

Von Kreditinstituten werden vor allem Kenntnisse von Produkten, Märkten und der steuerlichen Regelungen erwartet, die durch globalere Anlagemöglichkeiten anspruchsvoller wurden. Das fachliche Wissen ist dann auf die unternehmensindividuelle Situation anzuwenden. Zusätzlich müssen externe Informationen online eingebaut und historische Wertentwicklungen analysiert werden. Dies bedeutet eine Zunahme an aufzunehmenden und aufzubereitenden Informationen und impliziert eine stärkere Herausforderung an die saubere Struktur der Daten.

Die im Rahmen von Auslandsaktivitäten notwendigen Finanzinnovationen zum Abdecken von Devisen- oder Zinsrisiken werden im Rahmen der Analyse zu Anforderungen aus der Finanzierung untersucht.

Die Vielfalt der unterschiedlichen Wertpapiere erfordert es, daß die jeweiligen Systeme mit einer großen Flexibilität ausgestattet sind. Die anzubietenden Anlageinstrumente entsprechen denen der vermögenden Privatkunden und werden hier nicht weiter erörtert.

In Tabelle 5.2.2.2.2.1/2 werden die Anforderungen an die Architektur kurz zusammengefaßt.

---

[193] vgl.: Deutsche Bundesbank, Die Vermögensbildung..., a.a.O., S. 19.

[194] vgl.: Deutsche Bundesbank, Längerfristige Entwicklung der Finanzierungsstrukturen westdeutscher Unternehmen, in: Monatsberichte der Deutschen Bundesbank 44 (1992) 10, S. 35 f. Die untersuchten Unternehmen repräsentieren rund 40% des Gesamtumsatzes und der hochgerechneten Bilanzsumme im Jahr 1989.

[195] vgl.: Casserley, D., Facing Up..., a.a.O., S. 110 f.

	Architekturanforderungen für die Unterstützung der Vermögensanlage
Informations-Architektur	• Einheitliche spartenübergreifende Defintion der Informationsbegriffe für vertikale und horizontale Integration • Hohe Flexibilität der Datenstruktur zur Aufnahme internationaler Regeln durch Parametrisierung • Abgleich mit dem Unternehmensdatenmodell zur Sicherstellung ausreichender Kompatibilität • Ermöglichen einer Gesamtkundensicht (horizontale Integration) sowie -ergebnisrechnung für kundenindividuelle Zins- und Gebührenfestlegung • Disaggregation von Produkten auf Einzelbausteine mit dazu nötigen Funktionsmodulen auf unterschiedlichen Aggregationsstufen, um schnell neue Produktvarianten erstellen oder nachbilden zu können
Umsetzungs-Architektur	• Anwendungslandschaft unterteilt nach Segmenten für Kleinfirmen, selbständige Gewerbetreibende, Mittelstand, Großfirmen und multinationale Firmen • Online-Informationen, Zeitreihen, Simulationsrechnungen für Großanleger • Unterstützung von Schnittstellen zu externen Informationsdienstleistern • Hohe Präsentationsfähigkeit der Beratungssoftware • Auskunftsfähigkeit zu ausgeführten Transaktionen und über den aktuellen Wert des Depotvermögens (zu Großanlegern über den Online-Anschluß) • Evtl. Datenhaltung am Nutzungsschwerpunkt, falls Geschwindigkeits- oder Präsentationsanforderungen dies notwendig machen
Bereitstellungs-Architektur	• Konzentration der eigenständigen Software-Entwicklung auf ergebnisträchtige Segmente, evtl. Dezentralisierung der Verantwortung für die Anwendungsentwicklung in die Fachbereiche • Sicherstellen von Online-Buchungen und fehlerfreien Ablauf mit hoher Datensicherheit, erschwert durch internationalen Handel mit 24-Stunden-Betrieb

Tabelle 5.2.2.2.2.1/2: Architekturanforderungen für die Unterstützung der Vermögensanlage

Aus einem Vergleich der Anforderungen zwischen Privat- und Firmenkunden wird klar, daß sich diese im Falle der Vermögensanlage nur wenig unterscheiden. Dies liegt zum einen daran, daß viele Produkte nur vermittelt werden und daher auf dem freien Markt für alle Kunden in gleicher Weise verfügbar sind. Zum anderen muß die Trennung zwischen Privat- und Firmensphäre bei vielen Kunden nicht vorgenommen werden, wenn es sich um selbständige Gewerbetreibende oder typische Mittelständler handelt.

Finanzierungsprodukte

Die Versorgung von Firmenkunden mit leistungsfähigen Finanzierungsprodukten ist für Kreditinstitute ein Bereich mit abnehmender Bedeutung. So stellte die Bundesbank fest, daß "die Unternehmen ihre Investitionen während des gesamten Untersuchungszeitraums im wesentlichen aus

Gewinnen, verdienten Abschreibungen und Rückstellungen finanziert haben"[196]. Die Außenfinanzierung, d.h. die Finanzierung über Schulden oder Zuführung zum Eigenkapital, verliert an Bedeutung, wie auch aus Abbildung 5.2.2.2.2.1/1 entnommen werden kann[197].

Eine differenzierte Untersuchung der Finanzierungssituation nach Größenklassen erklärt, wieso viele Geldinstitute besonders den Mittelstand zur strategischen Stoßrichtung im Firmenkundengeschäft erklärt haben.

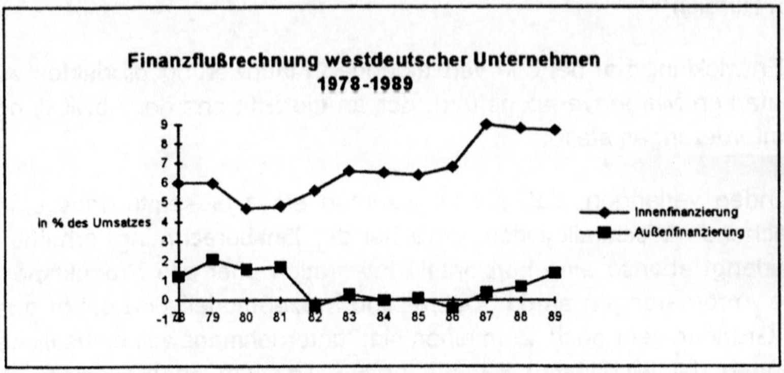

Abb. 5.2.2.2.2.1/1: Langfristige Entwicklung der Finanzflüsse in westdeutschen Unternehmen

In der bereits mehrfach erwähnten Untersuchung der Deutschen Bundesbank wurden die in Tabelle 5.2.2.2.2.1/3 aufgeführten Unternehmensklassen untersucht:

Art	Anzahl	Jahresumsatz (in Mio. DM)
Kleinunternehmen	7570	bis zu 10
Mittelgroße Unternehmen	8785	10-100
Großunternehmen	1926	über 100

Tabelle 5.2.2.2.2.1/3: Untersuchungsumfang zur Finanzierungsstruktur von Unternehmen

Relativ zum Umsatz wurde eine stark abnehmende Finanzierungsnachfrage in Form von Verbindlichkeiten bei Großunternehmen festgestellt, eine relativ konstante Nachfrage bei mittelgroßen Unternehmen sowie eine wachsende Nachfrage bei Kleinunternehmen[198].

Neben dieser verringerten Nachfrage nach Finanzierungsprodukten bei Großunternehmen ist für Kreditinstitute die Art des verbleibenden Finan-

---

196 Deutsche Bundesbank, Längerfristige..., a.a.O., S. 33.

197 vgl.: Ebenda, S. 36.

198 vgl.: Ebenda, S. 34.

zierungsbedarfs von großer Bedeutung. Eine Reihe Großunternehmen haben eigene Finanzabteilungen ("Corporate Finance") aufgebaut, die eine Vielzahl an Bankfunktionen selbst übernehmen bzw. die Dienstleistungen damit besser bewerten können. Auf der Finanzierungsseite führt dies dazu, daß zunehmend vormals nicht handelbare Verbindlichkeiten oder Kredite in handelbare Wertpapiere ("Securitization") verwandelt werden. Die bekanntesten Produkte sind die sogenannten "Commercial Papers" im eher kurzfristigen Bereich sowie "Medium Term Notes" im kurz- bis mittelfristigen Bereich[199].

Diese Entwicklung hat bei den verbleibenden Finanzierungsprodukten zu einem starken Margenverfall geführt, der an die Effizienz der Abwicklung hohe Anforderungen stellt.

Großkunden verlangen, daß sie im Rahmen eines Gesamtobligos eine entsprechende Mischkalkulation, etwa bei der Zinsberechnung, erhalten. Dies verlangt ebenso eine horizontale Integration über alle Produktsparten. Die Anforderungen an das Daten- und Prozeßmodell sind daher aus beiden Gründen sehr hoch. Zum einen sind unternehmensweit einheitliche Definitionen der wichtigsten Begriffe notwendig, zum anderen sind die Prozesse hinsichtlich Automatisierung und Integrationsmöglichkeiten zu untersuchen.

Die Entwicklung dieser veränderten Aufgabenstellung von Kreditinstituten bei Großunternehmen ist vor allem deshalb von großer Bedeutung, da eine wirksame Globalisierungsstrategie aufgrund des häufig fehlenden Firmenkundenpotentials im lokalen, kleinen und mittleren Segment auf Großkunden angewiesen ist.

Gegenüber den im Massengeschäft üblichen statistischen Auswertungen anonymer Informationen werden im Großkundengeschäft Risikofaktoren auf Basis "legaler Insiderinformationen" gefordert. Immer dann, wenn die Segmente für statistische Aussagen zu klein sind, müssen sich Kreditinsti-

---

[199] vgl.: Eichwald, B., Die Kreditarten, in: Obst, G. und Hintner, O., Geld-, Bank- und Börsenwesen..., a.a.O., S. 487-491; Schmitz, R.H., Finanzierung als strategischer Hebel, in: Henzler, H.A. (Hrsg.), Handbuch..., a.a.O., S. 303-307; Christians, F.W., Finanzstrategie und Unternehmensentwicklung, in: Henzler, H.A. (Hrsg.), Handbuch..., a.a.O., S. 277-293; Deutsche Bundesbank, Längerfristige..., a.a.O., S. 31. Dort wird auf ein sogenanntes "Industrieclearing" als zwischenbetriebliche Kreditvergabe hingewiesen, das ebenfalls die Aufgaben der Banken beeinträchtigt. Zur Entwicklung dieser Corporate-Finance-Abteilungen in großen Unternehmen vgl.: Hagemann, H., Should..., a.a.O., S. 19-34.

tute zur Ermittlung eines korrekten Risikomaßes Hilfsgrößen bedienen, etwa durch Kenntnis der Branche oder der Region[200].

Im Geschäft mit Firmenkunden in den Segmenten mit kleinerem Umsatzvolumen ist aufgrund der oben beschriebenen Vorgänge eine erhöhte Konkurrenz der Kreditinstitute und damit ebenfalls ein Margenverfall zu erwarten. Ein Vergleich der Angebote für Firmenkunden, angefangen mit üblichen Finanzierungsprodukten über zusätzliche Unternehmensberatung, Firmendatenbanken oder M&A-Finanzierung, zeigt ein ähnliches Produkt- und Dienstleistungsangebot und damit eine zunehmende Standardisierung. Zur besseren Differenzierung sowie Anpassung an den verschärften Wettbewerb sind fokussierte Segmentierungen der Firmenkunden üblich. Die Kunden werden nach Branchen, Regionalität des Kunden- und Lieferantenbereichs oder Produktbedarfen segmentiert. Die im Privatkundenmarkt gemachten Erfahrungen lassen sich hier nutzen[201].

Das Produktangebot selbst umfaßt neben den klassischen Kreditarten auch Angebote auf dem Gebiet des modernen Zins- und Devisenmanagements, das " von klassischen Absicherungs-Instrumenten bis hin zu komplexen Konstruktionen mit Finanzderivaten reicht"[202]. Die Anforderungen an die Schnelligkeit in diesem engen Markt sind sehr hoch. Alle die Institute, denen die Größe bzw. das Know-how als "market-maker" fehlt, müssen daher vorgegebene Lösungen schnell adaptieren. Nur so kann ausreichend an den frühen und profitablen Phasen des kurzlebigen Produktlebenszykluses partizipiert werden. Da hier die Effektivität der DV-Entwicklung eine sehr große Rolle spielt, ist eventuell eine Vorgehensweise mit stark dezentraler Verantwortung der Anwendungsentwicklung nötig. Die Entwicklergruppe ist dann enger mit dem Fachbereich verzahnt, um die Informationen sehr schnell in die Anwendungen einzubringen. Durch die schnelle Entwicklung kann es zu "Insel-Lösungen", z.B. mit objektorientierten Methoden, kommen, ohne daß diese ausgereift sein müssen.

Die Rentabilitätsrechnung komplexer Finanzinnovationen erfordert hohe Fachkenntnis, die Anwendung analytischer Fähigkeiten sowie eine adäquate technologische Unterstützung. Nur so können Preisunterschiede zwischen Papieren unterschiedlicher Laufzeit, Zinssätze, Währungen und quantifizierbaren Risiken identifiziert werden[203]. Der Wert längerfristiger

---

[200] vgl.: Casserley, D., Facing Up..., a.a.O., S. 101-103.

[201] vgl.: Deutscher Sparkassen und Giroverband, Jahresbericht 1992..., a.a.O., S. 55.

[202] vgl.: Berliner Handels- und Frankfurter Bank, Bericht über das Geschäftsjahr 1992, Frankfurt und Berlin 1993, S. 24.

[203] vgl.: Casserley, D., Facing Up..., a.a.O., S. 145-149.

Swaps hängt von zu prognostizierenden Werten für Zinssätze über die Laufzeit, der Korrelation zwischen verschiedenen Märkten und Instrumenten sowie den Kosten und der Qualität der Absicherung ab[204]. Zur Bewertung sind daher mehrere Annahmen notwendig, die nur systemgestützt fortlaufend auf die Wahrscheinlichkeit ihres Eintreffens überwacht werden können.

Im Rahmen der Kreditwürdigkeitsprüfung sind zumindest bei Summen über 100000 DM die wirtschaftlichen Verhältnisse des Kreditnehmers genau zu prüfen, insbesondere durch Vorlage des Jahresabschlusses[205]. Durch Bildung geeigneter Kennzahlen wird versucht, ein wahres Bild der Vermögens-, Ertrags- und Finanzlage bzw. über Wahrscheinlichkeiten der Insolvenzgefahr zu erhalten. Wie auch bei Privatkunden werden die Kennzahlen weniger aufgrund ökonomischer Begründungen als vielmehr mit statistischem Auswerten historischer Daten ermittelt[206]. Für die zugehörige DV-gestützte Jahresabschlußanalyse sind Tabellenkalkulationsprogramme für PCs oder Workstations sehr geeignet. Allerdings sollte es ermöglicht werden, die Grunddaten zentral einzugeben bzw. extern zu beschaffen und dem jeweiligen Bearbeiter zuzuführen. Aufwendige Regressionsanalysen werden aufgrund der Rechenanforderungen wiederum zentrale Verarbeitung erfordern. Da sie nicht zeitkritisch sind, wären hier Batch-Läufe zu transaktionsarmen Zeiten möglich.

Neben der Finanzierung durch Schulden ist die Zuführung von Eigenkapital vor allem für börsennotierten Kapitalgesellschaften ein weiterhin profitables und wachsendes Geschäft für Kreditinstitute[207]. Allerdings ist der Kreis möglicher Emittenten begrenzt, zum einen durch die geringe Anzahl börsennotierter Firmenkunden, zum anderen aber auch durch selbstdefinierte Mindestvolumen[208]. Da diese Tätigkeiten zumeist als Konsortialgeschäft durchgeführt werden, ist die Zusammenarbeit mit den beteiligten Instituten auf der DV-Seite sicherzustellen. Ansonsten sind die spezifischen DV-Anforderungen durch die Börseneinführung eher gering.

---

204 vgl.: Chicago Board of Trade, From Beans to Bonds. A Brief Look at the Chicago Board of Trade, Chicago 1992.

205 vgl.: Gesetz über das Kreditwesen, §18 Kreditunterlagen. Die Problematik der Jahresabschlußanalyse wird in der gängigen Literatur eingehend behandelt und hier nicht weiter erörtert.

206 Die Anwendung neuronaler Netze für Firmenkunden zeigt in die gleiche Richtung.

207 vgl.: Deutsche Bundesbank, Zur Bedeutung der Aktie als Finanzierungsinstrument, in: Monatsberichte der Deutschen Bundesbank 43 (1991) 10, S. 26.

208 vgl.: Breuer, R.-E., Das Effektengeschäft, in: Obst, G. und Hintner, O., Geld-, Bank- und Börsenwesen..., a.a.O., S. 532.

In Tabelle 5.2.2.2.2.1/4 werden die Anforderungen an die Architektur kurz zusammengefaßt.

	Architekturanforderungen für die Unterstützung der Finanzierung
Informations-Architektur	• Aufnahme wichtiger Kundenmerkmale in die Datenbasis, die zur Risikobeurteilung dienen können (Bilanz-, Unternehmens- und Branchendaten) • Einheitliche Definition der wichtigen bankinternen Informationen zu Kunde, Produkt, Produktnutzung über verschiedene Sparten hinweg • Möglichkeit eines Gesamtobligos (horizontale Integration) für alle Firmenkunden über alle Sparten hinweg • Trennung von Zins- und Risikomarge bei der Gestaltung von individuellen Produktangeboten • Zerlegen von Produktvarianten in zugrundeliegende Bausteine und dafür erforderliche Elementarfunktionen verschiedener Aggregationsstufen, um die gesamte Vielfalt von Finanzderivaten abbilden bzw. gestalten zu können • Gegebenenfalls Bildung von Objekten als kleinster Baustein von Produkten • Vorgangsmodellierung von typischen Finanzierungsabläufen (vertikale Integration) für weitere Standardisierung des einfachen Kreditgeschäftes
Umsetzungs-Architektur	• Vorgangssteuerungssystem, evtl. unter Einsatz von Expertensystemen für Jahresabschlußanalyse, für vertikal integrierten Kreditberatungs- und -abwicklungsvorgang • Unterstützung von Schnittstellen zu externen Informationsdienstleistern mit vorgefertigter Aufbereitung der Daten • Relationales DBMS zur flexiblen Auswertung von intern verfügbaren Daten und externen Informationen (z.B. Kennzahlen) • Leistungsfähige Massenspeicher für historische Kunden-, Produkt- und Risikodaten sowie Unternehmens- und Brancheninformationen (inkl. "softe" Informationen)
Bereitstellungs-Architektur	• Dezentralisierung der Verantwortung zur Entwicklung der Anwendungen in die Fachbereiche, wenn anders das notwendige Fachwissen nicht aufgenommen werden kann

Tabelle 5.2.2.2.2.1/4: Architekturanforderungen für die Unterstützung der Finanzierung

5.2.2.2.2.2 Selbstbedienung

Der Bereich des Electronic Banking im Firmenkundengeschäft umfaßt neben den üblichen Dienstleistungen für die Geschäftsabwicklung wie Zahlungsverkehrsprodukte, Cash-Management- und Devisenmanagement-Produkte auch Branchendienste und Beratungs-Dienstleistungen[209]. Viele der hier aufgeführten Angebote sind mit denen für vermögende Privatkunden vergleichbar. Sie unterscheiden sich zumeist nur durch Komfort und die Leistungsbreite bzw. -tiefe sowie deren Struktur. Zwar ist die SB-Komponente für Firmenkunden eher weniger wichtig, dafür werden BTX-Angebote für umsatzkleinere Firmen in transaktionsärmeren Segmenten

---

[209] vgl.: Hanraths, K.H., Wettbewerbsvorteile..., a.a.O., S. 259.

sowie Angebote mit Direktanbindung für Firmen mit hohen Transaktionszahlen intensiv genutzt.

Die daraus resultierenden Architekturanforderungen sind ebenfalls denen der Privatkunden sehr ähnlich. Wichtig ist hierbei die Integration mit der eigenen Buchhaltung[210].

5.2.2.2.2.3 Abschluß und Abwicklung

Die Anforderungen aus dem Bereich Abschluß und Abwicklung im Firmenkundengeschäft unterscheiden sich von denen im Privatkundenbereich vor allem durch:

- typischerweise hohe Anzahl an Transaktionen mit hohem Volumen,
- die Möglichkeit, weniger arbeitsintensive Transaktionen selbst zu übernehmen bzw. diese Alternative für Preisverhandlungen mit Kreditinstituten anzukündigen[211] und
- den hohen Stellenwert einer zwischenbetrieblichen Integration der unternehmensinternen und bankeigenen Systeme.

Im folgenden wird nur der Teilbereich Zahlungsverkehr einschließlich Auslandszahlungsverkehr gesondert behandelt.

Im Bereich des Firmenkundenzahlungsverkehrs spielt der Barverkehr sowie die Verlagerung auf SB-Geräte eine nur unbedeutende Rolle. Ein wesentlicher Schwerpunkt ist im elektronischen Zahlungsverkehr zu sehen. Hierzu gehören die im Rahmen von Electronic-Cash notwendigen Händlerverträge, die Zahlungen zwischen Unternehmen oder Kunden auf Basis von Lastschriften und Überweisungen sowie die Regelung des Scheckverkehrs. Beleghafte Aufträge werden in Datensätze umgewandelt, die dazu notwendigen Verfahren sind sowohl für Überweisungen, Schecks oder Lastschriften genauestens durch Abkommen geregelt[212]. Die Weiterleitung der Datensätze erfolgt auf dem Wege des Datenträgeraustausches (DTA), auch Magnetband-Clearing-Verfahren genannt, oder der Datenfernübertragung (DFÜ). Dabei sind die Vorgaben der Deutschen Bundesbank bzw. der Landeszentralbanken zu beachten. So führte die

---

[210] vgl.: Zügel, W., Automation..., a.a.O., S. 637.

[211] vgl.: Bernet, B., Back..., a.a.O., S. 8 f.

[212] EZÜ: Elektronischer Zahlungsverkehr für Individualüberweisungen
BSE: Belegloser Scheckeinzug
EZL: Elektronischer Zahlungsverkehr mit Lastschriften, vgl.: Grill, W./Perczynski, H, Kreditwesen, 1990, S. 115 f.

Bundesbank 1990 in Hessen die "Elektronische Abrechnung mit Filetransfer" (EAF) ein.

Von großer Bedeutung für export- oder importorientierte Firmenkunden ist der Auslandszahlungsverkehr, mit dessen Hilfe die notwendigen Transaktionen für Güter-, Dienstleistungs- oder Kapitalgeschäfte über Ländergrenzen hinweg abgewickelt werden. Vom inländischen Zahlungsverkehr unterscheidet er sich durch die Abwicklung in Devisen (anteilig), das Fehlen von ausreichenden eigenen Gironetzen bzw. Dienstleistungsangeboten der Zentralbank sowie der Notwendigkeit, devisenrechtliche Vorschriften verschiedener Länder zu beachten[213]. Der Auslandszahlungsverkehr wird üblicherweise durch Überweisungen, oft per Datenfernübertragung, oder mittels Scheckzahlung durchgeführt[214].

Falls zu wenig eigene Betriebsstellen im Ausland vorhanden sind, werden Korrespondenzbanken für die Unterstützung genutzt. Wesentlich ist ein Anschluß an das SWIFT[215]-System, ein international genutztes Datenfernübertragungsnetz. Über die reine Kommunikationsfunktion hinaus werden Dienstleistungen angeboten, die von automatischem Mehrwährungs-Clearing bis zur zwischenbanklichen Datenübertragung beliebiger Datenstrukturen reichen. Durch die EDIFACT-Normierung werden überbetriebliche Integrationseffekte angestrebt. Vor allem im "dokumentären Auslandsgeschäft" besteht hier noch hoher Rationalisierungsbedarf. Die begleitenden Dokumente bieten den Geschäftspartnern oft die alleinige Möglichkeit der Lieferungs- und Zahlungssicherheit[216]. Eine mögliche Alternative sind "Document Imaging"-Anwendungen.

In Tabelle 5.2.2.2.2.3/1 werden die Anforderungen an die Architektur kurz zusammengefaßt.

---

213 vgl.: Preuß, M. und Theyssen, G., Internationaler Zahlungsverkehr, in: Obst, G. und Hintner, O., Geld-, Bank- und Börsenwesen..., a.a.O., S. 640 f.

214 vgl.: Dortschy, J.W., Jung, K.-H. und Köller, R., Auslandsgeschäfte: Banktechnik und Finanzierung, Stuttgart 1990, S. 79 f.

215 Society for Worldwide Interbank Financial Telecommunication.

216 vgl.: Ebenda, S. 202-204.

	Architekturanforderungen für die Unterstützung der Zahlungsverkehrsabwicklung
Informations-Architektur	• Einheitliche Definition der Informationsbegriffe in allen überlappenden Geschäftsgebieten, hierbei Sicherstellen der Fähigkeit von "Kontenkonzentration" (evtl. institutsübergreifende Abstimmung notwendig) • Gewährleisten eines hohen Grads an Flexibilität bei länderspezifischer Anpassung durch Parametrisieren von Regeln • Berücksichtigen von EDIFACT-Nachrichtenformaten bereits in den Datenstrukturen • Hohes Maß an vertikaler Integration der Vorgänge
Umsetzungs-Architektur	• Horizontal und vertikal integrierte Vorgangsbearbeitung • Automatisierte Eingangsprüfung inkl. Verfügungsberechtigung bei "elektronischer Unterschrift" • Spezial-Software und -Hardware für transaktionsintensive Abwicklung von Zahlungsverkehrsvorgängen, z.B. IMS-Fastpath oder fehlertolerante Systeme • Standardisierter File-Transfer (Vorgaben der Bundesbank, SWIFT-Formate, Standardsoftware) • Berücksichtigung von Kunden-Schnittstellen • Einsatz von Image-Processing für Aufnahme von papierbasierenden Informationen, z.B. im "dokumentären Auslandsgeschäft"
Bereitstellungs-Architektur	• Mehrfache untertägige Verbuchung in Batch-Läufen, falls sich Online-Aktualisierung nicht realisieren läßt

Tabelle 5.2.2.2.2.3/1: Architekturanforderungen für die Unterstützung der Zahlungsverkehrsabwicklung

Sowohl für Einlagen, Finanzierungen wie auch Finanzderivate bauen die Anforderungen auf denen der vermögenden Privatkunden auf. Für Firmenkunden ist es selbstverständlich, daß Konten durch effizientes Cash-Management ausgeglichen werden. Ebenso erwarten sie, daß für Kreditzusagen vorhandene Einlagen als Sicherheit automatisch gegengehalten werden und der Abwicklungsprozeß nicht mehrere arbeitsteilig getrennte Schritte durchläuft. Für die Abwicklung ist daher die horizontale und vertikale Integration in hohem Maße erforderlich. Die Unterscheidung zu den vermögenden Privatkunden verläuft meist in der höheren Internationalität der Dienstleistungswünsche. Daher ist hier auch ein verschärfter Wettbewerb von seiten der Kreditinstitute zu erwarten. Dies führt zum einen zu höherem Rationalisierungsdruck, zum anderen aber auch zu verursachungsgerechterer Kostenzuteilung und entsprechender Preisbildung. Die in Deutschland vor allem bei Privatkunden übliche Mischkalkulation von Opportunitätsgewinnen durch zinslose Guthaben bzw. "Float"-Erträge durch Laufzeitverlängerung und dafür niedrige Gebühren sind auf internationaler Ebene, und damit bei potentiellen Wettbewerbern, nicht üblich.

Die einzelnen Architekturanforderungen wurden bereits im Kapitel "Privatkunden" behandelt. In Tabelle 5.2.2.2.2.3/2 sind die Anforderungen für die noch ausstehenden Abwicklungsbereiche des Geschäftes mit Firmenkunden zusammengefaßt.

	Architekturanforderungen für die Unterstützung der Abwicklung von Einlagen, Finanzierungsprodukten sowie Wertpapieren/Devisen
Informations-Architektur	• Auflösen von komplizierten Datenkonstrukten durch Subroutinen • Formulieren eines spartenübergreifenden, fachlichen Unternehmensdatenmodells zur Sicherstellung von horizontaler und vertikaler Integration • Auflösen der Produktkomplexität und -vielfalt in der Abwicklung durch Wiederverwendbarkeit auf der Ebene der Elementarfunktionen und Reduktion der Variantenzahl • Funktionsmodule mit mehreren Aggregationsstufen zum einfacheren Zusammenstellen von Produktvarianten (auch bei derzeit noch wenig wettbewerbsrelevanten Gebieten) • Berücksichtigen einer Neuprozeßgestaltung mit zentralen Modulen wie Clearing • Definition von generischen Abläufen mit Norm-Charakter • Hohes Maß an vertikaler Integration der Vorgänge (von der Beratung hin zur Abwicklung mit einmaliger Dateneingabe), auch über längere Laufzeit hinweg • Berücksichtigen von "Fremdsoftware"
Umsetzungs-Architektur	• Auf zentrale Zielumgebungen ausgerichtete Software-Entwicklungplattformen • Horizontal und vertikal integrierte Vorgangsbearbeitung von der Beratung bis zur Abwicklung • Nutzen von Standardsoftware für nicht wettbewerbsrelevante Gebiete • Zentrale Verarbeitung der Daten zur Sicherstellung der Datenkonsistenz und Sicherheit • Schaffen spezieller Anwendungsschnittstellen (API) für Fremdsoftware • Berücksichtigen zentral vorgegebener Kommunikationsstandards (etwa der Deutschen Bundesbank), evtl. auch Nutzung für internen Einsatz • Einheitliche Definition der Schnittstellen zwischen Anwendungen mit vertikaler oder horizontaler Integration • Vernetzen der Arbeitsplätze zwischen Front- und Back-Office zur Nutzung von Workflow-Systemen • Bei Spezialhardware muß Sicherstellung von Schnittstellenkompatibilität bzw. Einbindung in ein lokales LAN berücksichtigt werden
Bereitstellungs-Architektur	• Berücksichtigen des Online- oder Batchbetriebes sowie der 24-Stunden-Verfügbarkeit mit unterschiedlichen Buchungsschnitten bereits im Anwendungsdesign • Sicherstellen ausreichender Antwortzeiten bereits durch Abwägen notwendiger Flexibilität im Anwendungsdesign • Nutzen von belastungsärmerem Nachtbetrieb für Aktualisierung von ausgewählten Konten im Batch-Lauf

Tabelle 5.2.2.2.2.3/2: Architekturanforderungen für die Unterstützung der Abwicklung von Einlagen, Finanzierungsprodukten sowie Finanzinnovationen

5.2.2.2.3 Anforderungen aus dem Markt für Allfinanzkonzepte

Unter dem Allfinanzkonzept wird das Zusammenfügen mehrerer, traditionell getrennt angebotener Finanzdienstleistungen verstanden. Neben den historischen Allfinanzkooperationen im öffentlichen und genossenschaftlichen Sektor streben zunehmend auch Finanzinstitute aus dem Bank-, Versicherungs- oder Bausparkassenbereich an, die Kunden umfassend zu bedienen[217]. In Abbildung 5.2.2.2.3/1 ist das Allfinanzkonzept anhand der wichtigsten Allfinanzkooperationen in Deutschland illustriert.

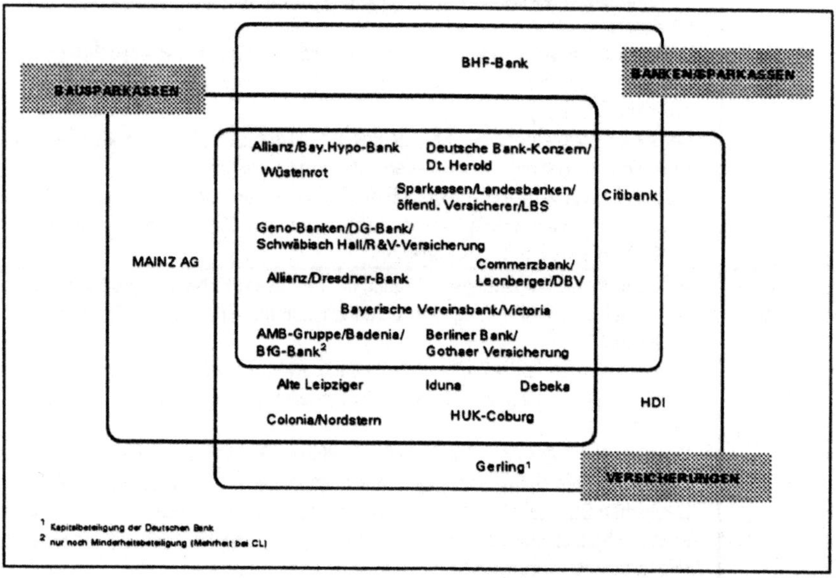

Abb. 5.2.2.2.3/1: Allfinanzkonzept illustriert am deutschen Finanzinstitutsmarkt[218].

Die Institute wenden hierzu unterschiedliche Strategien an. So versucht die Deutsche Bank AG durch Eigengründungen von Bausparkassen sowie Lebensversicherungen und unterstützenden Akquisitionen einen Allfinanzverbund mit eigenen Kräften zu schaffen. Andere Kreditinstitute

---

217 Die "Cross-Selling"-Quote von Sparkassen und Landesbausparkassen beträgt über 50%, d.h. mehr als die Hälfte des Brutto-Neugeschäftes wurde von Sparkassen vermittelt, vgl.: Deutscher Sparkassen und Giroverband, Jahresbericht 1992..., a.a.O., S. 16; vgl. ebenso die Ausführungen im Kapitel "Anforderungen aus dem Markt für Allfinanzkonzepte".

218 vgl.: Datengrundlage aus Commerzbank AG, wer gehört zu wem. Handbuch über Beteilungsverhältnisse in Deutschland, 17. und erweiterte Auflage, Frankfurt 1991; Swiss Re, Banks Marketing Life Insurance. Dangerous Threat or Strategic Opportunity? An Insurance Industry Perspective, Swiss Reinsurance Company, Zürich 1991; Salomon Brothers, European Insurance Distribution. A Battle for the Customer: More Losers than Winners; Salamon Brothers o.Jg., S. 26-36; Hoppenstedt Datenbank.

gehen Vertriebskooperationen mit Versicherungen ein, eventuell unterstützt durch Kapitalbeteiligungen[219].

In einer erweiterten Fassung könnten noch Leasing- oder Kapitalanlagegesellschaften aufgeführt werden.

Ursache der Entwicklung von Allfinanzkonzepten sind vor allem:

- der Wunsch, alternative Distributionswege einschlagen zu können,
- die zunehmende Konkurrenz um Ersparnisse der Privathaushalte (Der Anteil der Banken an Einlagen ist seit 1960 von 56,2 auf 45,5% zurückgegangen, während vor allem Versicherungseinlagen und festverzinsliche Wertpapiere zunahmen)[220] und
- die Absicht, Kunden einen umfassenden Service "aus einer Hand" bieten zu können[221].

Aus Sicht der Kreditinstitute sind zwei Wege vorstellbar, wie Allfinanzkonzepte umgesetzt werden. Zum einen können Kreditinstitute die erfolgreichen Vertriebswege von Versicherungen für den Absatz eigener Bankprodukte nutzen. In der Praxis zeigt sich dies bei dem Vertrieb von Investmentfonds[222]. Zum anderen können Kreditinstitute sich auch am Vertrieb von Versicherungsprodukten beteiligen. In nachstehender Abbildung 5.2.2.2.3/2 sind fünf verschiedene Optionen kurz dargestellt.

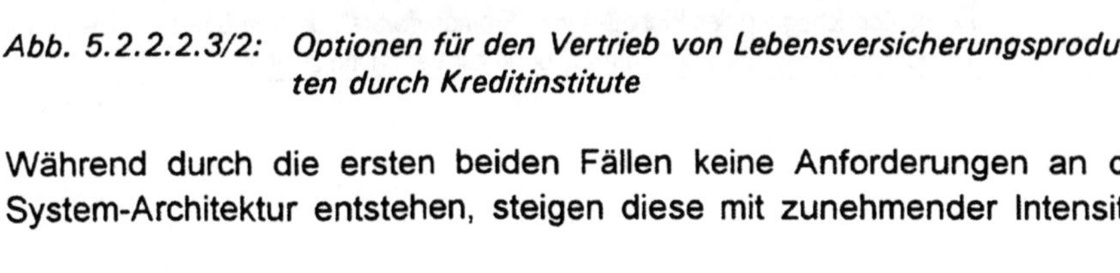

Abb. 5.2.2.2.3/2: Optionen für den Vertrieb von Lebensversicherungsprodukten durch Kreditinstitute

Während durch die ersten beiden Fällen keine Anforderungen an die System-Architektur entstehen, steigen diese mit zunehmender Intensität

219 vgl.: Süchting, J., Bankmanagement..., a.a.O., S. 197 f. und 441 f.

220 vgl.: Schweizer Rück, Sigma. Allfinanz: Banken und Versicherungen im Wettbewerb - eine Bestandsaufnahme, Schweizer Rückversicherungs-Gesellschaft, Wirtschaftsstudien 2/92, Zürich 1992, S. 7, Basis sind die Monatsberichte der Deutschen Bundesbank.

221 vgl.: Franke, G., Finanzmärkte..., a.a.O., S. 1054-1057.

222 Die Berater der Deutschen Vermögensberatung AG empfehlen und vertreiben Investmentfonds der Dresdner Bank-Tochter Deutscher Investment-Trust (DIT).

des Informationsaustausches, insbesondere wenn die Kooperation die Abwicklung einschließt. Gründe, die für Kreditinstitute als Vertreiber von Lebensversicherungen sprechen, liegen vor allem in den vorhandenen Kundenbeziehungen und -daten, einem guten Image (im Gegensatz zu Versicherungsvertretern) sowie der Ähnlichkeit vieler Versicherungsprodukte mit Bankprodukten und damit geringem Neuschulungsbedarf von Bankbeschäftigten[223].

In Tabelle 5.2.2.2.3/1 werden die Anforderungen an die Architektur aus dem Markt für Allfinanzkonzepte dargestellt. Hierbei wird unterstellt, daß eigene Produkte einer gekauften oder gegründeten Versicherungs- oder Bauspartochter durch das Kreditinstitut im Rahmen von Beratungsanwendungen angeboten und verkauft werden. Diese Eigentumsform ermöglicht eine gemeinsame Architekturkonzeption, auch wenn die Kosten-/Nutzenverteilung ungleichmäßig bzw. diese nur schwer feststellbar ist.

	Architekturanforderungen aus dem Markt für Allfinanzkonzepte
Informations-Architektur	• Detaillierte Informationsbegriffe für Segmentierungen nach Kunden sowie Produktbedürfnissen • Einheitliche, spartenübergreifende Definition der Informationsbegriffe und Beziehungen, um vertikale und (teilweise) horizontale Integration zu ermöglichen • Gleichartige Beschreibung der Struktur verschiedener Produkte für integrierte Produktangebote • Allfinanz-Konzern-übergreifendes Datenmodell auf oberster Ebene mit Detaillierungen in wesentlichen, die Branchen überlappenden Gebieten • Funktionsmodule mit mehreren Aggregationsstufen zur einfachen Produktentwicklung • Disaggregation der Funktionen auf Ebene der Elementarfunktionen zur übergreifenden Wiederverwendbarkeit • Formulieren von integrierten, spartenübergreifenden Beratungsvorgängen • Parametergesteuerte Akquisitionshinweise für alle Allfinanzbedürfnisse • Bausteinsysteme für abgestufte, an Lebenssituationen orientierte Beratung • Berücksichtigung des Einbaues von "Fremdsoftware", um von Spezial-Know-how oder zur Abwicklung der Transaktionen zur Verfügung zu stellen

(Fortsetzung)

[223] vgl.: Swiss Re, Banks..., a.a.O., S. 16. Letzteres dürfte auch einer der Hauptgründe sein, weshalb sich der Vertrieb von Versicherungen hauptsächlich auf das standardisierte Privatkundengeschäft konzentriert (Auto-Haftpflicht, Haftpflicht, Kapital-Lebensversicherungen, Privat-Haftpflicht, Hausrat).

(Fortsetzung)

	Architekturanforderungen aus dem Markt für Allfinanzkonzepte
Umsetzungs-Architektur	• Abgestimmte Auswahl der Software-Umgebung, um für alternative Zielumgebungen gemeinsame Beratungssoftware erstellen zu können • Schwerpunkt der Bearbeitung auf zentralen Systemen, um Datenkonsistenz über einheitliches Datenmanagement sicherstellen zu können • Sparten- und institutsübergreifend strukturierte Anwendungslandschaft • Übergreifendes Vorgangssteuerungssystem • Integration von Spezialsoftware als isolierte "Insel-Lösungen" mit fest vorgegebenen Schnittstellen • Relationale DBMS in der Beratung, hierarchisches DMBS in der Abwicklung von Massentransaktionen • Automatisiertes Schnittstellenmanagement zwischen verschiedenen Hardware-Welten zur Entlastung der Beschäftigen • Sicherstellen kompatibler bzw. über Schnittstellen integrierbarer Kommunikationsnetze
Bereitstellungs-Architektur	• Abgestimmte Aufteilung der Anwendungsentwicklung bei gemeinsamer Software-Entwicklung • Gegebenenfalls Ausbau oder Reengineering bestehender Beratungssoftware und nur leichte Anpassung in den Abwicklungsprogrammen • Einigung auf gemeinsame Methoden und Verfahren sowie Software-Entwicklungsumgebung (SEU), um Anwendungen gemeinsam nutzen, warten und pflegen zu können • Zentrales Daten- und Funktionsmanagement sowie zentrale Architekturkompetenz • Sicherstellen auch institutsübergreifend vereinbarter Service-Level

Tabelle 5.2.2.2.3/1: Anforderungen aus dem Markt für Allfinanzkonzepte

Bei einer solchen Kooperationsform ist großer Wert auf den einfachen Austausch von Informationen zu legen. Sowohl auf der Daten- wie auch Vorgangsseite sind integrierte, einheitliche Konzepte zu definieren. Darüber hinaus können Effizienzvorteile in der Abwicklung realisiert werden, wenn die getrennte Abwicklung von Produkten ohne "Medienbrüche" erfolgen kann. Die übergreifende Beratung mit Finanzdienstleistungen sollte in die jeweiligen Abwicklungseinheiten weitergeleitet werden, ohne daß mehrere Verträge auszufüllen sind.

5.2.2.3 Anforderungen aus den Nichtkunden-Bereichen

5.2.2.3.1 Anforderungen aus dem Handelsgeschäft

Das Handelsgeschäft von Banken ist wesentlich von der wachsenden technischen Durchdringung gekennzeichnet. Durch die computergestützte Abwicklung, in der Deutschen Terminbörse bereits verwirklicht, wird die Geschwindigkeit sowie Transparenz der Transaktionen erhöht und damit der Wettbewerb verschärft. Die zunehmenden Volumina und Vielfalt wurden bereits ausführlich beschrieben. Aufgrund der Zeitverschiebung müssen derartige Geschäfte beinahe 24 Stunden am Tag unterstützt werden.

Der Handel stellt nach der Beratung mit etwa 15% den zweitgrößten Fixkostenblock im gesamten Wertpapiergeschäft dar[224].

Für die Analyse der Architekturanforderungen ist es ohne Bedeutung, ob der Handel auf eigene Rechnung oder im fremden Auftrag geschieht. Nach der Art der Handelsobjekte werden die Vermögenswerte in Effekten (Aktien, Renten und ähnliche Papiere), Devisen und Edelmetalle, Futures, Optionen (bedingte Futures), Waren und Geldmarktpapiere unterteilt[225].

Die jeweiligen geschäftlichen Anforderungen wurden bereits am Beispiel des Wertpapiergeschäftes und damit dem Beratungsteil des Handels auf fremde Rechnung erläutert. Die analytischen Methoden des Eigengeschäftes und daraus resultierende Anforderungen sind damit vergleichbar. Die Zielsetzung des Eigengeschäftes liegt vor allem in der Absicherung der eigenen Risikoposition, Beteiligungen und dem Erwirtschaften zusätzlicher Erträge.

Die Informations-Architektur ist so auszurichten, daß die Integration zu den Kunden- und Produktdaten gewährleistet ist, damit Beratung, Handel und Abwicklung als vertikal integrierte Prozeßschritte abbildbar sind. Die für die Risikosteuerung erforderliche Online-und Echtzeit-Verarbeitung, wegen der hohen Volumina in wechselnden Positionen erforderlich, kann eine auf Geschwindigkeit ausgerichtete Datenbankstruktur erforderlich machen[226]. Zusätzlich muß in der Struktur der Anwendungslandschaft berücksichtigt werden, daß Risikoinformationen zentral ausgewertet werden können. So ist ein zentrales Handelsmodul denkbar, das spezifische Routinen für die Einzelgeschäfte anbietet, aber über ein zentrales Clearing verfügt. Die für den Handel notwendigen Informationen von externen Dienstleistern oder von Marktpartnern sind online, entsprechend den individuellen Informationsbedürfnissen zur Verfügung zu stellen.

---

[224] vgl.: Hagenmüller, K.F. und Jacob, A.-F., Der Bankbetrieb. Band II..., a.a.O., S. 104 f.

[225] vgl.: Hielscher, U., Börsen und Börsengeschäfte, in: Obst, G. und Hintner, O., Geld-, Bank- und Börsenwesen..., a.a.O., S. 1134-1169.

[226] Das neue PC-gestützte Geld- und Devisenhandelssystem der Dresdner Bank, basierend auf PC-Workstations, bietet ein Risikomanagement an, das die Risiken "bezogen auf Gesamtbestand (Eigenposition), Kontrahenten, Konzerne und Länder jederzeit vor Geschäftsabschluß aus den Komponenten Geschäftsart, Volumen, Währung, Erfüllung,

Die technischen Anforderungen sind vor allem durch eine sehr hohe Zuverlässigkeit von Rechnern, Netzwerk und Software mit gleichzeitig großer Leistungsfähigkeit gekennzeichnet. Da aufgrund der geringen Margen etwa für Arbitragegeschäfte die Reaktionszeit auf Sekunden reduziert wird, sind auch die Anforderungen an die Antwortzeit der Systeme enorm. Externe Vorgaben, etwa aus der Gründung der Terminbörse, bedingen Workstations als Handelsplattform. Um die Händler von der Komplexität der zugrundeliegenden Anwendung zu entlasten, ist hoher Bedienungskomfort selbstverständlich und eine ansprechende Benutzeroberfläche anzustreben.

Die Konsequenz dieser Anforderungen an die Umsetzungs-Architektur sind fehlertolerante Systeme bzw. doppelt ausgelegte Systeme (oder beides). Die Sicherheitsanforderungen können nur von zentraler Hardware erfüllt werden, während die Ansprüche an den Bedienungskomfort und die Leistungsfähigkeit Workstations als Arbeitsplatzrechner notwendig machen.

Eine Sonderrolle nehmen hierbei die Börsen als "Ort" der Handelsgeschäfte ein[227]. Die Anforderungen an diese von den Mitgliedern gemeinsam getragene Einrichtung sowie die damit verbundenen Abwicklungssysteme resultieren vor allem aus der notwendigen Gleichbehandlung der Teilnehmer. So sind die Börseninformationen sekundengenau auch über verschiedene Entfernungen hinweg bereitzustellen. Ebenso sind von seiten dieser neutralen Stelle hohe Anforderungen an die Zuverlässigkeit, Fehlerfreiheit der Informationen und Sicherheit sowie Herstellerunabhängigkeit der Systeme zu stellen[228]. In Tabelle 5.2.2.3.1/1 werden die Anforderungen an die Architektur kurz zusammengefaßt.

	Architekturanforderungen für die Unterstützung des Handels
Informations-Architektur	• Detaillierte Datenbasis unter Aufnahme aller relevanten Faktoren zur Analyse von Länder-, Währungs-, Zins-, Titel- und "Partner"-Risiko • Berücksichtigen der verschiedenen Integrationsanforderungen in der Datenstruktur (gleiche Definition an den Schnittstellen) sowie in der Prozeßmodellierung • Sicherstellen von Online- und Realtimeverarbeitung bereits im Datenbankdesign

(Fortsetzung)

Zins und Bewertungspreis auf dem Bildschirm neu darstellt", vgl.: o.V., Devisenhandel mit PC-Workstations, in: PC Magazin o. Jg. (1991) 18, S. 56.

227 vgl.: Rosen, R.v., Börsen, in: Obst, G. und Hintner, O., Geld-, Bank- und Börsenwesen..., a.a.O., S. 1240.

228 vgl.: o.V., Plädoyer für zügige Einführung eines EHS. McKinsey sieht gegenüber Präsenzbörse nur Vorteile - Nettonutzen "100 bis 150 Mill.DM jährlich", in: Börsenzeitung vom 13.5.1992.

(Fortsetzung)

	Architekturanforderungen für die Unterstützung des Handels
Umsetzungs-Architektur	• Zentrale Handelsanwendung mit fachspezifischen Routinen für die jeweiligen Produktsegmente • Verteilung von Daten an den Arbeitsplatz mit Online- und Echtzeit-Update • Gleichartige Ausstattung mit Büroautomations-Software an den Arbeitsplätzen • Kommunikation zu Marktpartnern ohne zeitaufwendiges Schnittstellen-management • Mehrstufige, vernetzte Hardware-Architektur mit leistungsfähigen Arbeitsplatz-rechnern • Auslegung der Hardware-Umgebung auf hohe Sicherheits- und Performance-Anforderungen (Spiegelplatten, fehlertolerante Systeme, Parallelbetrieb von Netzen und kritischer Hardware) • Integration der verschiedenen Hardware-Plattformen und damit oft einhergehen-der proprietärer systemnaher Software sowie Kommunikationsprotokolle (Akzeptanz von "Insel-Lösungen")
Bereitstel-lungs-Architektur	• Koordination der verschiedenen Hardware-Welten, insb. Abschätzen, inwieweit Pflege und Wartung von akzeptierten Einzellösungen für Hard- oder Software an Hersteller abgegeben wird, um auf einen internen Kompetenzaufbau verzichten zu können • Sicherstellen der hohen Geschwindigkeits- und Zuverlässigkeits-Anforderungen

Tabelle 5.2.2.3.1/1: Architekturanforderungen für die Unterstützung des Handels

5.2.2.3.2 Anforderungen aus der Unterstützung ausländischer Betriebsstellen

Die Globalisierung der Finanzmärkte etwa im Handel mit Einlagen, Wertpapieren und Finanzierungsprodukten sowie die starke Exportaktivität der inländischen Wirtschaft erfordert die Präsenz vieler Kreditinstitute an wichtigen Handelsplätzen.

Es ist zunächst abzuwägen, inwieweit lokale Anforderungen durch die zentrale Architekturplanung einzubeziehen sind. So könnte es als nicht durchführbar angesehen werden, die Vielzahl an nationalen Meldeerfordernissen zu berücksichtigen. Ebensowenig können Anwendungen ausgetauscht werden, wenn z.B. aufgrund der unterschiedlichen Zahlungsverkehrssysteme die geforderte Dienstleistung nicht vollständig vergleichbar ist. Hinzu kommt, daß sich historisch gewachsene Gewohnheiten bzw. Handelsbräuche und staatliche Reglementierungen, z.B. das amerikanische Trennbankensystem oder die italienische Unterscheidung nach Fristigkeit der Finanzierung, stark unterscheiden[229].

Somit beschränkt sich die Unterstützung der ausländischen Betriebsstellen häufig auf die Steuerungsanforderungen sowie einige Potentiale zur Kostensenkung, etwa im Hardware-Bereich. Zusätzlich können nichtfachliche Anwendungen eventuell durch entsprechende Parametrisierung austauschbar gemacht werden.

Für eine ausreichende Steuerung wird vor allem ein, die Niederlassung übergreifendes, Überwachen der Kredit- und Handelspositionen verlangt. Je ausgeprägter hierbei das organisatorische Einbinden einer zentralen Disposition ist, desto stärker sind die Anforderungen an die Datenverarbeitung ausgeprägt. Im Rahmen des globalen Risikomanagements ist sicherzustellen, daß die weltweit anfallenden Informationen zusammengeführt, ausgewertet und weitergeleitet werden. Hierzu ist wegen der verschiedenen Zeitzonen ein 24-Stunden-Betrieb des zentralen Rechenbetriebes notwendig. Falls eine aktuelle und direkte Reglementierung des Geschäftsbetriebes gewünscht wird, sind die jeweiligen Informations-Architekturen einander anzupassen.

Auf jeden Fall ist zu gewährleisten, daß Informationen über gemeinsame Kommunikationsprotokolle ohne zusätzlichen Schnittstellenaufwand weitergeleitet werden können. Für den Einsatz von Standleitungen ist etwaigen wirtschaftlichen Argumenten für die Fremdvergabe die Überlegungen gegenüberzustellen, ob aus Gründen der Vertraulichkeit und Zuverlässigkeit eigene Leitungen zu nutzen sind.

Die über die notwendige Einbindung hinausgehende DV-Unterstützung sollte vor Ort an den jeweiligen geschäftlichen Anforderungen orientiert werden. Hierzu kann ein Austausch von DV-Spezialisten hilfreich sein. Insbesondere neu zu eröffnende Niederlassungen können eine zentrale Unterstützung mit Basisausrüstung erforderlich machen.

In Tabelle 5.2.2.3.2/1 werden die Anforderungen an die Architektur kurz zusammengefaßt.

---

[229] vgl.: Hein, M., Marktwirtschaftliche Bankensysteme außerhalb der Bundesrepublik Deutschland, in: Obst, G. und Hintner, O., Geld-, Bank- und Börsenwesen..., a.a.O., S. 288 f.

	Architekturanforderungen für die Unterstützung ausländischer Betriebsstellen
Informations-Architektur	• Vergleichbare Datenstrukturen in Bereichen, die in ein unternehmensweites Meldewesen sowie Risikomanagement eingehen (evtl. als separate Insel-Lösung) • Parametrisieren von Datenstrukturen und Funktionsmodulen, um austauschbare Software an landesspezifische Gegebenheiten anpassen zu können (eher für nichtfachliche Bereiche) • Austausch bzw. Ergänzen von fachlichen Modulen, falls keine Anpassungsnotwendigkeit • Vertikale Integration der Meldeerfordernisse sowie Beiträge zum unternehmensweiten Risikomanagement
Umsetzungs-Architektur	• Abstimmen von Schnittstellen in der jeweiligen Anwendungslandschaft • Schaffen einer "Basis"-Anwendungslandschaft für Neugründungen im ehemaligen Ostblock • Harmonisieren von File-Transfer-Produkten, um die technische Kommunikationsfähigkeit mit der Zentrale zu erleichtern • Standleitungen für effiziente Kommunikation
Bereitstellungs-Architektur	• Sicherstellen des 24-Stunden-Betriebes (weitestgehende Automation des Rechenzentrums angesichts deutscher Tarifregelungen nötig) • Batch-Läufe des Zentralrechners müssen mit Risikomanagement-Zeitanforderungen abgestimmt werden

Tabelle 5.2.2.3.2/1: Architekturanforderungen für die Unterstützung ausländischer Betriebsstellen

5.2.2.3.3 Anforderungen aus der Unternehmenssteuerung und -kontrolle

Im Rahmen der Unternehmenssteuerung und -kontrolle werden interne Steuerungsaufgaben durch das Controlling abgedeckt und daraus abgeleitete, vertriebsorientierte Aufgaben berücksichtigt. Das interngerichtete Controlling kann hierbei vier Bausteine enthalten: ertragsorientierte (statt volumenorientierte) Geschäftsphilosophie, kundenorientierte Profit-Center-Organisation, steuerungsadäquates Führungs-Informationssystem sowie einen institutionalisierten Controlling-Zyklus[230]. Kennzeichnend ist hierfür, daß die Erfolgsbeiträge von Entscheidungen ermittelbar und zurechenbar sein sollen sowie an Markt- oder Standardgrößen abgeglichen werden. Grundlage sind Kennzahlen, die sich aus der Kombination von Rentabilität und Volumen ableiten lassen. Üblicherweise sollte hierzu das Ergebnis einer Bank in Kunden- (inkl. Risiko-), Handels-, Fristentransformations- und Produktionsergebnis aufgespaltet werden.

---

230 vgl.: Schierenbeck, H., Controlling..., a.a.O., S. 913-919.

Zur Berechnung des Kundenergebnisses wird als Basis das Einzelgeschäft benötigt. Dies kann nach mehreren Einzelkomponenten sowohl auf der Erlös- wie auch der Kostenseite aufgeteilt werden. Zur Berechnung von fristenkongruenten Verrechnungszinsen wird häufig Standardsoftware von Spezialanbietern eingesetzt, da die Kalkulation von Opportunitätszinssätzen für Einzelgeschäfte sehr aufwendig ist. Das Kundenergebnis selbst sollte nach den Dimensionen Kundengruppe, Produktart und Region aggregierbar sein, um daran entsprechende Vertriebsaktivitäten anknüpfen zu können[231].

Die Ergebnisse des Controllings können sowohl für die interne Steuerung der Kosten und Risiken, Bilanzstruktur der Bank sowie vor allem für das Lenken der Vertriebsaktivitäten verwandt werden. Hierzu ist wesentlich, daß die bearbeiteten Einzelgeschäftsinformationen auf verschiedene Steuerungsebenen verdichtet und entsprechend aufbereitet werden. Neben der strategischen Ausrichtung auf bestimmte Segmente als Ergebnis der Kundenergebnisrechnung sind ständige Überarbeitungen der operativen Planung notwendig. So können Personaleinsatzplanungen auf Basis dieser Aktivitäten erfolgen. Ebenso wichtig ist die Steuerung des Tagesgeschäftes, insbesondere bei der Vorgabe von Risikolimiten[232].

Am Beispiel des Zinsänderungsrisikos lassen sich die Anforderung an effizientes Risikomanagement beschreiben. Unter Einsatz der Finanzinstrumente wie Swaps und Optionen sind laufend die jeweiligen Kunden-Geschäfte durch korrespondierendes Eigengeschäft auszugleichen bzw. die Kunden-Geschäfte zu reglementieren. Die Leitlinien können nach Ländern, Währungen, Marktpartner, Laufzeiten oder Art des Geschäftes ausgerichtet werden. Zentrale Aufgabe der Datenverarbeitung ist es, diese Informationen online zur Verfügung zu stellen, die Veränderung der Risikoposition durch neue Geschäfte in Echtzeit zu verarbeiten sowie die geänderten Leitlinien an alle Händler in der Bank weiterzugeben.

Voraussetzung für eine ausreichende Steuerung des Unternehmens ist eine Datenbasis, die auf Einzelgeschäftsebene Daten aufnimmt und automatisch auf die erforderlichen Einzelbeträge hin analysiert. Prinzipiell sollte es möglich sein, die Ergebisse flexibel auszuwerten. Daher wäre es

---

231 vgl.: Ebenda, S. 920-923. Zur weiteren fachlichen Betrachtung des Bank-Controllings wird auf die dortige Zusammenfassung sowie ausführlich angegebene Literatur verwiesen.

232· Grundsätzlich sollten Liquiditätsrisiken und Erfolgsrisiken unterschieden werden. Während sich erstere in Risiken der Refinanzierung, Terminierung und des Abrufs unterteilen lassen, können letztere in die Preisrisiken Zinsänderung, Währung und Aktienkurse sowie die Ausfallrisiken unterschieden werden, vgl.: Ebenda, S. 923-927.

grundsätzlich sinnvoll, alle möglichen Einzelbestandteile als Entität abzuspeichern. Darauf aufbauend sind Verdichtungen nach Kunden, Produkten oder Regionen in verschiedenen Aggregationen beliebig durchführbar.

Um durch das Datenvolumen auftretende Performanceschwierigkeiten und die damit verbundenen hohen Kosten zu bewältigen, sind zwei Einschränkungen denkbar. Zum einen könnten detaillierte Kundeninformationen, die einen Rückgriff auf den einzelnen Kunden ermöglichen, auf vermögende Privatkunden sowie große Firmenkunden beschränkt werden. Die Auswertung und damit auch Aufnahme von Daten der Massenkunden könnte auf grober Verdichtungsebene ausreichen.

Zum anderen könnten zwei Kategorien hinsichtlich Verfügbarkeit und Aktualität gebildet werden. Für unmittelbar entscheidungsrelevante Daten sind die Daten online zu verarbeiten, zu aktualisieren und den Teilnehmern zur Verfügung zu stellen. Daten für eine effektive Vertriebssteuerung lassen sich über längere Zeiträume auswerten, wenn die Informationen vorhanden und entsprechend aufzubereiten sind.

In Tabelle 5.2.2.3.3/1 werden die Anforderungen an die Architektur kurz zusammengefaßt.

	Architekturanforderungen für die Unterstützung der Unternehmenssteuerung und -kontrolle
Informations-Architektur	• Disaggregierte Datenbasis auf Einzelgeschäftsebene mit Aufnahme aller steuerungsrelevanten Merkmale (Verbindung zum Einzelkunden nicht in allen Segmenten notwendig, daher in einigen Fällen nicht unbedingt als eigenständige Attribute zu modellieren)
Umsetzungs-Architektur	• Berücksichtigung von zentralen Controlling/MIS-Anwendungen in der Anwendungslandschaft • Nutzen von Standard-Büroautomations-Software (Datenbanken, Tabellenkalkulation) auf Workstation und PC-Basis für flexible Auswertung von Daten • Vernetzte mehrstufige Hardware-Landschaft mit Möglichkeit für dezentrale Datenhaltung sowie Anwendungsfunktionalität (bei zentralen Stammdaten) • Spezifische DBMS-Konzepte für flexible, zeitunkritische Auswertung ("relational") einerseits und vorformulierte, zeitkritische Limitsteuerung ("hierarchisch") andererseits • Sicherstellen ausreichender Speicherkapazitäten für hohe Datenvolumen
Bereitstellungs-Architektur	• Sicherstellen ausreichenden Datenmanagements bei dezentraler Datenhaltung mit zentralen Stammdaten (Sicherheit, Konsistenz der Daten) • Abgestimmte Verarbeitung der Daten unter Ausnutzung von transaktionsarmen Zeiten für Vertriebsauswertungen und Online- und 24-Stunden-Verarbeitung von Risikoinformationen im Großfirmenkundengeschäft

Tabelle 5.2.2.3.3/1: Architekturanforderungen für die Unterstützung der Unternehmenssteuerung und -kontrolle

5.2.2.3.4 Anforderungen aus dem Verwaltungsbereich

Die im Rahmen des Bankbetriebes und der Personalverwaltung als Hauptbestandteile des Verwaltungsbereiches geforderte DV-Unterstützung unterscheidet sich nur wenig von der anderer Branchen. Das Nutzen vieler der in Industriebetrieben oder der Konsumgüterindustrie gemachten Erfahrungen könnte die Effizienz der häufig noch traditionell tätigen Kreditbranche erhöhen[233]. Aufgrund der großen Stabilität, die im derzeitigen deutschen Bankensystem zugrundeliegt, und des vergleichsweise geringen Wettbewerbs sind es vor allem neu gegründete oder ausländische Banken, die hier erfolgreiche Methoden aus anderen Industrien übertragen[234].

Der Einsatz von Standardsoftware in administrativen Bereichen ist für Kreditinstitute empfehlenswert. Erfolgreiche Anbieter können durch entsprechende Parametrisierung die Software individuell anpassen, sichern jedoch gleichzeitig durch ein hohes Maß an Standardisierung einfache Pflege, Wartung und Release-Wechsel zu. Falls integrierte Software gewählt wird, werden zusätzlich Abstimmungsprobleme vermieden. Da innovative Lösungen auf dem Gebiet der Verwaltung nicht zu erwarten sind, kann die Abhängigkeit von der Fortentwicklungspolitik des Software-Herstellers akzeptiert werden.

Für die korrekte Auswahl von Standardsoftware kann es hilfreich sein, das zugrundeliegende Datenmodell mit einer Grobstruktur des eigenen Verwaltungsbereiches abzugleichen. Damit kann sichergestellt werden, daß eine angestrebte Integration von Informationen der Fachbereiche möglich ist[235].

In Tabelle 5.2.2.3.4/1 werden die Anforderungen an die Architektur kurz zusammengefaßt.

---

233 vgl.: Rommel, G., Brück, F., Diederichs, R., Kempis, R.-D. und Kluge, J., Einfach..., a.a.O., S. 135-161. Basis der Untersuchung ist eine Langzeitstudie von McKinsey & Company in Zusammenarbeit mit der Technischen Hochschule Darmstadt mit deutschen Maschinenbauern und Komponentenherstellern, die Erfolgsfaktoren erfolgreicher Unternehmen analysiert.

234 Die Produktivitätsunterschiede wurden bereits in Kapitel 2 angeführt, vgl. ebenso McKinsey Global Institute, Service..., a.a.O., S. 5 f.

235 vgl.: Endl, R. und Fritz, B., Integration von Standardsoftware in das unternehmensweite Datenmodell, in: Information Management 7 (1992) 3, S. 38-44.

	Architekturanforderungen für die Unterstützung des Verwaltungsbereiches
Informations-Architektur	• Grobes Daten- und Funktionsmodell
Umsetzungs-Architektur	• Nutzen von Standardsoftware ohne zu große individuelle Anpassung • Sicherstellen von Schnittstellen zu "benachbarten" Fachanwendungen ohne großen Umsetzungsaufwand
Bereitstellungs-Architektur	• Aufbau notwendiger Kompetenz in Abstimmung mit Software-Lieferanten

Tabelle 5.2.2.3.4/1: Architekturanforderungen für die Unterstützung des Verwaltungsbereichs

5.2.2.3.5 Anforderungen aus dem Berichts- und Rechnungswesen

Im Rahmen der Anforderungen des externen Rechnungs- und Meldewesens werden auch die bankenaufsichtlichen Regelungen erfüllt. Hervorzuheben sind hierbei die Anforderungen der Grundsätze I und Ia, die den Umfang bestimmter risikohafter Geschäfte in Relation zum haftenden Eigenkapital stellen, sowie die Grundsätze II und III, die die Struktur (Schichtung) von Aktiv- und Passivgeschäften betreffen[236]. Andere Vorschriften des Kreditwesengesetzes, wie etwa die Meldepflicht von Großkrediten an die Deutsche Bundesbank sowie gewisse Einschränkungen bezüglich deren Umfang oder die monatliche Bilanzstatistik, sind DV-technisch zu unterstützen[237]. Die Datenverarbeitung hat sicherzustellen, daß mögliche Gefährdungen von KWG-Grenzen ermittelt und vor Abschluß neuer Geschäfte signalisiert werden[238].

Durch die gesetzlichen Regelungen unterscheiden sich die Anforderungen an die Bankbuchhaltung sowie das Zusammenstellen der externen Informationsberichte in ihrer Struktur nur wenig von denen anderer Branchen. Aufgrund der für die Kreditinstitute vergleichbaren Struktur des externen Rechnungswesens sowie der engen gesetzlichen Vorschriften ist der Einsatz von Standardsoftware angebracht.

Die hohen Datenvolumen sowie der einmalige Zeitpunkt zu Monats- bzw. Jahresende erfordern solche Verarbeitungskapazitäten, daß hierzu derzeit

---

236 vgl.: Szagunn, V. und Wohlschieß, K., Die Bankenaufsicht, in: Obst, G. und Hintner, O., Geld-, Bank- und Börsenwesen..., a.a.O., S. 270-274.

237 vgl.: § § 13, 14, 25 KreditwesenG.

238 Die hohe Auslastung des Grundsatzes II im Schnitt von 95,4% etwa bei den westdeutschen Sparkassen im Jahr 1992 zeigt, daß diese Grenze durchaus bei einigen Instituten die Geschäftstätigkeit beschränken kann, vgl.: Deutscher Sparkassen und Giroverband, Jahresbericht 1992..., a.a.O., S. 17.

nur zentrale Einrichtungen sinnvoll sind. Hilfreich ist es, wenn die nur extern orientierten Statistiken zu transaktionsarmen Zeiten zusammengestellt werden. Generell sollte versucht werden, die papierhafte Bearbeitung zugunsten einer integrierten Verarbeitung abzubauen.

In Tabelle 5.2.2.3.5/1 werden die Anforderungen an die Architektur kurz zusammengefaßt.

	Architekturanforderungen für die Unterstützung des Berichts- und Rechnungswesens
Informations-Architektur	• Vorgangsmodellierung mit integriertem Weiterleiten von Jahresabschluß-Daten
Umsetzungs-Architektur	• Einbau von Standardsoftware in nicht wettbewerbsrelevanten Gebieten • Ausreichend langlebige Datenspeicher sowie Pflege der DBMS, um Aufbewahrungspflicht genügen zu können (Lesbarkeit auch über langen Zeitraum gewährleisten)
Bereitstellungs-Architektur	• Sicherstellen ausreichender Kapazitäten für Transaktionsbearbeitung in Spitzenzeiten

Tabelle 5.2.2.3.5/1: Architekturanforderungen für die Unterstützung des Berichts- und Rechnungswesens

6 Architekturmodelle für ausgewählte Geschäftssituationen von Kreditinstituten

Die aus verschiedenen Perspektiven ermittelten Anforderungen an die System-Architektur führen nicht zu einem harmonischen und umsetzbaren Gesamtmodell. Grundsätzlich kann auf zwei Weisen Abhilfe geschaffen werden. Es ist einerseits der Anspruch, eine Gesamt-Architektur erstellen zu wollen, reduzierbar. Hierzu sind Teilbereiche auszuwählen, etwa beschränkt auf die Informations-Architektur. Andererseits kann versucht werden, durch die Auswahl geeigneter Ausgangspunkte nur komplementäre bzw. indifferente Anforderungen zu erhalten. Die damit ableitbaren System-Architekturen dienen dann als Basismodelle für ähnlich agierende bzw. zuordenbare Institute, auch wenn sie in völlig anderer rechtlicher oder organisatorischer Zusammensetzung anzutreffen sind[1].

Um Basismodelle so formulieren zu können, daß sie die Realität abbilden und gleichzeitig von komplexitätsreduzierender Wirkung sind, müssen die Einflußfaktoren auf die Architekturbildung als Elementarfaktoren ermittelt werden. Als relevante Kreditinstitutstypen werden dann solche Kombinationen von Elementarfaktoren beschrieben, die homogene Anforderungen erwarten lassen.

6.1 Typenbildung innerhalb der Kreditinstitute

Zum umfassenden und möglichst genauen Beschreiben und Unterteilen der Realität können sowohl eine Klassifikation als auch Typologie verwendet werden. Während ersteres den Untersuchungsgegenstand anhand eines klar definierten Merkmales unterteilt, so daß alle Ausprägungen der Realität vollständig zugeordnet werden können, ist die Typologie weniger eindeutig. In Abhängigkeit vom Untersuchungszweck werden beliebig viele Merkmale definiert, wobei die Ausprägungen weder klar abgegrenzt werden noch in gleicher Abstufung zuordenbar sind[2].

Die Typenbildung wird der Klassifikation vorgezogen, da sich die klare, überschneidungsfreie Unterteilung des Bankgeschäftes in Deutschland wegen des prägenden Universalbankensystems nicht finden läßt.

---

[1] vgl.: Schmalzl, J. und Schumann, M., Aufbau..., a.a.O., S. 85.

[2] vgl.: Kreikebaum, H., Organisationstypen der Fertigung, in: Kern, W. (Hrsg.), Handwörtebuch..., a.a.O., Sp. 1392-1402; Küpper, H.-U., Produktionstypen, in: Kern, W. (Hrsg.), Handwörterbuch..., a.a.O., Sp. 1637; dort auch Verweis auf Hempel, C.G. und Oppenheim, P., Der Typusbegriff im Lichte der neuen Logik, Leiden 1936.

6.1.1 Grundlagen der Typenbildung

In Analogie zur Vorgehensweise in der Produktionswirtschaft[3] werden charakteristische Ausprägungen der Bankenlandschaft als Kreditinstitutstypen herausgearbeitet. Anhand signifikanter Merkmale, bezogen auf den Untersuchungszweck, können die unterscheidbaren Erscheinungsformen geordnet und dargestellt werden. Hierbei muß man sich auf die charakteristischen Merkmale konzentrieren und damit gegebenenfalls einen Realitätsschwund akzeptieren. Gleichzeitig ist jedoch darauf zu achten, daß die für den Untersuchungszweck notwendige Handhabbarkeit gewährleistet bleibt. Dies macht eine überschaubare Anzahl möglicher Typen erforderlich[4].

Neben dieser reinen Beschreibung wird mit der Auswahl der Merkmalsausprägungen und Bildung von bestimmten Typen eine Priorisierung der Institute vorgenommen[5].

Im hier verfolgten Untersuchungszweck sollen die Einflußfaktoren der Architekturgestaltung in den Kreditinstituten als Elementartypen herausgearbeitet werden. Durch die geeignete Kombination von Elementartypen können dann Kreditinstitutstypen definiert werden, wie in Abbildung 6.1.1/1 grundsätzlich festgehalten[6].

Die in der Literatur sonst übliche Klassifikation der Kreditinstitute orientiert sich meist an den amtlichen Statistiken der Bundesbank, um eine ausreichende Datengrundlage verfügbar zu haben. Die gewählten Kriterien wie Rechtsform oder Betriebsgröße lassen sich klar definieren und ordnen die Ausprägungen exakt zu[7]. Für den hier zu untersuchenden

---

[3] vgl.: Riebel, P., Typen der Markt- und Kundenproduktion in produktions- und absatzwirtschaftlicher Sicht, in: Zeitschrift für betriebswirtschaftliche Forschung 17 (1965), S. 663-685; Große-Oetringhaus, W.F., Fertigungstypologie unter dem Gesichtspunkt der Fertigungsablaufplanung, Berlin 1974; Ellinger, T., Industrielle Einzelfertigung und Vorbereitungsgrad, in: Zeitschrift für handelswissenschaftliche Forschung 15 (1963), S. 481-498; Kreikebaum, H., Organisationstypen..., a.a.O.; allerdings finden sich die gleichen Beispiele bei Gutenberg noch unter dem Begriff der Klassifikation, vgl.: Gutenberg, E., Grundlagen..., a.a.O., S. 96-110.

[4] vgl.: Küpper, H.-U., Produktionstypen, a.a.O., Sp. 1638.

[5] vgl.: Ebenda, Sp. 1636 f.

[6] vgl.: Schüle, H., DV-Unterstützung beim Planung und Einführen von CIM-Lösungen. Konzeption und prototypische Realisierung eines CIM-Planungswerkzeuges, Dissertation, Göttingen 1993, S. 51.

[7] vgl:. Monatsberichte der Deutschen Bundesbank; Scheidl, K., Die..., a.a.O., S. 216-219. In den Monatsberichten werden auch pragmatische Unterteilungen vorgenommen, wie etwa die Bezeichnung der Großbanken, die sich auf die Institute Deutsche Bank, Dresdner Bank und Commerzbank bezieht, unabhängig davon, daß hiermit keinesweg die drei größten Banken erfaßt sein müssen.

Zweck ist diese formale Unterteilung weniger geeignet, da sich zwischen den DV-Anforderungen und den genannten Kriterien nur bedingt eine Korrelation finden läßt.

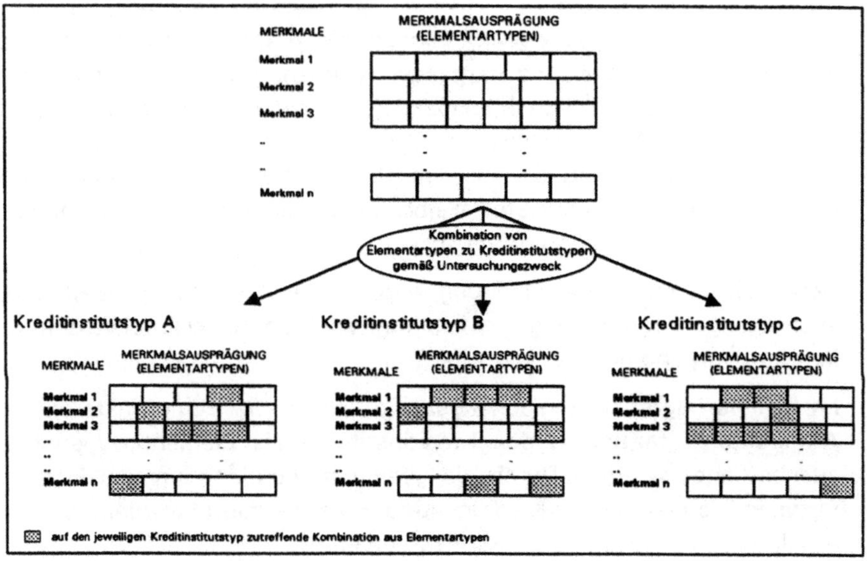

Abb. 6.1.1/1: Prinzip der Bildung von Kreditinstitutstypen

6.1.2 Einflußfaktoren auf die Architekturgestaltung

Die Einflußfaktoren der Architekturgestaltung sind sowohl in den Anforderungen aus dem Geschäft als auch der Datenverarbeitung bestimmt. Für die Bildung von Kreditinstitutstypen sind die geschäftlichen Anforderungen zu untersuchen. Eine Analyse der Architekturanforderungen aus den Strategischen Geschäftsanforderungen zeigt, daß die System-Architektur durch sechs Merkmale der zugrundeliegenden Kreditinstitute wesentlich bestimmt wird:

- Breite des Leistungsangebotes,
- Funktionsumfang der Dienstleistung,
- Kundenstruktur,
- Produktangebot,
- Regionale Schwerpunkte,
- Wettbewerbsposition.

Die *Breite des Leistungsangebotes* umfaßt die banktypischen Kernleistungen, die das bilanzwirksame Geschäft sowie den Zahlungsverkehr, die Nebenleistungen, insbesondere das Handelsgeschäft sowie die bankneutralen Leistungen, wie die Immobilienvermittlung, umfassen[8]. Der Breite des Leistungsangebotes entsprechend werden unterschiedliche Ausprägungen in der Bankenwelt beobachtet[9].

Die für die Unterstützung der Datenverarbeitung relevante Unterscheidung wird zwischen den Universalbanken auf der einen und den Spezialbanken auf der anderen Seite getroffen. Letztere wiederum werden differenziert nach "Retail"-, "Wholesale"-, Wertpapier- sowie Spezial-Bank einschließlich der Realkreditinstitute[10]. Ihnen ist gemeinsam, daß sie nicht den vollen Umfang der (in Deutschland nach §1 KWG möglichen) Geschäftstätigkeit wahrnehmen. Dies ist nur zum Teil selbst gewählt, vielmehr historisch gewachsen (Großbritannien) oder gesetzlich verordnet (USA).

In Abbildung 6.1.2/1 sind die Merkmalsausprägungen kurz dargestellt.

Universal-bank	Retail-Bank	Wholesale-Bank	Wertpapier-bank	Spezial- und Nicht-Banken

Abb. 6.1.2/1: Elementartypen des Merkmals: Breite des Leistungsangebotes

Wenn der Bankbetrieb als Wertschöpfungskette betrachtet wird, kann es innerhalb der Leistungserbringung unterschiedliche Schwerpunkte geben. Der *Funktionsumfang der Dienstleistung* kann sich auf einzelne Stufen beschränken und auf die Produktentwicklung völlig verzichten. Die Wertschöpfungskette orientiert sich an den primären Faktoren in der Leistungserbringung und ist in Abbildung 6.1.2/2 dargestellt[11].

Produkt-entwicklung	Beratung	Abschluß	Abwicklung	Verwahrung	Vertrieb

Abb. 6.1.2/2: Elementartypen des Merkmals: Funktionsumfang der Dienstleistung

[8] vgl.: v. Stein, J.H., Arten und Wesensmerkmale der Bankleistung, in: Obst, G. und Hintner, O., Geld-, Bank- und Börsenwesen..., a.a.O., S. 357 f.

[9] vgl.: Scheidl, K., Die..., a.a.O., S. 218; Hein, M., Marktwirtschaftliche..., a.a.O., S. 302-305, vgl. ebenso die Ausführungen in Kapitel 2.1 Die deutschen Kreditinstitute.

[10] Im Zuge der Untersuchungen zur Methode der "Critical Sucess Factors" wurden die einzelnen Typen bereits ausführlich beschrieben, vgl. die Ausführungen in Kapitel 5.2.1.1.1 Ausgewählte Ansätze zur Identifikation Strategischer Geschäftsanforderungen.

[11] vgl.: Porter, M.E. und Millar, V.E., How Information..., a.a.O., S. 151.

Bereits in der Gliederung von Kapitel 5.2 wurde deutlich, daß sich die *Kundenstruktur* unterschiedlich auf die System-Architektur auswirkt. Die Unterscheidung sollte jedoch nicht alleine nach dem Kriterium "Privat- oder Firmenkunde" ausfallen. Die dortigen Analysen haben immer wieder einen engen Zusammenhang zwischen den Massenkunden im Privatkundengeschäft sowie den kleinen Gewerbetreibenden erkennen lassen. Ähnliche Parallelen gibt es zwischen den Anforderungen von vermögenden Privatkunden und Großfirmen, zumindest was bestimmte Segmente betrifft. Daher wird eine weitergehende Unterscheidung der Kundensegmente vorgenommen, die sich sehr eng an das Leistungsangebot anlehnt. In Abbildung 6.1.2/3 ist dies dargestellt.

"Massen-kunden"	Vermögende Privat-kunden	Kleinfirmen/ Gewerbe-treibende	Mittelstand und Großfirmen	Multinatio-nale Firmen	Institutio-nelle Kunden

Abb. 6.1.2/3: Elementartypen des Merkmals: Kundenstruktur

Echte Nischenbanken haben ein spezialisiertes *Produktangebot*, erkennbar daran, daß die Produktstruktur sehr ähnlich ist und nur aus einer reduzierten Anzahl von Bankprodukten ausgewählt werden kann[12]. Dies findet sich häufig bei neugegründeten Telefon- bzw. Briefbanken[13]. Das Produktangebot ist speziell auf das ausgesuchte Segment zugeschnitten und die Auswahl begrenzt. Die weitaus häufigere Situation zeichnet sich durch eine breite Palette an Produkten aus, wie sie vor allem von Universalbanken angeboten werden. Neben der Vielfalt der Produktpalette lassen sich die Angebote der Kreditinstitute danach unterscheiden, wie heterogen oder homogen sie abzuwickeln sind. Eine historisch gewachsene Vielfalt sowie die relativ lange Lebensdauer von Produkten (einzelne Wertpapiere haben eine 30jährige Laufzeit) führen vor allem bei Instituten mit altem Anwendungsbestand zu einem hohen Anteil heterogen abzuwickelnder Produkte. In Abbildung 6.1.2/4 sind die Klassen dargestellt.

---

[12] vgl.: Sokolovsky, Z., Informationsmanagement..., a.a.O., S. 429; Bierer, H., Faßbender, H. und Rüdel, T., Auf dem Weg..., a.a.O.

[13] Inwieweit diese Fokussierung aufgrund einer dauerhaften strategischen Orientierung oder nur als Resultat einer noch jungen Geschäftstätigkeit zu beobachten ist, soll hier offen bleiben. Produktivitätsvergleiche zwischen Banken mit "unterschiedlichen Altlasten" sollten diesen Unterschied jedoch beachten.

Spezialisierte Angebote	(technisch) Homogen	(technisch) Heterogen	Breites Angebot

Abb. 6.1.2/4: Elementartypen des Merkmals: Produktangebot

Die Kommunikation zwischen Kunden und Kreditinstitut sowie die A des Geschäftes wird auch von den unterschiedlichen *regionale Schwerpunkten* bestimmt. Ein Extremfall ist die globale Verbreitun Hierunter wird verstanden, daß das Institut in allen wichtigen Regione wie ein nationales Institut auftritt. Am nähesten kommt diesem Idea bild die Citibank (außer im eigenen Land). Während die globale Verbre tung bewußt auch das Geschäft mit lokalen Kunden sucht, steht b einer multinationalen Verbreitung vor allem die Versorgung der heim schen Kunden im Mittelpunkt. Zunehmend wichtiger werden überregi nale Banken, die etwa einen Schwerpunkt auf bestimmte Regionen Europa legen[14]. Der andere Extremfall sind die dem Regionalprinz verpflichteten Sparkassen sowie die ähnlich agierenden Genosse schaften. Hier findet zusätzlich eine freiwillige oder gesetzlich geregel Arbeitsteilung mit anderen Verbundpartnern statt. So übernehmen etw die Landesbanken/Girozentralen die Abwicklung des Zahlungsverkeh für die Sparkassen. In Abbildung 6.1.2/5 sind die unterschiedliche Ausprägungen kurz dargestellt.

Enges Regional-prinzip	Regionale Verbreitung	Nationale/ überregionale Verbreitung	Multinationale Verbreitung	Globale Verbreitung

Abb. 6.1.2/5: Elementartypen des Merkmals: Regionale Schwerpunkte

Vor allem im Geschäft mit multinationalen Firmen und institutionelle Kunden wurde die hohe Innovationsrate in bestimmten Produktgruppe angesprochen. Die *Wettbewerbsposition,* die auch zum Teil durch u terschiedliche gesetzliche Regelungen begründet ist, schlägt sich auc im Verhalten zu konkurrierenden Instituten nieder[15]. Neben formale Reglementierungen sind informelle Einschränkungen der freien G schäftstätigkeit wirksam. Aus Sicht der wettbewerbsintensiven Bra chenstruktur in Großbritannien oder den USA wirkt der deutsche Mar

---

[14] vgl.: Faßbender, H. und Leichtfuß, R., Banking..., a.a.O.

[15] vgl.: Erinnert sei an das "Sparkassenprivileg", das einen verringerten Gewinnsteuersatz v 46% mit sich bringt, vgl.: § 23 (2) KStG.

sehr reglementiert, was z.B. den freien Zugang zu Produkten des Geldmarktes oder die Niederlassungsfreiheit betrifft. In Abbildung 6.1.2/6 sind die verschiedenen Arten, die je nach Geschäftstätigkeit der Bank unterschiedlich wirksam sind, aufgeführt.

Innovator	Anführer	Nachahmer	Reguliert und geschützt	Mit Übernahmeabsicht

Abb. 6.1.2/6: Elementartypen des Merkmals: Wettbewerbsposition

In Abbildung 6.1.2/7 sind die einzelnen Merkmale mit den jeweiligen Merkmalsausprägungen nochmals zusammengefaßt.

Für die Auswahl von relevanten Typen können in einer Negativselektion unplausible, realitätsferne oder wenig sinnvolle Kombinationen z.B. wegen unzureichend signifikanter Auswirkung auf die Architektur identifiziert werden.

MERKMALE	MERKMALSAUSPRÄGUNGEN (ELEMENTARTYPEN)					
Breite des Leistungsangebotes	Universal-bank	"Retail-Bank"	"Wholesale-Bank"	Wertpapier-bank	Spezial- und "Nicht-/Non"-Banken	
Funktionsumfang der Dienstleistung	Produkt-entwicklung	Beratung	Abschluß	Abwicklung	Verwahrung	Vertrieb
Kundenstruktur	"Massen-kunden"	Vermögende Privat-kunden	Kleinfirmen/ Gewerbe-treibende	Mittelstand und Großfirmen	Multinatio-nale Firmen	Institutio-nelle Kunden
Produktangebot	Spezialisierte Angebote	(technisch) Homogen	(technisch) Heterogen	Breites Angebot		
Regionale Schwerpunkte	Enges Regional-prinzip	Regionale Verbreitung	Nationale/ überregionale Verbreitung	Multinationale Verbreitung	Globale Verbreitung	
Wettbewerbsposition	Innovator	Anführer	Nachahmer	Reguliert und geschützt	Mit Übernah-meabsicht	

Abb. 6.1.2/7: Elementartypen von Kreditinstituten

6.1.3 Relevante Typen von Kreditinstituten

Die gewählte Vorgehensweise nutzt die Typisierung vor allem dazu, die Konsequenzen auf die Datenverarbeitung besonders deutlich zu machen. Für die typisierten Kreditinstitute wird unterstellt, daß den prägenden Merkmalen alle anderen Geschäftstätigkeiten untergeordnet werden.

Für drei Banktypen werden im folgenden Architekturmodelle abgeleitet. Neben der überregional tätigen traditionellen Universalbank wird die global tätige Wholesale-Bank sowie die multinational tätige Bank mit "privat banking"-Tätigkeit hierzu ausgewählt.

6.1.3.1 Typus einer überregional tätigen, traditionellen Universalbank

Rein formal trifft die Kennzeichnung "Universalbank" in Deutschland auf 98,7% aller Banken und Sparkassen, die in der Bundesbankstatistik erfaßt werden, zu[16]. Der gesamte Kreditbankenbereich, alle Sparkassen und Landesbanken sowie der gesamte genossenschaftliche Sektor fallen unter diese Bezeichnung. Das breite Leistungsangebot innerhalb der aufgezählten Banken und Sparkassen läßt sich jedoch weiter differenzieren, so daß unterschiedliche Anforderungen an die DV-Unterstützung herausgearbeitet werden können.

Der hier untersuchte Typ bedient alle möglichen Geschäfte im Sinne des §1 KWG[17]. In Abbildung 6.1.3.1/1 wird der Typ grafisch illustriert.

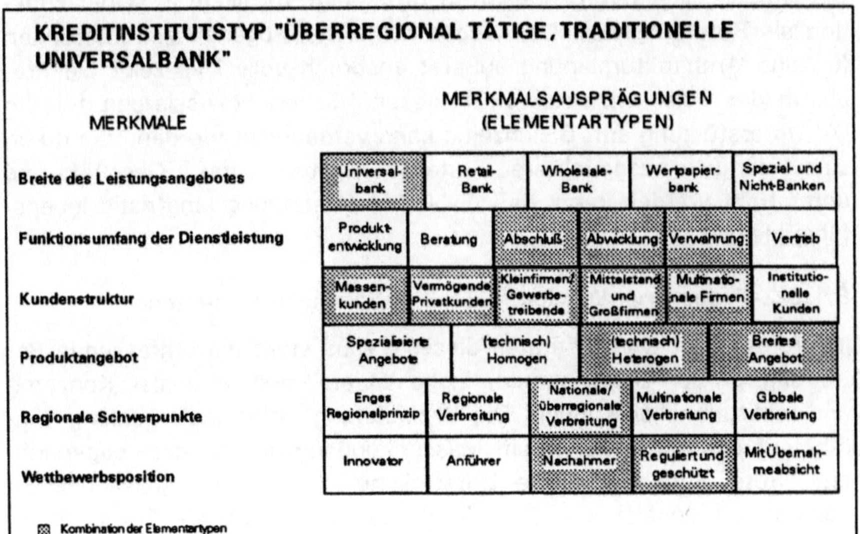

Abb. 6.1.3.1/1: Grafische Darstellung des Kreditinstitutstyps "Überregional tätige, traditionelle Universalbank"

Aufgrund der Fülle von Aufgaben muß der Funktionsumfang auf den Abschluß, die Abwicklung und die Verwahrung reduziert werden. Pro-

[16] vgl.: Deutsche Bundesbank, Die Ertragslage..., a.a.O., mit eigenen Berechnungen. Nicht erfaßt sind Institute, die zwar nach §1 KWG als Kreditinstitute zu bezeichnen sind, aber nicht in den öffentlichen Statistiken erfaßt werden. Darunter fallen die Bausparkassen oder Investmentfond-Gesellschaften.

[17] Nach §1 KWG fallen unter die Bankgeschäfte das Einlagen-, Kredit-, Diskont-, Effekten-, Depot-, Investment-, Schuld-, Garantie- und Girogeschäft.

duktentwicklung, Beratung oder auch Vertrieb können nur am Rande durchgeführt werden. Kennzeichnend ist, daß hierfür ein breites Branchennetz erforderlich ist, um als Ausgleich dafür den nötigen "push"-Effekt erzielen zu können. Aufgrund der fehlenden Spezialisierung werden alle Kunden in gleicher Weise bedient, die hierfür nötige Produktpalette ist breit gefächert und technisch sehr heterogen. Um bei der Vielzahl an Kundengruppen Skaleneffekte zu erreichen, ist eine überregionale Verbreitung erforderlich. Die fehlende Produktentwicklung sowie das breite, heterogene Angebot lassen darauf schließen, daß es sich um einen typischen Nachahmer handelt. Eher zögerlich wird auf neue Produktentwicklungen von Konkurrenten mit eigenen, ähnlichen Angeboten reagiert. Erleichtert wird die Stellung dieses Typus, wenn er von staatlicher Seite geschützt wird und deshalb die Bankenlandschaft stark reglementiert ist.

Der Nutzen dieses vorgestellten Instituts liegt vor allem in seiner Funktion als Referenzgröße. Der wegen seiner heterogenen Anforderungen für eine Architekturplanung äußerst anspruchsvolle Typ zeigt die Problemfelder einer unzureichenden geschäftlichen Fokussierung für die DV-Unterstützung auf. Gleichzeitig kann verdeutlicht werden, wie durch eine darauf ausgerichtete Datenverarbeitung das Geschäft so unterstützt werden kann, daß die DV-Unterstützung langfristig lebensfähig bleibt.

6.1.3.2 Typus einer Wholesale-Bank mit globaler Verbreitung

Im Vordergrund von Instituten dieses Typus steht die umfassende Betreuung großer Unternehmen, insbesondere multinationaler Konzerne und institutioneller Kunden. Die Bezeichnung "Wholesale-Banking" beruht auf der Abgrenzung zum Massenkundengeschäft, dem sogenannten "Retail-Banking". Diese Unterteilung ist an die angelsächsische Bankenwelt angelehnt[18]. "Wholesale-Banking" kann als "Großfirmenkundengeschäft" umschrieben werden. Bei deutschen Universalbanken läßt sich meist an der internen Organisationsform eine Orientierung an diesen Kundensegmente erkennen[19].

Dieser Banktyp zeichnet sich durch einen umfassenden Funktionsumfang für seine spezialisierte Tätigkeit aus. Besonderer Stellenwert wird bei erfolgreichen Instituten auf ein eigenständiges Entwickeln von Pro-

---

[18] vgl.: Casserley, D., Facing Up..., a.a.O., S. 2 f.; im Bereich des Groß- und Einzelhandels im Konsumgütermarkt ist die Unterscheidung wesentlich einfacher.

[19] vgl.: Klee, H.W., Strukturwandel..., a.a.O.; Schimmelmann, W.v., Bankorganisation..., a.a.O.; in England übernehmen die "merchant banks" diese Rolle.

duktderivaten gelegt. Die Beratungs- und Abwicklungskompetenz ist vor allem im Emissions- und Beteiligungs-Geschäft gefordert. Um seine großen Firmenkunden zuverlässig und umfassend beraten zu können, ist die Präsenz nicht nur an den wichtigsten Handelsplätzen, sondern im globalen Rahmen erforderlich[20]. Das anspruchsvolle Kundensegment erfordert hochspezialisierte, darauf zugeschnittene Produkte, denen es deshalb an technischer Homogenität mangeln kann. Der intensive Wettbewerb, durch geringen Finanzierungsbedarf bei hoher Innenfinanzierungskraft und gleichzeitiger Globalisierung der Konkurrenz verstärkt, führt dazu, daß erfolgreiche Institute darauf angewiesen sind, als technischer "Anführer" vor allem in der Produktentwicklung tätig zu sein[21]. Hierunter muß allerdings nicht eine unbedingt innovative Stellung verstanden werden, vielmehr zeichnet einen "Anführer" aus, daß der Markt auf seine Produktvorschläge reagiert ("Jünger"). Die notwendige Kompetenz für die landesübliche Geschäftstätigkeit wird oft durch Übernahmen von Gesellschaften im jeweiligen Land angeeignet.

In Abbildung 6.1.3.2/1 wird der Typ grafisch illustriert.

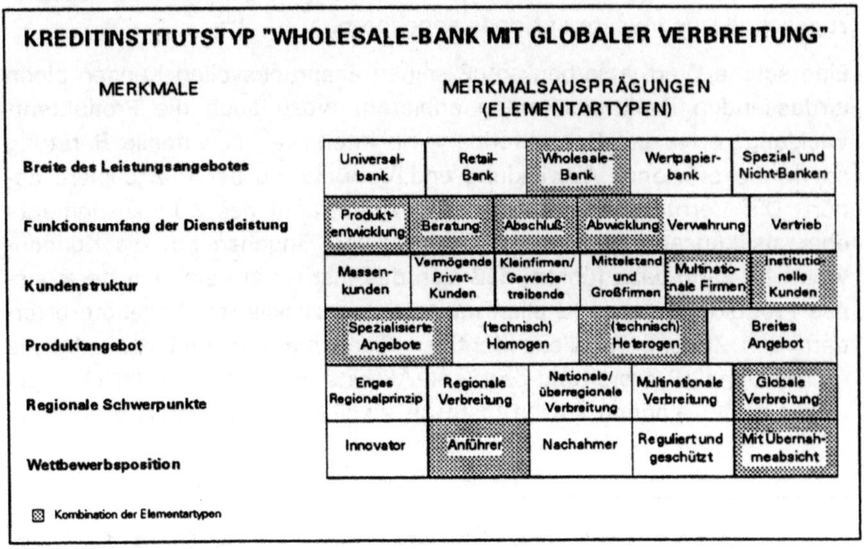

Abb. 6.1.3.2/1: Grafische Darstellung des Kreditinstitutstyps "Wholesale-Bank mit globaler Verbreitung"

---

20 Aktuell gefordert wären Repräsentanzen in Asien über Japan, Hongkong und Singapore hinaus.

21 Es sei an den extremen Verlauf der Produktlebenszykluskurve bei Finanzderivaten erinnert, vgl. hierzu die Ausführungen in Kapitel 5.2.1.2.2.1 Marketing und Beratung (Anforderungen aus dem Markt für Firmenkunden und Institutionellen Kunden).

Der Nutzen dieses Typs liegt zum einen in seiner hohen Spezialisierung. Damit kann die Hypothese überprüft werden, ob sich harmonischere Anforderungen in stabile und homogene Architekturmodelle überführen lassen. Zum anderen findet sich dieser Banktyp als Ziel in vielen Organisationsüberlegungen deutscher Kreditinstitute wieder, dem man sich bisher erst angenähert hat. Daher kann mit dem Ergebnis auch ein möglicher Anhaltspunkt für deren ausgerichtete DV-Unterstützung gegeben werden.

6.1.3.3 Typus eines multinational tätigen Instituts im "Private Banking"

Ein Institut dieses Typs betreut vermögende Privatkunden[22], Unternehmen (und Unternehmer) sowie institutionelle Investoren vor allem in der Finanzanlage, speziell des Wertpapiergeschäftes. In Deutschland konzentrieren sich vor allem die Privatbanken, häufig mit Kapitalbeteiligung oder Eigentum von großen Universalbanken, auf diese Aufgabe.

Inhaltliche Aufgaben liegen vor allem in einer fundierten Analyse der Märkte, einer individuellen Vermögensanalyse und Anlagestrategie sowie einer effizienten Vermögensverwaltung. Häufig werden speziell zugeschnittene Investmentfonds angeboten.

Eine solche Wertpapierbank muß seinen anspruchsvollen Kunden einen umfassenden Funktionsumfang anbieten, wozu auch die Produktentwicklung, etwa bei Spezialfonds, eine intensive, individuelle Beratung sowie die effiziente Abwicklung und Verwahrung der Wertpapiere gehört. Die Vertriebsaktivitäten sind in Anbetracht des Kundensegments eher als konservativ zu bezeichnen[23]. Das Eingehen auf die Kundenwünsche kann dazu führen, daß sich das Institut auf ein sehr heterogenes Produktangebot einstellen muß. Die spezialisierten Angebote erfordern den Zugang zu allen wichtigen Finanzmärkten und deshalb eine multinationale Verbreitung der Bank-Aktivitäten. Aufgrund der eher geringen Größe können solche Institute weniger als Anführer, dafür aber

22 Herrhausen nannte diese Kundengruppe als "high-networth individuals", vgl.: Herrhausen, A., Strategische Führung - Mehr als nur Strategie, in: Henzler, H.A. (Hrsg.), Handbuch..., a.a.O., S. 64.

23 Casserley nennt für diesen Banktyp die "insider relationship" als wichtigsten Erfolgsfaktor. Dieser prägt sich in den unterschiedlichen Kulturen auf verschiedene Weise aus. In England ist vor allem die persönliche, das Privatleben einschließene Beziehung ("applying a heavy dose of English genteel style") zu den Kunden an oberster Stelle. Das Schweizer Modell legt besonderen Wert auf die Vertraulichkeit im Umgang mit dem Geld der Kunden. In den USA stellen sich diese Banken auf den Besuch bei den Kunden ein und stellen mit diesem zusammen ein individuelles Paket zusammen; vgl.: Casserley, D., Facing Up..., a.a.O., S. 127-130.

als Innovator von speziell auf die Kundenwünsche zugeschnittenen Produkten tätig sein.

In Abbildung 6.1.3.3/1 wird der Typ grafisch illustriert. Auch dieser Institutstyp kann zum Überprüfen der Hypothese dienen, inwieweit speziell zugeschnittene Ausgangssituationen zu harmonischeren Anforderungen an die Architektur führen und damit das Formulieren hilfreicher, stabiler Architekturmodelle erleichtern. Wie noch zu zeigen sein wird, stimmt das Modell in vielen Punkten mit dem einer "Wholesale-Bank mit globaler Verbreitung" überein. Dies könnte als Grund angesehen werden, weshalb erfolgreiche Banken, etwa in den USA oder Großbritannien, meist beide Segmente bedienen.

KREDITINSTITUTSTYP "MULTINATIONAL TÄTIGES INSTITUT IM PRIVATE BANKING "

MERKMALE	MERKMALSAUSPRÄGUNGEN (ELEMENTARTYPEN)					
Breite des Leistungsangebotes	Universalbank	Retail-Bank	Wholesale-Bank	Wertpapierbank	Spezial- und Nicht-Banken	
Funktionsumfang der Dienstleistung	Produktentwicklung	Beratung	Abschluß	Abwicklung	Verwahrung	Vertrieb
Kundenstruktur	Massenkunden	Vermögende Privat-Kunden	Kleinfirmen/ Gewerbetreibende	Mittelstand und Großfirmen	Multinationale Firmen	Institutionelle Kunden
Produktangebot	Spezialisierte Angebote	(technisch) Homogen	(technisch) Heterogen	Breites Angebot		
Regionale Schwerpunkte	Enges Regionalprinzip	Regionale Verbreitung	Nationale/ überregionale Verbreitung	Multinationale Verbreitung	Globale Verbreitung	
Wettbewerbsposition	Innovator	Anführer	Nachahmer	Reguliert und geschützt	Mit Übernahmeabsicht	

▨ Kombination der Elementartypen

Abb. 6.1.3.3/1: Grafische Darstellung des Kreditinstitutstyps "Multinational tätiges Institut im ´Private Banking´ "

Vor allem der personalintensive Beratungsteil wird von vielen Kreditinstituten zunehmend auf das oben beschriebene Kundensegment konzentriert werden[24]. Ein auf diesen Institutstyp zugeschnittenes Architekturmodell kann daher für beinahe alle Institute als Referenzgröße zur bestehenden Unterstützung oder als Zielgröße dienen. Dies ist vor allem dann hilfreich, wenn die interne organisatorische Trennung auf der DV-Seite nachvollzogen werden soll.

---

[24] vgl.: Hagenmüller, K.F. und Jacob, A.-F., Der Bankbetrieb. Band II..., a.a.O., S. 104 f.; ebenso die entsprechenden Ausführungen im Kapitel 5.2.1.2.1.1 Marketing und Beratung.

6.2 Spezifikation von Architekturmodellen für Kreditinstitutstypen

6.2.1 Referenzmodelle

6.2.1.1 Charakterisierung der Referenzmodelle

Anhand charakteristischer Eigenschaften wird ein Sachverhalt mit seinen gültigen Ausprägungsformen in einem Referenzmodell allgemein beschrieben. Ihren besonderen Wert erhalten Referenzmodelle, wenn daraus bei Kenntnis der Einflußparameter und Rahmenbedingungen nicht nur konkrete Ausprägungen abgeleitet werden, sondern das Referenzmodell auch als Vergleichsgröße der unterschiedlichen Endprodukte dienen kann.

Für Architekturmodelle bietet sich der Aufbau eines Referenzmodelles vor allem deshalb an, weil in der Literatur sehr viele Ausprägungen von Architekturen mit unterschiedlichen Abstraktionslevel beschrieben werden[25].

Das hier gewählte Vorgehen ist an die unternehmensweiten Referenzmodelle der Informationsverarbeitung angelehnt, wie die Charakterisierung in Abbildung 6.2.1.1/1 zeigt[26]. Die verwendeten Merkmale umfassen dabei Modellorientierung, Umfang, Detaillierungsgrad, Darstellungsart, Aggregationsstufen, Anpaßbarkeit und Übertragbarkeit; die gewählte Kombination ist straffiert[27].

Die Modellorientierung umfaßt alle relevanten Gebiete der Datenverarbeitung und geht darauf in vergleichbarem Detaillierungsgrad ein. Je nach Geschäftsschwerpunkt werden alle dort notwendigen Geschäftsgebiete unterstützt. Die Darstellung beschränkt sich auf eine schriftliche, tabellarische Art. Die teilweise hohe Spezialisierung der Modelle erlaubt es, mit nur einer Aggregationsstufe auszukommen. Aufgrund

---

25 vgl.: Hars, A., Nutzung..., a.a.O.; Hildebrand, K., Zur Begriffsvielfalt..., a.a.O.; Hildebrand, K., Ein Referenzmodell..., a.a.O.; Krcmar, H., Bedeutung..., a.a.O.; Scheer, A.-W., Die Software-Entwicklung ist auf bessere Methoden angewiesen, in: Computerwoche 18 (1991) 10, S. 124-127 sowie 18 (1991) 11, S. 47-50; Schmalzl, J. und Schumann, M., Aufbau..., a.a.O.; Strunz, H., Zur Begründung einer Lehre von der Architektur informationstechnikgestützter Informations- und Kommunikationssysteme, in: Wirtschaftsinformatik 32 (1990), S. 439-445; Tulowitzki, U., Anwendungssystemarchitekturen..., a.a.O.; Zachman, J.A., A Framework..., a.a.O.

26 vgl.: Schüle, H., DV-Unterstützung..., a.a.O., S. 20-22.

27 vgl.: Mertens, P. und Holzner, J., WI..., a.a.O.; Scholz-Reiter, B., Anforderungen und Beurteilungskriterien für rechnerunterstützte Werkzeuge der Systemanalyse im CIM-Bereich, in: CIM Management 8 (1992) 4, S. 26-31.

des Eingehens auf die individuellen Anforderungen ist die Anpaßbarkeit sehr groß. Für die Übertragbarkeit auf andere Institute ist zu berücksichtigen, daß die unterschiedliche Ausgangssituation, vor allem in Technik und Organisation, einbezogen werden muß.

Das Nutzen von Referenzmodellen ist insbesondere für die Informations-Architektur verbreitet. Oft werden verschiedene Unternehmensmodelle als Referenzgröße abgebildet. Der überwiegende Teil hiervon ist allerdings papiergestützt bzw. benötigt eine proprietäre Software. Darüber hinaus bieten CASE-Tool-Hersteller komplette Anwendungsmodelle an[28].

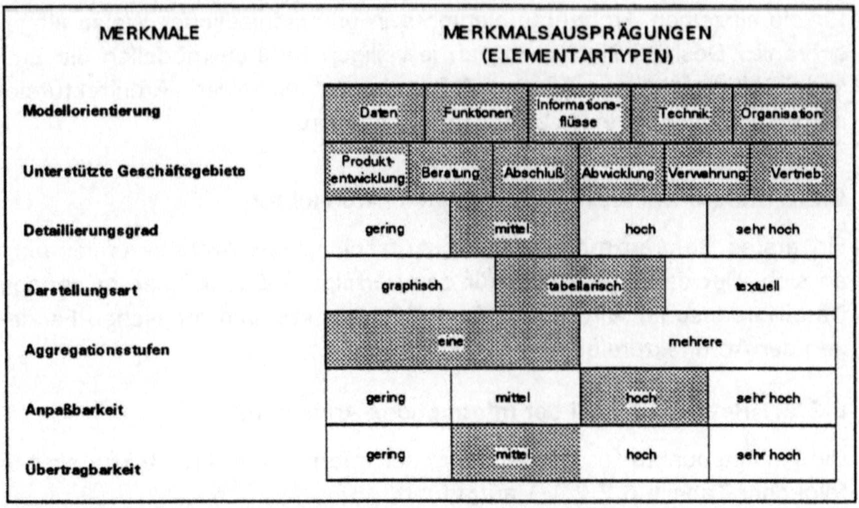

Abb. 6.2.1.1/1: Charakterisierung des gewählten Referenzmodells

6.2.1.2 Aufgabe der Referenzmodelle

Um die Ableitung der System-Architektur aus den Anforderungen, wie sie in Kapitel 5 beschrieben wurden, zu erleichtern, werden im Referenzmodell die zu treffenden Festlegungen für jedes Architekturelement aufgeführt. Somit wird berücksichtigt, daß die Anforderungen zwar an die Architektur als Ganzes gestellt werden, eine vollständige formallogische Deduktion zu den konkreten Ausprägungen aber auch auf Basis empirischer (und damit nicht eindeutiger) Kategorien erfolgen

---

[28] vgl.: Rockart, J.F. und Hofman, J.D., The Emerging Use of Application Templates, in: Center for Information Systems Research (CISR), Working Paper Nr. 250, Cambridge 1991; Schmidt, W., Von CASE über I-CASE zu E-CASE, in: Curth, M. und Lebsanft, E. (Hrsg.), Wirtschaftsinformatik in Forschung und Praxis. Mit Beitr. von 25 Autoren, München und Wien 1992, S. 149-154; Hoch, D.J. und Schirra, W., Entwicklung..., a.a.O., S. 43-45.

muß[29]. Das Referenzmodell läßt sich daher als eine "Check-Liste" nutzen, um die Bildung von Architekturmodellen aus den konkreten Anforderungen zu erleichtern.

Die Auswahl der zu treffenden Festlegungen wird durch

- die derzeitigen und absehbaren technologischen Möglichkeiten,
- die branchenspezifischen Anforderungen an Sicherheit, Schnelligkeit sowie Transaktionsintensität bei hohem Datenvolumen,
- die logische Konsequenz aus dem Betreiben von DV-Abteilungen und
- branchentypische Hard- und Software

für die einzelnen Architekturelemente in unterschiedlicher Weise eingeschränkt. Deshalb sind nach den jeweiligen Referenzmodellen die Entscheidungsspielräume in der Belegung der einzelnen Architekturelemente nochmals in einer Übersicht angegeben.

6.2.2 Referenzmodelle für die System-Architektur

Ein erstes Referenzmodell ist die Aufzählung der Architekturelemente an sich. Der dabei genutzte, für den verfolgten Zweck aber zu geringe Detaillierungsgrad wird durch die Anhaltspunkte zum möglichen Festlegen der Architekturelemente konkretisiert.

6.2.2.1 Referenzmodell der Informations-Architektur

Die Anhaltspunkte für die Belegung der Informations-Architektur sind in folgender Tabelle 6.2.2.1/1 aufgeführt.

---

[29] vgl.: Raffée, H., Grundprobleme der Betriebswirtschaftslehre, Göttingen 1974, S. 29-44; ebenso die dort angegebenen Literaturhinweise: Albert, H., Konstruktion und Kritik, Aufsätze zur Philosophie des kritischen Rationalismus, Hamburg 1972 sowie Albert, H., Theorie und Prognose in der Sozialwissenschaften, in: Topisch, E. (Hrsg.), Logik der Sozialwissenschaften, 7. Aufl., Köln u. Berlin 1971, S. 126-143.

Architekturelemente		Anhaltspunkte für Festlegungen in der Informations-Architektur
Informationsbegriffe	Geschäftsregeln	• Quellen der Aufnahme (eigene detaillierte Aufnahme anhand von Interviews, Formularanalyse, Fachliteratur oder durch Nutzen bestehender Regeln von konkurrierenden Instituten, aus Standardsoftware, von implementierten Standard-Modellen (Templates) der CASE-Tool-Hersteller oder von dafür erstellten Modellen im Rahmen von Herstellerarchitekturen) • Umfang des aufzunehmenden Geschäftsgebietes (Sparte, Bereich, Unternehmen) • Methodik und Toolunterstützung
	Entitäten	• Auswahl der wichtigsten Informationsbegriffe als Entitäten • Detaillierungsgrad der Untergliederung • Festlegen der Entitätseigenschaft a priori oder nach Abschluß der Modellierung • Qualitätssicherung (formale Sorgfalt)
	Beziehungen	• Auswahl der wichtigsten Beziehungen zwischen Entitäten • Detaillierungsgrad der Untergliederung • Festlegen der Beziehungseigenschaft a priori oder nach Abschluß der Modellierung • Qualitätssicherung (formale Sorgfalt)
	Attribute	• Auswahl der Attribute • Detaillierungsgrad der Untergliederung • Festlegen der Attributseigenschaft a priori oder nach Abschluß der Modellierung • Qualitätssicherung (formale Sorgfalt)
Datenmodell	Unternehmensweites Datenmodell (uwDM)	• Methodik (ERM oder neuere Ansätze) und Toolunterstützung • Anzahl aufzunehmender Projektdatenmodelle (Vollständigkeit) • Aggregation zu verschiedenen Bereichsdatenmodellen • Integrationsgrad in überlappenden Geschäftsgebieten • Festlegen der Anzahl sowie Definition gemeinsamer Informationsbegriffe
	Unternehmensdatenmodell (UDM)	• Methodik (ERM oder neuere Ansätze) und Toolunterstützung • Aggregationsniveau (Anzahl der aufzunehmenden Entitäten)
	Wiederverwendbare, spartenübergreifende Datenkonstrukte	• Vorgehensweise zur Ermittlung der Datenkonstrukte • Anzahl der zu modellierenden Konstrukte • Art der Datenkonstrukte (fachlich, technisch) • Grad der Wiederverwendbarkeit (nur innerhalb einer Sparte, spartenübergreifend) • Eingebaute Flexibilität (Detaillierungsgrad)
Datenbankdesign	Felder	• Integrationsgrad mit einem Modellierungstool • Automatisierungsgrad des Generators (wenn überhaupt) • Denormalisierungsgrad
	Adressen	• Integrationsgrad mit Modellierungstool • Automatisierungsgrad des Generators (wenn überhaupt) • Denormalisierungsgrad
Funktionsbaum	Produkte, abstrakte Funktionen	• Quellen der Aufnahme (eigener Produktkatalog, Unternehmensorganigramme, allgemeines Funktionenraster, Konkurrenzprodukte, Basisprodukte) • Umfang des aufzunehmenden Geschäftsgebietes (Sparten, Bereich, Unternehmen) • Methodik und Toolunterstützung

(Fortsetzung)

(Fortsetzung)

Architekturelemente		Anhaltspunkte für Festlegungen in der Informations-Architektur
	Funktionen	• Ausgangspunkte der Funktionenmodellierung (Produkte, Geschäftssystem, Geschäftsprozesse, abstrakte Funktionen) • Auswahl der wichtigsten Funktionen für oberste Hierarchieebene (fachlich logisch, pragmatisch nach Häufigkeit) • Beschreibung der Funktionen (Methodik, Toolunterstützung, Allgemeingültigkeit)
	Teilfunktionen	• Anzahl der Hierarchiestufen • Auswahl der weiter zu zerlegenden Teilfunktionen
	Elementarfunktionen	• Detaillierungsgrad der nicht weiter zerlegbaren Tätigkeiten • Einheitlichkeit der Beschreibung als Ausgangspunkt für die Wiederverwendbarkeit
Funktions-modell	Funktionshierarchien für Projektmodelle	• Umfang des zu klassifizierenden Geschäftsgebietes (Sparte, Bereich, Unternehmen) • Abstraktionsniveau von realen Produkten, Anwendungen, Funktionsbeschreibungen
	Wiederverwendbare, spartenübergreifende Module	• Vorgehensweise zur Ermittlung der Module (systematische, regelbasierte Suche oder Erfahrungswissen von Modellierern, Nutzen fremder, z.B. in CASE-Tools implementierter Standard-Modelle (Templates)) • Anzahl der zu modellierenden Konstrukte (Anteil an Gesamtsoftware); Abwägen zwischen Such- und Modellierungsmehraufwand gegenüber Ersparnis in laufenden oder späteren Projekten • Art der Module (fachlich, technisch) • Grad der Wiederverwendbarkeit (nur innerhalb von Sparten, spartenübergreifend) • Eingebaute Flexibilität (Parametrisierung, Standard-Vorgaben) • Offenhalten von Optionen zur Weiterverwendung bzw. Fortentwicklung in späteren Projekten
	Querschnitts-funktionen	• Vorgehensweise zur Ermittlung der Module (systematische, regelbasierte Suche oder Erfahrungswissen von Modellierern, Nutzen fremder, z.B. in CASE-Tools implementierter Standard-Modelle (Templates)) • Anzahl der zu modellierenden Konstrukte (Anteil an Gesamtsoftware); Abwägen zwischen Such- und Modellierungsmehraufwand gegenüber Ersparnis in laufenden oder späteren Projekten • Anzahl der angeschlossenen Bereiche (z. B. nur Abwicklung oder nur Clearing) • Frage der parallelen Umsetzung in der Aufbau- und Ablauforganisation der Unternehmung • Offenhalten von Optionen zur Weiterverwendung bzw. Fortentwicklung in späteren Projekten
Funktions-module	Programmierte Funktionen	• Integrationsgrad mit Modellierungstool (wenn überhaupt) • Automatisierungsgrad des Generators (wenn überhaupt)
	Module	• Verwaltung der wiederverwendbaren Module • Sicherstellen der fortlaufenden Pflege, des Einsatzes und der Aktualisierung des Bestandes
Geschäfts-abläufe	Prozeßabläufe	• Quellen der Aufnahme (eigene Analyse im Rahmen der Daten- und Funktionsmodellierung, Nutzen externer Quellen) • Umfang der untersuchten Geschäftsgebiete (Sparte, Bereich, Unternehmen, Integration der Kunden- und Wettbewerberseite) • Methodik und Toolunterstützung

(Fortsetzung)

(Fortsetzung)

Architekturelemente		Anhaltspunkte für Festlegungen in der Informations-Architektur
	Kernprozesse	• Auswahl auf 3-7 der wichtigsten Prozesse im Unternehmen (Kernprozesse) • Grad der Veränderung der Prozesse (Integration, Automation, Ersatz) • Umfang der Neugestaltung bestehender Abläufe (inkl. Frage der Änderung in Aufbau- und Ablauforganisation)
	Typisierte Vorgänge	• Vorgehensweise zur Ermittlung der Vorgänge (systematische, regelbasierte Suche oder Erfahrungswissen von Modellierern, Nutzen fremder, z.B. in CASE-Tools implementierter Standard-Modelle (Templates)) • Anzahl der zu typisierenden Vorgänge (Anteil an der Gesamtsoftware); Abwägen zwischen Such- und Modellierungsmehraufwand gegenüber Ersparnis in laufenden oder späteren Projekten • Art der Vorgänge (fachlich, technisch)
Prozeß-modell	Schnittstellen-definition	• Abwägen zwischen Schnittstellendefinition und funktionaler Integration der Vorgänge • Automationsgrad des Schnittstellenmanagements • Nutzen von externen Vorgaben etwa aus Herstellerplattformen oder Kommunikationsprotokollen
	Standardtransaktions-typen	• Quellen der Transaktionstypen (interne, eigene Definition oder Standard-Modell-Vorgabe etwa von Tool-Herstellern) • Anzahl und Art der Standardtransaktionstypen (Umfang des Geschäftsgebietes, Detaillierungsniveau, Flexibilität) • Management und Einsatz der Transaktionstypen (Toolunterstützung, Verwaltung, Integration in Anwendungsentwicklung)
	Vorgangsrahmen	• Flexibilität und Verbindlichkeit der vorgegebenen Rahmen (Steuerlogik) • Management und Einsatz der Vorgangsrahmen (Toolunterstützung, Verwaltung, Integration in die Anwendungsentwicklung)
Programm-rahmen	Rahmenprogramm	• Integrationsgrad mit Modellierungstools (wenn überhaupt) • Automatisierungsgrad des Generators (wenn überhaupt)
	Vorgangssteuerungs-systeme (VGS)	• Umfang der VGS (betroffene Geschäftsgebiete, Beratung und/oder Abwicklung) • Zielgruppe von VGS (intern, beraterunterstützte Interaktion mit dem Kunden, Kunden-Selbstbedienung) • Flexibilität bei der Ausgestaltung der VGS (Mitwirkung der Fachbereiche) • Technisches Zielsystem des VGS (zentral über Mainframe, Client-Server-basierend) • Ausmaß des deterministischen Vorgehens (Expertensprung, kurzzeitiger Ausstieg) • Berechtigungssysteme (feldinhaltsbezogen, berechtigungsgesteuerte Menüauswahl)

Tabelle 6.2.2.1/1: Referenzmodell der Informations-Architektur in tabellarischer Übersicht

Eine Durchsicht der Tabelle macht deutlich, wie sich die Entscheidungsspielräume bei dem Festlegen der Architekturelemente unterscheiden. Vor allem in den Bereichen, die den Umfang des Architekturprojektes bestimmen, wie etwa die Geschäftsregeln, ist dieser sehr hoch. Kein Freiheitsgrad besteht, wenn aus vorgegebenen

Strukturen die Endprodukte nur noch abgeleitet werden müssen, wie im Falle des Datenbankdesigns.

In Tabelle 6.2.2.1/2 sind die Entscheidungsspielräume für jedes Architekturelement klassifiziert. Ein hoher Freiheitsgrad signalisiert, daß Management-Entscheidungen gefordert sein werden.

Architekturelemente		**Entscheidungsspielräume in der Informations-Architektur**				
		Keine	Geringe	Mittlere	Hohe	Sehr hohe
Informations-begriffe	Geschäftsregeln				X	
	Entitäten			X		
	Beziehungen			X		
	Attribute		X			
Datenmodell	Unternehmensweites Datenmodell (uwDM)				X	
	Unternehmensdatenmodell (UDM)		X			
	Wiederverwendbare, spartenübergreifende Datenkonstrukte			X		
Datenbank-design	Felder	X				
	Adressen	X				
Funktions-baum	Produkte, abstrakte Funktionen				X	
	Funktionen			X		
	Teilfunktionen			X		
	Elementarfunktionen			X		
Funktions-modell	Funktionshierarchien für Projektmodelle			X		
	Wiederverwendbare, spartenübergreifende Module				X	
	Querschnittsfunktionen					X
Funktions-module	Programmierte Funktionen	X				
	Module	X				
Geschäfts-abläufe	Prozeßabläufe				X	
	Kernprozesse					X
	Typisierte Vorgänge					X
Prozeß-modell	Schnittstellendefinition		X			
	Standardtransaktionstypen			X		

(Fortsetzung)

(Fortsetzung)

Architekturelemente		Entscheidungsspielräume in der Informations-Architektur				
		Keine	Geringe	Mittlere	Hohe	Sehr hohe
Programm-rahmen	Vorgangsrahmen				X	
	Rahmenprogramm			X		
	Vorgangssteuerungssystem (VGS)				X	

Tabelle 6.2.2.1/2: Entscheidungsspielräume im Referenzmodell der Informations-Architektur in tabellarischer Übersicht

6.2.2.2 Referenzmodell der Umsetzungs-Architektur

Die Anhaltspunkte für die Festlegung der Umsetzungs-Architektur sind in folgender Tabelle 6.2.2.2/1 aufgeführt.

Architekturelemente		Anhaltspunkte für Festlegungen in der Umsetzungs-Architektur
Software-Entwick-lungs-umgebung	Software-Engineering-Konzepte	• Ausmaß der Orientierung an externen Vorgaben (insb. inwieweit Konzepte von System-Anbietern wie AD/Cycle berücksichtigt werden) • Integriertes Konzept versus Einzellösungen • Herstellerunabhängigkeit durch Berücksichtigung standardisierter Verfahren, z.B. PCTE • Verbindlichkeit des Einsatzes der Konzepte in den Entwicklergruppen (Schulung, Qualitätskontrolle)
	Methoden und Regeln	• Objektorientierte versus standardisierte Verfahren der Daten- und Funktionsmodellierung (ERM, SA) • Einsatzgebiete der Methoden und Regeln (upper- oder lower-level des Entwicklungsprozesses sowie Art der Anwendungen) • Anwendung der Methoden und Regeln (fest in Tools implementiert, toolgestützt, auf Basis von Dokumentationen, Checklisten, Leitlinien, unverbindliche Informationen) • Integration der Anwender (Vorgabe von Pflichtenheften, Prototyping)
	Werkzeuge	• Integrierte Konzepte versus zusammengesetzte Werkzeuge mit entsprechendem Integrationsmehraufwand • Branchenspezifische versus allgemein einsetzbare Tools • Abdeckung der Entwicklungsphasen durch Werkzeuge • Ausmaß der Herstellerunabhängigkeit (z.B. durch Ausgabe von Quellcode in normierter Sprache, Standard-Datenbankschemata oder durch Anbindung an neutrales Repository) • Integration der lebenszyklusübergreifenden Aktivitäten (Projektmanagement, Qualitätssicherung) • Wahl der Entwicklungsumgebung (zentral/dezentral, vernetzt, Anbindung an zentrale Datenbank)

(Fortsetzung)

(Fortsetzung)

Architekturelemente		Anhaltspunkte für Festlegungen in der Umsetzungs-Architektur
Anwendungslandschaft	Struktur der fachlichen Anwendungsbausteine	• Sparten- versus Kunden- versus Regionen- oder Geschäftsfeldorientierung der Anwendungslandschaft • Unterteilen des Software-Komplexes (z.B. mit Information-Engineering-Matrizen, Erfahrungswerten, Abgleich mit Aufbauorganisation) • Berücksichtigen wiederverwendbarer oder zentraler Module in der Anwendungslandschaft • Einbau und Integration von Standardsoftware in ausgewählte Gebiete • Logische und physische Verteilung der Daten und Anwendungsfunktionalität (Client-Server-Konzepte) • Abstimmen der Veränderungen mit Aufbau- und Ablauforganisation des Unternehmens
	Struktur der Service-Anwendungsbausteine	• Definition von nichtfachlichen, mehrfach verwendbaren Diensten (z.B. User-login, vorcodierte API-Zugriffe) • Umsetzen der definierten Dienste durch eigene Services oder durch in Werkzeugen hinterlegte Routinen • Abstimmen der fachlichen Dienste mit Vorgaben der Informations-Architektur • Organisation, Verwaltung, Pflege und Weiterentwicklung der Dienste
	Vorgangsdienste	• Auswahl herauszulösender Vorgangsdienste • Abstimmung mit übergreifendem Vorgangssteuerungskonzept • Festlegen der zu unterstützenden Rechnerebenen und Teilnehmer
Netzwerk-Anwendungsdienste	Dateitransfer	• Entscheidung zwischen Diensten aus Hersteller-Architekturen (z.B. SNA), anwendergetriebenen (vor allem in USA genutzten) Protokollen (TCP/IP) oder international genormten Protokollen (OSI), hierbei ist der Parallelbetrieb wahrscheinlich • Integration von kundenindividuellen Diensten und Protokollen • Management von konkurrierenden und parallelen Diensten durch Aufbau einer geeigneten Kommunikationsplattform (z.B. BCS)
	Virtuelles Terminal	• Entscheidung zwischen Diensten aus anwendergetriebenen (vor allem in USA genutzten) Protokollen (TCP/IP) oder international genormten Protokollen (OSI), bei letzteren allerdings noch kein marktfähiges Produkt verfügbar
	Elektronischer Nachrichtenaustausch	• Entscheidung zwischen Diensten aus Hersteller-Architekturen (z.B. SNA) oder international genormten Protokollen, insb. EDI-Normen (OSI), hierbei ist der Parallelbetrieb wahrscheinlich • Integration von kundenindividuellen Diensten und Protokollen • Integration von Diensten in die Fachanwendungen • Management von konkurrierenden und parallelen Diensten durch Aufbau einer geeigneten Kommunikationsplattform (z.B. BCS)
	Verteilter Datenzugriff	• Entscheidung zwischen Diensten aus Hersteller-Architekturen (z.B. SNA), anwendergetriebenen Protokollen (TCP/IP) oder Berücksichtigung des zu erwartenden international genormten Protokolls, hierbei ist der Parallelbetrieb wahrscheinlich • Integration von kundenindividuellen Diensten und Protokollen • Management von konkurrierenden und parallelen Diensten durch Aufbau einer geeigneten Kommunikationsplattform (z.B. BCS)

(Fortsetzung)

(Fortsetzung)

Architekturelemente		Anhaltspunkte für Festlegungen in der Umsetzungs-Architektur
	Netzwerkverwaltung	• Entscheidung zwischen Diensten aus Hersteller-Architekturen (z.B. SNA), anwendergetriebenen (vor allem in USA genutzten) Protokollen (TCP/IP) oder international genormten Protokollen (OSI), hierbei ist der Parallelbetrieb wahrscheinlich • Integration von kundenindividuellen Diensten und Protokollen • Management von konkurrierenden und parallelen Diensten durch Aufbau einer geeigneten Kommunikationsplattform (z.B. BCS)
Betriebs-systeme und systemnahe Software	Betriebssysteme	• Zu unterstützende Betriebssystem-Ebenen • Herstellerunabhängigkeit der Betriebssysteme (durch POSIX-Fähigkeit weitgehend entschärft) • Anteil der fehlertoleranten Systeme mit deren proprietären Betriebssystemen für transaktionskritische Bereiche vor allem im Mainframe-Bereich (ansonsten PCM) • Entscheidung zwischen OS/2 bzw. OS/400 versus WinNT versus UNIX SVR4.2 versus VMS im Server-Bereich, hierbei Integration der Insel-Lösungen aus Spezial-Lösungen
	TP-Monitore	• Stellenwert von OLTP bei teilweise bereits verfügbarer Funktionalität von DBMS • Standard-OLTP (insb. CICS) versus auf jeweilige Datenbank spezialisierte Software versus offene OLTP (mit XA-Schnittstelle) • Durchgängigkeit der OLTP über mehrere Betriebssystem-Ebenen • OLTP für Workstation-Bereich für transaktionsintensive und fehlerkritische Anwendungen
	Benutzerober-flächensoftware	• Standardisierung der Benutzeroberfläche ("Style Guide"), hierbei Frage nach der Orientierung an bestehenden Vorgaben wie IBMs CUA • Entscheidung über ebenenübergreifenden gemeinsamen Standard für PC, Workstations und Mainframe-Terminal (evtl. Aufgabe von Funktionalität notwendig) oder unabhängige Vorgaben • Standardisierung im Workstation-Bereich (OSF/Motif versus Open Look)
	Zugangskontroll-systeme	• Stellenwert von Zugangskontrollsystemen (Funktionalität, Schulung, Reichweite, Kontrolle) • Orientierung an "Industriestandard" RACF von IBM für Mainframe-Bereich oder Suche nach herstellerunabhängiger Lösung • Organisatorische Lösungen für dezentrale Bereiche, solange standardisierte Tool-Unterstützung nicht vorhanden ist
Daten-management-Systeme	Dateisysteme	• Organisation der Daten
	Datenbanksysteme	• Entscheidung über relationale (zwecks Flexibilität der Auswertung) oder hierarchische (zwecks Schnelligkeit) DBMS • Auswahl zwischen universell, auf vielen Plattformen lauffähigen (z.B. Oracle) und spezialisierten Systemen (insb. DB2/IMS) oder Adabas • Übernahme der Transaktionsaufgaben (anstelle von TP-Monitoren) • Berücksichtigung von Sprachen der 4. Generation (4GL), z.B. Natural im Zusammenhang mit zugehörigen DBMS • Datenbank-Frontend als Büroautomationswerkzeug (im Rahmen der IDV) • Automatisches Sicherstellen von Datenkonsistenz durch Berücksichtigung eines übergreifenden Standards bei mehreren zu synchronisierenden Datenbanken

(Fortsetzung)

(Fortsetzung)

Architekturelemente		Anhaltspunkte für Festlegungen in der Umsetzungs-Architektur
	Datenmanipulationssprachen	• Auswahl der auf DBMS zugeschnittenen Datenmanipulationssprache • Entscheidung über zu wählende konkrete Version (z.B. ANSI SQL wegen Normierung)
Netzwerk-System-Software	Netzwerk-Konzepte	• Entscheidung über alleinige oder konkurrierende Nutzung der verschiedenen Netzwerk-Architekturen, zumeist durch Konverter • Auswahl aus Produktangeboten bei Vorliegen von Standards
	Netzwerk-Betriebssysteme	• Entscheidung zwischen integrierten und speziell für einzelne Verwendungszwecke erstellten Systemen • Entscheidung über Anerkennung von NetWare als integriertes Standard-Betriebssystem im LAN-Bereich oder alternativer Produkte
	Datendarstellung	• Entscheidung zwischen Diensten aus Hersteller-Architekturen (z.B. SNA), anwendergetriebenen (vor allem in USA genutzten) Protokollen (TCP/IP) oder international genormten Protokollen (OSI), hierbei ist der Parallelbetrieb wahrscheinlich • Auswahl von Produkten aus den diversen ISO-Normen (Funktionalitätsvergleich)
	Kommunikation	• Entscheidung zwischen Diensten aus Hersteller-Architekturen (z.B. SNA), anwendergetriebenen (vor allem in USA genutzten) Protokollen (TCP/IP) oder international genormten Protokollen (OSI), hierbei ist der Parallelbetrieb wahrscheinlich • Auswahl von Produkten aus den diversen ISO-Normen (Funktionalitätsvergleich) • Management von konkurrierenden und parallelen Diensten durch Aufbau einer geeigneten Kommunikationsplattform (z.B. BCS)
	Transport	• Entscheidung zwischen Diensten aus Hersteller-Architekturen (z.B. SNA), anwendergetriebenen (vor allem in USA genutzten) Protokollen (TCP/IP) oder international genormten Protokollen (OSI), hierbei ist der Parallelbetrieb wahrscheinlich • Auswahl von Produkten aus den diversen ISO-Normen (Funktionalitätsvergleich) • Management von konkurrierenden und parallelen Diensten durch Aufbau einer geeigneten Kommunikationsplattform (z.B. BCS)
	Vermittlung	• Entscheidung zwischen Diensten aus Hersteller-Architekturen (z.B. SNA), anwendergetriebenen (vor allem in USA genutzten) Protokollen (TCP/IP) oder international genormten Protokollen (OSI), hierbei ist der Parallelbetrieb wahrscheinlich • Auswahl von Produkten aus den diversen ISO-Normen (Funktionalitätsvergleich) • Management von konkurrierenden und parallelen Diensten durch Aufbau einer geeigneten Kommunikationsplattform (z.B. BCS)
Rechner	Prozessoren/Zentraleinheiten	• Positionierung bei neueren Entwicklungen im PC-Chip-Bereich • RISC versus CISC-Prozessoren im Workstation- und Midrange-Bereich
	Eingabe/Ausgabegeräte	• Integration der bankenspezifischen Peripherie durch spezielle Steuerungseinheiten • Entscheidung über Einbindung in LAN-Netze • Abwägen neuer Potentiale durch Image-Processing
	Rechnerarten	• Entscheidung über unterstützte Rechnerebenen und deren Vernetzung • PCM-Anbieter versus Anbieter von fehlertoleranten Systemen für besondere Einsatzzwecke

(Fortsetzung)

(Fortsetzung)

Architekturelemente		**Anhaltspunkte für Festlegungen in der Umsetzungs-Architektur**
Speicher-medien	Speicher-Schnittstellen	• Integration der proprietären Systeme
	Datenträger	• Adäquate Datenträger für Anforderungen an Volumen, Sicherheit, Zugriffszeit und Lesbarkeit auch über lange Perioden (bis zu 30 Jahre) hinweg • Abwägen neuer Potentiale durch optische Speicher
Netzwerke	Übertragungstechnik	• Auswahl zwischen Router, Bridges oder Gateways (technische Entwicklung z.T. noch nicht abgeschlossen)
	Übertragungsmedien	• Wahl der Medien gemäß Belastungsprognose (Beachtung von Spitzenzeiten) • Frage nach abgestuften Verfahren (Kabel, Breitband, ISDN)
	Netztopologien	• Auswahl zwischen verschiedenen Topologien bei der Gestaltung von WAN unter besonderer Berücksichtigung von Verfügbarkeit- und Performanceanforderungen
	Netzwerkrechner	• Entscheidung zwischen Spezialrechner bzw. Standardrechner

Tabelle 6.2.2.2/1: Referenzmodell der Umsetzungs-Architektur in tabellarischer Übersicht

In Tabelle 6.2.2.2/2 sind die Entscheidungsspielräume für das Festlegen der Architekturelemente in der Umsetzungs-Architektur klassifiziert. Auffallend, aber nicht überraschend ist, daß die Entscheidungsspielräume im Bereich der Hardware-Architektur im Vergleich zu den anderen Architekturebenen geringer sind. Die Standardisierung ist auf dieser Ebene bereits weit fortgeschritten, zudem entfallen weitgehend konzeptionelle Fragestellungen, wie sie etwa im Bereich der Software-Entwicklungsumgebung wichtig sind.

Architekturelemente		**Entscheidungsspielräume in der Umsetzungs-Architektur**				
		Keine	Geringe	Mittlere	Hohe	Sehr hohe
Software-Entwick-lungs-umgebung	Software-Engineering-Konzepte				X	
	Methoden und Regeln			X		
	Werkzeuge				X	
Anwen-dungs-landschaft	Struktur der fachlichen Anwen-dungsbausteine				X	
	Struktur der Service-Anwendungsbausteine				X	
	Vorgangsdienste			X		

(Fortsetzung)

(Fortsetzung)

Architekturelemente		Entscheidungsspielräume in der Umsetzungs-Architektur				
		Keine	Geringe	Mittlere	Hohe	Sehr hohe
Netzwerk-Anwendungsdienste	Dateitransfer			X		
	Virtuelles Terminal		X			
	Elektronischer Nachrichtenaustausch		X			
	Verteilter Datenzugriff			X		
	Netzwerkverwaltung		X			
Betriebssysteme und systemnahe Software	Betriebssysteme			X		
	TP-Monitore			X		
	Benutzeroberflächensoftware		X			
	Zugangskontrollsysteme		X			
Datenmanagement-Systeme	Dateisysteme	X				
	Datenbanksysteme			X		
	Datenmanipulationssprachen		X			
Netzwerk-System-Software	Netzwerk-Konzepte			X		
	Netzwerk-Betriebssysteme		X			
	Datendarstellung			X		
	Kommunikation			X		
	Transport			X		
	Vermittlung			X		
Rechner	Prozessoren/Zentraleinheiten		X			
	Eingabe-/Ausgabegeräte		X			
	Rechnerarten			X		
Speichermedien	Speicher-Schnittstellen	X				
	Datenträger		X			
Netzwerke	Übertragungstechnik		X			
	Übertragungsmedien		X			
	Netztopologien			X		
	Netzwerkrechner		X			

Tabelle 6.2.2.2/2: Entscheidungsspielräume im Referenzmodell der Umsetzungs-Architektur in tabellarischer Übersicht

6.2.2.3 Referenzmodell der Bereitstellungs-Architektur

Die Anhaltspunkte für die Belegung der Bereitstellungs-Architektur sind in folgender Tabelle 6.2.2.3/1 aufgeführt.

Architekturelemente		Anhaltspunkte für Festlegungen in der Bereitstellungs-Architektur
DV-Organisation	Aufbau- und Ablauforganisation	• Einordnung innerhalb der Unternehmensorganisation (eigenständiger Bereich, Unterordnung zu Servicebereich oder Rechnungswesen) • Wahl zwischen Verrichtungs- und Objektgliederungsprinzip auf verschiedenen Hierarchieebenen • Orientierung der Entwicklergruppen in Anlehnung an die Aufbauorganisation der Unternehmung • Bedeutung einer Architekturverantwortung, evtl. in einer Infrastruktur- bzw. Methoden- und Verfahrensabteilung • Interaktion der Entwicklungsabteilung mit den Fachabteilungen (dezentrale Verantwortung versus zentrale Entwicklungsabteilung)
	DV-Management i.e.S.	• Umfang der Verantwortung (Informationsmanagement, langfristige Lieferfähigkeit der DV, angemessene Budgetausstattung) • Hierarchische Einordnung in das Unternehmensmanagement
	DV-Controlling/ DV-Sicherheit	• Entscheidung über ein internes Verrechnungssystem von DV-Leistungen an die Fachabteilungen (Profit- versus Cost-Center; Kosten- und Nutzenabschätzungen von DV-Anwendungen) • Stellenwert der DV-Sicherheit (Grundsätze, konkrete Umsetzung, Konsequenzen für die Arbeit in den einzelnen Abteilungen) • Zusammenarbeit mit bankinterner Revision
	DV-Strategie	• Abstimmen der DV-Strategie mit den Unternehmenszielen • Langfristige Lieferfähigkeit der Datenverarbeitung sicherstellen • Abstimmen der DV-Strategie mit Personal- und Technikkonzepten
Management-Anforderungen	Abbau Anwendungsstau	• Analyse der steigenden Nachfrage der Anwender (Fehlerhäufigkeit der Anwendungen, hohe Kundenerwartungen, Komplexität der Systeme) • Analyse des unzureichenden DV-Angebotes (hoher Pflegeaufwand, alte Verfahren bzw. Sprachen, schlecht dokumentierte und personenabhängige Systeme, mangelnde Ausweitung des Entwicklerpotentials) • Neuordnung der Priorisierungsverfahren • Entscheidung über Nutzen von unternehmenseigener Anwendungsentwicklung versus System-Integratoren versus Standardsoftware • Maßnahmen zum bewußten Erhöhen von Produktivität und Qualität der eigenen Entwicklungsabteilung (Marktvergleiche) • Verbessern der Nutzerakzeptanz durch organisatorische Einbindung
	DV-Budgetplanung und -verteilung	• Einbeziehen von DV-Aufgaben in Investitionsentscheidungen des Kreditinstituts • Treffen von Investitionsentscheidungen über die interne Verteilung von DV-Budgets, hierbei Kommunikation über die Auswirkungen auf die Geschäftssphäre • Berücksichtigen von nur langfristig wirksam werdenden Infrastrukturmaßnahmen

(Fortsetzung)

(Fortsetzung)

Architekturelemente		Anhaltspunkte für Festlegungen in der Bereitstellungs-Architektur
	Konstruktion einer neuen Architektur und ihre Migration	• Entscheidung über eine zunehmend dezentrale Verantwortung für Daten und Funktionen am Nutzungsschwerpunkt • Kontinuierliches Steuern und Überwachen der Umsetzungs-Architektur und der Implikationen auf das originäre Unternehmensziel • Finden neuer Wege für die durch die neuen technologischen Möglichkeiten (insb. dezentrale Datenhaltung) entstehenden Sicherheitsrisiken • Berücksichtigen evtl. neuer arbeitsteiliger Organisationsformen in der DV-Abteilung • Anpassen von Schulung und Personalmarketing auf allen Ebenen der DV-Abteilung • Erkennen von Neben- und Folgekosten neuer Technologien • Abwägen zwischen Herstellerunabhängigkeit und gewünschter Durchgängigkeit der Hard- und Software-Ausstattung
Portfolio-/ Projekt-planung	Priorisierungsregeln	• Regeln zum Bewerten des strategischen Nutzens von Projektvorschlägen (z.B.: Steigerung des Kundennutzens, Beitrag zur Kostensenkung, Alter bestehender Systeme, Differenzierungspotentiale, Kapitalkostensenkung, Personaleinsparungspotential) • Regeln zum Bewerten der Realisierbarkeit (z.B. Architekturkonformität, existierendes technisches Know-how, Erstellungsaufwand, Notwendigkeit der Parallelarbeit, technischer Integrationsgrad, geforderte Werkzeugunterstützung) • Methoden zur Aufwands- und Nutzenschätzung • Organisatorische Regelungen zur Umsetzung von Priorisierungsregeln
	Controlling	• Abgleich von Soll- und Istwerten aus Projektvorschlägen • Entscheiden über institutionelles Etablieren in der DV-Abteilung • Sicherstellen der Zusammenarbeit mit Fachabteilungen beim Festlegen von Verrechnungspreisen
	Make- or Buy-Entscheidungen	• Abwägen der Outsourcing-Möglichkeiten bei Hard- und Software • Punktuelles Hinzuziehen externer Entwickler (Manpower-Leasing, System-Integratoren)
	Kooperationsprojekte verhandeln	• Suche nach möglichen Anwendungsgebieten für Kooperationsprojekte • Analyse möglicher Kooperationspartner • Herausarbeiten von Kosten und Nutzen möglicher Kooperationen
Mitarbeiter	Anwendungsentwickler und -programmierer	• Festlegen des Qualifikationsniveaus und dementsprechende Auswahl neuer Entwickler und Programmierer • Schulungskonzepte in Abstimmung mit gegenwärtig und zukünftig verwandten Methoden, Verfahren und Werkzeugen • Personalentwicklungskonzepte (Laufbahn, Arbeitsteilung, Rotation) • Sicherstellen ausreichender Interaktion mit den Fachabteilungen • Entscheidung über Notwendigkeit der Aufgabenteilung mit System-Analytikern
	System-Analytiker	• Entscheidung über Notwendigkeit der Aufgabenteilung mit Entwicklergruppen • Sicherstellen ausreichender Interaktion mit Fachabteilung

(Fortsetzung)

(Fortsetzung)

Architekturelemente		Anhaltspunkte für Festlegungen in der Bereitstellungs-Architektur
	Methoden- und Verfahrengruppe	• Prüfen der Notwendigkeit zum Aufstellen einer eigenständigen Methoden- und Verfahrensgruppe, um durch geeignete Vorgaben von Standards, Verfahren und dafür geeignete Werkzeuge die Produktivität und Qualität des Software-Entwicklungsprozesses zu erhöhen • Sicherstellen ausreichender Kopplung mit Entwicklungsabteilungen (Informationen über und Schulung der Verfahren, Unterstützung vor Ort, ausreichende Qualitätssicherung eingesetzter Verfahren)
	Qualitätssicherung	• Prüfen der Notwendigkeit zum Aufstellen einer einer integrierten, den Entwicklungsprozeß begleitenden Qualitätssicherung • Vorgabe von fachlich und personell unabhängigen Qualitätsstandards • Auswahl eines geeigneten Verfahrens zur Durchsetzung der Standards (Vertrauen auf Selbstverständnis, Beratung, Abnahmepflicht, Sanktionsgewalt)
Vereinheitlichung der Vorgehensweise	Anwendungs- und Entwicklungs-Standards	• Vorgabe von Anwendungsstandards prüfen (z.B. einheitliche Gestaltung der Benutzeroberfläche, Formulieren wichtiger wiederkehrender Service-Funktionen) • Vorgabe von Entwicklungsstandards ("design-principles") prüfen (Programmrahmen, Namenskonventionen, Datenbankzugriffe) • Auswahl von Standards durch die Methoden- und Verfahrensgruppe zusammen mit den Entwicklungsabteilungen • Prüfen der bestmöglichen Integration in den Entwicklungsprozeß (z.B. durch toolgestütztes Automatisieren der Standards, Festlegen im Vorgehenskonzept, schriftliche Checkliste, Kontrolle ausreichender Berücksichtigung)
	Methoden und Verfahren	• Prüfen und Auswahl anwendbarer Methoden und Verfahren gemäß Einsatzschwerpunkt, theoretischer Fundierung, Verbreitung, toolgerechte Umsetzbarkeit, Schulungspotential, Kenntnisse der Entwickler (z.B. Entity-Relationship-Modell, Strukturierte Analyse, Typisierung von Vorgängen) • Entscheiden über Einsatzmöglichkeiten und -gebiete moderner, objektorientierter Verfahren • Einsatzmöglichkeiten von Prototyping prüfen (zur Spezifikation der Nutzeranforderungen, zum Testen einzelner Bereiche (Oberfläche), zur schnellen Realisierung von Anwendungen) • Abprüfen, inwieweit Methoden und Verfahren durch Werkzeuge unterstützt werden können
	SEU-Konzept	• Festlegen des Umfangs und Anwendungsbereiches des SEU-Konzeptes • Auswahl bzw. Erstellen von Werkzeugen (CASE-Tools, Vorgehenskonzepte, Handbücher, Vorschriftenkataloge) • Unterstützen bei dem Implementieren des Konzeptes durch entsprechende Schulung sowie fortlaufende Erfolgskontrolle
SEU-Konzept	Vorgehenskonzept	• Beschreiben der nötigen Schritte, deren Inhalte und Abfolgen sowie erster Ergebnisstrukturen • Änderbarkeit des Vorgehenskonzeptes prüfen (Hinterlegen in Tool, Standardabfolge, reine Hilfestellung) • Entscheidung zwischen klassischem "Wasserfallmodell" und zyklischem Entwicklungsverfahren mit Rückkopplung erster Ergebnisse • Stellenwert des Prototypings beurteilen

(Fortsetzung)

(Fortsetzung)

Architekturelemente		Anhaltspunkte für Festlegungen in der Bereitstellungs-Architektur
	Entwicklungskonzept	• Festlegen von Methoden und Verfahren über den gesamten Software-Lebenszyklus • Auswahl von Sprachen zum Realisieren der Systeme
	Werkzeugkonzept	• Entscheiden zwischen integrierten und zusammengesetzten Werkzeugkonzepten • Auswahl der konkreten Werkzeuge
	Administrations-konzept	• Konzept zum Überwachen des SEU-Konzeptes • Kontrolle, Fortschreiben und Anpassen des Konzeptes
Mitarbeiter	Systemprogram-mierer	• An Hardware- und Systemsoftware-Ausstattung angepaßte Kompetenz (Personalbeschaffung und -entwicklung, Schulungskonzepte) • Eigenständige Verantwortung nach vorgegebenen Leistungsparametern (z.B. Service-Level)
	Operateure	• Überprüfen der Einsatzmöglichkeiten des operatorlosen Betriebes zum Sicherstellen der Verfügbarkeit über 24 Stunden und an Wochenenden • An Hardware- und Systemsoftware-Ausstattung angepaßte Kompetenz (Personalbeschaffung und -entwicklung, Schulungskonzepte) • Eigenständige Verantwortung nach vorgegebenen Leistungsparametern (z.B. Service-Level)
	Netzwerk-Steuerungs/ Überwachungs-personal	• Konzepte zum Sicherstellen der Verfügbarkeits- und Schnelligkeitsanforderungen (Automatisches Ausweich-Routing, Backup-Lösungen, doppelte Netzauslegung) • Überwachen der Ressourcen auf Funktionsfähigkeit und des gegenwärtigen Status (Operationsmanagement) • Abgleich der aktuellen Leistung mit dem vereinbarten Service-Level (Performancemanagement)
	DB-Verwaltungs-personal	• Entwurf und Verwaltung der zentralen Datenbank • Organisatorisches Sicherstellen der Datenkonsistenz bei paralleler Nutzung von zentralen Datenbeständen (z.B. zwischen DB2 und IMS) • Ausreichende Koordination zwischen zentraler und dezentraler sowie vernetzter und unvernetzter Datenhaltung
Reibungs-loser Ablauf	Konfiguration-, Change- und Problemmanagement	• Verwalten der Hard- und Softwarekomponenten inkl. deren Abhängigkeiten und Interdependenzen (Konfigurationsmanagement) • Überwachen und Durchführen der Änderungen an Hard- und Softwarekomponenten, insb. reibungsloser Releasewechsel (Changemanagement) • Erfassen und Ermitteln von Fehlern sowie Abstellen der Probleme in den Systemen (z.B. durch systematische Fehlersuche, eigenständiger Austausch der Anwendungen) (Problemmanagement)
	Ausfallsicherheit	• Analyse der Kosten und Nutzen eines geforderten Levels an Ausfallsicherheit • Adäquate Ausstattung der Soft- und Hardware (Spiegelplatten, fehlertolerante Systeme, mehrfache Systemausstattung, Back-up-Systeme)
	Ausreichende Verfügbarkeit	• Festlegen verschiedener Verfügbarkeitsklassen (Geschäftszeit, 24 Stunden mit oder ohne Unterbrechung) • Sicherstellen der notwendigen organisatorischen Regelungen für verschiedene Verfügbarkeitsanforderungen (z.B. bedienerloser Betrieb, RZ-Automation) • Berücksichtigen von Verfügbarkeitsanforderungen bereits im Anwendungsdesign (z.B. durch Online-Buchungssysteme, Verzicht auf Batch-Fenster)

(Fortsetzung)

(Fortsetzung)

Architekturelemente		**Anhaltspunkte für Festlegungen in der Bereitstellungs-Architektur**
Produktionsvereinbarungen	Service-Level-Vereinbarungen	• Analyse von möglichen Service-Level-Klassen und zugehörige Kosten-/Nutzendarstellung • Vereinbaren eines Service-Levels zusammen mit den Fachbereichen • Sicherstellen ausreichender Abstimmung mit Anwendungsentwicklern • Vereinbaren von Regeln zum Messen der Programmierleistung • Berücksichtigen von Leistungsanforderungen der Operateure an die Systemprogrammierung und Anwendungsentwicklung • Koordination der jeweils betroffenen Bereiche zum Sicherstellen gemeinsam zu gewährleistender Service-Level
	Stabile Lieferfähigkeit durch Release-Strategie	• Analyse der Konsequenzen verschiedener Release-Strategien auf jeweilige Wechsel- bzw. Wartungskosten sowie Nutzen im Geschäft durch neue Funktionalität • Positionierung innerhalb der Release-Strategien "immer das Aktuellste" bis "immer das Billigste" • Berücksichtigung der unterschiedlichen Hardware- und Betriebssystemsoftware-Welten • Institutsindividuelle Anpassung der bankenspezifischen Peripherie • Festlegen geeigneter Migrationsstrategien

Tabelle 6.2.2.3/1: Referenzmodell der Bereitstellungs-Architektur in tabellarischer Übersicht

In Tabelle 6.2.2.3/2 sind die Entscheidungsspielräume für jedes Architekturelement der Bereitstellungs-Architektur klassifiziert. Auffallend ist hierbei ein relativ hoher Freiheitsgrad und damit ein hoher Entscheidungsspielraum. Dies unterstützt die Notwendigkeit, die Bereitstellungs-Architektur als eigenständige Hauptgruppe mit in die Gesamtplanung aufzunehmen und nicht als rein ableitbare Größe zu behandeln.

Architekturelemente		**Entscheidungsspielräume in der Bereitstellungs-Architektur**				
		Keine	Geringe	Mittlere	Hohe	Sehr hohe
DV-Organisation	Aufbau- und Ablauforganisation		X			
	DV-Management i.e.S.			X		
	DV-Controlling/DV-Sicherheit		X			
	DV-Strategie				X	
Management-Anforderungen	Abbau Anwendungsstau				X	
	DV-Budgetplanung und -verteilung		X			
	Konstruktion einer neuen Architektur und Migration					X

(Fortsetzung)

(Fortsetzung)

Architekturelemente		Entscheidungsspielräume in der Bereitstellungs-Architektur				
		Keine	Geringe	Mittlere	Hohe	Sehr hohe
Portfolio-/ Projekt- planung	Priorisierungsregeln		X			
	Controlling		X			
	Make-or-Buy-Entscheidungen				X	
	Kooperationsprojekte verhandeln				X	
Mitarbeiter	Anwendungsentwickler und -programmierer		X			
	System-Analytiker			X		
	Methoden- und Verfahrensgruppe			X		
	Qualitätssicherung				X	
Vereinheit- lichung der Vorgehens- weise	Anwendungs- und Entwicklungs-Standards				X	
	Methoden und Verfahren			X		
	SEU-Konzept				X	
SEU- Konzept	Vorgehenskonzept		X			
	Entwicklungskonzept			X		
	Werkzeugkonzept			X		
	Administrationskonzept		X			
Mitarbeiter	Systemprogrammierer	X				
	Operateure	X				
	NW-Steuerung/Überwachung		X			
	DB-Verwaltung	X				
Reibungs- loser Ablauf	Konfiguration-, Change- und Problemmanagement			X		
	Ausfallsicherheit				X	
	Ausreichende Verfügbarkeit				X	
Produkti- onsverein- barungen	Service-Level-Vereinbarungen			X		
	Stabile Lieferfähigkeit durch Release-Strategie		X			

Tabelle 6.2.2.3/2: Entscheidungsspielräume im Referenzmodell der Bereitstellungs-Architektur in tabellarischer Übersicht

6.2.3 System-Architekturmodelle für Kreditinstitutstypen

Die System-Architekturmodelle werden, analog zu den Referenzmodellen, nicht in grafischer sondern tabellarischer Form vorgestellt. Mit Hilfe des Referenzmodells wird das Architekturmodell für den jeweiligen Institutstyp aufgrund der spezifischen Architekturanforderungen festgelegt.

Die in Kapitel 5 allgemein vorgestellten Architekturanforderungen werden nicht mehr für die jeweiligen Institutstypen einzeln erläutert.

6.2.3.1 Architekturmodell für die überregional tätige, traditionelle Universalbank

Dieser Kreditinstitutstyp zeichnet sich durch seine heterogenen Anforderungen aus. Die umfassenden Aufgabengebiete, die fehlende Spezialisierung auf bestimmte Kundengruppen und das breite, technisch heterogene Produktangebot zwingen dazu, die Architektur sehr flexibel auszugestalten.

Kennzeichnend ist insbesondere die eher lose Kundenbindung. Aufgrund des breiten Aufgabenspektrums wird dieser Typ nicht nur auf Eigenentwicklungen setzen können. Er wird eigene Informationsdefizite durch Übernahme von System-Anbieterlösungen ausgleichen. Um die Produktivität der Entwicklungsabteilung ähnlich einem Produktionsbetrieb steigern zu können, kommt der Methoden- und Verfahrensgruppe eine besondere Bedeutung zu. Das Unterstützen des flächendeckenden Filialbetriebes, der für das Massenkundengeschäft erforderlich ist, bringt weitere spezifische Anforderung mit sich. Mögliche Änderungen in der Anwendungslandschaft werden aufgrund des großen Bestandes an Altanwendungen eher evolutionär vorgenommen.

Der Vorschlag für das Architekturmodell einer überregional tätigen, traditionellen Universalbank ist in Tabelle 6.2.3.1/1 dargestellt.

Architektur-elemente	Anhaltspunkte für das Architekturmodell einer überregional tätigen, traditionellen Universalbank
Datensicht - Informations-begriffe - Datenmodelle - Datenbank-design	• Nutzen eigener Quellen zur Informationssammlung weitgehend erforderlich, da die spezifischen Inhalte einer deutschen Universalbank in den zumeist auf internationaler Ebene entwickelten Modellen oder implementierten Standard-Modellen (Templates) nicht ausreichend berücksichtigt sind • Aufnahme des gesamten Geschäftsgebietes (alle Sparten, sowohl Front-End- wie auch Back-End-Bereiche) • Unbedingt toolgestützte Aufnahme der Informationen, um Datenvolumen beherrschen zu können (anpaßbare Metastruktur des Tools erforderlich, die auch weiter unterstützt wird) • Eventuell zunächst nur Hierarchisierung der Informationsbegriffe (ohne direktes Festlegen der Entitätseigenschaft), um hohe Qualitätsanforderungen an Verwaltung der Informationen zu befriedigen • Konzentration auf etwa 2000 Informationsbegriffe für Bildung des UDM (150-200 Entitäten) • Durch ein Top-Modell sollte sichergestellt werden, daß die Integration (nur) in überlappenden Geschäftsgebieten gewährleistet wird • Verzicht auf Bildung eines uwDM, dafür Integration und Navigation der Bereichsdatenmodelle durch ein UDM in ERM-Methodik • Wiederverwendbare fachliche Datenkonstrukte nur innerhalb der Projektdatenmodelle nutzen, technische Konstrukte können übergreifend ausgetauscht werden • Weitgehende automatische Generierung des Datenbankdesigns
Funktionssicht - Funktionsbaum - Funktionsmodell - Funktions-module	• Nutzen eigener Quellen zur Informationssammlung weitgehend erforderlich, da nur wenige vorhandene Modelle oder implementierte Standard-Modelle (Templates) das spezielle deutsche Universalbank-System abdecken werden (eigener Produktkatalog sowie allgemeines Funktionenraster) • Aufnahme des gesamten Geschäftsgebietes (alle Sparten, sowohl Front-End- wie auch Back-End-Bereiche) • Nutzen von Geschäftsprozessen als Ausgangspunkt für Funktionenmodellierung (um Möglichkeiten der Prozeßneugestaltung zu erkennen) • Unternehmensweite, spartenunabhängige Klassifikation der Funktionen • Keine starke Detaillierung der Funktionen (4-5 Hierarchieebenen), da Wiederverwendbarkeit nicht systematisch und übergreifend sichergestellt werden soll • Beschränkung der Suche nach wiederverwendbaren Funktionen auf wenige, zumeist nicht-fachliche Module • Keine spartenübergreifende Verwendung der Module anstreben • Geringe Flexibilität der Funktionsmodule (eingeschränkte Parametrisierung) • Spätere Wiederverwendbarkeit der Module zwar nutzen, aber nicht bei erstmaliger Definition berücksichtigen • Bewußter Verzicht auf die Definition von Querschnittsfunktionen • Vorbereiten einer weitgehend automatischen Generierung des Software-Codes

(Fortsetzung)

(Fortsetzung)

Architektur-elemente	Anhaltspunkte für das Architekturmodell einer überregional tätigen, traditionellen Universalbank
Vorgangssicht - Geschäfts-abläufe - Prozeßmodell - Programm-rahmen	• Eigene Analyse der Vorgangsschritte • Beschränkung des untersuchten Geschäftsgebietes auf 3-5 Kernprozesse (z.B. Kundenschnittstelle automatisieren und integrieren) • Radikale Änderungen nur zur Kunden- und Marktseite berücksichtigen, interne Veränderungen nur sehr evolutionär angehen • Nur eingeschränkte Vorgangsmodellierung (keine Transaktionstypen) • Hoher Stellenwert auf ausreichende Schnittstellendefinition unter Nutzung von externen Plattformen in überlappenden Geschäftsgebieten (und dafür Verzicht auf Integration der Vorgänge) • Definition von Vorgangssteuerungssystemen nur als Rahmenwerk, fachliche Inhalte sollten dezentral von der Fachabteilung aufgefüllt werden • Priorisierung der SB-Geräte sowie des Mengenkundengeschäftes für Vorgangssteuerungssysteme mit fest vorgegebenen, nicht beeinflußbaren Beratungs- und Informationsangeboten sowie einfachen Dienstleistungen
Technische Anwendungs-Architektur - Software-Entwicklungs-Umgebung - Anwendungs-landschaft - Netzwerk-Anwendungs-dienste	• Toolanforderung (integrierte, bankenspezifische CASE-Lösung, auch wenn nicht alle Funktionalitätsanforderungen zu 100% erfüllt werden; Nutzung traditioneller Methoden zur Entwicklung von Software (ERM und SA); Orientierung an verbreiteten, übergreifenden Konzepten, z.B. AD/Cycle; anpaßbare Metastruktur, anpaßbares Vorgehenskonzept, Möglichkeit für Rapid-Prototyping, Herstellerunabhängigkeit durch Generierung von genormten Sprachen wie Cobol II) • Geschäftsfeldorientierte Struktur der Anwendungslandschaft (Privat-, Firmenkunden, institutionelle Kunden) • Verpflichtung zum Nutzen bestehender Standardsoftware als "default"-Wert • Haltung von indivuellen Kundendaten auch in Zweigstellen bei zentraler Stammdatenpflege; Anwendungsfunktionalität bis auf wenige Ausnahmen (z.B. Tabellenkalkulation, Eingangsprüfung, Bildschirmaufbau) zentral halten • Abkoppeln der Anwendungen durch selbstentwickelte bzw. in Auftrag gegebene unternehmenseigene Anwendungs-Schnittstelle (API) sowohl von Altanwendungen als auch von möglicher Hardware-Vielfalt • Beschränken der wiederverwendbaren Dienste auf in Entwicklungstools integrierte nichtfachliche Services ("Toolbox") • Paralleles Nutzen von Netzwerk-Anwendungsdiensten aller drei Architekturkonzeptionen (SNA, TCP/IP, OSI), für deren einfachere Koordination Kauf von vorhandenen Kommunikationsplattformen (z.B. BCS)
System-Soft-ware-Architektur - Betriebssyste-me und system nahe Software - Datenmanage-ment-Systeme - Netzwerk-System-Software	• Zumindest zweistufige Betriebssystem-Ebenen (Mainframe, dezentrale Endgeräte), zusätzliche Server in Zweigstellen für dezentrales Halten lokaler Daten • Tendenz zu Herstellergesamtlösung (z.B. von IBM) für alle Betriebssystem-Ebenen, TP-Monitore und Datenbanken, um Managementaufwand zu mindern (Herstellerabhängigkeit wird durch API-Definition teilweise wieder korrigiert) • Nutzen vorhandener Standards für Benutzeroberflächen (IBMs CUA, OSF/MOTIF) • Parallele Anwendung hierarchischer und relationaler Datenbanken, allerdings aufgrund geringerer Flexibilitätsanforderungen (wegen der nur beschränkt eingesetzten Kundenselektion) Schwerpunkt auf hierarchischen Systemen • Orientierung an Netzwerkstandards (SNA, TCP/IP, OSI) für Dienste sowie Netware als Standard-Betriebssystem

(Fortsetzung)

(Fortsetzung)

Architektur-elemente	Anhaltspunkte für das Architekturmodell einer überregional tätigen, traditionellen Universalbank
Hardware-Architektur - Rechner - Speicher-medien - Netzwerke	• Integration bankenspezifischer Peripherie (z. B. Geldautomat) durch spezielle Steuereinheiten • Einsatz von Image-Processing im Mengengeschäft (z.B. Standardkredite) • Klare Fokussierung auf PCM-Anbieter sowie Intel-kompatible PCs/Workstations • Eingeschränkte Anforderungen an Schnelligkeit der Netzwerke müssen in Auslegung berücksichtigt werden, Verfügbarkeit insbesondere zu SB-Geräten muß sichergestellt werden
DV-Management - DV-Organisatio - Management-Anforderungen - Portfolio-/Projektplanung	• Einordnung der DV-Abteilung im Bereich Operations/Services (ohne Vorstandsverantwortung) • Traditionelle organisatorische Unterteilung der DV-Abteilung nach dem Verrichtungsprinzip auf oberster und nach dem Objektgliederungsprinzip auf den folgenden Ebenen • Unterteilung der Entwicklergruppen gemäß der Aufteilung in der Anwendungslandschaft (geschäftsfeldorientiert) • Zentrale Infrastruktur- und Entwicklungsverantwortung • Schwerpunkt auf Sicherstellen der langfristigen Lieferfähigkeit der DV angesichts hoher Komplexität • Differenziertes internes Verrechnungssystem von DV-Leistungen mit detaillierten Kosten- und Nutzenabschätzungen • Vorwiegend nur geringe Pflegearbeiten an bestehendem Anwendungsbestand, Einsatz neuer Anwendungen vorwiegend im Front-End-Bereich • Expliziter Vorrang von Standardsoftware (evtl. mit unternehmensindividuellen Anpassungen) • Durchgängigkeit der Hard- und Software-Ausstattung vor Herstellerunabhängigkeit • Schwerpunkt der Priorisierungsregeln für Software-Projekte bei Beiträgen zur Kostensenkung sowie existierenden technischem Know-how • Kooperationsprojekte nur mit ähnlich ausgerichteten Kreditinstituten, da sonst Detailforderungen spezialisierter Institute mitberücksichtigt werden müssen
- DV-Entwicklung und Wartung - Mitarbeiter - Vereinheitlich-ung der Vor-gehensweise - SEU-Konzept	• Eigenständige Methoden- und Verfahrensgruppe in enger Interaktion mit Entwicklergruppen (inkl. Abnahmepflicht der Qualitätskontrolle) • Durchgängige Anwendung der herrschenden Verfahren unter verpflichtendem Einsatz von Werkzeugen • Einbindung von Fachabteilungen durch Prototyping • Vorgabe von detaillierten (nicht-fachlichen) Anwendungs- und Entwicklungsstandards, möglichst weitgehend im Tool implementiert, Nachkontrolle ausreichender Nutzung durch die Entwickler • Durchgängige Anwendung von ERM und SA • Fest im Tool implementiertes Vorgehenskonzept, das nur geringe Freiheitsgrade zuläßt • Auswahl der Werkzeuge auf Basis oben genannter Kriterien • Administration der SEU durch Methoden- und Verfahrensabteilung
DV-Betrieb - Mitarbeiter - Reibungsloser Ablauf - Produktions-vereinbarung	• Kompetenz entsprechend der hohen Vielfalt in Hardware und Systemsoftware (ansonsten Leasing-Verträge) • Sicherstellen der 24-Stunden-Verfügbarkeit von Netzen zu SB-Geräten (inkl. Bereitschaftsdienst etwa zum Füllen der Geldbehälter) sowie durch ausgewählte Direktbuchungssysteme in kritischen Bereichen (für Riskomanagement) • Berücksichtigen von dezentralen Strukturen bei der Ausgestaltung des Change- und Konfigurationsmanagements (insb. Software-Verteilung in den Filialen) • Schaffen von Transparenz über Kosten und Nutzen bestimmter Service-Level im Rahmen der Profit-Center-Bildung • Releasestrategie basierend auf Akzeptanz, nicht technologische Führerschaft zu übernehmen

Tabelle 6.2.3.1/1: Architekturmodell einer überregional tätigen, traditionellen Universalbank in tabellarischer Darstellung

6.2.3.2 Architekturmodell für die Wholesale-Bank mit globaler Verbreitung

Der Typ einer Wholesale-Bank, vorgestellt in Kapitel 6.1.3.2, ist von seiner hohen Spezialisierung gekennzeichnet. Das enge Leistungsangebot und das Orientieren an anspruchsvollen Kunden weisen auf eher homogenes Geschäft und geringeren Geschäftsumfang hin. Dies findet sich in weniger heterogenen Architekturanforderungen wieder und kann im Architekturmodell festgestellt werden.

Kennzeichnend ist insbesondere das Fokussieren auf einzelne Kundenwünsche. Dies kann sich im Berücksichtigen proprietärer Kommunikationsprotokolle niederschlagen. Gleichzeitig werden Institute dieses Typs mehr Wert auf eine höhere Herstellerunabhängigkeit legen, insbesondere um technologische Innovationen leichter einbauen zu können. Auffallend ist das höhere Vertrauen in die Leistungsfähigkeit der Entwicklungsabteilungen. Dies wird von der Annahme begleitet, daß aufgrund des hohen Anteils an notwendigem Fachwissen eine stärkere Anbindung an die Fachabteilung vorgenommen wird. Weitere wichtige Anforderungen resultieren aus dem Unterstützen der ausländischen Betriebsstätten sowie den globalen Handel, etwa das Risikomanagement mit Online-Bewertung.

Der Vorschlag für das Architekturmodell einer Wholesale-Bank mit globaler Verbreitung ist in Tabelle 6.2.3.2/1 dargestellt.

Architektur-elemente	Anhaltspunkte für das Architekturmodell einer Wholesale-Bank mit globaler Verbreitung
Datensicht - Informations-begriffe - Datenmodelle - Datenbank-design	• Nutzen eigener Quellen zur Informationssammlung vor allem zum Abgleich mit Modellen, die, aufgrund der international vergleichbaren Geschäftstätigkeit, von Tool-Herstellern oder System-Anbietern auch für deutsche Banken zur Verfügung gestellt werden können • Aufnahme des eingeschränkten Geschäftsgebietes (sowohl Front-End- wie auch Back-End-Bereiche der Sparten) • Konzentration auf etwa 150-200 Entitäten (und zugehöriger Beziehungen und Attribute) für Bildung des UDM • Durch Top-Modell und einheitliche Definition sollte sichergestellt werden, daß vertikale und vor allem horizontale Integration gewährleistet wird • Bildung eines uwDM auf Basis von Projekt- und Bereichsdatenmodellen, zum Erleichtern der Integration und Navigation wird ein UDM in ERM-Methodik angestrebt • Wiederverwendbare fachliche und technische Datenkonstrukte systematisch aufdecken und übergreifend austauschen • Hohe Flexibilität der Datenkonstrukte (z.B. Gattung, Kondition), um durch Parametrisierung schnell Produktentwicklung betreiben zu können • Weitgehende automatische Generierung des Datenbankdesigns

(Fortsetzung)

(Fortsetzung)

Architektur-elemente	Anhaltspunkte für das Architekturmodell einer Wholesale-Bank mit globaler Verbreitung
Funktionssicht - Funktions-baum - Funktions-modell - Funktions-module	• Nutzen eigener Quellen zur Informationssammlung vor allem zum Abgleich mit Modellen, die, aufgrund der international vergleichbaren Geschäftstätigkeit, von Tool-Herstellern oder System-Anbietern auch für deutsche Banken zur Verfügung gestellt werden können (inkl. Konkurrenzprodukte, generische Basisprodukte) • Aufnahme des eingeschränkten Geschäftsgebietes (sowohl Front-End- wie auch Back-End-Bereiche der Sparten) • Nutzen von Geschäftsprozessen und generischen Funktionen als Ausgangspunkt für Funktionenmodellierung, um Möglichkeiten der Prozeßneugestaltung zu erkennen, aber gleichzeitig Vollständigkeit sicherzustellen • Unternehmensweite, spartenunabhängige Klassifikation der Funktionen • Starke Detaillierung der Funktionen bis zu den Elementarfunktionen, um ein Höchstmaß an Wiederverwendbarkeit systematisch und übergreifend anstreben zu können • Suche nach wiederverwendbaren Funktionen auf Basis von Hypothesen (ermittelt aus Erfahrungswissen von Modellierern oder fremden Templates) und Abgleich mit einer systematischen Analyse der Elementarfunktionen • Spartenübergreifende Verwendung der Module ermöglichen • Hohes Maß an Flexibilität der Funktionsmodule (Parametrisierung), um schnelle Produktentwicklung gewährleisten zu können • Spätere Wiederverwendbarkeit der Module bei erstmaliger Definition berücksichtigen • Definition von Querschnittsfunktionen (vor allem Clearing) • Weitgehend automatische Generierung des Software-Codes
Vorgangssicht - Geschäfts-abläufe - Prozeßmodell - Programm-rahmen	• Nutzen eigener Quellen zur Informationssammlung nur zum Abgleich mit vorhandenen Modellen oder Templates, die vor allem aus dem angelsächsischen Raum zur Verfügung stehen sollten (inkl. Konkurrenzprodukte, generische Basisprodukte) • Grundsätzliche Prozeß-Neugestaltung in Zusammenarbeit mit Organisationsabteilung angehen, insb. Automatisieren der Kunden- und Marktschnittstellen sowie vertikale Integration der internen Bearbeitungsabläufe • Parallele MIS/Risikomanagementabläufe mit Online-Bewertung • Bildung von typisierten fachlichen und technischen Vorgängen, hierbei möglichst durch Toolanbieter unterstützt • Schnittstellendefinition unter Nutzen von externen Plattformen in all den Gebieten, die aus Effizienzgründen eine Integration der Vorgänge nicht anraten lassen • Bildung von Standardtransaktionstypen • Verzicht auf Vorgangssteuerungssysteme

(Fortsetzung)

(Fortsetzung)

Architektur-elemente	Anhaltspunkte für das Architekturmodell einer Wholesale-Bank mit globaler Verbreitung
Technische Anwendungs-Architektur - Software-Entwicklungs-Umgebung - Anwendungs-landschaft - Netzwerk-Anwendungs-dienste	• Toolanforderung (zusammengesetzte CASE-Lösung; Nutzung traditioneller und moderner Methoden zur Entwicklung von Software (ERM, SA, Objektorientierung); an UDM anpaßbare Metastruktur, Berücksichtigen von PCTE, Möglichkeit für Rapid-Prototyping, Herstellerunabhängigkeit durch Generierung von genormten Sprachen wie Cobol II) • Komplettes Abdecken aller Phasen mit den jeweils geeigneten Tools mit Integration über Entwicklungsdatenbank • Dezentrale Entwicklungsumgebung (vernetzte Workstations mit Anbindung an zentralen Mainframe und Datenbank) • Regionen- und geschäftsfeldorientierte Struktur der Anwendungslandschaft (New York, Tokio... sowie Swaps, Devisen...), mit analoger Unterteilung in der Unternehmensorganisation des Kreditinstituts • Standardsoftware in nicht wettbewerbsrelevanten Gebieten • Workstationbasierende Client-Server-Struktur als Zielvorstellung mit zentralem Halten der Stammdaten auf dem Mainserver • Eigenes Entwickeln wiederverwendbarer nichtfachlicher Services ("Toolbox") • Paralleles Nutzen von Netzwerk-Anwendungsdiensten aller drei Architekturkonzeptionen (SNA, TCP/IP, OSI) sowie Spezifika wichtiger Kunden (für ein erleichtertes Management sind Kommunikationsplattformen (z.B. BCS) anzustreben)
System-Soft-ware-Architektur - Betriebs-systeme und systemnahe Software - Daten-management-Systeme - Netzwerk-System-Software	• Dreistufige Betriebssystem-Ebenen (Mainframe, Workstation-Server, dezentrale Endgeräte) • Tendenz zu Herstellerunabhängigkeit für alle Betriebssystem-Ebenen (durch POSIX-Fähigkeit erleichtert) • Nutzen fehlertoleranter Systeme (z.B. von Tandem) mit proprietären Betriebssystemen für transaktionsintensive Bereiche • Akzeptanz verringerter Unabhängigkeit bei TP-Monitoren (CICS) und Datenbanken (DB2, Oracle) • Nutzen vorhandener offener Standards für Benutzeroberflächen (z.B. OSF/MOTIF) • Parallele Anwendung hierarchischer und relationaler Datenbanken, allerdings aufgrund höherer Flexibilitätsanforderungen (wegen notwendiger Kundenselektion) Schwerpunkt auf relationalen Systemen • Orientierung an Netzwerkstandards (SNA, TCP/IP, OSI) für Dienste sowie Netware als Standard-Betriebssystem
Hardware-Architektur - Rechner - Speicher-medien - Netzwerke	• Fokussierung auf PCM-Anbieter sowie auf Anbieter fehlertoleranter Systeme im Mainframebereich, ansonsten Integration verschiedener proprietärer Systeme • Hohe Anforderungen an die Schnelligkeit und Verfügbarkeit der Netzwerke müssen bei ihrer Auslegung berücksichtigt werden

(Fortsetzung)

(Fortsetzung)

Architektur-elemente	Anhaltspunkte für das Architekturmodell einer Wholesale-Bank mit globaler Verbreitung
DV-Management - DV-Organisation - Management-Anforderungen - Portfolio-/Projektplanung	• Einordnung der DV-Abteilung evtl. mit Vorstandsverantwortung • Traditionelle organisatorische Unterteilung der DV-Abteilung nach dem Verrichtungsprinzip auf oberster und nach dem Objektgliederungsprinzip auf den folgenden Ebenen • Unterteilung der Entwicklergruppen gemäß der Aufteilung in der Anwendungslandschaft (regionen- und geschäftsfeldorientiert) • Zentrale Infrastruktur- und teilweise dezentrale Entwicklungsverantwortung • Schwerpunkt der DV-Verantwortung auf Informationsmanagement, leistungsgerechter Budgetausstattung, Definition, Umsetzen und Überwachen einer geeigneten Architektur • Internes Verrechnungssystem von DV-Leistungen mit detaillierten Kostenabschätzungen • Systematischer Austausch des bestehenden Anwendungsbestandes, Einsatz neuer Anwendungen im Front- und Back-End-Bereich • Kombination aus interner Entwicklung und Nutzung externer Ressourcen • Standardsoftware nur in wettbewerbsunrelevanten Bereichen • Herstellerunabhängigkeit vor Durchgängigkeit der Hard- und Software-Ausstattung • Integration der bereits vorhandenen dezentralen Endgeräte (insb. Workstations) in eine Client-Server-Umgebung mit kooperativer Verarbeitung • Steigerung des Kundennutzens sowie der Architekturkonformität als Kriterien für Priorisierungsregeln bei der Auswahl von Software-Projekten • Kooperationsprojekte nur mit ähnlich ausgerichteten Kreditinstituten im Abwicklungsbereich, da hier weniger Wettbewerbswirkung erwartet werden kann
DV-Entwicklung und Wartung - Mitarbeiter - Vereinheitlichung der Vorgehensweise - SEU-Konzept	• Eigenständige Methoden- und Verfahrensgruppe in enger Interaktion mit (dezentralen) Entwicklergruppen (als Beraterteams im Sinne einer Dienstleistungsfunktion wirksam) • Werkzeugunterstützung der ausgewählten Methoden und Verfahren • Einbindung von Fachabteilungen durch Prototyping • Gemeinsame Auswahl von (nicht-fachlichen) Anwendungs- und Entwicklungsstandards, möglichst weitgehend durch Tools unterstützt • Anwendung von ERM, SA oder objektorientierten Verfahren mit Rapid-Prototyping (konsequente "Trial and error"-Verfahren, wenn Effektivität (schnelle Produktentwicklung) vor Effizienz gefordert ist) • Auswahl der Werkzeuge auf Basis oben genannter Kriterien • Administration der SEU durch Methoden- und Verfahrensabteilung
DV-Betrieb - Mitarbeiter - Reibungsloser Ablauf - Produktionsvereinbarung	• Kompetenz entsprechend der hohen Vielfalt an proprietärer Hardware und Systemsoftware (ansonsten Leasing-Verträge) • Sicherstellen der 24-Stunden-Verfügbarkeit des Rechenzentrums, vor allem zur Unterstützung des weltweiten Handels sowie der ausländischen Betriebsstätten (operatorloser Betrieb, RZ-Automation) sowie durch konsequente Berücksichtigung von Direktbuchungssystemen in der Anwendungsentwicklung • Schaffung von Transparenz über Kosten und Nutzen bestimmter Service-Level im Rahmen der Profit-Center-Bildung • Releasestrategie basierend auf technologischer Führerschaft, wenn diese zu Markterfolgen führen kann (in einigen Handelsbereichen durch Anforderungen an Schnelligkeit denkbar)

Tabelle 6.2.3.2/1: Architekturmodell einer Wholesale-Bank mit globaler Verbreitung in tabellarischer Darstellung

6.2.3.3 Architekturmodell für das multinational tätige Institut im "Private Banking"

Der Typ eines multinational tätigen Instituts im "Private Banking", vorgestellt in Kapitel 6.1.3.3, ist, wie auch der eben bearbeitete Typ, durch seine hohe Spezialisierung gekennzeichnet. Bei einer Analyse des zu erarbeitenden Architekturmodells überrascht zunächst die große Ähnlichkeit zum davor dargestellten Modell. Die zwar unterschiedlichen Geschäftsschwerpunkte bauen auf ähnlichen Einflußfaktoren wie z.B. der starken Kundenbindung sowie dem fehlenden Filialgeschäft auf. Wenn die Bankenlandschaft betrachtet wird, lassen sich auch viele Kreditinstitute finden, die sowohl im "Wholesale-" als auch "Private-Banking" aktiv sind. Dies trifft nicht nur auf die britischen Merchant-Banks zu, sondern ebenso auf einen großen Teil der deutschen privaten Banken.

Kennzeichnend für den Typus des Instituts im "Private Banking" ist der hohe Stellenwert der persönlichen Kundenbeziehungen. Diese sollten nicht durch einen für Kunden zu transparenten DV-Einsatz gestört werden. Zentral ist die Analyse der Kundendaten sowie ausreichende Basisdaten für die Wertpapieranalyse (Zeitreihen).

Der Vorschlag für das Architekturmodell eines multinational tätigen Instituts im "Private Banking" ist in Tabelle 6.2.3.3/1 dargestellt.

Architektur-elemente	Anhaltspunkte für das Architekturmodell eines multinational tätigen Instituts im "Private Banking"
Datensicht - Informations-begriffe - Datenmodelle - Datenbank-design	• Nutzen eigener Quellen zur Informationssammlung weitgehend erforderlich, da zu große kulturelle Unterschiede in der Ausübung des Geschäftes den Austausch von Modellen nicht erwarten lassen; für den übergreifenden Bereich der Wertpapierverwahrung (Custodial Services) können Modelle zugänglich und anwendbar sein • Aufnahme des eingeschränkten Geschäftsgebietes (sowohl Front-End- wie auch Back-End-Bereiche der Sparten) • Konzentration auf etwa 150-200 Entitäten (und zugehörige Beziehungen und Attribute) für Bildung des UDM • Zentral sind detaillierte Kundendaten und Produktnutzungsdaten sowie Zeitreihen von Wertentwicklungen, die beliebig analysierbar sein sollten • Durch Top-Modell und einheitliche Definition sollte sichergestellt werden, daß vertikale und horizontale Integration gewährleistet wird • Bildung eines uwDM auf Basis von Projekt- und Bereichsdatenmodellen, zum Erleichtern der Integration und Navigation wird ein UDM in ERM-Methodik angestrebt • Wiederverwendbare fachliche und technische Datenkonstrukte systematisch aufdecken und übergreifend austauschen • Hohe Flexibilität der Datenkonstrukte (z.B. Gattung, Kondition), um durch Parametrisierung schnell Produktentwicklung betreiben zu können • Weitgehende automatische Generierung des Datenbankdesigns

(Fortsetzung)

(Fortsetzung)

Architektur-elemente	Anhaltspunkte für das Architekturmodell eines multinational tätigen Instituts im "Private Banking"
Funktionssicht - Funktions-baum - Funktions-modell - Funktions-module	• Nutzen eigener Quellen zur Informationssammlung weitgehend erforderlich, da zu große kulturelle Unterschiede in der Ausübung des Geschäftes den Austausch von Modellen nicht erwarten lassen; für übergreifenden Bereich der Wertpapierverwahrung (Custodial Services) können Modelle zugänglich und anwendbar sein (inkl. Konkurrenzprodukte, generische Basisprodukte) • Aufnahme des eingeschränkten Geschäftsgebietes (sowohl Front-End- wie auch Back-End-Bereiche der Sparten) • Nutzen von Geschäftsprozessen, Produkten und generischen Funktionen als Ausgangspunkt für die Funktionenmodellierung • Unternehmensweite, spartenunabhängige Klassifikation der Funktionen • Starke Detaillierung der Funktionen bis zu den Elementarfunktionen, um ein Höchstmaß an Wiederverwendbarkeit systematisch und übergreifend anstreben zu können • Suche nach wiederverwendbaren Funktionen auf Basis von Hypothesen, Erfahrungswissen von Modellierern, fremden Funktionsmodellen (Templates) und systematischer Analyse der Elementarfunktionen • Spartenübergreifende Verwendung der Module ermöglichen • Hohes Maß an Flexibilität der Funktionsmodule (Parametrisierung), um möglichst alle Produkte auch abwickeln zu können • Spätere Wiederverwendbarkeit der Module bei erstmaliger Definition berücksichtigen • Definition von Querschnittsfunktionen (vor allem Clearing) • Weitgehend automatische Generierung des Software-Codes
Vorgangssicht - Geschäfts-abläufe - Prozeßmodell - Programm-rahmen	• Nutzen eigener Quellen zur Informationssammlung weitgehend erforderlich, da zu große kulturelle Unterschiede in der Ausübung wenige vorhandene Modelle oder Templates erwarten lassen; für den Bereich der Wertpapierverwahrung können Modelle zugänglich und anwendbar sein (inkl. Konkurrenzprodukte, generische Basisprodukte) • Radikale Änderungen in Zusammenarbeit mit Organisationsabteilung angehen, allerdings nur Automatisieren der Marktschnittstellen sowie vertikale Integration der internen Bearbeitungsabläufe (Kontakt zum Kunden sollte weitgehend auf persönlicher Basis erfolgen) • Modellieren von typisierten fachlichen und technischen Vorgängen, hierbei möglichst Unterstützung durch Toolanbieter • Schnittstellendefinition unter Nutzung von externen Plattformen in all den Gebieten, die aus Effizienzgründen eine Integration der Vorgänge nicht anraten lassen • Bilden von Standardtransaktionstypen • Vorgangssteuerungssysteme zum Durchführen von Versorgungsanalysen und für den Ablauf von Beratungsprogrammen

(Fortsetzung)

(Fortsetzung)

Architektur-elemente	Anhaltspunkte für das Architekturmodell eines multinational tätigen Instituts im "Private Banking"
Technische Anwendungs-Architektur - Software-Entwicklungs-Umgebung - Anwendungs-landschaft - Netzwerk-Anwendungs-dienste	• Toolanforderung (zusammengesetzte CASE-Lösung; Nutzung traditioneller Methoden zur Entwicklung von Software (ERM, SA); anpaßbare Metastruktur, Berücksichtigung von PCTE, Möglichkeit für Rapid-Prototyping, Herstellerunabhängigkeit durch Generierung von genormten Sprachen wie Cobol II) • Komplette Abdeckung aller Phasen mit den jeweils geeigneten Tools mit Integration über eine Entwicklungsdatenbank • Dezentrale Entwicklungsumgebung (vernetzte Workstations mit Anbindung an zentralen Mainframe und Datenbank) • Kunden- und spartenorientierte Struktur der Anwendungslandschaft (Beratung, Abwicklung für Aktiv- und Passivgeschäft) mit der Möglichkeit, auch vertikal integrierte Dokumentenbearbeitung sicherzustellen (Verbunddokumente) • Standardsoftware in nicht wettbewerbsrelevanten Gebieten • Workstationbasierende Client-Server-Struktur als Zielvorstellung, mit zentralem Halten der Stammdaten auf dem Mainserver • Eigenes Entwickeln wiederverwendbarer nichtfachlicher Services ("Toolbox") • Parallele Nutzung von Netzwerk-Anwendungsdiensten aller drei Architekturkonzeptionen (SNA, TCP/IP, OSI), für deren Management Kauf oder Mitentwicklung von vorhandenen Kommunikationsplattformen (z.B. BCS)
System-Soft-ware-Architektur - Betriebs-systeme und systemnahe Software - Daten-management-Systeme - Netzwerk-System-Software	• Dreistufige Betriebssystem-Ebenen (Mainframe, Workstation-Server, dezentrale Endgeräte) • Tendenz zu Herstellerunabhängigkeit für alle Betriebssystem-Ebenen (durch POSIX-Fähigkeit erleichtert) • Nutzen fehlertoleranter Systeme (z.B. von Tandon) mit proprietären Betriebssystemen für transaktionsintensive Bereiche vor allem im Handel • Akzeptanz verringerter Unabhängigkeit bei TP-Monitoren (CICS) und Datenbanken (DB2, Oracle) • Nutzen vorhandener offener Standards für Benutzeroberflächen (z.B. OSF/MOTIF) • Parallele Anwendung hierarchischer und relationaler Datenbanken, allerdings aufgrund höherer Flexibilitätsanforderungen (aufgrund notwendiger Kundenselektion) Schwerpunkt auf relationalen Systemen • Orientierung an Netzwerkstandards (SNA, TCP/IP, OSI) für Dienste sowie Netware als Standard-Betriebssystem
Hardware-Architektur - Rechner - Speicher-medien - Netzwerke	• Fokussierung auf PCM-Anbieter sowie auf Anbieter fehlertoleranter Systeme im Mainframebereich, ansonsten Integration verschiedener proprietärer Systeme (z.B. VAX Workstations) • Hohe Anforderungen an Schnelligkeit und Verfügbarkeit der Netzwerke müssen in deren Auslegung berücksichtigt werden

(Fortsetzung)

(Fortsetzung)

Architektur-elemente	Anhaltspunkte für das Architekturmodell eines multinational tätigen Instituts im "Private Banking"
DV-Management - DV-Organisation - Management-Anforderungen - Portfolio-/Projektplanung	• Einordnung der DV-Abteilung als eigenständiger Bereich mit gemeinsamer Vorstandsverantwortung • Traditionelle organisatorische Unterteilung der DV-Abteilung nach dem Verrichtungsprinzip auf oberster und nach dem Objektgliederungsprinzip auf den folgenden Ebenen • Unterteilung der Entwicklergruppen gemäß der Aufteilung in der Anwendungslandschaft (kunden- und spartenorientiert) • Zentrale Infrastruktur- und teilweise dezentrale Entwicklungsverantwortung • Schwerpunkt der DV-Verantwortung liegt auf dem Informationsmanagement und leistungsgerechter Budgetausstattung • Internes Verrechnungssystem von DV-Leistungen mit detaillierten Kostenabschätzungen, Gesamtoptimierung als Management-Aufgabe des Informationsmanagers • Systematischer Austausch des bestehenen Anwendungsbestandes, Einsatz neuer Anwendungen im Front-End- und Back-End-Bereich • Kombination aus interner Entwicklung und Nutzung externer Ressourcen • Standardsoftware nur in wettwerbsunrelevanten Bereichen • Herstellerunabhängigkeit vor Durchgängigkeit der Hard- und Software-Ausstattung • Integration der bereits vorhandenen dezentralen Endgeräte (insb. Workstations) in eine Client-Server-Umgebung mit kooperativer Verarbeitung • Definition, Umsetzen und Überwachen einer geeigneten Architektur als zentrale Managementaufgabe • Schwerpunkt der Priorisierungsregeln für Software-Projekte bei Steigerung des Kundennutzens sowie Architekturkonformität • Kooperationsprojekte nur mit ähnlich ausgerichteten Kreditinstituten im Abwicklungsbereich, da hier weniger Wettbewerbswirkungen erwartet werden können
DV-Entwicklung und Wartung - Mitarbeiter - Vereinheitlichung der Vorgehensweise - SEU-Konzept	• Eigenständige Methoden- und Verfahrensgruppe in enger Interaktion mit (dezentralen) Entwicklergruppen (als Beraterteams im Sinne einer Dienstleistungsfunktion wirksam) • Werkzeugunterstützung der Methoden und Verfahren • Einbindung von Fachabteilungen durch Prototyping • Gemeinsame Auswahl von (nicht-fachlichen) Anwendungs- und Entwicklungsstandards, möglichst weitgehend durch Tools unterstützt • Anwendung von ERM oder SA • Auswahl der Werkzeuge auf Basis oben genannter Kriterien • Administration der SEU durch Methoden- und Verfahrensgruppe
DV-Betrieb - Mitarbeiter - Reibungsloser Ablauf - Produktions-vereinbarung	• Kompetenz entsprechend der hohen Vielfalt an proprietärer Hardware und Systemsoftware (ansonsten Leasing-Verträge) • Sicherstellen der 24-Stunden-Verfügbarkeit des Rechenzentrums, vor allem zur Unterstützung des weltweiten Handels sowie der ausländischen Betriebsstätten (operatorloser Betrieb, RZ-Automation) sowie durch konsequente Berücksichtigung von Direktbuchungssystemen in der Anwendungsentwicklung • Schaffung von Transparenz über Kosten und Nutzen bestimmter Service-Level im Rahmen der Profit-Center-Bildung • Releasestrategie basierend auf technologischer Führerschaft, wenn diese zu Markterfolgen führen kann (in einigen Handelsbereichen durch Anforderungen an Schnelligkeit denkbar)

Tabelle 6.2.3.3/1: Architekturmodell eines multinational tätigen Instituts im "Private Banking" in tabellarischer Darstellung

6.3 Gegenüberstellung der ausgewählten Architekturmodelle

In Tabelle 6.3/1 sind ausgewählte Festlegungen der drei Architekturmodelle einander gegenübergestellt.

<table>
<tr><td rowspan="2">ARCHITEKTUR-ELEMENTE</td><td colspan="3">BANKTYPEN</td></tr>
<tr><td>Universalbank</td><td>Wholesale-Bank</td><td>"Private Banking"-Bank</td></tr>
<tr><td rowspan="4">Datensicht</td><td colspan="3">• Detaillierte Definition zentraler Informationsbegriffe mit hoher Organisationswirkung (z.B. Clearing)</td></tr>
<tr><td>• Umfangreiches, aber wenig detailliertes Unternehmens-Datenmodell, dafür detaillierte Bereichsdatenmodelle (keine Integration von Projektdatenmodellen)</td><td colspan="2">• Umfangreiches Unternehmens-Datenmodell, langfristige Integration von Projektdatenmodellen zu einem unternehmensweiten Datenmodell
• Disaggregierte Datenbasis auf Einzelgeschäftsebene
• Integration externer Online-Informationen
• Aufbau von Baukastenmodulen für schnelle Produktentwicklung</td></tr>
<tr><td>• Spartenübergreifende Definition ausgewählter Informationsbegriffe</td><td colspan="2">• Spartenübergreifende Definition zentraler Informationsbegriffe zur vertikalen, horizontalen und zeitlichen Integration</td></tr>
<tr><td>• In überlappenden Geschäftsbereichen</td><td>• Für die Kundenbeziehung/ Produktnutzung/Risikobewertung</td><td>• Für die Kundenbeziehung/ Produktnutzung</td></tr>
<tr><td rowspan="2">Funktionssicht</td><td colspan="3">• Unternehmensweite, spartenunabhängige Klassifikation der Funktionen</td></tr>
<tr><td>• Ausgewählte wiederverwendbare Funktionen nur innerhalb von Sparten</td><td colspan="2">• Spartenübergreifende Suche nach wiederverwendbaren Funktionen</td></tr>
<tr><td rowspan="3">Vorgangssicht</td><td colspan="3">• Aufbau "generischer", spartenübergreifender Transaktionsrahmen
• Vorwegmodellieren der wichtigsten Geschäftsprozesse ("core processes") entlang organisatorisch sinnvoller Abläufe</td></tr>
<tr><td>• Vorgangssteuerungssysteme für standardisierte Produkt(bündel)angebote im Mengenkundengeschäft</td><td>• Parallele MIS/Risikomanagementabläufe mit Online-Bewertung</td><td>• Parametergesteuerte, situationsabhängige Hinweise ("Beratungswecker")</td></tr>
<tr><td></td><td colspan="2">• Integrierte, spartenübergreifende Beratungs- und Abwicklungsvorgänge</td></tr>
</table>

(Fortsetzung)

(Fortsetzung)

<table>
<tr><th rowspan="2">ARCHITEKTUR-
ELEMENTE</th><th colspan="3">BANKTYPEN</th></tr>
<tr><th>Universalbank</th><th>Wholesale-Bank</th><th>"Private Banking"-Bank</th></tr>
<tr><td rowspan="2">Technische Anwendungs-Architektur</td><td>• Bankenspezifische Software-Entwicklungsumgebung (wegen Einbindung der Peripherie)
• Möglichst integriertes CASE-Tool anstreben
• Nutzung bestehender Branchenlösungen (Front-End-Technologie, Standardsoftware)</td><td colspan="2">• Moderne Software-Entwicklungswerkzeuge, früher Übergang auf objektorientierte Entwicklung
• Koordination/Integration der verschiedenen Software-Werkzeuge durch zentrale Entwicklungsdatenbank
• Intensive Zusammenarbeit mit Fachabteilungen mit starkem Stellenwert des Prototypings
• Tabellengesteuerte Einrichtung neuer Produktvarianten</td></tr>
<tr><td>• Anwendungslandschaft geschäftsfeldorientiert strukturiert (Privat-, Firmenkunden, Institutionelle)
• Sicherstellen von Herstellerunabhängigkeit durch unternehmenseigene API-Schnittstelle</td><td>• Anwendungslandschaft regionen- und geschäftsfeldorientiert strukturiert (New York, Tokio... jeweils nach Swaps, Devisen,...)
• Berücksichtigung der 24-Stunden-Verfügbarkeit im Anwendungsdesign</td><td>• Anwendungslandschaft kunden- und spartenorientiert strukturiert (Beratung, Abwicklung für Aktiv- und Passivgeschäft sowie Handel)
• Integration von Verbunddokumenten</td></tr>
<tr><td rowspan="2">System-Software-Architektur</td><td rowspan="2">• Standard-Betriebssysteme und systemnahe Software (MVS, CICS, DB2, RACF)
• Arbeitsplatzrechner ohne Multi-User-fähigem Betriebssystem (z.B. nur MS-DOS)</td><td colspan="2">• Spezialisierte Betriebssysteme für hohe Leistungsanforderungen
• Aufwendiger Beraterarbeitsplatz (Grafikfähigkeit, Schnelligkeit)</td></tr>
<tr><td>• Berücksichtigung von Kunden-Schnittstellen</td><td></td></tr>
</table>

(Fortsetzung)

(Fortsetzung)

<table>
<tr><th rowspan="2">ARCHITEKTUR-ELEMENTE</th><th colspan="3">BANKTYPEN</th></tr>
<tr><th>Universalbank</th><th>Wholesale-Bank</th><th>"Private Banking"-Bank</th></tr>
<tr><td>Hardware-Architektur</td><td>• PC-basierende Vernetzung mit Einbindung bankenspezifischer Peripherie (z.B. Geldautomaten)
• Integration von Selbstbedienungskomponenten, bedienerlosen Zweigstellen und Telefonbanking
• Standard-Hardware für alle Ebenen</td><td colspan="2">• Workstation-basierende Client-Server-Architektur
• Spezialisierte Hardware für transaktionsintensive oder kritische Anwendungen</td></tr>
<tr><td rowspan="3">DV-Management</td><td colspan="3">• Langfristige Entwicklung einer geschäftsfeld-orientierten Gesamtarchitektur
• Kooperationsprojekte in nicht wettbewerbsrelevanten Bereichen</td></tr>
<tr><td>• Abbau des Anwendungsstaus durch selektiven Fremdbezug von Software oder Entwickler</td><td colspan="2">• Abbau des Anwendungsstaus durch Konzentration auf ergebnisträchtige Teilbereiche</td></tr>
<tr><td>• Geschäftsfeldorientierte Gruppierung der Anwendungsentwickler bei verbleibender zentraler Verantwortung</td><td>• Regionen- und geschäftsfeldorientierte (evtl. dezentrale) Organisation der Anwendungsentwickler mit zentraler Architekturverantwortung</td><td>• Kunden- und spartenorientierte (evtl. dezentrale) Organisation der Anwendungsentwickler mit zentraler Architekturverantwortung</td></tr>
<tr><td>DV-Entwicklung und Wartung</td><td>• Einsatz etablierter Methoden und Verfahren
• Zentrale Methoden- und Verfahrensabteilung mit Qualitätsabnahme der Projektergebnisse bezüglich Architekturkonformität
• Traditionelle SEU-Konzepte</td><td colspan="2">• Einsatz moderner Methoden und Verfahren, objektorientierte, prototypbasierte Test- und Teillösungen im Kundenbereich (und dafür geeigneter Anwendungsentwickler)
• Zentrale Methoden- und Verfahrensabteilung mit Qualitätsabnahme der Projektergebnisse bezüglich Architekturkonformität für Nicht-Kundenbereiche
• Modernste SEU-Konzepte</td></tr>
</table>

(Fortsetzung)

(Fortsetzung)

ARCHITEKTUR-ELEMENTE	BANKTYPEN		
	Universalbank	**Wholesale-Bank**	**"Private Banking"-Bank**
DV-Betrieb	• Outsourcing-Potential des Rechenzentrums prüfen		
	• Sicherstellen eines ausreichenden Service-Levels und einer ausreichenden Ausfallsicherheit der SB-Geräte (Offline-Fähigkeit)	• Sicherstellen des zugesicherten, hohen Service-Levels sowie 24-Stunden-Verfügbarkeit • Integration der Multi-Vendor-Umgebung	

Tabelle 6.3/1: Tabellarische Gegenüberstellung der Architekturmodelle für die drei unterschiedenen Kreditinstitutstypen

Durch die synoptische Darstellung wird deutlich, wie eng die Architekturmodelle der vorgestellten drei Banktypen verbunden sind. Kennzeichnend für die DV-Unterstützung einer Universalbank ist, daß eher geringe Detaillierungen und Spezialisierungen in der Architektur vorzunehmen sind. Dies findet sich im Unternehmensdatenmodell ebenso wieder wie in den spartenübergreifenden Datenkonstrukten oder Funktionsmodulen. Analog verhält es sich in der Umsetzungs-Architektur. Für eine Universalbank wird eine Orientierung an Marktstandards empfohlen, dabei sollte bewußt auf besondere Funktionalitäten der Produkte zugunsten von durchgängiger Infrastruktur verzichtet werden. In der Bereitstellungs-Architektur werden traditionelle Verfahren zu Lasten moderner Methoden vorgezogen.

Im Falle der spezialisierteren Institute aus dem "Wholesale"- oder "Privat-Banking"-Bereich ist der umgekehrte Weg zu wählen. Hier werden bewußt Speziallösungen integriert und große Detaillierungen vorgenommen. Aufgrund des geringeren Aufgabenumfangs bleibt dies auch beherrschbar.

7 Umsetzung der System-Architektur

Als Umsetzung der System-Architektur werden, ausgehend von einer Projektinitialisierung, alle Zeitabschnitte des Prozesses zum Gestalten einer System-Architektur bezeichnet. Der Gestaltungsprozeß beginnt mit der Anforderungsanalyse, verläuft über Festlegung und Test, Realisierung sowie Verwaltung und endet mit der Fortschreibung. Mit der letzten Phase wird ein neuer Zyklus initiiert.

In Abbildung 7/1 ist der Umsetzungsprozeß mit den jeweiligen Inhalten, den Verantwortlichen und einer Abschätzung über den Zeitrahmen dargestellt. Sie werden in den folgenden Kapiteln beschrieben.

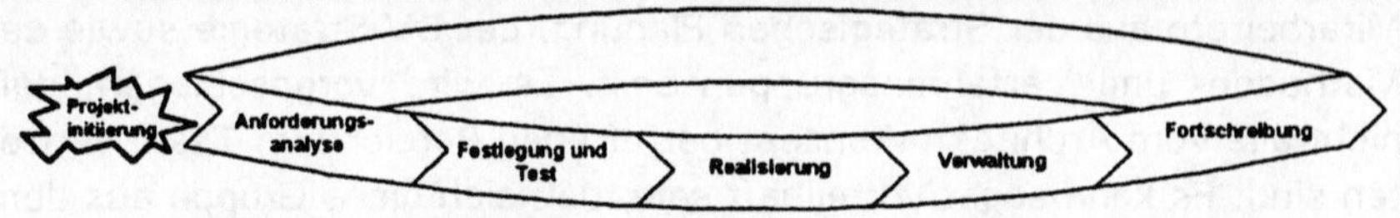

INHALTE	- Strategische Geschäftsanforderungen - Strategische DV-Anforderungen - Beachtung der Rahmenbedingungen (Sicherheit, Architekturstabilität, Standards und Normen, Ist-Situation)	- Festlegen der Komponenten der Architektur (prozeß- und substanzbedingte Anforderungen) - Beachtung von Konzepten innerhalb der Architektur - Abstimmung der Architekturelemente	- Auswahl der extern zu beschaffenden Produkte bzw. Eigenerstellung von Lösungen - Kommunikation innerhalb der Unternehmung - Einführung der Ergebnisse (Migration)	- Anwendungsentwicklungs- und Wartungsmanagement - Management der technischen Infrastruktur	- Festlegung der Haupteinflußfaktoren der Architekturstabilität - Überwachung der Fortentwicklung der Faktoren - Abgestimmte Releasepolitik
VERANTWORTLICHE	- Lenkungsausschuß (Top-Management sowohl Anwender wie DV) - Projektteam (Mitglieder aus Strategischer Planung, DV-Strategie, Methoden und Verfahren) - Externe (Management-) Berater zu Spezialgebieten - Interviewpartner aus den Bereichen (Geschäft und DV)	- Lenkungsausschuß (Top-Management sowohl Anwender wie DV) - Projektteam (Mitglieder aus Strategischer Planung, DV-Strategie, Methoden und Verfahren)	- Lenkungsausschuß (ehemaliges Projektteam) - Experten aus den Bereichen (Geschäft und DV) - Externe (Technik-) Berater zu Spezialgebieten - Spezialisten von Herstellern - Interviewpartner aus den Fachbereichen	- DV-Management in Gesamt-Verantwortung - "Architekturmanager" - Daten-und Funktions management	- DV-Management in Gesamt-Verantwortung - "Architekturmanager" - Teilnehmer periodischer Reviews (Geschäft und DV)
ZEITRAHMEN	2 bis 3 Monate*	6 bis 9 Monate	situativ	kontinuierlich	kontinuierlich

* unter Nutzung von vorformulierten Architekturmodellen

Abb. 7/1: Phasen der Umsetzung einer System-Architektur

7.1 Anforderungsanalyse

Mit der Anforderungsanalyse werden unter Berücksichtigung der Rahmenbedingungen die Strategischen Geschäftsanforderungen und DV-Anforderungen aufgenommen[1].

Hierbei sollten vor allem die wichtigsten Geschäfts- und DV-Problemfelder betrachtet werden, um eine zu große Detailtiefe und zu technische Sichtweise zu vermeiden. Eine in der Praxis zu beobachtende Vorgehensweise, vor allem der System-Integratoren, zeigt ein solches zu langwieriges Konzept. Die Bewertung etwaiger Alternativen, die sich aus unterschiedlichen strategischen Entscheidungen bereits zu Beginn ergeben könnten, werden erst gegen Ende des gesamten Prozesses durchgeführt. Notwendig ist für diese gestraffte Gestaltung, daß der Zugang zu den Entscheidungsträgern strategischer Fragestellungen von Beginn an gewährt ist.

Verantwortlich für das Erarbeiten der Inhalte sollte ein Projektteam mit Mitarbeitern aus der Strategischen Planung, der DV-Strategie sowie der Methoden- und Verfahrensgruppen sein. Es wird vorgeschlagen, daß nicht alle vom Architekturkonzept betroffenen Bereiche im Team vertreten sind. Es kann sogar vorteilhaft sein, daß sich diese Gruppe aus dem normalen Geschäftsbetrieb und Hierarchieverhältnis herauslöst. Nur so ist zu erwarten, daß auch Änderungen mit großen Implikationen, z.B. durch die Prozeß-Neugestaltung, in die Überlegung mit eingeschlossen werden. Der Kontakt zu den Trägern des fachlichen Know-hows des Unternehmens wird durch Interviews sichergestellt, in Einzelfällen kann auch das Hinzuziehen externer Management-Berater notwendig sein, um Abteilungsegoismus zu verhindern.

Das Projektteam berichtet an einen Lenkungsausschuß, der aus Mitgliedern des Top-Managements bestehen sollte. Wichtig ist hierbei, daß neben den Verantwortlichen für die Datenverarbeitung auch die Anwenderbedürfnisse eingebracht werden. Der Lenkungsausschuß ist als verbindliche letzte Entscheidungsinstanz, insbesondere zur Lösung von Zielkonflikten, im Projekt tätig[2]. Darüber hinaus muß ein möglicher organisatorischer Wandel vor allem durch diese Gruppe ("commitment") vorangetrieben werden.

Falls auf eine ausreichende Datengrundlage, etwa durch Architekturmodelle, aufgebaut werden kann, sollte ein Zeitraum von zwei bis drei

---

1 vgl. hierzu die Ausführungen in Kapitel 5 und 6.

2 Diese Aufgabenstellung gilt für alle Phasen.

Monaten nicht überschritten werden. Wenn ein längerer Zeitraum für die Analysephase nötig wird, kann ohne erkennbare Fortschritte die gegenseitige Verpflichtung und die Motivation der beteiligten Akteure leiden.

7.2 Festlegung und Test

Auf Basis der Anforderungen sind die einzelnen Komponenten der Architektur, in dieser Phase auf produktunabhängiger Ebene, zu einem Gesamtkonstrukt zusammenzufügen. Hierbei sind insbesondere die prozeß- und substanzbedingten Anforderungen zu berücksichtigen.

Als Zeitdauer werden sechs bis neun Monate geschätzt. Dies ist sehr stark davon abhängig, wieviel Wissen über neue Konzepte bereits in der Unternehmung vorhanden ist bzw. von außen bezogen werden kann. Sobald Integrationstests erforderlich sind, wird der Zeitrahmen sicherlich voll ausgeschöpft.

7.2.1 Prozeßbedingte Anforderungen

Der Prozeß zum Ableiten einer geeigneten System-Architektur aus den Anforderungen muß selbst wieder bestimmten Anforderungen genügen. Hierzu gehören die klare Zielvereinbarung und das Zurverfügungstellen der davon abhängigen, notwendigen Ressourcen. Letzteres umfaßt insbesondere das Einbinden der jeweils adäquaten Know-how- und Entscheidungsträger.

Das Scheitern von Architekturprojekten wird häufig durch den zu langen Zeitraum der Vorhaben erklärt, der aufgrund zu hoch gesteckter Ziele erforderlich war[3]. Mitunter besteht hier jedoch kein Freiheitsgrad, wenn Aufgabengebiete mit vielen Schnittstellen zu anderen Bereichen, z.B. eine Kontokorrent-Anwendung, bearbeitet werden müssen[4].

Der "Umfang" von Architekturprojekten läßt sich anhand von vier Dimensionen beschreiben. Es sind Größen gewählt, die insbesondere die

---

[3] vgl.: o.V., It's Late..., a.a.O., S. 164 f.; o.V., Reining..., a.a.O., S. 20-24; Capers Jones, Applied..., a.a.O., S. 151; Heygate, R., Memo to a CEO: Avoiding the Mainframe Trap in Redesign. Front-end IT "Filters" Deep Redesign Efforts from being Trapped by Mainframe Bottlenecks, in: The McKinsey Quarterly o.J. (1993) 3, S. 83. Heygate kritisiert insbesondere die oft zur Begründung genutzte Mutmaßung über nicht anders zu behebende "Zeitbomben" und schlägt stattdessen einen "front-end"-Ansatz vor, der die bestehende Datenarchitektur der Mainframe-Daten weitgehend unberührt läßt.

[4] vgl. die Ausführungen in Kapitel 5.2.2.2.2 Anforderungen aus der Komplexitätsreduktion.

Kommunikation mit Nicht-DV-Experten erleichtern, da sie die geschäftspolitischen Entscheidungspunkte enthalten. In der Skalierung wird berücksichtigt, welcher Aufwand auf die DV-Abteilung zukommt. Im einzelnen sind dies:

- *Geschäftsumfang*: Es werden die für DV-Fragen unterschiedlich anspruchsvollen Geschäftsgebiete der Kreditinstitute dargestellt. Durch die Skalierung können die im Abwicklungsbereich gegenüber dem Front-Office-Bereich bewährten Methoden und Verfahren vor allem der Datenmodellierung wiedergegeben werden. Zusätzlich wird berücksichtigt, daß der Integrationsaufwand mit zunehmender Anzahl an Geschäftssparten steigt.
- *DV-Innovationsgrad*: Hier wird auf die unterschiedlich bewährten Methoden und Verfahren eingegangen. Im Gegensatz zum Bereich der Datenmodellierung sind bei der Vollmodellierung des Geschäftes noch methodische Fragen offen. Zusätzliche Herausforderungen liegen im Berücksichtigen übergreifender Infrastrukturkonzepte, etwa im Falle einer Vorgangssteuerung (VGS) oder bei Hinzunahme von Anwendungsschnittstellen (API), um Herstellerunabhängigkeit zu fördern. Konzepte für die Verteilung von Daten und Anwendungen, z.B. durch Client-Server-Ansätzen zu hervorgerufen, erhöhen den Projektumfang nochmals.
- *Homogenität des Geschäftes*: Die Art des Geschäftes bringt unterschiedliche Anforderungen an die Architektur hervor. Je inhomogener diese Anforderungen sind, desto mehr gilt es, für ein Architekturmodell Entscheidungen zu treffen oder mit speziellen Infrastrukturkonzepten (z.B. API) die Komplexität abzubauen. Alle diese dann erforderlichen Maßnahmen führen zu steigender Projektdauer. Eine mögliche Skalierung könnte sich daher an der Homogenität der Geschäftsschwerpunkte, z.B. dem Institutstyp, orientieren. Wenn Kreditinstitute die Architektur in Kooperation erstellen wollen, sind zusätzlich strategische Schwerpunkte zu berücksichtigen. Allfinanzkonzepte erhöhen die Inhomogenität nochmals.
- *Organisatorische Bereitschaft*: Die Abhängigkeit von den vorhandenen Kenntnissen, die Möglichkeit diese durch externe Berater auszubauen oder das Projekt komplett fremdzu- vergeben, beeinflussen ebenfalls den Projektumfang. Dieser nimmt zu, wenn die notwendigen Erfahrungen weder intern noch extern zugänglich sind und erst erarbeitet werden müssen. Hier besteht meist eine Korrelation mit innovativen DV-Konzepten.

Gemeinsam ist den vier Dimensionen, daß mit zunehmendem Projektumfang das Risiko eines Projektmißerfolges steigt. In Abbildung 7.2.1/1 ist dies konzeptionell dargestellt.

Mit Hilfe der darin enthaltenen Analyse der jeweiligen Ausgangsposition kann ein Maß für das relative Risiko von Architekturprojekten veranschaulicht werden. Unter der Voraussetzung einer unternehmensindividuellen Skalierung braucht hierzu nur entlang der Dimensionen der Projektumfang bestimmt zu werden. In Abbildung 7.2.1/2 und 7.2.1/3 wird das relative Risiko für Architekturprojekte der Kreditinstitutstypen aus Kapitel 6 dargestellt.

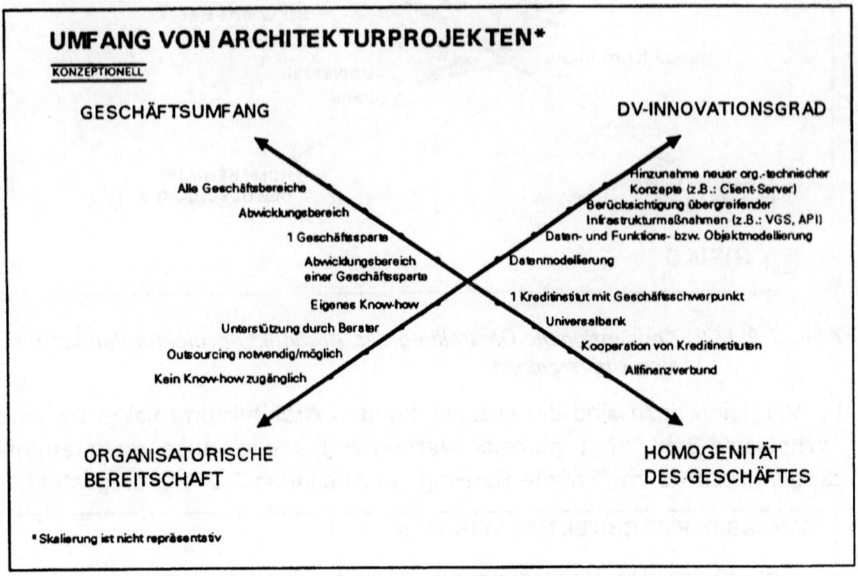

Abb. 7.2.1/1: Konzeptionelle Darstellung des Projektumfanges entlang von vier Dimensionen

Wenn für ein Projekt Architekturmodelle zur Verfügung stehen, wird damit die organisatorische Bereitschaft für das Architekturvorhaben erhöht. Deshalb wurden im Fall des Kreditinstitutstyp einer Universalbank weitergehende Risikodimensionen berücksichtigt und z.B. ein höherer DV-Innovationsgrad gewählt. In Abbildung 7.2.1/2 wird der Projektumfang des Architekturvorhabens für eine überregional tätige, traditionelle Universalbank dargestellt.

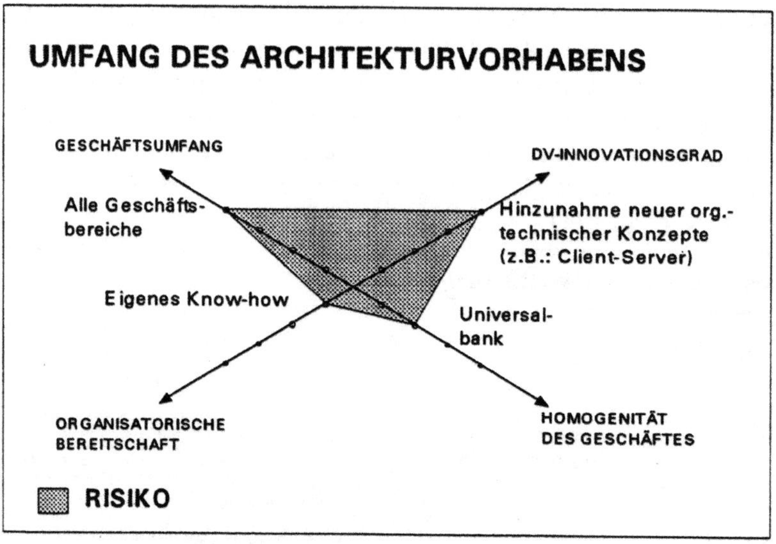

Abb. 7.2.1/2: Konzeptionelle Darstellung des Architekturprojektumfanges für eine Universalbank

Im Vergleich dazu sind die entsprechenden Architekturprojekte für eine "Wholesale-Bank" mit globaler Verbreitung sowie eines multinational tätigen Instituts im "Private Banking" in Abbildung 7.2.1/3 dargestellt.

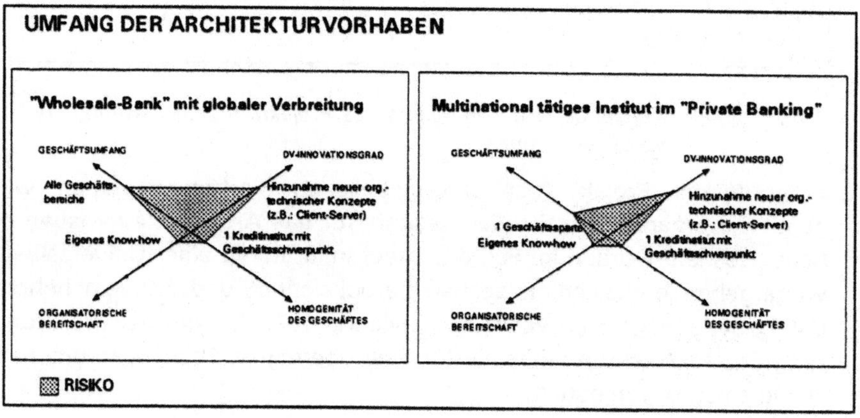

Abb. 7.2.1/3: Konzeptionelle Darstellung des Architekturprojektumfanges für eine "Wholesale-Bank" mit globaler Verbreitung sowie für ein multinational tätiges Institut im "Private Banking"

Der Grund für das freiwillig eingegangene hohe Risiko in vielen Projekten liegt häufig in der Hoffnung auf höheren Erfolg bei Erweiterung des Aufgabengebietes. Insbesondere Infrastrukturprojekte werden als Investitionen betrachtet, die bei besserer zusätzlicher Ausstattung und damit höherer Projektgröße eine überproportionale Rendite erwirtschaften. Im finanzwirtschaftlichen Sinn kann hier vom Kaufen einer "Option" gesprochen werden[5]. Je mehr investiert wird, je größer damit der Umfang des Architekturprojektes wird, desto höher ist der Wert der Option[6]. Da grundlegende konzeptionelle Überlegungen ohnehin anfallen, wird der Zusatzaufwand eines vergrößerten Projektes als nicht wesentlich angesehen. Vielmehr scheint es sogar vorteilhaft zu sein, damit ein noch besseres Gesamtergebnis zu erzielen. Im Extremfall kann man vom "Überspringen" einer S-Kurve sprechen. Darunter wird verstanden, daß über evolutionäre Veränderungen hinaus eine revolutionäre Neugestaltung erfolgt[7]. Dazwischen liegende Entwicklungsstufen werden dabei nicht berücksichtigt[8].

Die Konsequenz einer solchen Überlegung ist in Abbildung 7.2.1/4 konzeptionell veranschaulicht[9]. Eine wohlformulierte und umfassend definierte Architektur führt zunächst nur zu hohen Kosten und nicht zu unmittelbaren Erträgen[10]. Die Investition wird in zwei Abschnitten getätigt. Zunächst entstehen in einer Planungs- und Konzeptionsphase projektunabhängige Kosten. In den darauf aufbauenden Anwendungsprojekten werden sowohl Ansprüche der Fachabteilungen als auch Infrastrukturmaßnahmen durchgeführt. Aufgrund dieser zusätzlichen Inhalte werden gegenüber dem Normalfall überproportionale Kosten ent-

---

[5] vgl.: Kambil, A., Henderson, J.C. und Mohsenzadeh, H., Strategic Management of Information Technology Investment: An Options Perspective, in: Center for Information Systems research (CISR), Working Paper Nr. 222, Cambridge 1991.

[6] Die Bezeichnung läßt sich nicht komplett übertragen, da es sich um einen nicht-handelbaren Vermögensgegenstand handelt, dessen Stichtag zudem unsicher ist. Allerdings kann das in spekulativen Kreisen übliche "Nachschießen" bei abzusehender Wertreduktion durchaus auch in Architekturprojekten gefunden werden.

[7] vgl. Hoch, D.J. und Schirra, W., Entwicklung..., a.a.O., S. 44; zum S-Kurven-Konzept vgl.: Krubasik, E., Technologiemanagement für überlegene Innovationsstrategien, in: Henzler, H.A. (Hrsg.), Handbuch..., a.a.O., S. 445 f.

[8] Ein Beispiel wäre der sofortige Übergang vom Programmieren ohne Methoden und Verfahren zum Vollmodellieren. Die von anderen Unternehmen gemachten Erfahrungen mit Strukturierter Analyse oder Datenmodellierung nach ERM entfallen.

[9] vgl.: Schmalzl, J. und Schumann, M., Aufbau..., a.a.O., S. 85.

[10] Diese einfache Sichtweise kann entschärft werden, wenn während der Analysephasen, etwa bei der Funktionsmodellierung oder Aufnahme der Ist-Architektur, "early wins" festgestellt werden, die ohne große Investionen sofort realisiert werden können (und sollten).

stehen. Erst wenn die Mehraufwendungen durch Ersparnisse kompensiert werden - dies ist erst nach einer angemessenen Zahl an Projekten zu erwarten - ist der angestrebte degressive Kostenverlauf erreicht.

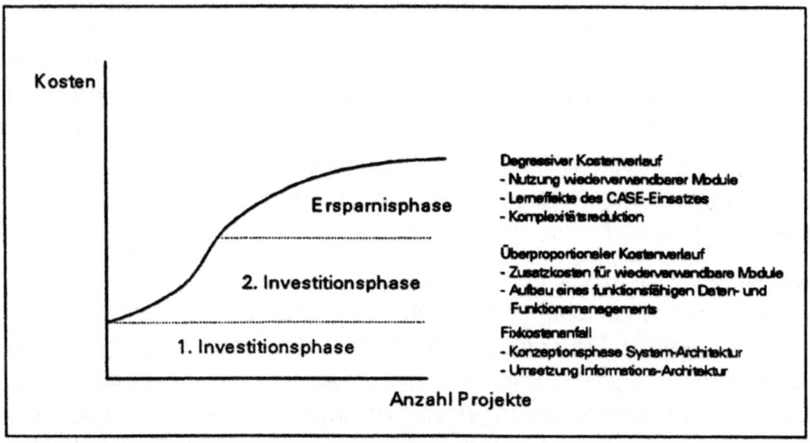

Abb. 7.2.1/4: Erhoffter Verlauf von DV-Kosten bei Nutzung des Architekturansatzes

Es ist jedoch fraglich, ob es zum angestrebten degressiven Kostenverlauf kommen wird, denn man unterstellt implizit, daß sich die eingeplanten Rahmenbedingungen nicht ändern bzw. die Änderungen mit Hilfe der eingebauten Flexibilität abgefangen werden können. Da bei Großprojekten bereits die erste Investitionsphase mehrere Jahre umfaßt, muß aber auf den finanziellen Erfolg mehr als zehn Jahre gewartet werden. Es ist nicht zu erwarten, daß sich innerhalb dieser Zeit keine Änderungen in der Geschäftsstrategie oder unberücksichtigte technologische Möglichkeiten ergeben[11]. Dies führt zu neuen Infrastrukturanläufen, ohne daß die Ersparnisphasen der alten Projekte erreicht werden, wie in Abbildung 7.2.1/5 konzeptionell dargestellt.

In einer McKinsey-Untersuchung im Werkzeugmaschinenbau wurde zu einem ähnlichen Problemkreis festgestellt, daß erfolgreiche Unternehmen eine "Innovationstechnik der kleinen Schritte" verfolgen. Damit überfordern sie die Entwicklungsmannschaft nicht, bauen auf bisher

---

11 Es sei daran erinnert, daß die offizielle Ankündigung des ersten IBM-PC erst im März 1983 stattfand, vgl.: Wallace, J. und Erickson, J., HARD..., a.a.O., S. 216. Eine Architekturplanung im Jahre 1980 hätte diese dramatische Entwicklung wahrscheinlich nicht berücksichtigt.

Erreichtem auf und können die maximal mögliche Innovationskurve "abtasten"[12].

Selbst wenn diese grundsätzlichen Änderungen und damit verbundenen Neuplanungen nicht notwendig sind, kann es aufgrund einer eigenständigen Entwicklung bei den jeweiligen Verantwortlichen zu einem "Perfektionismus"-Streben und somit zu einem Hinauszögern der Ersparnisphase kommen. Dies ist immer dann der Fall, wenn im Laufe des Architekturvorhabens eine "over-architecture"[13] betrieben wird. Darunter soll verstanden werden, daß ein zu hohes Maß an Detaillierung, Flexibilität oder Integration angestrebt wird.

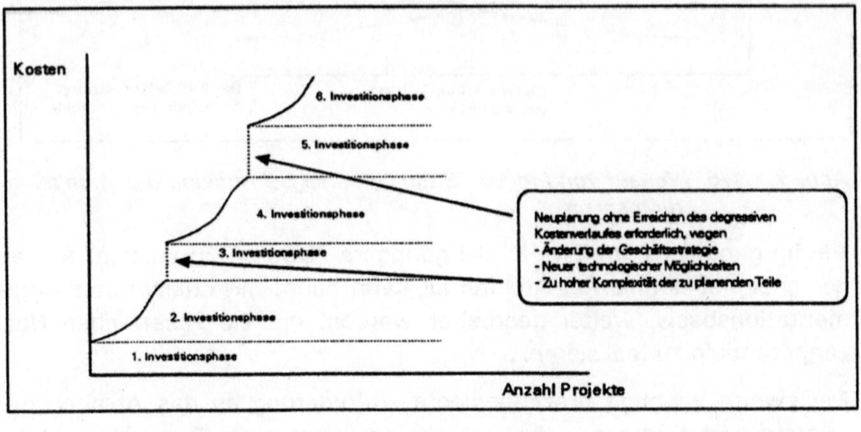

Abb. 7.2.1/5: Möglicher Verlauf von DV-Kosten bei Nutzung des Architekturansatzes

Bei der Auswahl der zum Realisieren des Architekturvorhabens genutzten Projekte muß beachtet werden, daß mit zunehmender Anzahl immer mehr Bereiche zu integrieren sind. So ist der Einsatz von wiederverwendbaren Modulen mit zusätzlichem Verwaltungsaufwand verbunden[14]. Eine Analyse der Kostendegressionseffekte des Architekturansatzes sowie der steigenden Kosten der indirekten Aufwendungen, die beide von der Projektanzahl abhängig sind, muß daher zu einer optimalen Projektanzahl führen können, wie in Abbildung 7.2.1/6 dargestellt.

---

[12] vgl.: Rommel, G., Brück, F., Diederichs, R., Kempis, R.-D. und Kluge, J., Einfach..., a.a.O., S. 87-90.

[13] Schmalzl, J. und Schumann, M., Aufbau..., a.a.O., S. 85.

[14] vgl. die Ausführungen in Kapitel 4.1.1.2 Funktionssicht.

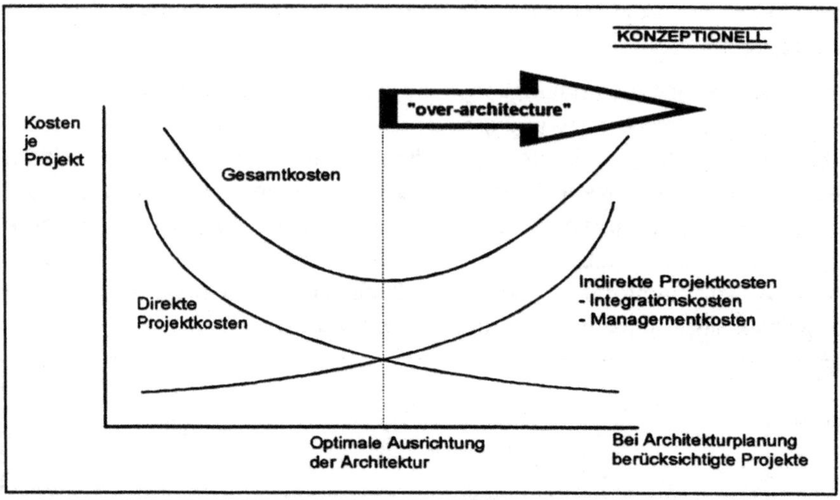

Abb. 7.2.1/6: Verlauf von Projekt-"Stück"-Kosten bei Nutzung des Architekturansatzes

Häufig genügt es, im Zweifel die geringere "Option" zu wählen. Auf einer geeignet definierten Architektur kann dann, mit erleichterter Argumentationsbasis, weiter gearbeitet werden, um die zusätzlichen Nutzenpotentiale zu realisieren.

Die zweite wichtige prozeßbedingte Anforderung an das Ableiten der System-Architektur sind die verfügbaren Ressourcen. Dazu ist es nötig, daß Architekturprojekte in der grundsätzlichen Festlegung nicht als DV-Vorhaben klassifiziert werden, sondern die Aufmerksamkeit der Unternehmensleitung erhalten. Denn nur dann wird sichergestellt, daß die notwendigen Freiheiten für Änderungen der Geschäftsabläufe, Neuausrichten von Anwendungen, Neuorganisation des Geschäftsbetriebes und veränderte technische Ausstattung genutzt werden[15].

7.2.2 Substanzbedingte Anforderungen

Die Anforderungen an die DV-Unterstützung müssen sowohl solche aus dem Geschäft als auch der DV-Abteilung berücksichtigen. Diese sind unter Beachtung der Rahmenbedingungen zu einem Gesamtsystem zusammenzufügen. Hierbei ist zunächst sicherzustellen, daß Anforderungen konsistent sind. Neben diesem logischen Anspruch an die Substanz

---

[15] vgl.: Kieser, A. und Kubicek, H., Organisation, 3., völlig neu bearb. Aufl., Berlin und New York 1992, S. 344.

der Anforderungen ist der Implementierungsprozeß hinsichtlich seiner Umsetzbarkeit zu untersuchen.

7.2.2.1 Sicherstellen der Konsistenz

Die zum Teil unterschiedlichen Aufgabenschwerpunkte, sei es Beratung oder Abwicklung, bedingen, daß die Anforderungen an die Architektur z.T widersprüchlich sind[16]. Die Planung der Gesamt-Architektur muß daher verschiedenartigen Anforderungen gerecht werden und diese weitergehend analysieren. Hierzu können analog der Diskussion von Unternehmenszielen vier verschiedene Fälle unterschieden werden[17].

Es kann eine Unterscheidung zwischen

- komplementären,
- konkurrierenden,
- indifferenten,
- und antinomischen

Anforderungen getroffen werden[18].

Komplementäre Architekturanforderungen (A), genannt sei das Beispiel von spartenübergreifenden Modulen und der an der Bankorganisation orientierten Aufteilung der Anwendungsentwickler, unterstützen sich gegenseitig.

Konkurrierende Architekturanforderungen (B) liegen dann vor, wenn das Erfüllen der einen Anforderung den Erfolg der anderen erschwert. Ein klassisches Beispiel sind solche nach transaktionsintensiver und gleichzeitig abfrageintensiver Datenverarbeitung. Während für ersteres ein hierarchisches DBMS geeigneter wäre, erfordert eine hohen Flexibilität bei Auswertungen ein relationales DBMS.

---

16 In Kapitel 5.2 wurden in über 20 Tabellen unterschiedliche Segmente auf ihre Anforderungen hin untersucht

17 vgl.: Wöhe, G., Einführung in die Allgemeine Betriebswirtschaftslehre, 16., überarb. Aufl., München 1986, S. 113 f.; Ulrich, P. und Fluri, E., Management. Eine konzentrierte Einführung, 4., verb. Aufl., Stuttgart 1986, S. 143 f.

18 Die Antinomie (Widerspruch in sich) zweier Architekturanforderungen (Fall D) kann auch als Extremfall konkurrierender Forderungen (Fall B) angesehen werden. Aufgrund der anders gearteten Entscheidungswege, die nur ein "entweder oder" zulassen, soll diese Untergruppe dennoch mit dargestellt werden.

Indifferenz (C) bei den Architekturanforderungen bedeutet, daß das Erfüllen der einen Anforderung auf den Erfolg der anderen Anforderungen keinen Einfluß hat.

Antinomie (D) zwischen Anforderungen tritt dann auf, wenn sich zwei Anforderungen gegenseitig ausschließen. Dies trifft bei gleichzeitiger Forderung nach Herstellerabhängigkeit (aus Gründen der Komplexitätsreduktion) und -unabhängigkeit (aus Gründen der Effizienzsteigerung) zu.

Während indifferente und komplementäre Anforderungen in die Festlegung der Gesamt-Architektur eingehen, sind die konkurrierenden und antinomischen Anforderungen einer zusätzlichen Analyse zu unterziehen. Die Entscheidung ist auf Ebene der originären strategischen Anforderungen - aus dem Geschäft oder der Datenverarbeitung - zu treffen. Bei konkurrierenden Anforderungen wird es zu einem Abwägen der Schwerpunkte kommen, während bei antinomischen Anforderungen immer eine "entweder-oder"-Festlegung notwendig ist. In Abbildung 7.2.2.1/1 ist dies graphisch erläutert[19].

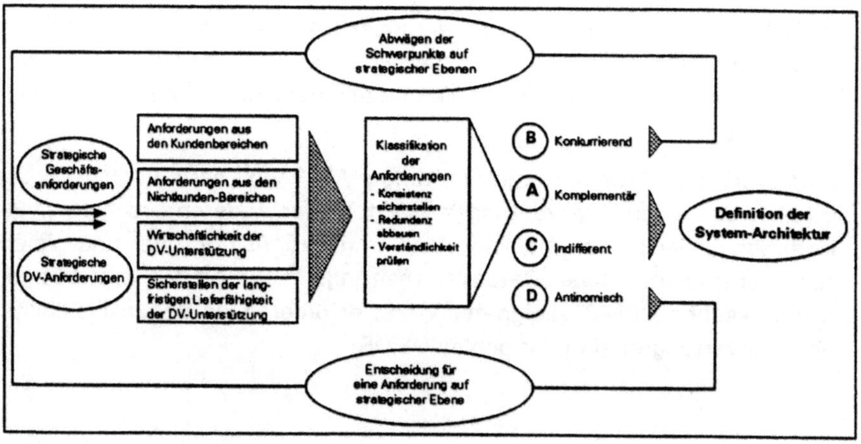

Abb. 7.2.2.1/1: Aggregation von Anforderungen an die System-Architektur

Bei der Aggregation der dann komplementären oder indifferenten Anforderungen sind diese, um die Anwendbarkeit zu verbessern, auf Redundanz und Konsistenz abzuprüfen. Zuweilen ist es notwendig, zusätzlich die Verständlichkeit zu prüfen, vor allem wenn der Zusammenhang

19 Es sei darauf hingewiesen, daß sich die folgende Bildung von Architekturmodellen an der Homogenität der Anforderungen an die Architektur orientiert.

mit den originären strategischen Anforderungen in der konsolidierten Aufstellung nicht mehr ersichtlich ist.

7.2.2.2 Umsetzbarkeit der Architekturmaßnahmen

Im folgenden werden die Implikationen des Architekturansatzes auf das Unternehmen sowie die damit oft verbundenen Barrieren für die Umsetzung untersucht, die auch als "organisatorischer Konservatismus" bezeichnet werden[20].

Häufig werden die Gestaltungsräume des Architekturansatzes, insbesondere die damit verbundene Prozeßneugestaltung bis hin zur Änderung der Aufbau- und Ablauforganisation[21], nicht genutzt, weil der Einsatz der Datenverarbeitung oft im Kontext der bisherigen Gestaltungsmuster erfolgt. Althergebrachte Strukturen sollen nicht geändert werden, dies wird mit dem "Beharrungsvermögen" und der Trägheit der Mitarbeiter erklärt[22].

Die Gründe können im zu erwartenden Änderungsaufwand liegen, der zunächst (als Grund an sich) abschreckend wirkt. Weiterhin werden Architekturansätze nur als reine Fortführung der verwandten Methoden und Verfahren angesehen und der strategische Nutzen über die reine "Ersatzbeschaffung" hinaus nicht realisiert[23]. Häufig wird auch die Effizienzermittlung als sehr schwierig eingeschätzt (aber dennoch gefordert). Wesentlich sind auch drohende Verluste bestehender Besitzstände. Die Personen, welche den Architektureinsatz kontrollieren, können tendenziell bestrebt sein, mit der organisatorisch-technologischen

---

20 vgl.: Kieser, A. und Kubicek, H., Organisation, a.a.O., S. 344 u. S. 353-365; Child, J., Managerial Strategies, New Technology and the Labor Process, in: Pennings, J.M. und Buitendam, A. (Hrsg.), New Technology as Organizational Innovation, Cambridge 1987, S. 154 f.; Argote, L. und Goodman, P., The Organizational Implications of Robotics, in: Davis, D. (Hrsg.), Managing Technological Innovations, San Francisco 1986, S. 143-153; Kubicek, H., Informationstechnologie und organisatorische Regelungen, Berlin 1975, S. 124.

21 Hier wurde bereits der Begriff "Business Architecture" eingeführt, vgl. die Ausführungen in Kapitel 5.2.1.1.1 Ausgewählte Ansätze zur Identifikation strategischer Geschäftsanforderungen.

22 vgl.: Child, J., Ganter, H.D. und Kieser, A., Technological Innovation and Organizational Conservatism, in: Pennings, J.M. und Buitendam, A. (Hrsg.), New..., a.a.O., S. 87-115; Kieser, A. und Kubicek, H., Organisation..., a.a.O., S. 344-346.

23 Child, J., Ganter, H.D. und Kieser, A., Technological..., a.a.O., S. 104.

Gestaltung ihren bestehenden Einfluß zumindest zu stabilisieren. Aufgrund der Sorge um den "Status quo" können davon Betroffene, oder die sich dafür halten, versuchen, mit den ihnen zur Verfügung stehenden Mitteln die Änderungen zu unterlaufen und damit den Projekterfolg zu verzögern. Falls sie erfolgreich sind, kann eine Allianz mit den Kritikern an der Effizienz des Architekturansatzes an sich geschmiedet werden, da sich diese aufgrund des unzureichenden Projektfortschrittes in ihrer Kritik bestätigt fühlen.

Das Durchführen von als wesentlich erkannten Architekturmaßnahmen darf dennoch nicht von der Erfolgswahrscheinlichkeit der Umsetzbarkeit abhängig gemacht werden. Durch eine geeignete Kommunikationsstrategie in der Realisierung kann der oben beschriebenen Gefahr entgegnet werden.

Es besteht allerdings bei zu vorsichtigem Vorgehen die Gefahr, in einer Art "Selbstzensur" wesentliche Fragestellungen erst gar nicht aufkommen zu lassen. Diese sogenannten "Tabu-Themen" sind aber oft auch solche Themen, die über ihren eigentlichen Stellenwert hinaus plötzlich Bedeutung erlangen. Typisches Beispiel im Bereich der Kreditinstitute ist das Thema der Programmiersprachen, die im Zeitalter der Generatoren und moderner CASE-Werkzeuge nicht mehr wesentlich sind, aber dennoch oft diskutiert werden. Eine ähnliche Problematik stellt sich bei den Fragen zu TP-Monitoren, DB-Systemen oder der Dezentralisierungsfrage.

7.2.3 Test der Konzeption

Durch Integrationstests wird überprüft, ob die neue Architekturkonzeption den geforderten Erwartungen entspricht. Im Gegensatz zu Komponententests, die zum Bewerten im Rahmen der Auswahl von Produkten notwendig sind, wird dabei das korrekte Abstimmen der Elemente überprüft. Anhand eines Projektes sind alle Neuheiten, z.B. im Netzwerk-Management, zu testen, für die innerhalb des Unternehmens keine ausreichenden Kenntnisse vorhanden sind. Idealerweise wird ein Testprojekt ausgewählt, das alle relevanten Bereiche enthält, vom Umfang jedoch überschaubar bleibt.

Die in Testprojekten verfolgten Aufgaben hängen von der institutsspezifischen Ausgangslage ab. Typischerweise werden Integrationstests im Rahmen des werkzeuggestützten Anwendungsentwicklungsprozesses oder bei der möglichen Einführung einer Client-Server-Konzeption durchgeführt, da vor allem hier der Neuheitsgrad sehr hoch ist. So kann im Rahmen der Modellierung das Zusammenwirken der Methoden mit den Werkzeugen, zwischen mehreren zu integrierenden Werkzeugen, zwischen Entwicklungs- und Laufzeitumgebung oder zwischen Entwicklungs- und Unternehmensdaten abgeprüft werden.

7.3 Realisierung

Im allgemeinen wird die Realisierung als Phase der Verwirklichung eines bereits mehr oder weniger klar strukturierten Konzeptes verstanden[24].

Aufgrund der hohen Interdependenzen zur bestehenden Organisation[25] ist die nur auf das Ergebnis ausgerichtete Phasendefinition des Realisierungsbegriffes für den Architekturansatz unzureichend. Bestehende Strukturen basieren entweder selbst auf einer geplanten Architektur oder können als "gewachsene Architekturen" bezeichnet werden. Vor allem die umfassende Anwendung des Architekturansatzes, mit seiner engen Bindung zum Geschäftssystem und deren Aufbau- und Ablauforganisation, stellt höhere Anforderungen an die Realisierung, da immer an alte, vorhandene Handlungsmuster angeknüpft werden muß[26].

Die "Implementeure" sollten an das bisherige Projektteam als zuständiger Lenkungsausschuß berichten, um den Bezug zum Gesamtkonzept zu wahren. Zu etwaigen Fragestellungen kann die externe Unterstützung von Technik-Beratern oder direkt von Herstellern einbezogen werden.

Die Realisierung der Architektur, soweit sie überhaupt als fertiggestellt betrachtet werden kann, ist stark von den Unternehmensspezifika und vor allem der Ausgangslage abhängig. Es kann jedoch von einem längeren Zeitbedarf ausgegangen werden. Alleine das nötige Investionsvolumen zum Ablösen von Hardware, die sich z.B. für eine geplante Client-Server-Struktur nicht eignet, erfordert ein Strecken der Migration auf mehrere Jahre[27]. Ähnlich verhält es sich, wenn eine Erneuerung der

---

24 vgl.: Clauss, M., Die Strategie der Implementierung in der Unternehmung, Pfaffenweiler 1989, S. 8; dort wird ein Überblick über mögliche Phasenschemata gegeben, die jedoch weitgehend einer einheitlichen Logik (von Planung- und Entscheidung über Implementierung zur Kontrolle) folgen.

25 Die Möglichkeit einer "Neuplanung auf der grünen Wiese" ohne Berücksichtigung bestehender technischer und organisatorischer Gegebenheiten wird als unrealistisch angesehen und nicht weiter betrachtet. Aber selbst in diesem Falle sind die personellen Erwartungen der Implementierungsbeteiligten zu berücksichtigen.

26 vgl.: Wollnik, M., Implementierung computergestützter Informationssysteme, Berlin u.a. 1986, S. 196

27 Darüber hinaus wäre eine Schulung für alle Betroffenen des Kreditinstituts zu organisieren.

bestehenden Anwendungslandschaft angestrebt wird. Dies wird sich mit der laufenden Anwendungsentwicklung innerhalb von Projekten nur in einem Zeitraum von fünf bis zehn Jahren verwirklichen lassen[28].

Die wichtigsten Handlungen im Realisierungsprozeß - die Auswahl, die Information und die Einführung der Ergebnisse (Migration) - werden im folgenden erläutert.

7.3.1 Eigenerstellen oder Fremdbezug von Produkten

Viele Organisation können nur schwer bewerten, welches System ihren organisationsinternen Anforderungen am besten gerecht werden kann. Dies trifft um so mehr zu, als der DV-Markt für den Nachfrager aufgrund ständiger Weiterentwicklungen der Technik, zunehmend feinerer Segmentierungen und expandierender Anbieterzahl immer unübersichtlicher wird[29]. Deshalb werden häufig externen Berater im Rahmen der Auswahl hinzugezogen, die oft über mehr Erfahrung mit Implementierungsprozessen - im Falle der Herstellerberater über größere Kenntnis der betreffenden Technik - verfügen.

Die konkrete Auswahl von Produkten[30] zur "Belegung" der Architekturmodelle erfolgt auf Basis eines Kriterienkataloges. Aus Architektursicht ist insbesondere zu berücksichtigen, daß mögliche Interdependenzen einer Einzelentscheidung auf andere Architekturelemente, und damit die Gesamtlösung, transparent gemacht werden. Die bereits angesprochene "Beziehungsmatrix" kann hier als eine "Lösungsmatrix" weiterentwickelt werden, da die Beziehungen zwischen den Architekturelementen festgehalten wurden und somit die Implikationen von einzelnen Belegungen leicht ermittelbar sind.

7.3.2 Kommunikation der Ergebnisse

Die Kommunikation des Projektteams zu den vom Architekturprojekt Betroffenen ist ein zentra-ler Prozeß innerhalb der Realisierung, um zu "einer gemeinsamen Sicht der Dinge"[31] zu gelangen[32]. Hierbei sind Ent-

---

28 Eine durchschnittliche Universalbank kann auf einen "aktiven Software-Bestand" von 2000-3000 Mannjahre Erstellungsaufwand geschätzt werden. Selbst bei einem freien Potential von 300 Entwicklern ist hierfür ein Zeitraum von bis zu 10 Jahren zu erwarten.

29 vgl.: Hoch, D.J. und Schirra, W., Entwicklung..., a.a.O., S. 14-21.

30 Die Eigenerstellung wird nicht separat behandelt.

31 Wollnik, M., Implementierung..., a.a.O., S. 293.

32 Innerhalb der verschiedenen Rollen im Implementierungsprozeß sind ebenfalls die Beziehungen zwischen Management und Betriebsrat bzw. Betriebsrat und Betroffene sowie zwischen den Projektgruppen und etwaigen externen Beratern von Bedeutung.

scheidungen über Wahl des Zeitpunktes für den Kontakt mit den Betroffenen, der Inhalte und der verwandten Kommunikationsmittel zu treffen.

Erst in der Realisierungsphase werden konkrete Produktentscheidungen vorgenommen. Eine zu frühe Kommunikation noch nicht feststehender Varianten könnte zu erfolgshemmenden Spekulationen führen. Falls die Betroffenen erst bei der Einführung informiert werden, ist mit Widerstand oder bewußter Passivität zu rechnen, falls sich diese übergangen fühlen[33].

Bei neuen Konzepten wie dem Architekturansatz ist die Informationsnachfrage der Betroffenen oftmals mehr angebots- als bedürfnisorientiert, da die jeweils relevanten Punkte nicht von selbst erkannt und thematisiert werden. Auch spielt eine große Rolle, inwieweit die weitergegebenen Informationen glaubwürdig erscheinen. Es darf nicht passieren, daß die Implementeure in einer "Selbstlegitimationsstrategie" versuchen, positive Punkte hervorzuheben und negative Effekte zu übergehen[34]. Von hoher Bedeutung für eine erfolgreiche Informationspolitik ist der informelle Einfluß von Meinungsführern[35]. Daher kann eine einfache, aber erfolgreiche Strategie darin liegen, diese unabhängig von ihrer fachlichen Qualifikation in das Projektteam einzubinden.

Da die Ergebnisse der Architekturplanung das gesamte Unternehmen in unterschiedlicher Weise berühren können, sind spezifische, getrennte Kommunikationsmittel je nach Art der Veränderung sinnvoll[36]. Eine Kombination aus mündlicher Kommunikation der wichtigsten Kerngedanken und Übermitteln der notwendigen Begeisterung für das zu erarbeitende Ziel sowie einer schriftlichen Dokumentation der Details hat sich hier als erfolgreich erwiesen.

---

[33] vgl.: Frese, M. und Brodbeck, F.C., Computer in Büro und Verwaltung: Psychologisches Wissen für die Praxis, Berlin 1989, S. 36.

[34] vgl.: Wollnik, M., Implementierung..., a.a.O., S. 253-257.

[35] vgl.: Barton-Leonard, D. und Kraus, W.A., Implementing New Technology. What Does It Take to Implement New Technology Successfully?, in: Harvard Business Review 63 (1985) 6, S. 106.

[36] vgl.: Frese, M. und Brodbeck, F.C., Computer..., a.a.O., S. 39.

7.3.3 Einführung der Ergebnisse (Migration)

Die Einführung der Ergebnisse oder auch Migration kann in Form einer "Punktmigration" geschehen, wenn nach Abschluß der Vorbereitungen innerhalb kürzester Zeit der Wechsel vollzogen wird. Dieses komplexe Unterfangen bietet sich vor allem dann an, wenn ein voll funktionsfähiges System als Ziel vorhanden ist. Im Fall des Zusammenlegens mehrerer DV-Abteilungen, etwa bei Fusionen von Kreditinstituten, ist so etwas vorstellbar.

Üblicher ist jedoch die sukzessive Migration, bei der die Phase in geeignete Abschnitte unterteilt wird. Hierbei gilt, daß bis zum Abschluß der Migration teilweise ein Parallelbetrieb erforderlich ist. Insbesondere im Bereich der Datenhaltung ist dies mit hohen organisatorischen Schwierigkeiten und technischen Herausforderungen verbunden. Es müssen etwa die Lücken des neuen Datenbestandes automatisch aus dem alten Datenbestand geschlossen werden, ohne daß dies vom jeweiligen Anwender gesteuert werden muß. Ebenso kann es erforderlich sein, für eine Übergangszeit die Anwendungsentwicklung für mehrere Zielumgebungen sicherzustellen, solange die technische Migration (etwa auf PC-basierende Client-Server-Netze) noch nicht abgeschlossen ist.

7.4 Verwaltung

Die Aufgabe des Anwendungsentwicklungs- und Wartungsmanagements sowie des Managements der technischen Infrastruktur obliegt vor allem dem DV-Management in seiner Gesamtverantwortung. Es hat dies als dauerhafte Aufgabe zu betrachten. Für spezielle Teilbereiche, z.B. das organisatorische Umsetzen des Anwendungsentwicklungsmanagements, sollte die Verwaltungsaufgabe auf Experten aufgeteilt werden. Hierfür eignet sich insbesondere das Daten- und Funktionsmanagement sowie ein "Architekturmanager", der etwa die Umsetzungs-Architektur auf Konsistenz überwacht sowie die einzelnen Architektur-Hauptgruppen aufeinander abstimmt.

7.4.1 Anwendungsentwicklungs- und Wartungsmanagement

Der Architekturansatz macht, vor allem wegen des zweckentsprechenden Erstellens und Nutzens des Unternehmensdatenmodells (UDM), der wesentlichen oder allgemeingültigen Datenkonstrukte und der wiederverwendbaren Funktionsmodule, neue organisatorische Regelungen zum Erstellen und Warten von Anwendungssystemen erforderlich. Die daraus erhofften Effektivitäts- und Effizienzvorteile lassen sich ohne Änderung der bislang in einer DV-Abteilung vorherrschenden Organisationsstruktur und Arbeitsweise nicht erzielen.

Das grundlegend zu lösende Problem wird im folgenden am Beispiel der wiederverwendbaren Funktionsmodule beschrieben und kann vereinfacht in Abbildung 7.4.1/1 verdeutlicht werden.

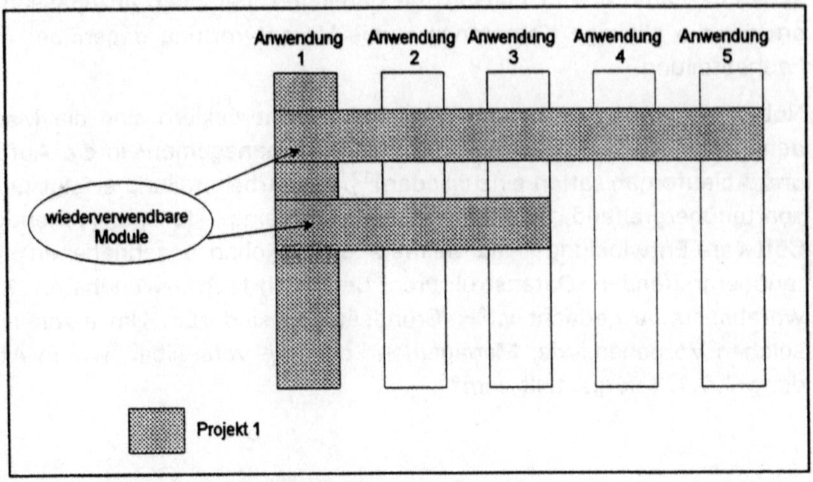

Abb. 7.4.1/1: Grundproblem wiederverwendbarer Module

Das Prinzip wiederverwendbarer Module erfordert, daß bereits beim erstmaligen Erstellen eines Moduls möglichst alle zukünftigen Anwendungsmöglichkeiten mitberücksichtigt werden bzw. durch erhöhte Flexibilität hinzufügbar sind. Hierzu sind die Erkenntnisse des UDM nutzbar. Dessen spartenübergreifende Modellierung unterstützt das Erkennen solcher Datenkonstrukte, die sich durch ein hohes Maß an Wiederverwendbarkeit und Flexibilität auszeichnen (Bsp.: Abwicklungsregeln und Konditionen) oder solcher Beziehungskonstrukte, die als wesentlich für das Zusammenführen von Informationen erkannt worden sind (Bsp.: Kunde-Produkt-Vertrag). Weiterhin werden im Rahmen der Funktionenmodellierung wiederverwendbare Module - technischer Art wie Drucken oder User-Login sowie fachlicher Art wie Buchen oder Zinsberechnung - spezifiziert. Bei der Realisierung von Anwendungsprojekten, die durchaus spartenorientiert organisiert sein können, lassen sich Vorteile wiederverwendbarer Module nicht nur innerhalb der jeweiligen Anwendung, sondern auch für kommende Projekte anstreben. Das dann notwendige vielfache Parametrisieren von Zins, Laufzeit oder Rückzahlungsmodalitäten verlängert aber das erste Projekt dieser Art, ohne daß ein unmittelbarer Mehrwert (für die Abteilung) ersichtlich ist. Zudem sind in diesem Fall Informationen zu den weitergehenden fachlichen Anforderungen zu erheben.

Abgesehen von der offenkundigen Schwierigkeit, potentielle Wiederverwendbarkeit erkennen und in vernünftigem Maße durchführen zu können, sind die Regelungen im Hinblick auf eine Zusammenarbeit zwischen den am Entwicklungsprozeß beteiligten Personen anzupassen. Es entfällt die alleinige Kompetenz sowie Verantwortung gegenüber einer Fachabteilung.

Neben den bisher genannten Anwendungsentwicklern sind die Methodengruppe sowie das Daten- und Funktionsmanagement in die Aufbau- und Ablauforganisation einzugliedern[37]. Die Arbeitsteilung erfolgt (auch) spartenübergreifend, wobei weniger an eine "fertigungsorientierte Software-Entwicklung[38] als vielmehr an die oben beschriebenen spartenübergreifenden Datenstrukturen und mehrfachverwendbaren Softwarebausteine gedacht ist[39]. Grundsätzlich sind zum Umsetzen eines solchen Vorgehens vier Managementkonzepte vorstellbar, wie in Abbildung 7.4.1/2 dargestellt wird[40].

---

37 Zur Vereinfachung wird auf weitere am Entwicklungsprozeß Beteiligte wie Fachabteilung, Projektmanagement, Qualitätssicherung oder Revision nicht eingegangen, da sich deren Rolle innerhalb der verschiedenen Organisationskonzepte nicht stark ändert.

38 Balzert, H., Die Entwicklung..., a.a.O., S. 471.

39 o.V., Teilprojekt Software-Entwicklungsumgebung..., a.a.O., S. 672.

40 vgl.: Ulrich, P. und Fluri, E., Management..., a.a.O., S. 200-206.

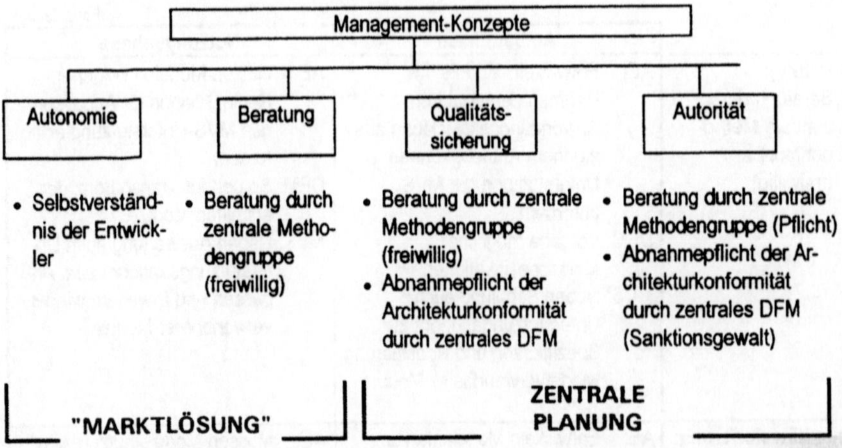

Abb. 7.4.1/2: Möglichkeiten des Anwendungsentwicklungs- und Wartungsmanagements

Die Konzepte lassen sich am einfachsten in einer Gegenüberstellung der jeweiligen am Software-Entwicklungsprozeß beteiligten Rollen beschreiben. Hierzu sind für die vier Varianten die Aufbau- und Nutzungsphase zu unterscheiden. Während in der Aufbauphase die definierten Architekturkonzepte, in vorliegendem Beispiel die wiederverwendbaren Module, erstellt werden, finden diese in der Nutzungsphase Verwendung, um die angestrebten Effizienzvorteile zu erhalten. Die Phasen können sich überlappen. Die jeweiligen Rollen werden in Tabelle 7.4.1/1 am Beispiel der wiederverwendbaren Module erläutert.

	Aufbauphase	**Nutzungsphase**
Autonomie: • Selbstverständnis der Entwickler	AE: Entwickeln Module im Rahmen der regulären Anwendungsentwicklung aus eigenem Antrieb DFM: Beschränkung auf Datenseite MVS: Übernimmt methodische Schulung, evtl. Werkzeugauswahl	AE: Nutzen Module in eigener Regie DFM: Sorgen für Transparenz der erstellten Module MVS: Wertet evtl. Nutzungsverhalten der AE aus, um Schulung oder Werkzeugunterstützung zu verbessern

(Fortsetzung)

(Fortsetzung)

	Aufbauphase	Nutzungsphase
Beratung: • Beratung durch zentrale Methodengruppe (freiwillig)	AE: Entwickeln Module im Rahmen der regulären Anwendungsentwicklung aus eigenem Antrieb, können Unterstützung der MVS anfordern DFM: Vorgabe möglicher Modulspezifikationen MVS: Neben Schulung auch Unterstützungangebot zur Spezifikation und Realisierung wiederverwendbarer Module	AE: Nutzen Module in eigener Regie, können für Anpassungen MVS-Unterstützung anfordern DFM: Sorgen für Transparenz der erstellten Module MVS: Neben Auswertung auch Unterstützungsangebot zum Anpassen und Erweitern wiederverwendbarer Module
Qualitätssicherung: • Beratung durch zentrale Methodengruppe (freiwillig) • Abnahmepflicht der Architekturkonformität durch zentrales DFM	AE: Entwickeln Module im Rahmen der regulären Anwendungsentwicklung nach Vorgabe des DFM, können Unterstützung der MVS anfordern DFM: Vorgabe und Abnahme von Modulspezifikationen MVS: Neben Schulung auch Unterstützungsangebot zur Spezifikation und Realisierung wiederverwendbarer Module	AE: Müssen Module nutzen, können hierzu MVS-Unterstützung anfordern DFM: Sorgen für Transparenz der erstellten Module und kontrollieren deren Einsatz MVS: Neben Auswertung auch Unterstützungsangebot zum Anpassen und Erweitern wiederverwendbarer Module
Autarkie: • Beratung durch zentrale Methodengruppe (Pflicht) • Abnahmepflicht der Architekturkonformität durch zentrales DFM (Sanktionsgewalt)	AE: Entwickeln Module nach Vorgabe des DFM arbeitsteilig mit MVS DFM: Vorgabe und Abnahme von Modulspezifikationen als zweiter Auftraggeber (mit Weisungsrecht gegenüber AE) MVS: Neben Schulung auch Mitarbeit bei Spezifikation und Realisierung wiederverwendbarer Module	AE: Müssen Module nutzen DFM: Sorgen für Transparenz der erstellten Module und kontrollieren deren Einsatz MVS: Anpassen und Erweitern wiederverwendbare Module

Legende: AE: Anwendungsentwickler; DFM: Daten- und Funktionsmanagement; FA: Fachabteilung; MVS: Methodengruppe (Methoden, Standards, Verfahren)

Tabelle 7.4.1/1: Rollen innerhalb verschiedener Management-Konzepte für das Erstellen und Nutzen wiederverwendbarer Module

Ein selbständiges, autarkes Management durch die Entwickler ist zwar erstrebenswert, jedoch nicht wahrscheinlich. Aufgrund des erkannten

Defizits wurde die Methodenunterstützung ja erst als notwendig erachtet. Ein nur beratendes Unterstützen der Entwickler ist immer dann ausreichend, wenn diese aufgrund von Effizienzvorteilen ein Interesse an Wiederverwendbarkeit haben, z.B. durch wirtschaftliche Anreize, und wenn durch das Unternehmensdatenmodell ausreichende Effektivität sichergestellt werden kann. Eine Entwicklergruppe wird nur dann das eigene Projekt zugunsten potentieller zukünftiger Projekte verlängern und Module zur Verfügung stellen, wenn der finanzielle und zeitliche Mehraufwand verursachungsgerecht verteilt wird. Das zentrale Daten- und Funktionsmangement hat sicherzustellen, daß diese Module über ein logisch zentrales Repository auch anderen Projekten zugänglich gemacht werden. Durch die arbeitsteilig und spartenorientiert organisierten Entwicklungsabteilungen ginge ansonsten die Transparenz über diese "Modulbox" verloren. Die "Herkunft" der Module muß jedoch für etwaige Wartungsfälle transparent bleiben, denn selbst bei ausreichender Dokumentation können Spezifikationen mitunter nur durch Unterstützung des Erstellers nachvollzogen werden.

Falls der Anteil wiederverwendbarer Module als unzureichend betrachtet wird, ist die Beratung durch eine Qualitätssicherung zu unterstützen[41]. Das entsprechend qualifizierte Daten- und Funktionsmanagement organisiert und kontrolliert die begleitende Beratung der Methodengruppe, etwa mit einer der Revision vergleichbaren Abnahmepflicht. Falls die freiwillige Beratung nicht zu ausreichenden Ergebnissen führt, sind zum Durchsetzung der Architekturregeln Vorschriften- und Sanktionsregeln notwendig. Bei einem solchen autoritären Vorgehen ist zu beachten, daß:

- längere Administrations- und Abstimmungsprozessen die Folge sind,
- das Selbstverständnis der Entwickler dem entgegenstehen kann und
- zu strenge Sanktionsregeln zu einer Beeinträchtigung des Betriebsklimas und damit zu einer Minderung der Produktivität führen können.

In den obigen Ausführungen wurde unterstellt, daß die Module im Projekt integriert erarbeitet werden. Grundsätzlich sind sie auch als Serviceleistung a priori erstellbar. Tabelle 7.4.1/2 zeigt die Hauptunterschiede in einer Übersicht.

---

41 Ebenso können fehlende Qualität oder Produktivität die Qualitätssicherung notwendig machen.

	Im Rahmen der Anwendungsentwicklung	Vorgezogene, separate Entwicklung
Auftraggeber	Fachabteilung, evtl. auch Daten- und Funktionsmanagement (DFM)	Daten- und Funktionsmanagement (DFM)
Motivation	Nachfragegesteuert	Angebotsgesteuert
Finanzierung	Teil-Investition in Höhe des Zusatzaufwandes des Moduls	Komplett-Investition in Höhe des Aufwandes aller Module

Tabelle 7.4.1/2: Implikationen unterschiedlicher Zeitpunkte des Erstellens von wiederverwendbaren Modulen

Vor allem aufgrund der Nähe zu den Anwendern und des nachfragegesteuerten und damit bedarfsgerecht schrittweisen Erstellens dieser Module wird gefordert, die jeweils benötigten wiederverwendbaren Module, integriert mit der jeweiligen Anwendung, zu erarbeiten.

Die bisherigen Ausführungen bezogen sich auf das Management der Anwendungsentwicklung und Wartung innerhalb einer DV-Abteilung. Ein ähnlich gelagerter Problemkreis ergibt sich bei der Organisation eines arbeitsteiligen, lokal verteilten Anwendungsentwicklungsprozesses von DV-Abteilungen verschiedener Unternehmen, wie im Falle des Informatikzentrums der Sparkassenorganisation GmbH. Das zunächst geplante, zentral gesteuerte Vorgehen wurde zugunsten eines marktwirtschaftlich organisierten Modells aufgegeben, um "die Interessen der dezentralen operativen Einheiten"[42] hinreichend zu gewährleisten. Die selbständigen Partner werden, so ist die Hoffnung, nun aufgrund wirtschaftlicher Vorteile Module für eine Lizenzgebühr zur Verfügung stellen und von Partnern erstellte Module gegen Entgelt nutzen[43]. Die dazu nötige Basis an einheitlicher Informations-, Umsetzungs- und Bereitstellungs-Architektur wurde gemeinsam beschrieben und soll von den Partnern berücksichtigt werden[44].

7.4.2 Management der technischen Infrastruktur

Managementfunktionen der technischen Infrastruktur können in Anlehnung an die spezifischen Management-Funktionsbereiche der "OSI

---

42 Heitmüller, H.-M./Benda, Das Rad..., a.a.O., S. 663.

43 Ebenda, S. 664.

44 vgl.: Benda, H.v., Für erfolgreiche Entwicklung Weichen gestellt, in: Betriebswirtschaftliche Blätter 41 (1992), S. 687 f., Heitmüller, H.-M./Benda, H.v., Das Rad..., a.a.O., S. 660-664; Buchholz, A., Sparkassen. Schnell arbeiten. Auf dem Weg in eine gemeinsame EDV-Zukunft fehlt ein klares Konzept, in: Wirtschaftswoche (Ost) 47 (1993) 17, S. 81 f.

Network Management Standards" beschrieben werden[45]. Die Unterteilung in:

- Performance-Management,
- Accounting-Management,
- Security-Management,
- Fault-Management und
- Configuration-Management

ist jedoch für die nötigen Zwecke nicht vollständig geeignet. Zur vollständigen Abdeckung wird außerdem:

- das Performance-Management um das Operations-Management ergänzt,
- das Fault-Management übergreifend als Problem-Management behandelt und
- das Configurations-Management um das Change-Management erweitert.

Das Security-Management wurde bereits im Rahmen der Ausführungen zur Sicherheit als Rahmenbedingung der Architektur behandelt.

Das Performance-Management vergleicht die aktuelle Leistung des DV-Betriebs mit dem vereinbarten Service-Level, etwa im Antwortzeitverhalten. Aus der Messung der Leistungsdaten können dann auch die Daten für das Accounting-Management bezogen werden. Das Operationsmanagement umfaßt die für den geregelten und außerplanmäßigen technischen Ablauf des DV-Betriebs notwendigen Funktionen, um einen vereinbarten Service-Level sicherstellen zu können. Hierzu ist die permanente Überwachung aller Ressourcen auf Funktionsfähigkeit notwendig. Zeitgesteuerte Abläufe, etwa das Aktualisieren von Kundendaten, sind automatisiert vorzunehmen. In Notfallsituationen sind Ausfallroutinen einzuleiten, die im bedienerarmen Betrieb weitestgehend automatisiert ablaufen sollten.

Das Architekturkonzept stellt für sich alleine keine besonderen Anforderungen an diese Managementkomponente. Allerdings können durch damit integrierte Client-Server-Konzepte Kompetenzen an dezentrale Stellen verlagert werden, die es dann in der Gesamtplanung zu berücksichtigen gilt.

Das Accounting Management erfaßt das Nutzen von DV-Leistungen. Das mit der Profitcenter-Bildung oder Fremdvergabe, etwa von Netz-

[45] vgl.: Datapro, ISO..., a.a.O., S. 9.

dienstleistungen, einhergehende detaillierte Erfassen und Abrechnen der Belastung ist in nur geringem Maße durch den Architekturaspekt verursacht. Eine weitaus größere Rolle spielt die zunehmende Dezentralisierung der Datenverarbeitung. Diese Aspekte werden daher nicht weiter erörtert.

Das Problemmanagement versucht, mögliche Fehler in den Systemen zu erfassen, anzugeben und abzustellen. Hierzu wird ein Eskalationsprozeß aufgestellt, der in Abhängigkeit zur jeweiligen Dimension der Fehlersituation vorher vereinbarten Regeln folgt. Die möglichen Stufen reichen von systematischer Fehlersuche bis zum sofortigen Austausch der Anwendung. Das Konzept der Informations-Architektur mit spartenübergreifender, eventuell auch arbeitsteiliger Anwendungsentwicklung kann neue Anforderungen an die Fehlerbehebung hervorrufen. Zwar ist durch die verpflichtende und werkzeuggestützte Dokumentation eine Fehlerursache leichter zu finden, jedoch kann unter Zeitdruck nicht immer der dafür verantwortliche und über das nötigen Wissen verfügende Ersteller ermittelt werden.

Das Configuration-Management verwaltet die Hardware- und Softwarekomponenten inklusive der zum Teil wechselseitigen Interdependenzen. Aufgabe des Change-Managements ist es, Änderungen an Hardware- oder Softwarekomponenten zu überwachen und durchzuführen. Vor allem bei Release-Wechsel werden hohe Anforderungen an die Verfügbarkeit gestellt. Hierzu werden die Daten des Configuration-Managements genutzt, die dann bei vollzogener Änderung automatisch aktualisiert werden.

Bei vernetzten Systemen steigen die Anforderungen an die Überwachung der Wechselwirkungen und Abhängigkeiten. Die derzeit noch nicht vollständige Abdeckung aller Aufgaben durch entsprechende Werkzeuge wird als größtes Hindernis der häufig angestrebten Dezentralisierung der Datenverarbeitung angesehen.

7.5 Fortschreibung

Die Fortschreibung der System-Architektur ist ein kontinuierlicher Prozeß, der integraler Bestandteil der Architekturgestaltung sein muß. Die Weiterentwicklung kann den gesamten Prozeß des Architekturaufbaus wieder neu anstoßen.

Eine erfolgreiche Weiterentwicklung der Architektur ist durch einen Prozeß sicherzustellen, bei dem die Einflußfaktoren und deren Fortentwicklung überwacht sowie Konsequenzen in der Releasepolitik gezogen werden. Abbildung 7.5/1 zeigt dies in einer Übersicht.

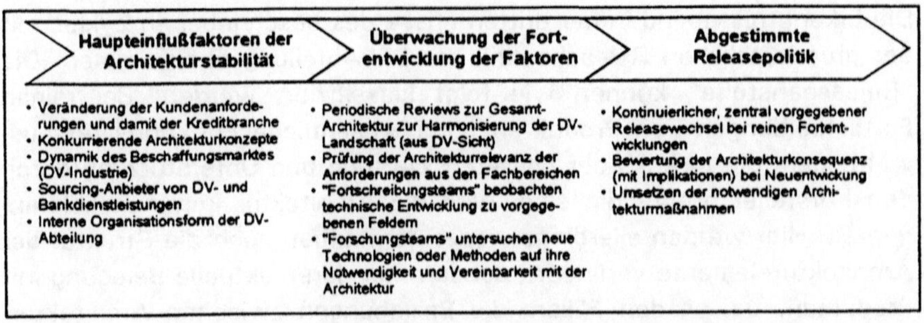

Abb. 7.5/1: Prozeß zur Weiterentwicklung der System-Architektur

Für das Überwachen der Einflußfaktoren sollten vier Maßnahmen angewendet werden. Zunächst ist ein periodisches, möglichst mehrfach im Jahr stattfindendes Review zur Gesamt-Architektur mit der Aufgabe notwendig, die bestehende Architektur aus DV-Sicht kritisch zu hinterfragen. Am sinnvollsten wird hierzu der Katalog der Architekturelemente mit der unternehmensspezifischen Realisierung als Grundlage genommen. Im Rahmen der Projektportfolioplanung sind dann als zweite Quelle der Architekturanforderungen die Realisierungswünsche der Fachabteilung auf ihre Architekturkonsequenz abzuprüfen. Die Mehrzahl dieser Anforderungen wird sich im Rahmen einer wohldefinierten Architektur erfüllen lassen. Nur die darüber hinausgehenden Anforderungen sind einer verstärkten Bewertung zu unterziehen. Die dritte wesentliche Quelle sind spezielle Reviews zu vorgegebenen Untersuchungsfeldern. Hierzu zählen zukünftige technologische Entwicklungen, die bereits heute absehbar sind, jedoch zumeist aus Migrationsüberlegungen noch nicht vollzogen werden. Ein für die Bankenwelt typischer Fall ist die Frage, wann vom Transaktionsmonitor IMS/DC auf das strategische Produkt CICS des gleichen Herstellers IBM umgestellt werden soll. Hier ist abzuwägen, zu welchem Zeitpunkt die Funktionalitätsvorteile die Migrationslasten überwiegen werden[46].

Als vierte Quelle sollten für einige Spezialgebiete, deren technologische Entwicklung und Einsatzmöglichkeiten noch nicht abzusehen sind, spezielle "Task-forces" gebildet werden. Typischer Einsatzbereich hierzu sind die Möglichkeiten objektorientierter Software-Entwicklung. Ein abgeschirmtes Team testet diese architekturfremden Möglichkeiten und läßt die Ergebnisse von qualifizierten, erfahrenen Mitarbeitern prüfen. Erst nach Erfüllen vorgegebener Regeln, die sich vor allem auf eine Nutzenbewertung sowie die Stabilität und Vereinbarkeit mit der Architektur stützen, wird ein Fortschreibungsanstoß gegeben.

---

[46] vgl.: Abrahams, I., IV-Architektur..., a.a.O., S. 85.

Die Erkenntnisse sind in der dritten Phase des beschriebenen Zyklus mit der grundsätzlichen Releasepolitik der DV-Abteilung abzustimmen. Die "Releaseanstöße" können wie folgt klassifiziert werden: Bei reinen Fortschreibungen von Produkten ohne wesentliche Funktionalitätsausweitungen, die zwecks der besseren Wartung und Unterstützung durch den Hersteller notwendig sind, wird die Architektur kontinuierlich angepaßt. Hier werden allerdings weder der Aufbau noch die Struktur der Architekturelemente verändert, sondern nur deren aktuelle Belegung mit Produkten. Bei all den Fällen, die Beziehungen zwischen Architekturelementen berühren, ist zunächst die Gesamtimplikation der ursächlichen Änderung zu ermitteln und zu bewerten. Erst wenn sich dann immer noch ein Vorteil für die Unternehmung ergibt, werden die notwendigen Architekturmaßnahmen umgesetzt.

8. Schlußbetrachtung und Ausblick

Das Konzept des in dieser Arbeit vorgestellten System-Architekturansatzes bietet durch das umfassende Betrachten der DV-Unterstützung ein Rahmenwerk, um DV-relevante Werkzeuge, Konzepte, Aufgabenträger sowie deren Tätigkeiten in der DV-Abteilung verständlich und übersichtlich darzustellen. Die vorgestellten Produkte oder Standards, mit denen die beschriebenen Architekturelemente aus Kapitel 4 belegt werden können, zeigen zudem wichtige Entscheidungssituationen, die in DV-Abteilungen von Kreditinstituten anstehen. Zusätzlich wurde in Kapitel 5 sehr detailliert vorgestellt, welche Auswirkungen unterschiedliche Anforderungen aus der Geschäfts- oder DV-Strategie auf die Architekturgestaltung haben. Vor allem die Verknüpfung des Bankgeschäftes und der dafür notwendigen Infrastruktur-Unterstützung durch die DV-Abteilung kann für weitergehende Analysen als Grundlage dienen. Zusätzlich wird damit die Informationsbasis und das Verständnis von DV-Mitarbeitern für die spezifischen Anforderungen des Kreditgewerbes erhöht.

Die daraus abgeleiteten Architekturmodelle in Kapitel 6 konnten zeigen, daß eine spezialisierte Geschäftsausübung das Ausgestalten einer Architektur erleichtert. Entwicklungen hin zu einer geschäftsfeldorientierten Aufbauorganisation eines Kreditinstituts, die von einer dezentral organisierten Datenverarbeitung begleitet wird, sind dadurch unterstützbar.

Möglichkeiten zum Erweitern des vorliegenden System-Architekturkonzeptes können am Referenzmodell, an den Architekturmodellen sowie am Ableitungsprozeß der Modelle ansetzen:

- Anpassen sowohl der Architekturanforderungen wie auch der Architekturelemente im Referenzmodell an weitere ausgewählte Typen oder an ein spezifisches Unternehmen,
- Disaggregieren der Kreditinstitutstypen und Entwickeln darauf aufbauender zusätzlicher Architekturmodelle,
- Erleichtern des Prozesses zum Ableiten der einzelnen Modelle durch formale und technische Hilfsmittel.

Die 90 genutzten Architekturelemente können vor allem in der Umsetzungs-Architektur weiter detailliert werden. Neben diesem allgemein gültigen Verfeinern der Modelle ist ein inhaltliches Ausrichten auf das zu unterstützende Kreditinstitut möglich. Hierzu können die Architekturanforderungen, die Architekturelemente oder die vorgegebenen Anhaltspunkte für das Belegen im Referenzmodell an den gewünschten

Typ oder das konkrete Institut angepaßt werden. Zusätzlich besteht die Möglichkeit, unterschiedliche Szenarien für verschiedene technische oder bankfachliche Entwicklungen zu generieren. Somit lassen sich die Konsequenzen verschiedener Entscheidungen der Geschäfts- oder DV-Strategie auf die bestehende DV-Infrastruktur einfach ermitteln und erklären. Für einzelne Kreditinstitute kann es hilfreich sein, ausgehend von verfeinerten Typen, noch konkretere Architekturmodelle zu entwerfen. Dabei ist der Übergang zu unternehmensindividuellen Modellen fließend.

Ein Vervollständigen der vorgestellten Architekturmodelle um weitere Kreditinstitutstypen auf ähnlichem Aggregationsgrad ist nur anzuraten, wenn eine breite Basis an Modellen notwendig ist. Vor allem externe Dienstleister wie Beratungsunternehmen, Werkzeug-Hersteller oder System-Integratoren können diesen Weg gehen[1].

Das Anwenden der Architekturmodelle, die nur in tabellarischer Form vorliegen, kann mit Hilfe einer formalen Beschreibungssprache und des zugehörigen Werkzeuges automatisiert werden. Auch der Nutzen der Beziehungsmatrix aus Kapitel 4.2.1.1 läßt sich durch geeignete Werkzeuge erhöhen. Die von Zachman vorgeschlagenen "conceptual graphs" sowie die angestrebte Entwicklung von dafür geeigneten, leistungsfähigen Repository-Produkten weisen ebenso in diese Richtung[2]. Die Schwierigkeit, eine einheitliche Beschreibungssprache für diesen umfassenden Ansatz zu finden, sollte nicht dazu führen, daß der Anspruch an die umfassende, die Organisation und Technik einschließende Betrachtungsweise reduziert wird.

Die angesprochenen Fragestellungen zum Gestalten einer System-Architektur, die im Referenzmodell als Anhaltspunkte für das Belegen der Architekturelemente aufgeführt sind, werden von Kreditinstituten konkret diskutiert. Für sie stellt sich daher nicht die Frage, ob, sondern wie und mit welchen Inhalten das Festlegen der Architektur erfolgen soll. Hierzu sind die Auswahl des richtigen Ansatzes und das Sicherstellen des richtigen Umsetzens von hoher Bedeutung. Die vorliegende Arbeit bietet ein Konzept an, das als Kompromiß zwischen einer zu detaillierten, technikbasierten Vorgehensweise auf der einen Seite und einer zu abstrakten, rein geschäftsorientierten Strategieplanung auf der anderen Seite zu werten ist.

---

[1] vgl.: Hars, A., Nutzung..., a.a.O.

[2] vgl.: Sowa, J.F./Zachman, J.A., Extending..., a.a.O., S. 615

Abbildungsverzeichnis

Tabellenverzeichnis

Abkürzungsverzeichnis

API	Application Programming Interface
ARIS	Architektur integrierter Informationssysteme
BCS	Banking Communication Standard
BSP	Business System Planning
BTX	Bildschirmtext
CASE	Computer Aided Software Engineering
CIM	Computer Integrated Manufacturing
CISC	Complex Instruction Set Computer
CMA	Cash Management Account
CMIP	Common Management Information Protocols
CMIS	Common Management Information Services
CRLC	Customer Resource Life Cycle
CUA	Common User Access
DB	Datenbank
DBMS	Datenbankmanagementsystem
DDM	Distributed Data Management
DFS	Distributed File Service
DFÜ	Datenfernübertragung
DOS	Disk Operating System
DTA	Datenträgeraustausch
DV	Datenverarbeitung
EDI	Electronic Data Interchange
EDIFACT	Electronic Data Interchange for Finance, Administration, Commerce and Transport
ERM	Entity-Relationship-Model
FTAM	File Transfer, Access and Management
FTP	File Transfer Protocol
GOSIP	The Government Open System Interconnection Profile
GZS	Gesellschaft für Zahlungssysteme mbH
IDV	Individuelle Datenverarbeitung
IP	Internet Protocol
ISDN	Integrated Service Digital Network
ISO	International Standard Organization
IT	Informationstechnologie
IV	Informationsverarbeitung
KWG	Kreditwesengesetz
LAN	Local Area Network
M&A	Merger and Aquisition
MIPS	Millions of transactions per second
MS	Microsoft
MVS/ESA	Multiple Virtual Storage/Enterprise Systems Architecture
ODA	Office Document Architecture
ODIF	Office Document Interchange Format
OLTP	Online Transaction Processing
OS/2	Operating System 2
OSF	Open Software Foundation
OSI	Open Systems Interconnection

PC	Personal Computer
PCM	Plug Compatible Mainframe
PCTE	Portable Common Tool Environment
PDM	Projektdatenmodell
POS	Point of Sale
RACF	Resource Access Control Facility
RISC	Reduced Instruction Set Computer
RZ	Rechenzentrum
SA	Strukturierte Analyse
SAA	System Application Architecture
SB	Selbstbedienung
SD	Strukturiertes Design
SEU	Software-Entwicklungsumgebung
SGML	Standard Generalized Markup Language
SIZ	Informatikzentrum der deutschen Sparkassenorganisation GmbH
SMTP	Simple Mail Transfer Protocol
SNA	Systems Network Architecture
SNADS	SNA Distribution Service
SNMP	Simple Network Management Protocol
SQL	Structured Query Language
SWIFT	Society for World-wide Financial Telecommunication
TCP	Transmission Control Protocol
TP-Monitor	Transaction Processing Monitor
UDM	Unternehmensdatenmodell
UNIX SVR4	UNIX System V Release 4
uwBDM	Unternehmensweites Bereichsdatenmodell
uwDM	unternehmensweites Datenmodell
WAN	Wide Area Network
WinNT	Windows New Technology
WOSA	Windows Open Services Architecture

Literaturverzeichnis

Abrahams, I., IV-Architektur mit offenen Systemen und Herstellerkonzepten im Bankensektor, Diplomarbeit, Göttingen, 1993.

Adriaans, W., Winning Support for Your Information Strategy, in: Long Range Planning 26 (1993) 1, S. 45-53.

Albert, H., Konstruktion und Kritik, Aufsätze zur Philosophie des kritischen Rationalismus, Hamburg 1972.

Albert, H., Theorie und Prognose in der Sozialwissenschaften, in: Topisch, E. (Hrsg.), Logik der Sozialwissenschaften, 7. Aufl., Köln u. Berlin 1971, S. 126-143.

American Express Company, Annual Report 1989, 1990.

Andexer, H., AD/Cycle - Das IBM-Softwareentwicklungs-Konzept...und wie geht es weiter?, Wirtschaftsinformatik 33 (1991) 1, S. 26-32.

Argote, L. und Goodman, P., The Organizational Implications of Robotics, in: Davis, D. (Hrsg.), Managing Technological Innovations, San Francisco 1986, S. 127-153.

Balzert, H., Die Entwicklung von Software-Systemen: Prinzipien, Methoden, Sprachen, Werkzeuge, Mannheim u.a. 1982.

Barton-Leonard, D. und Kraus, W.A., Implementing New Technology. What Does It Take to Implement New Technology Successfully?, in: Harvard Business Review 63 (1985) 6, S. 102-110.

Bauer, M., Der klassische Ansatz hat einige Schwächen, in: Beilage zur Computerwoche: FOKUS 19 (1992) 2, S. 20-23.

Benda, H.v., Für erfolgreiche Entwicklung Weichen gestellt, in: Betriebswirtschaftliche Blätter 41 (1992), S. 687f.

Benson, R.J., Enterprise-wide Information Management, in: Scheer, A.-W. (Hrsg.), Handbuch Informationsmanagement: Aufgaben - Konzepte - Praxislösungen, Wiesbaden 1993, S. 189-216.

Berger, K.-H, Normung und Typung, in: Kern, W. (Hrsg.), Handwörterbuch der Produktionswirtschaft, Stuttgart 1984, Sp. 1353-1370.

Berliner Handels- und Frankfurter Bank, Bericht über das Geschäftsjahr 1992, Frankfurt und Berlin 1993.

Bernet, B., Back Office Management für Banken und Finanzorganisationen, Stuttgart 1993.

Bierer, H., Faßbender, H. und Rüdel, T., Auf dem Weg zur "schlanken Bank", in: Die Bank, o. Jg. (1992), S. 500-506.

Biethahn, J., Ganzheitliches oder integriertes Informationsmanagement, Arbeitsbericht, Abteilung I, Institut für Wirtschaftsinformatik, Universität Göttingen 1992.

Blaha, J., Offenheit ist ein dauerndes und evolutionäres Bestreben, in: Computerwoche 19 (1992) 12, S. 41-44.

Brachtl, B., IBM FBSS: Ein Set von Services für Anwendungen in C/S-Netzen: IBM FD Informationssysteme Kreditwesen, Symposium Aktuell ´92, Client/Server, Herrenberg 1992.

Breuer, R.-E., Das Effektengeschäft, in: Obst, G. und Hintner, O., Geld-, Bank- und Börsenwesen, hrsg. von Norbert Kloten und Johann Heinrich von Stein, 39., völlig neu bearb. Aufl., Stuttgart 1993, S. 525-575.

Bryan, L.L., Bankrupt. Restoring the Health and Profitability of Our Banking System, McKinsey & Company, New York 1991.

Bryan, L.L., Breaking Up The Bank: Rethinking an Industry Under Siege, Homewood 1988.

Bryan, L.L., The Forces Reshaping Global Banking. Technology and Demography are Changing the Deep Foundations on which Traditional Financial Services Rest, in: McKinsey Quarterly o.Jg. (1993) 2, S. 59-71.

Buchholz, A., Sparkassen. Schnell arbeiten. Auf dem Weg in eine gemeinsame EDV-Zukunft fehlt ein klares Konzept, in: Wirtschaftswoche (Ost) 47 (1993) 17, S. 81f.

Capers Jones, Applied Software Measurement: Assuring Productivity and Quality, New York u.a. 1991.

Casserley, D., Facing up to the Risks: How Financial Institutions Can Survive and Prosper, McKinsey & Company, Inc., New York 1991.

Chicago Board of Trade, From Beans to Bonds. A Brief Look at the Chicago Board of Trade, Chicago 1992.

Child, J., Ganter, H.D. und Kieser, A., Technological Innovation and Organizational Conservatism, in: Pennings, J.M. und Buitendam, A. (Hrsg.), New Technology as organizational Innovation, Cambridge 1987, S. 87-115.

Child, J., Managerial Strategies, New Technology and the Labor Process, in: Pennings, J.M. und Buitendam, A. (Hrsg.), New Technology as Organizational Innovation, Cambridge 1987, S. 141-178.

Chorafas, D.N., System Architecture and System Design, New York 1989.

Christians, F.W., Finanzstrategie und Unternehmensentwicklung, in: Henzler, H.A. (Hrsg.), Handbuch Strategische Führung, Wiesbaden 1988, S. 277-293.

Clauss, M., Die Strategie der Implementierung in der Unternehmung, Pfaffenweiler 1989.

Collins, H., Conflict and Co-operation in the Establishment of Telecommunications and Data Communications Standards in Europe, in: Gabel, H.L. (Hrsg.), Standardization, 1987, S. 125-148.

Commerzbank AG, wer gehört zu wem. Handbuch über Beteilungsverhältnisse in Deutschland, 17. und erweiterte Auflage, Frankfurt 1991.

Commission of the European Communities, Guidelines for an Informatics Architecture, 4. Aufl., Luxembourg 1990.

Daniel, R.D., Management Information Crisis, in: Harvard Business Review 39 (1961) 4, S. 111-121.

Datapro, CASE Methodologies, in: Datapro Information Service Group, Managing Information Technology, Software 7617, 1992.

Datapro, Client/Server Computing: Emerging Trends, Solutions, and Strategies, in: Datapro Information Service Group, Managing Information Technology, Technology Issues & Trends 1222, 1993.

Datapro, Client/Server OLTP and UNIX, in: Datapro Information Service Group, Corporate Software & Solutions, Transaction Processing 3605, 1992.

Datapro, Closeup on CASE, in: Datapro Information Service Group, Managing Information Technology, Software 7615, 1992.

Datapro, Connectivity and the Distributed Computing Environment, in: Datapro Information Service Group, Corporate Software & Services, Distributed Systems: Concepts & Trends, 1992.

Datapro, Database Management Systems: Overview, in: Datapro Information Service Group, Managing Information Technology, Software 7635, 1993.

Datapro, Fault-Tolerant Systems: An Overview, in: Datapro Information Service Group, Corporate Software & Solutions, Centralized Systems: Concepts & Trends 1405, 1992.

Datapro, ISO Reference Model for Open Systems Interconnection (OSI), in: Datapro Information Service Group, Managing Information Technology, Standards 8440, 1991.

Datapro, Large Systems: An Overview, in: Datapro Information Service Group, Enterprise Systems, System Overview 4001, 1992.

Datapro, Local Area Networks: Overview, in: Datapro Information Service Group, Managing Information Technology, Networks 7420, 1993.

Datapro, On-Line Transaction Processing Systems: An Overview, in: Datapro Information Service Group, Corporate Software & Solutions, Transaction Processing 3601, 1993.

Datapro, Proprietary Systems: An Overview, in: Datapro Information Service Group, Enterprise Systems, System Overview 4007, 1992.

Datapro, Standards and the UNIX Industry, in: Datapro Information Service Group, Managing Information Technology, Standards 8430, 1992.

Datapro, Standards Organizations and the Making of Standards, in: Datapro Information Service Group, Managing Information Technology, Architecture & Standards 8020, 1991.

Datapro, Strategies and Standards for LAN Management Integration, in: Datapro Information Service Group, Managing Information Technology, Networks 7465, 1993.

Datapro, The Best in Client/Server Computing, in: Datapro Information Service Group, Managing Information Technology, Technology Issues & Trends 1223, 1992.

Datapro, The Government Open Systems Interconnection Profile (GOSIP), in: Datapro Information Service Group, Managing Information Technology, Standards 8450, 1991.

Datapro, The Importance of Computer Industry Standards, in: Datapro Information Service Group, Managing Information Technology, Architecture & Standards 8010, 1991.

Datapro, Workstations: Technology Overview, in: Datapro Information Service Group, Managing Infornation Technology, Computer Systems 7230, 1991.

Davenport. T.H. und Short, J.E., The new Industrial Engineering: Information Technology and Business Process Redesign, in: Sloan Management Review 31 (1990) 4, S. 11-27.

De Backer, W. und Building, J.M., Guidelines for an Informatics Architecture/ Commission of the European Communities, in: Wirtschaftsinformatik 32 (1990), S. 429-438.

Deutsche Bundesbank, Die Ertragslage der westdeutschen Kreditinstitute im Jahre 1992, in: Monatsberichte der Deutschen Bundesbank 45 (1993) 8, S. 29-53.

Deutsche Bundesbank, Die Vermögensbildung und ihre Finanzierung in der Bundesrepublik Deutschland im Jahre 1991, in: Monatsberichte der Deutsche Bundesbank 44 (1992) 5, S. 15-25.

Deutsche Bundesbank, Längerfristige Entwicklung der Finanzierungsstrukturen westdeutscher Unternehmen, in: Monatsberichte der Deutschen Bundesbank 44 (1992) 10, S. 25-39.

Deutsche Bundesbank, Zur Bedeutung der Aktie als Finanzierungsinstrument, in: Monatsberichte der Deutschen Bundesbank 43 (1991) 10, S. 22-29.

Deutsche Bundesbank, Zur längerfristigen Entwicklung der Konsumentenkredite und der Verschuldung der privaten Haushalte, in: Monatsberichte der Deutschen Bundesbank 45 (1993) 4, S. 19-32.

Deutscher Sparkassen- und Giroverband (DSGV), Jahresbericht 1990, Bonn 1991.

Deutscher Sparkassen- und Giroverband (DSGV), Jahresbericht 1992, Bonn 1993.

Deutsches Institut für Wirtschaftsforschung (DIW), Einkommen und Verbrauch der privaten Haushalte in den neuen und alten Bundesländern 58 (1991) 29.

Diebold Deutschland GmbH, Automatisierung der Bankgeschäfte mit Privatkunden - Eine empirische Untersuchung, Eschborn 1990.

Dobschütz, L.v. und Prautsch, W., Hohe DV-Kosten: Immer ein schlechtes Zeichen?, in: HARVARDmanager 14 (1992) 1, S. 119-125.

Dortschy, J.W., Jung, K.-H. und Köller, R., Auslandsgeschäfte: Banktechnik und Finanzierung, Stuttgart 1990.

Eichwald, B., Die Kreditarten, in: Obst, G. und Hintner, O., Geld-, Bank- und Börsenwesen, hrsg. von Norbert Kloten und Johann Heinrich von Stein, 39., völlig neu bearb. Aufl., Stuttgart 1993, S. 413-491.

Eistert, T., Strategische Informationssysteme und Electronic Data Interchange, in: Reichel, H. (Hrsg.), Informatik - Wirtschaft - Gesellschaft. Tagungsband der 23. Jahrestagung der Gesellschaft für Informatik, Berlin u.a. 1993, S. 111-116.

Ellinger, T., Industrielle Einzelfertigung und Vorbereitungsgrad, in: Zeitschrift für handelswissenschaftliche Forschung 15 (1963), S. 481-498.

Emans, H., Konzepte zur strategischen Planung, in: Henzler, H.A. (Hrsg.), Handbuch Strategische Führung, Wiesbaden 1988, S. 109-131.

Endl, R. und Fritz, B., Integration von Standardsoftware in das unternehmensweite Datenmodell, in: Information Management 7 (1992) 3, S. 38-44.

Färberböck, H., Gutzwiller, T. und Heym, M., Ein Vergleich von Requirements Engineering Methoden auf Metamodell-Basis, in: Proceedings "Requirements Engineering ´91, Informatik-Fachberichte Nr. 273, Berlin 1991, S. 40-66.

Farell, J. und Saloner, G., Competition, Compatibility and Standards: The Economics of Horses, Penguins and Lemmings, in: Gabel, H.L. (Hrsg.), Product Standardization and Competitive Strategy, Amsterdam u.a. 1987, S. 1-22.

Farrell, J. und Saloner, G., Standardization, Compatibility and Innovation, in: Rand Journal of Economics 16 (1985) 1, S. 70-83.

Faßbender, H. und Leichtfuß, R., Banking im neuen Europa: Eine Zwischenbilanz, in: Die Bank, o. Jg. (1990) 5, S. 244-255.

Ferguson, C.H. und Morris, C.R., Computer Wars: How the West Can Win in a Post-IBM World, New York 1993.

Franke, G., Finanzmärkte: Interdependenzen und Entwicklungslinien, in: Obst, G. und Hintner, O., Geld-, Bank- und Börsenwesen, hrsg. von Norbert Kloten und Johann Heinrich von Stein, 39., völlig neu bearb. Aufl., Stuttgart 1993, S. 1053-1070.

Frese, M. und Brodbeck, F.C., Computer in Büro und Verwaltung: Psychologisches Wissen für die Praxis, Berlin 1989.

Gabel, H.L. (Hrsg.), Product Standardization and Competitive Strategy, Amsterdam u.a. 1987.

Gabel, H.L., Open Standards in the European Computer Industry: the Case of X/Open, in: Gabel, H.L. (Hrsg.), Product Standardization and Competitive Strategy, Amsterdam u.a. 1987, S. 91-124.

Gartner Group, Building Open Applications - The Key Issues, in: Midrange Computer Strategies, Key Issues, Research Note K-290-1067, 1991.

Gartner Group, Can today´s SNA coexist with the SNA of tomorrow?, in: Gartner Group LAC Research, 1991.

Gartner Group, Managing Information Technology: BRAVO, in: Industry Service, Strategic Analysis Report, 1992.

Gartner Group, SMS Scenario: The Impact of Change in Information Architecture, in: Software Management Strategies, Strategic Analysis Report, 1993.

Gartner Group, SMS8: A Framework for Open Systems, in: Software Management Strategies, Research Note, K-557-1281, 1993.

Gartner Group, SMS8: Strategies for Portability and Interoperability, in: Software Management Strategies, Research Note, K-557-1282,1993.

Gartner Group, Software Engineering Strategies, Research Note, R-100-108, 1991.

Gartner Group, Software Strategies for Open Systems, in: Software Management Strategies, Strategic Analysis Report, 1992.

Gartner Group, Strategies for Architectural Transition, in: Midrange Computing Strategies, Strategic Analysis Report, 1993.

Gartner Group, What do you mean by "IT Architecture"?, in: Gartner Group, IS Research Note K-140-869, 1992.

Gebert, D., Kommunikation, in: Frese, E. (Hrsg.): Handwörterbuch der Organisation, 3., völlig neu gestaltete Aufl., Stuttgart 1992, Sp. 1110-1121.

Gora, W., Normen werden Standards, in: Diebold Management Report o.Jg. (1991) 4, S. 7-14.

Gray, P.A., Open Systems: A Business Strategy For the 1990s, London 1991.

Grill, W. und Perczynski, H., Wirtschaftslehre des Kreditwesens, 25., überarbeitete und erweiterte Auflage, Bad Homburg vor der Höhe 1990.

Groff, J.R. und Weinberg, P.N., Understanding UNIX: A Conceptual Guide, Indianapolis 1985.

Große-Oetringhaus, W.F., Fertigungstypologie unter dem Gesichtspunkt der Fertigungsablaufplanung, Berlin 1974.

Gulbins, J., Der lange Weg, in: Chip Plus - Eine Beilage, in: Chip o. Jg. (1988) 10, S. 12-14.

Gulbins, J., Die Entwicklung von Unix, in: Chip Plus - Eine Beilage, in: Chip o. Jg. (1988) 10, S. 4-11.

Gushurst, K.-P., Schwierige Aufforstung, in: Banking & Finance o. Jg. (1993) 3, S. 66-68.

Gutenberg, E., Grundlagen der Betriebswirtschaftslehre, Erster Band: Die Produktion, 24., unveränderte Aufl., Berlin u.a. 1983.

Guthery, E.E. und Eck, R.D., Evaluation Measures for a Model Base for an Information System Architecture DSS, in: Sprague, R.H., Jr. (Hrsg.): Proceedings of the Twenty-Third Annual Hawaii International Conference on System Sciences 6 (1990), S. 184-191.

Haferkorn, J., Einsatz von Personal-Computern in Kreditinstituten: Grundlagen und Fallstudien, Wiesbaden 1991.

Hagemann, H., Should Your Company be a "Corporate Bank"?, in: The McKinsey Quarterly o. Jg. (1991) 4, S. 19-34.

Hagenmüller, K.F. und Jacob, A.-F., Der Bankbetrieb. Band I. Strukturelemente des Bankbetriebs. Einlagen und Einlagensurrogate, 5., völlig überarb. Auflage, Wiesbaden 1987.

Hagenmüller, K.F. und Jacob, A.-F., Der Bankbetrieb. Band II. Kredite und Kreditsurrogate, Dienstleistungsgeschäft, 5., völlig überarb. Auflage, Wiesbaden 1987.

Hahn, D., Hölter, E. und Steinmetz, D. , Gesamtunternehmensmodelle als Entscheidungshilfe im Rahmen der Zielplanung, strategischen und operativen Planung, in: Hahn, D. und Taylor, B. (Hrsg.): Strategische Unternehmensplanung, 4. Aufl., Heidelberg und Wien 1986, S. 565-595.

Hanker, J., Die strategische Bedeutung der Informatik für Organisationen: industrieökonomische Grundlagen des Strategischen Informatikmanagements, Stuttgart 1990.

Hanraths, K.H., Wettbewerbsvorteile durch elektronische Dienstleistungen. Erfahrungen einer Landesbank, in: Betriebswirtschaftliche Blätter 40 (1991), S. 257-260.

Hansen, H.R., Wirtschaftsinformatik. 1. Einführung in die betriebliche Datenverarbeitung, 5., neubearb. u. erw. Aufl., berichteter Nachdruck 1987, Stuttgart 1986.

Hars, A., Nutzung von Referenzmodellen auf der Grundlage der Architektur integrierter Informationssysteme, unveröffentlichte Präsentationsunterlagen zur 23. Jahrestagung der Gesellschaft für Informatik, Dresden 1993.

Hasenkamp, U. und Syring, M., Bibliographie zum Thema Anwendungsarchitektur, in: Wirtschaftsinformatik 32 (1990), S. 446-450.

Heilmann, H., Integration, Ein zentraler Begriff der Wirtschaftsinformatik im Wandel der Zeit, in: Handbuch der modernen Datenverarbeitung 26 (1989) 150, S. 46-57.

Hein, M., Marktwirtschaftliche Bankensysteme außerhalb der Bundesrepublik Deutschland, in: Obst, G. und Hintner, O., Geld-, Bank- und Börsenwesen, hrsg. von Norbert Kloten und Johann Heinrich von Stein, 39., völlig neu bearb. Aufl., Stuttgart 1993, S. 287-319.

Heinrich, L.J. und Roithmayr, F., Wirtschaftsinformatik-Lexikon, 3., überarb. u. wesentl. erw. Aufl., Oldenbourg u.a. 1989.

Heitmüller, H.-M. und Benda, H.v., Das Rad nicht ständig neu erfinden, in: Betriebswirtschaftliche Blätter 41 (1992), S. 660-664.

Heitmüller, H.-M., Informatikzentrum der Sparkassenorganisation - ein strategisches Instrument im Bankenwettbewerb, in: bank und markt 20 (1991) 9, S. 5-12.

Hempel, C.G. und Oppenheim, P., Der Typusbegriff im Lichte der neuen Logik, Leiden 1936.

Henderson, J.C. und Venkatraman, N., Understanding Strategic Alignment, in: Business Quarterly 55 (1991) 3, S. 72-78.

Henderson, J.C., Plugging into Strategic Partnerships: The Critical IS Connection, in: Sloan Management Review 31 (1990) 3, S. 7-18.

Henrich, A., Johannsen, W. und Kloidt, M, Multimediale Kundenselbstbedienung im Bankgeschäft, in: Reichel, H. (Hrsg.), Informatik - Wirtschaft - Gesellschaft. Tagungsband der 23. Jahrestagung der Gesellschaft für Informatik, Berlin u.a. 1993, S. 123-129.

Henzler, H.A. (Hrsg.), Handbuch Strategische Führung, Wiesbaden 1988.

Hergert, M., Technical Standards and Competition in the Microcomputer Industry, in: Gabel, H.L. (Hrsg.), Product Standardization and Competitive Strategy, Amsterdam u.a. 1987, S. 67-90.

Herrhausen, A., Strategische Führung - Mehr als nur Strategie, in: Henzler, H.A. (Hrsg.), Handbuch Strategische Führung, Wiesbaden 1988, S. 59-68.

Heygate, R., Memo to a CEO: Avoiding the Mainframe Trap in Redesign. Front-end IT "Filters" Deep Redesign Efforts from being Trapped by Mainframe Bottlenecks, in: The McKinsey Quarterly o.J. (1993) 3, S. 79-86.

Hielscher, U., Börsen und Börsengeschäfte, in: Obst, G. und Hintner, O., Geld-, Bank- und Börsenwesen, hrsg. von Norbert Kloten und Johann Heinrich von Stein, 39., völlig neu bearb. Aufl., Stuttgart 1993, S. 1128-1188.

Hildebrand, K., Ein Referenzmodell für Informationssystem-Architekturen, in: Information Management 7 (1992) 3, S. 6-12.

Hildebrand, K., Zur Begriffsvielfalt bei Informationssystem-Architekturen: Ein Vorschlag für eine einheitliche Terminologie, in: Reichel, H. (Hrsg.), Informatik - Wirtschaft - Gesellschaft. Tagungsband der 23. Jahrestagung der Gesellschaft für Informatik, Berlin u.a. 1993, S. 74-80.

Himmler, U., Die Überwindung der Spartengrenzen im Aktiv-/Passivgeschäft, in: bank und markt 21 (1992) 4, S. 32-34.

Hoch, D.J. und Schirra, W., Entwicklung der Informationstechnologie - Management des Wandels in einer Zeit des Paradigmenwechsels, in: Scheer, A.-W. (Hrsg.), Handbuch Informationsmanagement: Aufgaben - Konzepte - Praxislösungen, Wiesbaden 1993, S. 3-47.

Hopper, M.D., Sabre - Lektionen für das Überleben im Informationszeitalter, in: HARVARDmanager 13 (1991) 1, S. 80-87.

Houy, C., Scheer, A.-W. und Zimmermann, V., Anwendungsbereiche von Client/Server Modellen, in: Information Management 7 (1992) Heft 3, S. 14-23.

Huber, R.L., How Continental Bank Outsourced Its "Crown Jewels", in: Harvard Business Review 71 (1993) 1, S. 121-129.

Humpert, A., Nationaler Zahlungsverkehr, in: Obst, G. und Hintner, O., Geld-, Bank- und Börsenwesen, hrsg. von Norbert Kloten und Johann Heinrich von Stein, 39., völlig neu bearb. Aufl., Stuttgart 1993, S. 604-632.

IBM Corp., RACF General User´s Guide, Version 1.9, 7. Aufl., 1992.

IBM Deutschland GmbH, IBM Open Enterprise: Die unternehmensweite Integration der Informationstechnologien, Neu von IBM, 1991.

Ives, B. und Learmonth, G.P., The Information System as a Competitive Weapon, in: Communications of the ACM 27 (1984), S. 1193-1201.

Johnson, J. und Hudson, D., Die OLTP-Produkte für offene Systeme gewinnen an Marktreife, in: Computerwoche 19 (1992) 12, S. 49-54.

Kambil, A., Henderson, J.C. und Mohsenzadeh, H., Strategic Management of Information Technology Investment: An Options Perspective, in: Center for Information Systems research (CISR), Working Paper Nr. 222, Cambridge 1991.

Katz, M. und Shapiro, C., Network Externalities, Competition and Compatibility, in: American Economic Review 75 (1985) 5, S. 424-440.

Katz, R.L., Business/enterprise modeling, in: IBM Systems Journal 29 (1988), S. 509-525.

Kelting, E.H., IBM´s Vision zur Lösung der Anwendungsentwicklungsprobleme: AD/Cycle, in: Information Management 5 (1990) 2, S. 40-43.

Kieser, A. und Kubicek, H., Organisation, 3., völlig neu bearb. Aufl., Berlin und New York 1992.

Klee, H.W., Strukturwandel der Banken. Konsequenzen neuer Strategien für die Organisationsstruktur, in: Zeitschrift für Organisation o. Jg. (1991), S. 368-393.

Klein, J., Vom Informationsmodell zum integrierten Informationssystem, in: Information Management 5 (1990) 2, S. 6-16.

Kleinaltenkamp, M. und Unruhe, H., Die Standardisierungsentwicklung auf dem Markt für Personal Computer, in: Kleinaltenkamp, M., Standardisierungsprozesse - Beispielhafte Standardisierungsprozesse aus den Bereichen der Konsum- und Mikroelectronik sowie der rechnerintegrierten Fertigung, Arbeitspapier des SFB 187 "Neue Informationstechnologien und flexible Arbeitssysteme: Entwicklung und Bewertung von CIM-Systemen auf der Basis teilautonomer flexibler Fertigungsstrukturen", Bochum 1990, S. 9-14.

Kleinaltenkamp, M., Analyse der den Verlauf und die Dauer von Standardisierungsprozessen beeinflussenden Faktoren, in: Kleinaltenkamp, M. (Hrsg.), Der Einfluß der Normung und Standardisierung auf die Diffusion technischer Innovationen, Zwischenbericht des SFB 187 "Neue Informationstechnologien und flexible Arbeitssysteme - Entwicklung und Bewertung von CIM-Systemen auf der Basis teilautonomer flexibler Fertigungsstrukturen", Bochum 1990, S. 30-41.

Kleinaltenkamp, M., Der Einfluß überbetrieblicher Standards auf den Marktprozeß von CIM-Komponenten und -Systemen, Habilitationsschrift, Bochum 1991.

Krcmar, H., Bedeutung und Ziele von Informationssystem-Architekturen, in: Wirtschaftsinformatik 32 (1990), S. 395-402.

Krcmar, H., Datenintegration und Funktionsintegration, in: Mertens, P. (Haupthrsg.), Lexikon der Wirtschaftsinformatik, 2., vollst. neu bearb. u. erw. Aufl., Berlin u.a. 1990, S. 129-130.

Krcmar, H., Informationsverarbeitungs-Controlling in der Praxis, in: Information Management 7 (1992) 2, S. 6-18.

Kreikebaum, H., Organisationstypen der Fertigung, in: Kern, W. (Hrsg.), Handwörterbuch der Produktionswirtschaft, Stuttgart 1984, Sp. 1392-1402.

Krubasik, E., Technologiemanagement für überlegene Innovationsstrategien, in: Henzler, H.A. (Hrsg.), Handbuch Strategische Führung, Wiesbaden 1988, S. 443-461.

Kubicek, H., Informationstechnologie und organisatorische Regelungen, Berlin 1975.

Küpper, H.-U., Produktionstypen, in: Kern, W. (Hrsg.), Handwörterbuch der Produktionswirtschaft, Stuttgart 1984, Sp. 1636-1647.

Lecraw, D.J., Japanese Standards: A Barrier to Trade?, in: Gabel, H.L. (Hrsg.), Product Standardization and Competitive Strategy, Amsterdam u.a. 1987, S. 29-46.

Lederer, A.L. und Sethi, V., The Implementation of Strategic Information Systems Planning Methodologies, in: Management Information Systems Quarterly 12 (1988), S. 445-461.

Lewig, D., Beziehungen zwischen strategischer Planung und Informationsmanagement, in: Scheer, A.-W. (Hrsg.), Handbuch Informationsmanagement: Aufgaben - Konzepte - Praxislösungen, Wiesbaden 1993, S. 69-77.

Lotter, K., Systemstrategie einer Filialbank am Beispiel der Berliner Bank AG, in: Fachtagung: Systemstrategie in Banken am 15./16. September 1988, Frankfurt am Main 1988.

Luhmann, N. und Habermas, J., Theorie der Gesellschaft oder Sozialtechnologie: Theorie - Diskussion, Frankfurt am Main 1982.

MacDonald, K.H., Business Strategy Development, Alignment, and Redesign, in: Morton, M.S.S. (Hrsg.), The Corporation of the 1990s. Information Technology and Organizational Transformation, Oxford 1991, S. 159-186.

MacDonald, K.H., The Strategic, Alignment Process, in: Morton, M.S.S. (Hrsg.), The Corporation of the 1990s. Information Technology and Organizational Transformation, Oxford 1991, S. 310-322.

Matutes, C. und Regibeau, P., Standardization in Multi-Component Industries, in: Gabel, H.L. (Hrsg.), Product Standardization and Competitive Strategy, Amsterdam u.a. 1987, S. 23-28.

McFarlan, F.W. und McKenney, J.L., Corporate Information Systems Management, Homewood 1983.

McKinsey Global Institute, Service Sector Productivity, McKinsey Global Institute mit Unterstützung von Bob Solow u.a., McKinsey & Company, Inc., Washington 1992

McNurlin, B.C. (Hrsg.), Implementing a new system architecture, in: I/S Analyzer 26 (1988) 10.

Meffert, J. P.H., Wettbewerbsstrategische Bedeutung und Durchsetzung von Standards als Integrationsinstrument, Dissertation, Sankt Gallen 1993.

Meinhardt, J. (Hrsg.), Informatik - Wirtschaft - Gesellschaft, Programmheft der 23. Jahrestagung der Gesellschaft für Informatik, Dresden 1993.

Mertens, P. und Holzner, J., Gegenüberstellung von Integrationsansätzen der Wirtschaftsinformatik, Arbeitspapier Nr. 5/1991, Abteilung Wirtschaftsinformatik, Universität Erlangen-Nürnberg.

Mertens, P. und Holzner, J., WI - State of the Art. Eine Gegenüberstellung von Integrationsansätzen der Wirtschaftsinformatik, in: Wirtschaftsinformatik 34 (1992) 2, S. 5-25.

Mertens, P. und Plattfaut, E., Informationstechnik als strategische Waffe, in: Information Management 1 (1986) 2, S. 6-17.

Mertens, P., Bodendorf, F., König, W., Picot, A. und Schumann, M., Grundzüge der Wirtschaftsinformatik, 2. Aufl., Berlin und Heidelberg 1991.

Mertens, P., Die zwischenbetriebliche Kooperation und Integration bei der automatisierten Datenverarbeitung, Meisenheim am Glan 1966.

Mertens, P., Schumann, M. und Hohe, U., Informationstechnik als Mittel zur Verbesserung der Wettbewerbsposition - Erkenntnisse aus einer Beispielsammlung, in: Spremann, K. und Zur, E. (Hrsg.), Informationstechnologie und strategische Führung, Wiesbaden 1989.

Mertens, P., Verantwortung des Informationsmanagements für die Kundenbedienung, in: Scheer, A.-W. (Hrsg.), Handbuch Informationsmanagement: Aufgaben - Konzepte - Praxislösungen, Wiesbaden 1993, S. 655-672.

Messer, B., Client-Server-Konzept, in: Mertens, P. (Haupthrsg.), Lexikon der Wirtschaftsinformatik, 2., vollst. neu bearb. u. erw. Aufl., Berlin u.a. 1990, S. 92.

Mintzberg, H., The Strategy Concept I: Five Ps For Strategy, in: California Management Review, o.Jg. (1987) 1, S. 11.

Moormann, J. und Wölfing, D., Fertigungstiefe in Banken verringern, in: Die Bank o. Jg. (1991), S. 677-680.

Morris, C.R. und Ferguson, C.H., How Architecture Wins Technology Wars, in: Harvard Business Review 71 (1993) 2, S. 86-96.

Morton, M.S.S. (Hrsg.), The Corporation of the 1990s. Information Technology and Organizational Transformation, Oxford 1991.

Nicklisch, G., Software-Produkte: Was erwartet der Anwender?, in: Ortmann, G. und Windeler, A. (Hrsg.): Umkämpftes Terrain: Managementperspektiven und Betriebsratspolitik bei der Einführung von Computer-Systemen, Opladen 1989, S. 23-50.

Noth, T. und Kretzschmar, M., Aufwandsschätzung von DV-Projekten, 2. Aufl., Berlin u.a. 1986.

Nurmi, H. , Das Konzept der Komplexität, in: Türk, K. (Hrsg.), Handlungssysteme, Opladen 1978, S. 61-75.

o.V. Banken. Automaten statt Personal, in: Wirtschaftswoche 47 (1993) 39, S. 9.

o.V., Alle suchen nach Millionären. Auch Hypo-Bank präsentiert Tochter für das "Top-Segment", in: Süddeutsche Zeitung 49 (1993) 256, S. 30.

o.V., Analysten sprechen der IBM Client-Server-Engagement ab, in: Computerwoche 19 (1992) 36, S. 25f.

o.V., Devisenhandel mit PC-Workstations, in: PC Magazin o. Jg. (1991) 18, S. 54 und 56.

o.V., Die Bank gewinnt immer, in: Der Spiegel 47 (1993) 34, S. 90-97.

o.V., Duden "Fremdwörterbuch", 4. neu bearb. u. erw. Aufl., Mannheim u.a. 1982.

o.V., Global Leaders: The Datamation 100, in: Datamation 39 (1993), 15. Juni, S. 22f.

o.V., IBM offeriert jetzt gleich dreimal ICASE unter dem AD/Cycle-Label, in: Computerwoche 20 (1993) 33, S. 11f.

o.V., IBM-Beteiligung an Dienstleistungsfirma, in: Börsen-Zeitung vom 25.2.1992.

o.V., Interview der Woche: HP laviert zwischen den Gegnern Microsoft und IBM, in: Computerwoche 20 (1993) 27, S. 7-9.

o.V., It´s Late, Costly, Incompetent - But Try Firing a Computer System, in: Business Week o. Jg. (1988) 45, S. 164f.

o.V., Konkurrenz durch Windows NT droht. Große Anbieter definieren Unix als einheitliches Betriebssystem, in: Computerwoche 20 (1993) 13, S. 1 und 5.

o.V., Konsortien für offene Systeme, in: Computerwoche 19 (1992) 15, S. 46f.

o.V., Minderheitsbeteiligte stimmen Verkauf zu. Novells Übernahme der USL ist nach Aktientausch abgeschlossen, in: Computerwoche, 20 (1993) 27, S. 2.

o.V., MultiCash^{Plus} - Electronic Banking Service auf der Basis von BCS, Stand 11/92, Bank-Verlag Köln.

o.V., Novell und USL wollen nur noch ein Gremium. Für Open-Systems-Konsortien brechen jetzt schwere Zeiten an, in: Computerwoche 20 (1993) 27, S. 11f.

o.V., Plädoyer für zügige Einführung eines EHS. McKinsey sieht gegenüber Präsenzbörse nur Vorteile - Nettonutzen "100 bis 150 Mill.DM jährlich", in: Börsenzeitung vom 13.5.1992.

o.V., Qualitätssicherung: ISO-Star, in: Manager Magazin 23 (1993) 8, S. 114-119.

o.V., Querschnittsprojekt Büroautomation. Ein einziges Gerät für alle Aufgaben am Arbeitsplatz, in: Betriebswirtschaftliche Blätter 41 (1992), S. 682-684.

o.V., Querschnittsprojekt Security. Eine Bedrohung erkennen und dagegen sichern, in: Betriebswirtschaftliche Blätter 41 (1992), S. 685f.

o.V., Reining in Runaway Systems, in: Information Week o. Jg. (1991), 16. Dezember, S. 20-24.

o.V., Solaris erhält Motif-Benutzerumgebung. Sun gibt das Engagement für die Open-Look-Oberfläche auf, in: Computerwoche 20 (1993) 16, S. 11.

o.V., State Street Boston Thrives in Businesses Banks Didn´t Want, in: The American Banker o.Jg. (1990), 30.Mai, S. 8.

o.V., Systems integrators. The Top 50., Beilage der Computer Systems News, CMP Publications Inc., 1990.

o.V., Teilprojekt Anwendungsarchitektur. Auf den besten gemeinsamen Nenner bringen, in: Betriebswirtschaftliche Blätter 41 (1992), S. 669-671.

o.V., Teilprojekt Kommunikationstechnik. Netzarchitektur für die Zukunft der Sparkassen-Organisation, in: Betriebswirtschaftliche Blätter 41 (1992), S. 677-680.

o.V., Teilprojekt Software-Entwicklungsumgebung. Beim Werkzeug fängt die Qualität unserer Arbeit an, in: Betriebswirtschaftliche Blätter 41 (1992), S. 672f.

o.V., Teilprojekt Systemtechnik. Eigenentwicklung gewährleistet Unabhängigkeit, in: Betriebswirtschaftliche Blätter, 41 (1992), S. 674-676.

o.V., Telefon-Banking im Test. Wie Langohr die Sicherheit knackte, in: DM - Das Wirtschaftsmagazin 32 (1992) 10, S. 144-147.

o.V., Tomorrow, the World; State Street Boston Corp. Rolls Out Real-time Multicurrency Accounting System, in: Wall Street & Technology 9 (1992) 7, S. 46.

o.V., Trust and Investment - Systems: At State Street, It´s Systems over Banking, in: The American Banker o. Jg. (1993), 1. Februar, S. 1A.

o.V., Will Architecture Win the Technology Wars?, in: Harvard Business Review 71 (1993) 3, S. 162-170.

Overlack, J., Wettbewerbsvorteile durch Informationstechnologie, Dissertation, Hochschule St. Gallen, Frankfurt 1988.

Parker, M.M., Trainor, H.E. und Benson, R.J., Information Strategy and Economics, New Jersey 1990.

Penzel, H.-G., Die Informatikabteilung auf dem Weg in neue Organisationsformen, in: IBM Nachrichten 41 (1991) 305, S. 7-15.

Peters, T.J. und Waterman, R.H.Jr., In Search of Excellence: Lessons from America´s Best-Run Companies, New York 1982.

Phillips, A., The Role of Standardization in Shared Bank Card Systems, in: Gabel, H.L. (Hrsg.), Product Standardization and Competitive Strategy, Amsterdam u.a. 1987, S. 263-282.

Picot, A., Organisationsstrukturen der Wirtschaft und ihre Anforderungen an die Informations- und Kommunikationstechnik, in: Scheer, A.-W. (Hrsg.), Handbuch Informationsmanagement: Aufgaben - Konzepte - Praxislösungen, Wiesbaden 1993, S. 49-68.

Plattfaut, E., DV-Unterstützung strategischer Unternehmensplanung. Beispiele und Expertensystemansatz, Berlin u.a. 1987.

Pohle, K., Systemstrategie in einer Umbruchphase, in: Henzler, H.A. (Hrsg.), Handbuch Strategische Führung, Wiesbaden 1988, S. 611-626.

Porter, M.E. und Millar, V.E., How Information Gives You Competitive Advantage, in: Harvard Business Review 63 (1985) 4, S. 149-160.

Porter, M.E., Competitive Advantage. Creating and Sustaining Superior Performance, New York 1985.

Porter, M.E., Competitive Strategy: Techniques for Analyzing Industries and Competitors, New York 1980.

Preuß, M. und Theyssen, G., Internationaler Zahlungsverkehr, in: Obst, G. und Hintner, O., Geld-, Bank- und Börsenwesen, hrsg. von Norbert Kloten und Johann Heinrich von Stein, 39., völlig neu bearb. Aufl., Stuttgart 1993, S. 640-672.

Probst, G.J., Selbst-Organisation: Ordnungsprozesse in sozialen Systemen aus ganzheitlicher Sicht, Berlin u.a. 1987.

Raffée, H., Grundprobleme der Betriebswirtschaftslehre, Göttingen 1974.

Reese, J., Standardisierung, Typisierung, Normung, in: Wittmann, W. (Hrsg.), Handwörterbuch der Betriebswirtschaft, 5., völlig neu gestaltete Aufl., Stuttgart 1993, Sp. 3940-3949.

Rhefus, H., Top Down und/oder Bottom Up - Kritische Erfolgsfaktoren auf dem Weg zu einer Unternehmens-Datenarchitektur, in: Information Management 7 (1992) 3, S. 32-37.

Richter, U., Testzentrum prüft Produkte auf ihre Konformität zu den Standards, in: Computerwoche 19 (1992) 15, S. 54f und 57.

Riebel, P., Typen der Markt- und Kundenproduktion in produktions- und absatzwirtschaftlicher Sicht, in: Zeitschrift für betriebswirtschaftliche Forschung 17 (1965), S. 663-685.

Riemensperger, F., Die "Business-Integration" ist jetzt keine Utopie mehr, in: Computerwoche 19 (1992) 29, S. 21-24.

Rockart, J.F. und Hofman, J.D., The Emerging Use of Application Templates, in: Center for Information Systems Research (CISR), Working Paper Nr. 250, Cambridge 1991.

Rockart, J.F., Chief Executives Define Their Own Data Needs, in: Harvard Business Review 57 (1979) 2, S. 81-93.

Roever, M., Goldener Schnitt, in: Manager Magazin 21 (1991) 11, S. 253-264.

Rommel, G., Brück, F., Diederichs, R., Kempis, R.-D. und Kluge, J., Einfach überlegen. Das Unternehmenskonzept, das die Schlanken schlank und die Schnellen schnell macht, Stuttgart 1993.

Rösch, M., IBM auf dem Zick-Zack-Kurs, in: Beilage zur Computerwoche: Focus 20 (1992) 2, S. 16f.

Rosen, R.v., Börsen, in: Obst, G. und Hintner, O., Geld-, Bank- und Börsenwesen, hrsg. von Norbert Kloten und Johann Heinrich von Stein, 39., völlig neu bearb. Aufl., Stuttgart 1993, S. 1239-1262.

Salomon Brothers, European Insurance Distribution. A Battle for the Customer: More Losers than Winners; Salamon Brothers o.Jg.

Scheer, A.-W., Architektur integrierter Informationssysteme - Grundlagen der Unternehmensmodellierung, 2., verb. Aufl., Berlin u.a. 1992.

Scheer, A.-W., Die Software-Entwicklung ist auf bessere Methoden angewiesen, in: Computerwoche 18 (1991) 10, S. 124-127 sowie 18 (1991) 11, S. 47-50.

Scheer, A.-W., EDV-orientierte Betriebswirtschaftslehre, 3. Aufl., Berlin u.a. 1987.

Scheer, A.-W., Modellierung betriebswirtschaftlicher Informationssysteme, in: Wirtschaftsinformatik 32 (1990), S. 403-421.

Scheer, A.-W., Unternehmensdatenmodell (UDM) als Grundlage integrierter Informationssysteme, in: Zeitschrift für Betriebswirtschaft 58 (1988), S. 1091-1114.

Scheidl, K., Die Geschäftsbanken, in: Obst, G. und Hintner, O., Geld-, Bank- und Börsenwesen, hrsg. von Norbert Kloten und Johann Heinrich von Stein, 39., völlig neu bearb. Aufl., Stuttgart 1993, S. 216-258.

Schierenbeck, H., Controlling, in: Obst, G. und Hintner, O., Geld-, Bank- und Börsenwesen, hrsg. von Norbert Kloten und Johann Heinrich von Stein, 39., völlig neu bearb. Aufl., Stuttgart 1993, S. 911-939.

Schimmelmann, W.v., Bankorganisation, in: Obst, G. und Hintner, O., Geld-, Bank- und Börsenwesen, hrsg. von Norbert Kloten und Johann Heinrich von Stein, 38., völlig neu bearb. Aufl., Stuttgart 1988, S. 837-854.

Schimmelmann, W.v., Bankorganisation, in: Obst, G. und Hintner, O., Geld-, Bank- und Börsenwesen, hrsg. von Norbert Kloten und Johann Heinrich von Stein, 39., völlig neu bearb. Aufl., Stuttgart 1993, S. 940-956.

Schleich, C., Die Standardisierungsentwicklung beim Betriebssystem Unix, in: Kleinaltenkamp, M., Standardisierungsprozesse - Beispielhafte Standardisierungsprozesse aus den Bereichen der Konsum- und Mikroelectronik sowie der rechnerintegrierten Fertigung, Arbeitspapier des SFB 187 "Neue Informationstechnologien und flexible Arbeitssysteme: Entwicklung und Bewertung von CIM-Systemen auf der Basis teilautonomer flexibler Fertigungsstrukturen", Bochum 1990, S. 15-22.

Schmalzl, J. und Schumann, M., Aufbau und Inhalt einer System-Architektur für Kreditinstitute, in: Reichel, H. (Hrsg.), Informatik - Wirtschaft - Gesellschaft. Tagungsband der 23. Jahrestagung der Gesellschaft für Informatik, Berlin u.a. 1993, S. 81-86.

Schmidt, W., Von CASE über I-CASE zu E-CASE, in: Curth, M. und Lebsanft, E. (Hrsg.), Wirtschaftsinformatik in Forschung und Praxis. Mit Beitr. von 25 Autoren, München und Wien 1992, S. 141-154.

Schmitz, R.H., Finanzierung als strategischer Hebel, in: Henzler, H.A. (Hrsg.), Handbuch Strategische Führung, Wiesbaden 1988, S. 295-311.

Scholz, C., Organisatorische Effektivität und Effizienz, in: Frese, E. (Hrsg.): Handwörterbuch der Organisation, 3., völlig neu gestaltete Aufl., Stuttgart 1992, Sp. 533-552.

Scholz-Reiter, B., Anforderungen und Beurteilungskriterien für rechnerunterstützte Werkzeuge der Systemanalyse im CIM-Bereich, in: CIM Management 8 (1992) 4, S. 26-31.

Schoop, E., Hypermedia, in: Mertens, P. (Haupthrsg.), Lexikon der Wirtschaftsinformatik, 2., vollst. neu bearb. u. erw. Aufl., Berlin u.a. 1990, S. 204f.

Schrage, M., Shared Minds: The New Technologies of Collaboration, New York 1990.

Schüle, H., DV-Unterstützung beim Planung und Einführen von CIM-Lösungen. Konzeption und prototypische Realisierung eines CIM-Planungswerkzeuges, Dissertation, Göttingen 1993.

Schulz, A., Software-Entwurf: Methoden und Werkzeuge, 2., verb. Aufl., (Handbuch der Informatik, Bd. 5.1), München und Wien 1990.

Schumann, M., Betriebliche Nutzeffekte und Strategiebeiträge der großintegrierten Informationsverarbeitung, Berlin und Heidelberg 1992.

Schweizer Rück, Sigma. Allfinanz: Banken und Versicherungen im Wettbewerb - eine Bestandsaufnahme, Schweizer Rückversicherungs-Gesellschaft, Wirtschaftsstudien 2/92, Zürich 1992.

Seibt, D., Management des Systemlebenszyklus, in: Mertens, P. (Haupthrsg.), Lexikon der Wirtschaftsinformatik, 2., vollst. neu bearb. u. erw. Aufl., Berlin u.a. 1990, S. 413-415.

Selig, J., EDV-Management: Eine empirische Untersuchungen der Entwicklung von Anwendungssystemen in deutschen Unternehmen, Berlin u.a. 1986.

Siemens Nixdorf Informationssysteme AG, IT-Scope. SNI-Systemkonzept, Stand Mai 1991.

Skubsch, H., SW-Landschaft in Bewegung, in: Beilage zur Computerwoche: Fokus 19 (1992) 2, S. 4f sowie S. 14.

Skubsch, N., Unternehmensmodellierung. Kompaß für IT-Einsatz, in: Diebold Management Report o. Jg. (1991) 5, S. 16-20.

Smerda, J., Client-Server-Architektur: Eine Bank riskiert die DV-Neuordnung, in: Computerwoche 18 (1991) 10, (Teil 1), S. 11-16.

Software AG, White Paper. Entire Architecture Overview, November 1991.

Sokolovsky, Z., Informationsmanagement im Bankwesen, in: Scheer, A.-W. (Hrsg.), Handbuch Informationsmanagement: Aufgaben - Konzepte - Praxislösungen, Wiesbaden 1993, S. 409-430.

Sollinger, A., In Search of the Perfect System, in: Institutional Investor 27 (1993) 3, S. 147-151.

Sowa, J.F. und Zachman, J.A., Extending and Formalizing the Framework for Information Systems Architecture, in: IBM Systems Journal 31 (1992), S. 590-616.

Steiner, T.D. und Teixeira, D.B., Technology in Banking: Creating Value and Destroying Profits, Homewood 1990.

Steinmann, H. und Heß, G., Die Rolle von Marktsignalen bei der Etablierung von Kompatibilitätsstandards im Rahmen der Wettbewerbsstrategie - Eine Fallstudie, in: Die Betriebswirtschaft 53 (1993), S. 167-186.

Strunz, H., Anwendungsarchitektur, in: Mertens, P. (Haupthrsg.), Lexikon der Wirtschaftsinformatik, 2., vollst. neu bearb. u. erw. Aufl., Berlin u.a. 1990, S. 43-45.

Strunz, H., Zur Begründung einer Lehre von der Architektur informationstechnikgestützter Informations- und Kommunikationssysteme, in: Wirtschaftsinformatik 32 (1990), S. 439-445.

Süchting, J., Bankmanagement, 3., vollst. überarb. und erw. Auflage, Stuttgart 1992.

Süchting, J., Marketing, in: Obst, G. und Hintner, O., Geld-, Bank- und Börsenwesen, hrsg. von Norbert Kloten und Johann Heinrich von Stein, 39., völlig neu bearb. Aufl., Stuttgart 1993, S. 882-922.

Swiss Re, Banks Marketing Life Insurance. Dangerous Threat or Strategic Opportunity? An Insurance Industry Perspective, Swiss Reinsurance Company, Zürich 1991.

Szagunn, V. und Wohlschieß, K., Die Bankenaufsicht, in: Obst, G. und Hintner, O., Geld-, Bank- und Börsenwesen, hrsg. von Norbert Kloten und Johann Heinrich von Stein, 39., völlig neu bearb. Aufl., Stuttgart 1993, S. 259-286.

Tanenbaum, A.S., Computer Networks, New Jersey 1981.

Teixeira, D.B. und Schmergel, G., The Emergence of the Virtual Bank. Based on the 1992 Survey of Commercial Banks' Information Technology, Co-sponsored by American Banker and Ernst&Young, Ernst&Young 1992.

Terrahe, J., Was Handel und Banken bei electronic cash trennt, in: Die Bank o. Jg. (1992), S. 312-315.

Thomas, K. und Treutler, H.-J., Kapitelmarkt, in: Obst, G. und Hintner, O., Geld-, Bank- und Börsenwesen, hrsg. von Norbert Kloten und Johann Heinrich von Stein, 39., völlig neu bearb. Aufl., Stuttgart 1993, S. 1206-1239.

Tulowitzki, U., Anwendungsssystemarchitekturen im strategischen Informationsmanagement, in: Wirtschaftsinformatik 33 (1991), S. 94-99.

Ulrich, H., Unternehmenspolitik, Bern 1978.

Ulrich, P. und Fluri, E., Management. Eine konzentrierte Einführung, 4., verb. Aufl., Stuttgart 1986.

v. Stein, J.H. und Kirschner, M., Bestimmungsfaktoren der Kreditgewährung, in: Obst, G. und Hintner, O., Geld-, Bank- und Börsenwesen, hrsg. von Norbert Kloten und Johann Heinrich von Stein, 39., völlig neu bearb. Aufl., Stuttgart 1993, S. 360-413.

v. Stein, J.H., Arten und Wesensmerkmale der Bankleistung, in: Obst, G. und Hintner, O., Geld-, Bank- und Börsenwesen, hrsg. von Norbert Kloten und Johann Heinrich von Stein, 39., völlig neu bearb. Aufl., Stuttgart 1993, S. 357-362.

Venkatraman, N., IT-Induced Business Reconfiguration, in: Morton, M.S.S. (Hrsg.), The Corporation of the 1990s. Information Technology and Organizational Transformation, Oxford 1991, S. 122-158.

Vollmer, R., Ade AD/Cycle!, in: Online 30 (1992) 8, S. 16.

Wallace, J. und Erickson, J., HARD DRIVE: Bill Gates and the Making of the Microsoft Empire, Reprint, New York 1993.

Waterman, R. H. Jr., The Renewal Factor: How the Best Get and Keep the Competitive Edge, Toronto u.a. 1987.

Weizer, N., The Arthur D.Little Forecast on Information Technology and Productivity: Making the Integrated Enterprise Work, New York 1991.

Wendler, S., Open Systems: A Mix of Myth and Reality, Gartner Group Conference Presentation, updated 24.11.1992.

Westdeutsche Landesbank Girozentrale, Geschäftsbericht 1992, Düsseldorf und Münster 1993.

Wheeler, E.F. und Ganek, A.G., Introduction to Systems Application Architecture, in: IBM Systems Journal 27 (1988), S. 250-263.

Wiese, H., Netzeffekte und Kompatibilität, Stuttgart 1990.

Willi, R., Cash Management, in: Obst, G. und Hintner, O., Geld-, Bank- und Börsenwesen, hrsg. von Norbert Kloten und Johann Heinrich von Stein, 39., völlig neu bearb. Aufl., Stuttgart 1993, S. 672-680.

Wiseman, C., Strategy and Computers: Informations Systems are Competitive Weapons, Homewood 1985.

Wöhe, G., Einführung in die Allgemeine Betriebswirtschaftslehre, 16., überarb. Aufl., München 1986.

Wollnik, M., Implementierung computergestützter Informationssysteme, Berlin und New York 1986.

Wollnik, M., Reorganisationstendenzen in der betrieblichen Informationsverarbeitung - Der Einfluß neuer technologischer Infrastrukturen, in: Handbuch der Modernen Datenverarbeitung 25 (1988) 142, S. 62-73.

Zachman, J.A., (Präsentation) A Framework for Information Systems Architecture, Präsentation auf der I/S-Analyzer Konferenz 1988, Audio-Bänder, United Communications Group, Bethesda 1988.

Zachman, J.A., A Framework for Information Systems Architecture, in: IBM Systems Journal 26 (1987), S. 276-292.

Zörntlein, G., Verteilte Datenbanksysteme, in: Mertens, P. (Haupthrsg.), Lexikon der Wirtschaftsinformatik, 2., vollst. neu bearb. u. erw. Aufl., Berlin u.a. 1990, S. 123-125.

Zügel, W., Automation und Rationalisierung im nationalen Zahlungsverkehr, in: Obst, G. und Hintner, O., Geld-, Bank- und Börsenwesen, hrsg. von Norbert Kloten und Johann Heinrich von Stein, 39., völlig neu bearb. Aufl., Stuttgart 1993, S. 632-639.

Batch number: 10815974

Printed by Printforce, the Netherlands